Bundesdatenschutzgesetz (BDSG) mit Nebengesetzen

Nationales Datenschutzrecht

17. Auflage 2024

Rechtsstand: Januar 2024

Gesetzesübersicht

Bundesdatenschutzgesetz (BDSG)

Rechtsstand: Januar 2024. Letzte Änderung: 29.12.2023 (BGBl. 2023 I Nr. 414).

Teil 1: Gemeinsame Bestimmungen

Teil 2: Durchführungsbestimmungen für Verarbeitungen zu Zwecken gemäß Artikel 2 der Verordnung (EU) 2016/679

Teil 3: Bestimmungen für Verarbeitungen zu Zwecken gemäß Artikel 1 Absatz 1 der Richtlinie (EU) 2016/680

Teil 4: Besondere Bestimmungen für Verarbeitungen im Rahmen von nicht in die Anwendungsbereiche der Verordnung (EU) 2016/679 und der Richtlinie (EU) 2016/680 fallenden Tätigkeiten

Teil 1: Gemeinsame Bestimmungen

Kapitel 1: Anwendungsbereich und Begriffsbestimmungen

§ 1 Anwendungsbereich des Gesetzes

(1) [1]Dieses Gesetz gilt für die Verarbeitung personenbezogener Daten durch

1. öffentliche Stellen des Bundes,
2. öffentliche Stellen der Länder, soweit der Datenschutz nicht durch Landesgesetz geregelt ist und soweit sie
   a) Bundesrecht ausführen oder
   b) als Organe der Rechtspflege tätig werden und es sich nicht um Verwaltungsangelegenheiten handelt.

[2]Für nichtöffentliche Stellen gilt dieses Gesetz für die ganz oder teilweise automatisierte Verarbeitung personenbezogener Daten sowie die nicht automatisierte Verarbeitung personenbezogener Daten, die in einem Dateisystem gespeichert sind oder gespeichert werden sollen, es sei denn, die Verarbeitung durch natürliche Personen erfolgt zur Ausübung ausschließlich persönlicher oder familiärer Tätigkeiten.

(2) [1]Andere Rechtsvorschriften des Bundes über den Datenschutz gehen den Vorschriften dieses Gesetzes vor. [2]Regeln sie einen Sachverhalt, für den dieses Gesetz gilt, nicht oder nicht abschließend, finden die Vorschriften dieses Gesetzes Anwendung. [3]Die Verpflichtung zur Wahrung gesetzlicher Geheimhaltungspflichten oder von Berufs- oder besonderen Amtsgeheimnissen, die nicht auf gesetzlichen Vorschriften beruhen, bleibt unberührt.

(3) Die Vorschriften dieses Gesetzes gehen denen des Verwaltungsverfahrensgesetzes vor, soweit bei der Ermittlung des Sachverhalts personenbezogene Daten verarbeitet werden.

(4) [1]Dieses Gesetz findet Anwendung auf öffentliche Stellen. [2]Auf nichtöffentliche Stellen findet es Anwendung, sofern

1. der Verantwortliche oder Auftragsverarbeiter personenbezogene Daten im Inland verarbeitet,
2. die Verarbeitung personenbezogener Daten im Rahmen der Tätigkeiten einer inländischen Niederlassung des Verantwortlichen oder Auftragsverarbeiters erfolgt oder
3. der Verantwortliche oder Auftragsverarbeiter zwar keine Niederlassung in einem Mitgliedstaat der Europäischen Union oder in einem anderen Vertragsstaat des Abkommens über den Europäischen Wirtschaftsraum hat, er aber in den Anwendungsbereich der Verordnung (EU) 2016/679 des Europäischen Parlaments und des Rates vom 27. April 2016 zum Schutz natürlicher Personen bei der Verarbeitung personenbezogener Daten, zum freien Datenverkehr und zur Aufhebung der Richtlinie 95/46/EG (Datenschutz-Grundverordnung) (ABl. L 119 vom 4.5.2016, S. 1; L 314 vom 22.11.2016, S. 72; L 127 vom 23.5.2018, S. 2) in der jeweils geltenden Fassung fällt.

[3]Sofern dieses Gesetz nicht gemäß Satz 2 Anwendung findet, gelten für den Verantwortlichen oder Auftragsverarbeiter nur die §§ 8 bis 21, 39 bis 44.

(5) Die Vorschriften dieses Gesetzes finden keine Anwendung, soweit das Recht der Europäischen Union, im Besonderen die Verordnung (EU) 2016/679 in der jeweils geltenden Fassung, unmittelbar gilt.

(6) [1]Bei Verarbeitungen zu Zwecken gemäß Artikel 2 der Verordnung (EU) 2016/679 stehen die Vertragsstaaten des Abkommens über den Europäischen Wirtschaftsraum den Mitgliedstaaten der Europäischen Union gleich. [2]Andere Staaten gelten insoweit als Drittstaaten.

(7) [1]Bei Verarbeitungen zu Zwecken gemäß Artikel 1 Absatz 1 der Richtlinie (EU) 2016/680 des Europäischen Parlaments und des Rates vom 27. April 2016 zum Schutz natürlicher Personen bei der Verarbeitung personenbezogener Daten durch die zuständigen Behörden zum Zwecke der Verhütung, Ermittlung, Aufdeckung oder Verfolgung von Straftaten oder der Strafvollstreckung sowie zum freien Datenverkehr und zur Aufhebung des Rahmenbeschlusses 2008/977/JI des Rates (ABl. L 119 vom 4.5.2016, S. 89) stehen die bei der Umsetzung, Anwendung und Entwicklung des Schengen-Besitzstands assoziierten Staaten den Mitgliedstaaten der Europäischen Union gleich. [2]Andere Staaten gelten insoweit als Drittstaaten.

(8) Für Verarbeitungen personenbezogener Daten durch öffentliche Stellen im Rahmen von nicht in die Anwendungsbereiche der Verordnung (EU) 2016/679 und der Richtlinie (EU) 2016/680 fallenden Tätigkeiten finden die Verordnung (EU) 2016/679 und die Teile 1 und 2 dieses Gesetzes entsprechend Anwendung, soweit nicht in diesem Gesetz oder einem anderen Gesetz Abweichendes geregelt ist.

§ 2 Begriffsbestimmungen

(1) Öffentliche Stellen des Bundes sind die Behörden, die Organe der Rechtspflege und andere öffentlich-rechtlich organisierte Einrichtungen des Bundes, der bundesunmittelbaren Körperschaften, der Anstalten und Stiftungen des öffentlichen Rechts sowie deren Vereinigungen ungeachtet ihrer Rechtsform.

(2) Öffentliche Stellen der Länder sind die Behörden, die Organe der Rechtspflege und andere öffentlich-rechtlich organisierte Einrichtungen eines Landes, einer Gemeinde, eines Gemeindeverbandes oder sonstiger der Aufsicht des Landes unterstehender juristischer Personen des öffentlichen Rechts sowie deren Vereinigungen ungeachtet ihrer Rechtsform.

(3) [1]Vereinigungen des privaten Rechts von öffentlichen Stellen des Bundes und der Länder, die Aufgaben der öffentlichen Verwaltung wahrnehmen, gelten ungeachtet der Beteiligung nichtöffentlicher Stellen als öffentliche Stellen des Bundes, wenn

1. sie über den Bereich eines Landes hinaus tätig werden oder
2. dem Bund die absolute Mehrheit der Anteile gehört oder die absolute Mehrheit der Stimmen zusteht.

[2]Andernfalls gelten sie als öffentliche Stellen der Länder.

(4) [1]Nichtöffentliche Stellen sind natürliche und juristische Personen, Gesellschaften und andere Personenvereinigungen des privaten Rechts, soweit sie nicht unter die Absätze 1 bis 3 fallen. [2]Nimmt eine nichtöffentliche Stelle hoheitliche Aufgaben der öffentlichen Verwaltung wahr, ist sie insoweit öffentliche Stelle im Sinne dieses Gesetzes.

(5) [1]Öffentliche Stellen des Bundes gelten als nichtöffentliche Stellen im Sinne dieses Gesetzes, soweit sie als öffentlich-rechtliche Unternehmen am Wettbewerb teilnehmen. [2]Als nichtöffentliche Stellen im Sinne dieses Gesetzes gelten auch öffentliche Stellen der Länder, soweit sie als öffentlich-rechtliche Unternehmen am Wettbewerb teilnehmen, Bundesrecht ausführen und der Datenschutz nicht durch Landesgesetz geregelt ist.

Kapitel 2: Rechtsgrundlagen der Verarbeitung personenbezogener Daten

§ 3 Verarbeitung personenbezogener Daten durch öffentliche Stellen

Die Verarbeitung personenbezogener Daten durch eine öffentliche Stelle ist zulässig, wenn sie zur Erfüllung der in der Zuständigkeit des Verantwortlichen liegenden Aufgabe oder in Ausübung öffentlicher Gewalt, die dem Verantwortlichen übertragen wurde, erforderlich ist.

§ 4 Videoüberwachung öffentlich zugänglicher Räume

(1) [1]Die Beobachtung öffentlich zugänglicher Räume mit optisch-elektronischen Einrichtungen (Videoüberwachung) ist nur zulässig, soweit sie

1. zur Aufgabenerfüllung öffentlicher Stellen,
2. zur Wahrnehmung des Hausrechts oder
3. zur Wahrnehmung berechtigter Interessen für konkret festgelegte Zwecke

erforderlich ist und keine Anhaltspunkte bestehen, dass schutzwürdige Interessen der betroffenen Personen überwiegen. [2]Bei der Videoüberwachung von

1. öffentlich zugänglichen großflächigen Anlagen, wie insbesondere Sport-, Versammlungs- und Vergnügungsstätten, Einkaufszentren oder Parkplätzen, oder
2. Fahrzeugen und öffentlich zugänglichen großflächigen Einrichtungen des öffentlichen Schienen-, Schiffs- und Busverkehrs

gilt der Schutz von Leben, Gesundheit oder Freiheit von dort aufhältigen Personen als ein besonders wichtiges Interesse.

(2) Der Umstand der Beobachtung und der Name und die Kontaktdaten des Verantwortlichen sind durch geeignete Maßnahmen zum frühestmöglichen Zeitpunkt erkennbar zu machen.

(3) [1]Die Speicherung oder Verwendung von nach Absatz 1 erhobenen Daten ist zulässig, wenn sie zum Erreichen des verfolgten Zwecks erforderlich ist und keine Anhaltspunkte bestehen, dass schutzwürdige Interessen der betroffenen Personen überwiegen. [2]Absatz 1 Satz 2 gilt entsprechend. [3]Für einen anderen Zweck dürfen sie nur weiterverarbeitet werden, soweit dies zur Abwehr von Gefahren für die staatliche und öffentliche Sicherheit sowie zur Verfolgung von Straftaten erforderlich ist.

(4) [1]Werden durch Videoüberwachung erhobene Daten einer bestimmten Person zugeordnet, so besteht die Pflicht zur Information der betroffenen Person über die Verarbeitung gemäß den Artikeln 13 und 14 der Verordnung (EU) 2016/679. [2]§ 32 gilt entsprechend.

(5) Die Daten sind unverzüglich zu löschen, wenn sie zur Erreichung des Zwecks nicht mehr erforderlich sind oder schutzwürdige Interessen der betroffenen Personen einer weiteren Speicherung entgegenstehen.

Kapitel 3: Datenschutzbeauftragte öffentlicher Stellen

§ 5 Benennung

(1) [1]Öffentliche Stellen benennen eine Datenschutzbeauftragte oder einen Datenschutzbeauftragten. [2]Dies gilt auch für öffentliche Stellen nach § 2 Absatz 5, die am Wettbewerb teilnehmen.

(2) Für mehrere öffentliche Stellen kann unter Berücksichtigung ihrer Organisationsstruktur und ihrer Größe eine gemeinsame Datenschutzbeauftragte oder ein gemeinsamer Datenschutzbeauftragter benannt werden.

(3) Die oder der Datenschutzbeauftragte wird auf der Grundlage ihrer oder seiner beruflichen Qualifikation und insbesondere ihres oder seines Fachwissens benannt, das sie oder er auf dem Gebiet des Datenschutzrechts und der Datenschutzpraxis besitzt, sowie auf der Grundlage ihrer oder seiner Fähigkeit zur Erfüllung der in § 7 genannten Aufgaben.

(4) Die oder der Datenschutzbeauftragte kann Beschäftigte oder Beschäftigter der öffentlichen Stelle sein oder ihre oder seine Aufgaben auf der Grundlage eines Dienstleistungsvertrags erfüllen.

(5) Die öffentliche Stelle veröffentlicht die Kontaktdaten der oder des Datenschutzbeauftragten und teilt diese Daten der oder dem Bundesbeauftragten für den Datenschutz und die Informationsfreiheit mit.

§ 6 Stellung

(1) Die öffentliche Stelle stellt sicher, dass die oder der Datenschutzbeauftragte ordnungsgemäß und frühzeitig in alle mit dem Schutz personenbezogener Daten zusammenhängenden Fragen eingebunden wird.

(2) Die öffentliche Stelle unterstützt die Datenschutzbeauftragte oder den Datenschutzbeauftragten bei der Erfüllung ihrer oder seiner Aufgaben gemäß § 7, indem sie die für die Erfüllung dieser Aufgaben erforderlichen Ressourcen und den Zugang zu personenbezogenen Daten und Verarbeitungsvorgängen sowie die zur Erhaltung ihres oder seines Fachwissens erforderlichen Ressourcen zur Verfügung stellt.

(3) [1]Die öffentliche Stelle stellt sicher, dass die oder der Datenschutzbeauftragte bei der Erfüllung ihrer oder seiner Aufgaben keine Anweisungen bezüglich der Ausübung dieser Aufgaben erhält. [2]Die oder der Datenschutzbeauftragte berichtet unmittelbar der höchsten Leitungsebene der öffentlichen Stelle. [3]Die oder der Datenschutzbeauftragte darf von der öffentlichen Stelle wegen der Erfüllung ihrer oder seiner Aufgaben nicht abberufen oder benachteiligt werden.

(4) [1]Die Abberufung der oder des Datenschutzbeauftragten ist nur in entsprechender Anwendung des § 626 des Bürgerlichen Gesetzbuchs zulässig. [2]Die Kündigung des Arbeitsverhältnisses ist unzulässig, es sei denn, dass Tatsachen vorliegen, welche die öffentliche Stelle zur Kündigung aus wichtigem Grund ohne Einhaltung einer Kündigungsfrist berechtigen. [3]Nach dem Ende der Tätigkeit als Datenschutzbeauftragte oder als Datenschutzbeauftragter ist die Kündigung des Arbeitsverhältnisses innerhalb eines Jahres unzulässig, es sei denn, dass die öffentliche Stelle zur Kündigung aus wichtigem Grund ohne Einhaltung einer Kündigungsfrist berechtigt ist.

(5) [1]Betroffene Personen können die Datenschutzbeauftragte oder den Datenschutzbeauftragten zu allen mit der Verarbeitung ihrer personenbezogenen Daten und mit der Wahrnehmung ihrer Rechte gemäß der Verordnung (EU) 2016/679, diesem Gesetz sowie anderen Rechtsvorschriften über den Datenschutz im Zusammenhang stehenden Fragen zu Rate ziehen. [2]Die oder der Datenschutzbeauftragte ist zur Verschwiegenheit über die Identität der betroffenen Person sowie über Umstände, die Rückschlüsse auf die betroffene Person zulassen, verpflichtet, soweit sie oder er nicht davon durch die betroffene Person befreit wird.

(6) [1]Wenn die oder der Datenschutzbeauftragte bei ihrer oder seiner Tätigkeit Kenntnis von Daten erhält, für die der Leitung oder einer bei der öffentlichen Stelle beschäftigten Person aus beruflichen Gründen ein Zeugnisverweigerungsrecht zusteht, steht dieses Recht auch der oder dem Datenschutzbeauftragten und den ihr oder ihm unterstellten Beschäftigten zu. [2]Über die Ausübung dieses Rechts entscheidet die Person, der das Zeugnisverweigerungsrecht aus beruflichen Gründen zusteht, es sei denn, dass diese Entscheidung in absehbarer Zeit nicht herbeigeführt werden kann. [3]Soweit das Zeugnisverweigerungsrecht der oder des Datenschutzbeauftragten reicht, unterliegen ihre oder seine Akten und andere Dokumente einem Beschlagnahmeverbot.

§ 7 Aufgaben

(1) [1]Der oder dem Datenschutzbeauftragten obliegen neben den in der Verordnung (EU) 2016/679 genannten Aufgaben zumindest folgende Aufgaben:

1. Unterrichtung und Beratung der öffentlichen Stelle und der Beschäftigten, die Verarbeitungen durchführen, hinsichtlich ihrer Pflichten nach diesem Gesetz und sonstigen Vorschriften über den Datenschutz, einschließlich der zur Umsetzung der Richtlinie (EU) 2016/680 erlassenen Rechtsvorschriften;
2. Überwachung der Einhaltung dieses Gesetzes und sonstiger Vorschriften über den Datenschutz, einschließlich der zur Umsetzung der Richtlinie (EU) 2016/680 erlassenen Rechtsvorschriften, sowie der Strategien der öffentlichen Stelle für den Schutz personenbezogener Daten, einschließlich der Zuweisung von Zuständigkeiten, der Sensibilisierung und der Schulung der an den Verarbeitungsvorgängen beteiligten Beschäftigten und der diesbezüglichen Überprüfungen;
3. Beratung im Zusammenhang mit der Datenschutz-Folgenabschätzung und Überwachung ihrer Durchführung gemäß § 67 dieses Gesetzes;
4. Zusammenarbeit mit der Aufsichtsbehörde;
5. Tätigkeit als Anlaufstelle für die Aufsichtsbehörde in mit der Verarbeitung zusammenhängenden Fragen, einschließlich der vorherigen Konsultation gemäß § 69 dieses Gesetzes, und gegebenenfalls Beratung zu allen sonstigen Fragen.

[2]Im Fall einer oder eines bei einem Gericht bestellten Datenschutzbeauftragten beziehen sich diese Aufgaben nicht auf das Handeln des Gerichts im Rahmen seiner justiziellen Tätigkeit.

(2) [1]Die oder der Datenschutzbeauftragte kann andere Aufgaben und Pflichten wahrnehmen. [2]Die öffentliche Stelle stellt sicher, dass derartige Aufgaben und Pflichten nicht zu einem Interessenkonflikt führen.

(3) Die oder der Datenschutzbeauftragte trägt bei der Erfüllung ihrer oder seiner Aufgaben dem mit den Verarbeitungsvorgängen verbundenen Risiko gebührend Rechnung, wobei sie oder er die Art, den Umfang, die Umstände und die Zwecke der Verarbeitung berücksichtigt.

Kapitel 4: Die oder der Bundesbeauftragte für den Datenschutz und die Informationsfreiheit

§ 8 Errichtung

(1) [1]Die oder der Bundesbeauftragte für den Datenschutz und die Informationsfreiheit (Bundesbeauftragte) ist eine oberste Bundesbehörde. [2]Der Dienstsitz ist Bonn.

(2) Die Beamtinnen und Beamten der oder des Bundesbeauftragten sind Beamtinnen und Beamte des Bundes.

(3) [1]Die oder der Bundesbeauftragte kann Aufgaben der Personalverwaltung und Personalwirtschaft auf andere Stellen des Bundes übertragen, soweit hierdurch die Unabhängigkeit der oder des Bundesbeauftragten nicht beeinträchtigt wird. [2]Diesen Stellen dürfen personenbezogene Daten der Beschäftigten übermittelt werden, soweit deren Kenntnis zur Erfüllung der übertragenen Aufgaben erforderlich ist.

§ 9 Zuständigkeit

(1) [1]Die oder der Bundesbeauftragte ist zuständig für die Aufsicht über die öffentlichen Stellen des Bundes, auch soweit sie als öffentlich-rechtliche Unternehmen am Wettbewerb teilnehmen, sowie über Unternehmen, soweit diese für die geschäftsmäßige Erbringung von Telekommunikationsdienstleistungen Daten von natürlichen oder juristischen Personen verarbeiten und sich die

Zuständigkeit nicht bereits aus § 29 des Telekommunikation-Telemedien-Datenschutz-Gesetzes ergibt. [2]Die Vorschriften dieses Kapitels gelten auch für Auftragsverarbeiter, soweit sie nichtöffentliche Stellen sind, bei denen dem Bund die Mehrheit der Anteile gehört oder die Mehrheit der Stimmen zusteht und der Auftraggeber eine öffentliche Stelle des Bundes ist.

(2) Die oder der Bundesbeauftragte ist nicht zuständig für die Aufsicht über die von den Bundesgerichten im Rahmen ihrer justiziellen Tätigkeit vorgenommenen Verarbeitungen.

§ 10 Unabhängigkeit

(1) [1]Die oder der Bundesbeauftragte handelt bei der Erfüllung ihrer oder seiner Aufgaben und bei der Ausübung ihrer oder seiner Befugnisse völlig unabhängig. [2]Sie oder er unterliegt weder direkter noch indirekter Beeinflussung von außen und ersucht weder um Weisung noch nimmt sie oder er Weisungen entgegen.

(2) Die oder der Bundesbeauftragte unterliegt der Rechnungsprüfung durch den Bundesrechnungshof, soweit hierdurch ihre oder seine Unabhängigkeit nicht beeinträchtigt wird.

§ 11 Ernennung und Amtszeit

(1) [1]Der Deutsche Bundestag wählt ohne Aussprache auf Vorschlag der Bundesregierung die Bundesbeauftragte oder den Bundesbeauftragten mit mehr als der Hälfte der gesetzlichen Zahl seiner Mitglieder. [2]Die oder der Gewählte ist von der Bundespräsidentin oder dem Bundespräsidenten zu ernennen. [3]Die oder der Bundesbeauftragte muss bei ihrer oder seiner Wahl das 35. Lebensjahr vollendet haben. [4]Sie oder er muss über die für die Erfüllung ihrer oder seiner Aufgaben und Ausübung ihrer oder seiner Befugnisse erforderliche Qualifikation, Erfahrung und Sachkunde insbesondere im Bereich des Schutzes personenbezogener Daten verfügen. [5]Insbesondere muss die oder der Bundesbeauftragte über durch einschlägige Berufserfahrung erworbene Kenntnisse des Datenschutzrechts verfügen und die Befähigung zum Richteramt oder höheren Verwaltungsdienst haben.

(2) [1]Die oder der Bundesbeauftragte leistet vor der Bundespräsidentin oder dem Bundespräsidenten folgenden Eid: „Ich schwöre, dass ich meine Kraft dem Wohle des deutschen Volkes widmen, seinen Nutzen mehren, Schaden von ihm wenden, das Grundgesetz und die Gesetze des Bundes wahren und verteidigen, meine Pflichten gewissenhaft erfüllen und Gerechtigkeit gegen jedermann üben werde. So wahr mir Gott helfe." [2]Der Eid kann auch ohne religiöse Beteuerung geleistet werden.

(3) [1]Die Amtszeit der oder des Bundesbeauftragten beträgt fünf Jahre. [2]Einmalige Wiederwahl ist zulässig.

§ 12 Amtsverhältnis

(1) Die oder der Bundesbeauftragte steht nach Maßgabe dieses Gesetzes zum Bund in einem öffentlich-rechtlichen Amtsverhältnis.

(2) [1]Das Amtsverhältnis beginnt mit der Aushändigung der Ernennungsurkunde. [2]Es endet mit dem Ablauf der Amtszeit oder mit dem Rücktritt. [3]Die Bundespräsidentin oder der Bundespräsident enthebt auf Vorschlag der Präsidentin oder des Präsidenten des Bundestages die Bundesbeauftragte ihres oder den Bundesbeauftragten seines Amtes, wenn die oder der Bundesbeauftragte eine schwere Verfehlung begangen hat oder die Voraussetzungen für die Wahrnehmung ihrer oder seiner Aufgaben nicht mehr erfüllt. [4]Im Fall der Beendigung des Amtsverhältnisses oder der Amtsenthebung erhält die oder der Bundesbeauftragte eine von der Bundespräsidentin oder dem Bundespräsidenten vollzogene Urkunde. [5]Eine Amtsenthebung wird mit der Aushändigung der Urkunde wirksam. [6]Endet das Amtsverhältnis mit Ablauf der Amtszeit, ist die oder der Bundesbeauftragte verpflichtet, auf Ersuchen der Präsidentin oder des Präsidenten des Bundestages die Geschäfte bis zur Ernennung einer Nachfolgerin oder eines Nachfolgers für die Dauer von höchstens sechs Monaten weiterzuführen.

(3) [1]Die Leitende Beamtin oder der Leitende Beamte nimmt die Rechte der oder des Bundesbeauftragten wahr, wenn die oder der Bundesbeauftragte an der Ausübung ihres oder seines Amtes verhindert ist oder wenn ihr oder sein Amtsverhältnis endet und sie oder er nicht zur Weiterführung der Geschäfte verpflichtet ist. [2]§ 10 Absatz 1 ist entsprechend anzuwenden.

(4) [1]Die oder der Bundesbeauftragte erhält vom Beginn des Kalendermonats an, in dem das Amtsverhältnis beginnt, bis zum Schluss des Kalendermonats, in dem das Amtsverhältnis endet, im Fall des Absatzes 2 Satz 6 bis zum Ende des Monats, in dem die Geschäftsführung endet, Amtsbezüge in Höhe der Besoldungsgruppe B 11 sowie den Familienzuschlag entsprechend Anlage V des Bundesbesoldungsgesetzes. [2]Das Bundesreisekostengesetz und das Bundesumzugskostengesetz sind entsprechend anzuwenden. [3]Im Übrigen sind § 12 Absatz 6 sowie die §§ 13 bis 20 und 21a Absatz 5 des Bundesministergesetzes mit den Maßgaben anzuwenden, dass an die Stelle der vierjährigen Amtszeit in § 15 Absatz 1 des Bundesministergesetzes eine Amtszeit von fünf Jahren tritt. [4]Abweichend von Satz 3 in Verbindung mit den §§ 15 bis 17 und 21a Absatz 5 des Bundesministergesetzes berechnet sich das Ruhegehalt der oder des Bundesbeauftragten unter Hinzurechnung der Amtszeit als ruhegehaltsfähige Dienstzeit in entsprechender Anwendung des Beamtenversorgungsgesetzes, wenn dies günstiger ist und die oder der Bundesbeauftragte sich unmittelbar vor ihrer oder seiner Wahl zur oder zum Bundesbeauftragten als Beamtin oder Beamter oder als Richterin oder Richter mindestens in dem letzten gewöhnlich vor Erreichen der Besoldungsgruppe B 11 zu durchlaufenden Amt befunden hat.

(5) Zur Abmilderung der Folgen der gestiegenen Verbraucherpreise werden der oder dem Bundesbeauftragten in entsprechender Anwendung des § 14 Absatz 4 bis 8 des Bundesbesoldungsgesetzes die folgenden Sonderzahlungen gewährt:

1. für den Monat Juni 2023 eine einmalige Sonderzahlung in Höhe von 1.240 Euro sowie
2. für die Monate Juli 2023 bis Februar 2024 eine monatliche Sonderzahlung in Höhe von jeweils 220 Euro.

§ 13 Rechte und Pflichten

(1) [1]Die oder der Bundesbeauftragte sieht von allen mit den Aufgaben ihres oder seines Amtes nicht zu vereinbarenden Handlungen ab und übt während ihrer oder seiner Amtszeit keine andere mit ihrem oder seinem Amt nicht zu vereinbarende entgeltliche oder unentgeltliche Tätigkeit aus. [2]Insbesondere darf die oder der Bundesbeauftragte neben ihrem oder seinem Amt kein anderes besoldetes Amt, kein Gewerbe und keinen Beruf ausüben und weder der Leitung oder dem Aufsichtsrat oder Verwaltungsrat eines auf Erwerb gerichteten Unternehmens noch einer Regierung oder einer gesetzgebenden Körperschaft des Bundes oder eines Landes angehören. [3]Sie oder er darf nicht gegen Entgelt außergerichtliche Gutachten abgeben.

(2) [1]Die oder der Bundesbeauftragte hat der Präsidentin oder dem Präsidenten des Bundestages Mitteilung über Geschenke zu machen, die sie oder er in Bezug auf das Amt erhält. [2]Die Präsidentin oder der Präsident des Bundestages entscheidet über die Verwendung der Geschenke. [3]Sie oder er kann Verfahrensvorschriften erlassen.

(3) [1]Die oder der Bundesbeauftragte ist berechtigt, über Personen, die ihr oder ihm in ihrer oder seiner Eigenschaft als Bundesbeauftragte oder Bundesbeauftragter Tatsachen anvertraut haben, sowie über diese Tatsachen selbst das Zeugnis zu verweigern. [2]Dies gilt auch für die Mitarbeiterinnen und Mitarbeiter der oder des Bundesbeauftragten mit der Maßgabe, dass über die Ausübung dieses Rechts die oder der Bundesbeauftragte entscheidet. [3]Soweit das Zeugnisverweigerungsrecht der oder des Bundesbeauftragten reicht, darf die Vorlegung oder Auslieferung von Akten oder anderen Dokumenten von ihr oder ihm nicht gefordert werden.

(4) [1]Die oder der Bundesbeauftragte ist, auch nach Beendigung ihres oder seines Amtsverhältnisses, verpflichtet, über die ihr oder ihm amtlich bekanntgewordenen Angelegenheiten Verschwiegenheit zu bewahren. [2]Dies gilt nicht für Mitteilungen im dienstlichen Verkehr oder über Tatsachen, die offenkundig sind oder ihrer Bedeutung nach keiner Geheimhaltung bedürfen. [3]Die oder der Bundesbeauftragte entscheidet nach pflichtgemäßem Ermessen, ob und inwieweit sie oder er über solche Angelegenheiten vor Gericht oder außergerichtlich aussagt oder Erklärungen abgibt; wenn sie oder er nicht mehr im Amt ist, ist die Genehmigung der oder des amtierenden Bundesbeauftragten erforderlich. [4]Unberührt bleibt die gesetzlich begründete Pflicht, Straftaten anzuzeigen und bei einer Gefährdung der freiheitlichen demokratischen Grundordnung für deren Erhaltung einzutreten. [5]Für die Bundesbeauftragte oder den Bundesbeauftragten und ihre oder seine Mitarbeiterinnen und Mitarbeiter gelten die §§ 93, 97 und 105 Absatz 1, § 111 Absatz 5 in Verbindung mit § 105 Absatz 1 sowie § 116 Absatz 1 der Abgabenordnung nicht. [6]Satz 5 findet keine Anwendung, soweit die Finanzbehörden die Kenntnis für die Durchführung eines Verfahrens wegen einer Steuerstraftat sowie eines damit zusammenhängenden Steuerverfahrens benötigen, an deren Verfolgung ein zwingendes öffentliches Interesse besteht, oder soweit es sich um vorsätzlich falsche Angaben der oder des Auskunftspflichtigen oder der für sie oder ihn tätigen Personen handelt. [7]Stellt die oder der Bundesbeauftragte einen Datenschutzverstoß fest, ist sie oder er befugt, diesen anzuzeigen und die betroffene Person hierüber zu informieren.

(5) [1]Die oder der Bundesbeauftragte darf als Zeugin oder Zeuge aussagen, es sei denn, die Aussage würde

1. dem Wohl des Bundes oder eines Landes Nachteile bereiten, insbesondere Nachteile für die Sicherheit der Bundesrepublik Deutschland oder ihre Beziehungen zu anderen Staaten, oder
2. Grundrechte verletzen.

[2]Betrifft die Aussage laufende oder abgeschlossene Vorgänge, die dem Kernbereich exekutiver Eigenverantwortung der Bundesregierung zuzurechnen sind oder sein könnten, darf die oder der Bundesbeauftragte nur im Benehmen mit der Bundesregierung aussagen. [3]§ 28 des Bundesverfassungsgerichtsgesetzes bleibt unberührt.

(6) Die Absätze 3 und 4 Satz 5 bis 7 gelten entsprechend für die öffentlichen Stellen, die für die Kontrolle der Einhaltung der Vorschriften über den Datenschutz in den Ländern zuständig sind.

§ 14 Aufgaben

(1) [1]Die oder der Bundesbeauftragte hat neben den in der Verordnung (EU) 2016/679 genannten Aufgaben die Aufgaben,

1. die Anwendung dieses Gesetzes und sonstiger Vorschriften über den Datenschutz, einschließlich der zur Umsetzung der Richtlinie (EU) 2016/680 erlassenen Rechtsvorschriften, zu überwachen und durchzusetzen,
2. die Öffentlichkeit für die Risiken, Vorschriften, Garantien und Rechte im Zusammenhang mit der Verarbeitung personenbezogener Daten zu sensibilisieren und sie darüber aufzuklären, wobei spezifische Maßnahmen für Kinder besondere Beachtung finden,
3. den Deutschen Bundestag und den Bundesrat, die Bundesregierung und andere Einrichtungen und Gremien über legislative und administrative Maßnahmen zum Schutz der Rechte und Freiheiten natürlicher Personen in Bezug auf die Verarbeitung personenbezogener Daten zu beraten,
4. die Verantwortlichen und die Auftragsverarbeiter für die ihnen aus diesem Gesetz und sonstigen Vorschriften über den Datenschutz, einschließlich den zur Umsetzung der Richtlinie (EU) 2016/680 erlassenen Rechtsvorschriften, entstehenden Pflichten zu sensibilisieren,
5. auf Anfrage jeder betroffenen Person Informationen über die Ausübung ihrer Rechte aufgrund dieses Gesetzes und sonstiger Vorschriften über den Datenschutz, einschließlich der zur Umsetzung der Richtlinie (EU) 2016/680 erlassenen Rechtsvorschriften, zur Verfügung zu stellen und gegebenenfalls zu diesem Zweck mit den Aufsichtsbehörden in anderen Mitgliedstaaten zusammenzuarbeiten,
6. sich mit Beschwerden einer betroffenen Person oder Beschwerden einer Stelle, einer Organisation oder eines Verbandes gemäß Artikel 55 der Richtlinie (EU) 2016/680 zu befassen, den Gegenstand der Beschwerde in angemessenem Umfang zu untersuchen und den Beschwerdeführer innerhalb einer angemessenen Frist über den Fortgang und das Ergebnis der Untersuchung

zu unterrichten, insbesondere, wenn eine weitere Untersuchung oder Koordinierung mit einer anderen Aufsichtsbehörde notwendig ist,

7. mit anderen Aufsichtsbehörden zusammenzuarbeiten, auch durch Informationsaustausch, und ihnen Amtshilfe zu leisten, um die einheitliche Anwendung und Durchsetzung dieses Gesetzes und sonstiger Vorschriften über den Datenschutz, einschließlich der zur Umsetzung der Richtlinie (EU) 2016/680 erlassenen Rechtsvorschriften, zu gewährleisten,
8. Untersuchungen über die Anwendung dieses Gesetzes und sonstiger Vorschriften über den Datenschutz, einschließlich der zur Umsetzung der Richtlinie (EU) 2016/680 erlassenen Rechtsvorschriften, durchzuführen, auch auf der Grundlage von Informationen einer anderen Aufsichtsbehörde oder einer anderen Behörde,
9. maßgebliche Entwicklungen zu verfolgen, soweit sie sich auf den Schutz personenbezogener Daten auswirken, insbesondere die Entwicklung der Informations- und Kommunikationstechnologie und der Geschäftspraktiken,
10. Beratung in Bezug auf die in § 69 genannten Verarbeitungsvorgänge zu leisten und
11. Beiträge zur Tätigkeit des Europäischen Datenschutzausschusses zu leisten.

[2]Im Anwendungsbereich der Richtlinie (EU) 2016/680 nimmt die oder der Bundesbeauftragte zudem die Aufgabe nach § 60 wahr.

(2) [1]Zur Erfüllung der in Absatz 1 Satz 1 Nummer 3 genannten Aufgabe kann die oder der Bundesbeauftragte zu allen Fragen, die im Zusammenhang mit dem Schutz personenbezogener Daten stehen, von sich aus oder auf Anfrage Stellungnahmen an den Deutschen Bundestag oder einen seiner Ausschüsse, den Bundesrat, die Bundesregierung, sonstige Einrichtungen und Stellen sowie an die Öffentlichkeit richten. [2]Auf Ersuchen des Deutschen Bundestages, eines seiner Ausschüsse oder der Bundesregierung geht die oder der Bundesbeauftragte ferner Hinweisen auf Angelegenheiten und Vorgänge des Datenschutzes bei den öffentlichen Stellen des Bundes nach.

(3) Die oder der Bundesbeauftragte erleichtert das Einreichen der in Absatz 1 Satz 1 Nummer 6 genannten Beschwerden durch Maßnahmen wie etwa die Bereitstellung eines Beschwerdeformulars, das auch elektronisch ausgefüllt werden kann, ohne dass andere Kommunikationsmittel ausgeschlossen werden.

(4) [1]Die Erfüllung der Aufgaben der oder des Bundesbeauftragten ist für die betroffene Person unentgeltlich. [2]Bei offenkundig unbegründeten oder, insbesondere im Fall von häufiger Wiederholung, exzessiven Anfragen kann die oder der Bundesbeauftragte eine angemessene Gebühr auf der Grundlage der Verwaltungskosten verlangen oder sich weigern, aufgrund der Anfrage tätig zu werden. [3]In diesem Fall trägt die oder der Bundesbeauftragte die Beweislast für den offenkundig unbegründeten oder exzessiven Charakter der Anfrage.

§ 15 Tätigkeitsbericht

[1]Die oder der Bundesbeauftragte erstellt einen Jahresbericht über ihre oder seine Tätigkeit, der eine Liste der Arten der gemeldeten Verstöße und der Arten der getroffenen Maßnahmen, einschließlich der verhängten Sanktionen und der Maßnahmen nach Artikel 58 Absatz 2 der Verordnung (EU) 2016/679, enthalten kann. [2]Die oder der Bundesbeauftragte übermittelt den Bericht dem Deutschen Bundestag, dem Bundesrat und der Bundesregierung und macht ihn der Öffentlichkeit, der Europäischen Kommission und dem Europäischen Datenschutzausschuss zugänglich.

§ 16 Befugnisse

(1) [1]Die oder der Bundesbeauftragte nimmt im Anwendungsbereich der Verordnung (EU) 2016/679 die Befugnisse gemäß Artikel 58 der Verordnung (EU) 2016/679 wahr. [2]Kommt die oder der Bundesbeauftragte zu dem Ergebnis, dass Verstöße gegen die Vorschriften über den Datenschutz oder sonstige Mängel bei der Verarbeitung personenbezogener Daten vorliegen, teilt sie oder er dies der zuständigen Rechts- oder Fachaufsichtsbehörde mit und gibt dieser vor der Ausübung der Befugnisse des Artikels 58 Absatz 2 Buchstabe b bis g, i und j der Verordnung (EU) 2016/679 gegenüber dem Verantwortlichen Gelegenheit zur Stellungnahme innerhalb einer angemessenen Frist. [3]Von der Einräumung der Gelegenheit zur Stellungnahme kann abgesehen werden, wenn eine sofortige Entscheidung wegen Gefahr im Verzug oder im öffentlichen Interesse notwendig erscheint oder ihr ein zwingendes öffentliches Interesse entgegensteht. [4]Die Stellungnahme soll auch eine Darstellung der Maßnahmen enthalten, die aufgrund der Mitteilung der oder des Bundesbeauftragten getroffen worden sind.

(2) [1]Stellt die oder der Bundesbeauftragte bei Datenverarbeitungen durch öffentliche Stellen des Bundes zu Zwecken außerhalb des Anwendungsbereichs der Verordnung (EU) 2016/679 Verstöße gegen die Vorschriften dieses Gesetzes oder gegen andere Vorschriften über den Datenschutz oder sonstige Mängel bei der Verarbeitung oder Nutzung personenbezogener Daten fest, so beanstandet sie oder er dies gegenüber der zuständigen obersten Bundesbehörde und fordert diese zur Stellungnahme innerhalb einer von ihr oder ihm zu bestimmenden Frist auf. [2]Die oder der Bundesbeauftragte kann von einer Beanstandung absehen oder auf eine Stellungnahme verzichten, insbesondere wenn es sich um unerhebliche oder inzwischen beseitigte Mängel handelt. [3]Die Stellungnahme soll auch eine Darstellung der Maßnahmen enthalten, die aufgrund der Beanstandung der oder des Bundesbeauftragten getroffen worden sind. [4]Die oder der Bundesbeauftragte kann den Verantwortlichen auch davor warnen, dass beabsichtigte Verarbeitungsvorgänge voraussichtlich gegen in diesem Gesetz enthaltene und andere auf die jeweilige Datenverarbeitung anzuwendende Vorschriften über den Datenschutz verstoßen.

(3) [1]Die Befugnisse der oder des Bundesbeauftragten erstrecken sich auch auf

1. von ihrer oder seiner Aufsicht unterliegenden Stellen erlangte personenbezogene Daten über den Inhalt und die näheren Umstände des Brief-, Post- und Fernmeldeverkehrs und
2. personenbezogene Daten, die einem besonderen Amtsgeheimnis, insbesondere dem Steuergeheimnis nach § 30 der Abgabenordnung, unterliegen.

[2]Das Grundrecht des Brief-, Post- und Fernmeldegeheimnisses des Artikels 10 des Grundgesetzes wird insoweit eingeschränkt.

(4) [1]Die öffentlichen Stellen des Bundes sind verpflichtet, der oder dem Bundesbeauftragten und ihren oder seinen Beauftragten

1. jederzeit Zugang zu den Grundstücken und Diensträumen, einschließlich aller Datenverarbeitungsanlagen und -geräte, sowie zu allen personenbezogenen Daten und Informationen, die zur Erfüllung ihrer oder seiner Aufgaben notwendig sind, zu gewähren und
2. alle Informationen, die für die Erfüllung ihrer oder seiner Aufgaben erforderlich sind, bereitzustellen.

[2]Für nichtöffentliche Stellen besteht die Verpflichtung des Satzes 1 Nummer 1 nur während der üblichen Betriebs- und Geschäftszeiten.

(5) [1]Die oder der Bundesbeauftragte wirkt auf die Zusammenarbeit mit den öffentlichen Stellen, die für die Kontrolle der Einhaltung der Vorschriften über den Datenschutz in den Ländern zuständig sind, sowie mit den Aufsichtsbehörden nach § 40 hin. [2]§ 40 Absatz 3 Satz 1 zweiter Halbsatz gilt entsprechend.

Kapitel 5: Vertretung im Europäischen Datenschutzausschuss, zentrale Anlaufstelle, Zusammenarbeit der Aufsichtsbehörden des Bundes und der Länder in Angelegenheiten der Europäischen Union

§ 17 Vertretung im Europäischen Datenschutzausschuss, zentrale Anlaufstelle

(1) [1]Gemeinsamer Vertreter im Europäischen Datenschutzausschuss und zentrale Anlaufstelle ist die oder der Bundesbeauftragte (gemeinsamer Vertreter). [2]Als Stellvertreterin oder Stellvertreter des gemeinsamen Vertreters wählt der Bundesrat eine Leiterin oder einen Leiter der Aufsichtsbehörde eines Landes (Stellvertreter). [3]Die Wahl erfolgt für fünf Jahre. [4]Mit dem Ausscheiden aus dem Amt als Leiterin oder Leiter der Aufsichtsbehörde eines Landes endet zugleich die Funktion als Stellvertreter. [5]Wiederwahl ist zulässig.

(2) Der gemeinsame Vertreter überträgt in Angelegenheiten, die die Wahrnehmung einer Aufgabe betreffen, für welche die Länder allein das Recht zur Gesetzgebung haben, oder welche die Einrichtung oder das Verfahren von Landesbehörden betreffen, dem Stellvertreter auf dessen Verlangen die Verhandlungsführung und das Stimmrecht im Europäischen Datenschutzausschuss.

§ 18 Verfahren der Zusammenarbeit der Aufsichtsbehörden des Bundes und der Länder

(1) [1]Die oder der Bundesbeauftragte und die Aufsichtsbehörden der Länder (Aufsichtsbehörden des Bundes und der Länder) arbeiten in Angelegenheiten der Europäischen Union mit dem Ziel einer einheitlichen Anwendung der Verordnung (EU) 2016/679 und der Richtlinie (EU) 2016/680 zusammen. [2]Vor der Übermittlung eines gemeinsamen Standpunktes an die Aufsichtsbehörden der anderen Mitgliedstaaten, die Europäische Kommission oder den Europäischen Datenschutzausschuss geben sich die Aufsichtsbehörden des Bundes und der Länder frühzeitig Gelegenheit zur Stellungnahme. [3]Zu diesem Zweck tauschen sie untereinander alle zweckdienlichen Informationen aus. [4]Die Aufsichtsbehörden des Bundes und der Länder beteiligen die nach den Artikeln 85 und 91 der Verordnung (EU) 2016/679 eingerichteten spezifischen Aufsichtsbehörden, sofern diese von der Angelegenheit betroffen sind.

(2) [1]Soweit die Aufsichtsbehörden des Bundes und der Länder kein Einvernehmen über den gemeinsamen Standpunkt erzielen, legen die federführende Behörde oder in Ermangelung einer solchen der gemeinsame Vertreter und sein Stellvertreter einen Vorschlag für einen gemeinsamen Standpunkt vor. [2]Einigen sich der gemeinsame Vertreter und sein Stellvertreter nicht auf einen Vorschlag für einen gemeinsamen Standpunkt, legt in Angelegenheiten, die die Wahrnehmung von Aufgaben betreffen, für welche die Länder allein das Recht der Gesetzgebung haben, oder welche die Einrichtung oder das Verfahren von Landesbehörden betreffen, der Stellvertreter den Vorschlag für einen gemeinsamen Standpunkt fest. [3]In den übrigen Fällen fehlenden Einvernehmens nach Satz 2 legt der gemeinsame Vertreter den Standpunkt fest. [4]Der nach den Sätzen 1 bis 3 vorgeschlagene Standpunkt ist den Verhandlungen zu Grunde zu legen, wenn nicht die Aufsichtsbehörden von Bund und Ländern einen anderen Standpunkt mit einfacher Mehrheit beschließen. [5]Der Bund und jedes Land haben jeweils eine Stimme. [6]Enthaltungen werden nicht gezählt.

(3) [1]Der gemeinsame Vertreter und dessen Stellvertreter sind an den gemeinsamen Standpunkt nach den Absätzen 1 und 2 gebunden und legen unter Beachtung dieses Standpunktes einvernehmlich die jeweilige Verhandlungsführung fest. [2]Sollte ein Einvernehmen nicht erreicht werden, entscheidet in den in § 18 Absatz 2 Satz 2 genannten Angelegenheiten der Stellvertreter über die weitere Verhandlungsführung. [3]In den übrigen Fällen gibt die Stimme des gemeinsamen Vertreters den Ausschlag.

§ 19 Zuständigkeiten

(1) [1]Federführende Aufsichtsbehörde eines Landes im Verfahren der Zusammenarbeit und Kohärenz nach Kapitel VII der Verordnung (EU) 2016/679 ist die Aufsichtsbehörde des Landes, in dem der Verantwortliche oder der Auftragsverarbeiter seine Hauptniederlassung im Sinne des Artikels 4 Nummer 16 der Verordnung (EU) 2016/679 oder seine einzige Niederlassung in der Europäischen Union im Sinne des Artikels 56 Absatz 1 der Verordnung (EU) 2016/679 hat. [2]Im Zuständigkeitsbereich der oder des Bundesbeauftragten gilt Artikel 56 Absatz 1 in Verbindung mit Artikel 4 Nummer 16 der Verordnung (EU) 2016/679 entsprechend. [3]Besteht über die Federführung kein Einvernehmen, findet für die Festlegung der federführenden Aufsichtsbehörde das Verfahren des § 18 Absatz 2 entsprechende Anwendung.

(2) [1]Die Aufsichtsbehörde, bei der eine betroffene Person Beschwerde eingereicht hat, gibt die Beschwerde an die federführende Aufsichtsbehörde nach Absatz 1, in Ermangelung einer solchen an die Aufsichtsbehörde eines Landes ab, in dem der Verantwortliche oder der Auftragsverarbeiter eine Niederlassung hat. [2]Wird eine Beschwerde bei einer sachlich unzuständigen Aufsichtsbehörde eingereicht, gibt diese, sofern eine Abgabe nach Satz 1 nicht in Betracht kommt, die Beschwerde an die Aufsichtsbehörde

am Wohnsitz des Beschwerdeführers ab. [3]Die empfangende Aufsichtsbehörde gilt als die Aufsichtsbehörde nach Maßgabe des Kapitels VII der Verordnung (EU) 2016/679, bei der die Beschwerde eingereicht worden ist, und kommt den Verpflichtungen aus Artikel 60 Absatz 7 bis 9 und Artikel 65 Absatz 6 der Verordnung (EU) 2016/679 nach. [4]Im Zuständigkeitsbereich der oder des Bundesbeauftragten gibt die Aufsichtsbehörde, bei der eine Beschwerde eingereicht wurde, diese, sofern eine Abgabe nach Absatz 1 nicht in Betracht kommt, an den Bundesbeauftragten oder die Bundesbeauftragte ab.

Kapitel 6: Rechtsbehelfe

§ 20 Gerichtlicher Rechtsschutz

(1) [1]Für Streitigkeiten zwischen einer natürlichen oder einer juristischen Person und einer Aufsichtsbehörde des Bundes oder eines Landes über Rechte gemäß Artikel 78 Absatz 1 und 2 der Verordnung (EU) 2016/679 sowie § 61 ist der Verwaltungsrechtsweg gegeben. [2]Satz 1 gilt nicht für Bußgeldverfahren.

(2) Die Verwaltungsgerichtsordnung ist nach Maßgabe der Absätze 3 bis 7 anzuwenden.

(3) Für Verfahren nach Absatz 1 Satz 1 ist das Verwaltungsgericht örtlich zuständig, in dessen Bezirk die Aufsichtsbehörde ihren Sitz hat.

(4) In Verfahren nach Absatz 1 Satz 1 ist die Aufsichtsbehörde beteiligungsfähig.

(5) [1]Beteiligte eines Verfahrens nach Absatz 1 Satz 1 sind

1. die natürliche oder juristische Person als Klägerin oder Antragstellerin und
2. die Aufsichtsbehörde als Beklagte oder Antragsgegnerin.

[2]§ 63 Nummer 3 und 4 der Verwaltungsgerichtsordnung bleibt unberührt.

(6) Ein Vorverfahren findet nicht statt.

(7) Die Aufsichtsbehörde darf gegenüber einer Behörde oder deren Rechtsträger nicht die sofortige Vollziehung gemäß § 80 Absatz 2 Satz 1 Nummer 4 der Verwaltungsgerichtsordnung anordnen.

§ 21 Antrag der Aufsichtsbehörde auf gerichtliche Entscheidung bei angenommener Rechtswidrigkeit eines Beschlusses der Europäischen Kommission

(1) Hält eine Aufsichtsbehörde einen Angemessenheitsbeschluss der Europäischen Kommission, einen Beschluss über die Anerkennung von Standardschutzklauseln oder über die Allgemeingültigkeit von genehmigten Verhaltensregeln, auf dessen Gültigkeit es für eine Entscheidung der Aufsichtsbehörde ankommt, für rechtswidrig, so hat die Aufsichtsbehörde ihr Verfahren auszusetzen und einen Antrag auf gerichtliche Entscheidung zu stellen.

(2) [1]Für Verfahren nach Absatz 1 ist der Verwaltungsrechtsweg gegeben. [2]Die Verwaltungsgerichtsordnung ist nach Maßgabe der Absätze 3 bis 6 anzuwenden.

(3) Über einen Antrag der Aufsichtsbehörde nach Absatz 1 entscheidet im ersten und letzten Rechtszug das Bundesverwaltungsgericht.

(4) [1]In Verfahren nach Absatz 1 ist die Aufsichtsbehörde beteiligungsfähig. [2]An einem Verfahren nach Absatz 1 ist die Aufsichtsbehörde als Antragstellerin beteiligt; § 63 Nummer 3 und 4 der Verwaltungsgerichtsordnung bleibt unberührt. [3]Das Bundesverwaltungsgericht kann der Europäischen Kommission Gelegenheit zur Äußerung binnen einer zu bestimmenden Frist geben.

(5) Ist ein Verfahren zur Überprüfung der Gültigkeit eines Beschlusses der Europäischen Kommission nach Absatz 1 bei dem Gerichtshof der Europäischen Union anhängig, so kann das Bundesverwaltungsgericht anordnen, dass die Verhandlung bis zur Erledigung des Verfahrens vor dem Gerichtshof der Europäischen Union auszusetzen sei.

(6) [1]In Verfahren nach Absatz 1 ist § 47 Absatz 5 Satz 1 und Absatz 6 der Verwaltungsgerichtsordnung entsprechend anzuwenden. [2]Kommt das Bundesverwaltungsgericht zu der Überzeugung, dass der Beschluss der Europäischen Kommission nach Absatz 1 gültig ist, so stellt es dies in seiner Entscheidung fest. [3]Andernfalls legt es die Frage nach der Gültigkeit des Beschlusses gemäß Artikel 267 des Vertrags über die Arbeitsweise der Europäischen Union dem Gerichtshof der Europäischen Union zur Entscheidung vor.

Teil 2: Durchführungsbestimmungen für Verarbeitungen zu Zwecken gemäß Artikel 2 der Verordnung (EU) 2016/679

Kapitel 1: Rechtsgrundlagen der Verarbeitung personenbezogener Daten

Abschnitt 1: Verarbeitung besonderer Kategorien personenbezogener Daten und Verarbeitung zu anderen Zwecken

§ 22 Verarbeitung besonderer Kategorien personenbezogener Daten

(1) Abweichend von Artikel 9 Absatz 1 der Verordnung (EU) 2016/679 ist die Verarbeitung besonderer Kategorien personenbezogener Daten im Sinne des Artikels 9 Absatz 1 der Verordnung (EU) 2016/679 zulässig

1. durch öffentliche und nichtöffentliche Stellen, wenn sie
   a) erforderlich ist, um die aus dem Recht der sozialen Sicherheit und des Sozialschutzes erwachsenden Rechte auszuüben und den diesbezüglichen Pflichten nachzukommen,
   b) zum Zweck der Gesundheitsvorsorge, für die Beurteilung der Arbeitsfähigkeit des Beschäftigten, für die medizinische Diagnostik, die Versorgung oder Behandlung im Gesundheits- oder Sozialbereich oder für die Verwaltung von Systemen

und Diensten im Gesundheits- und Sozialbereich oder aufgrund eines Vertrags der betroffenen Person mit einem Angehörigen eines Gesundheitsberufs erforderlich ist und diese Daten von ärztlichem Personal oder durch sonstige Personen, die einer entsprechenden Geheimhaltungspflicht unterliegen, oder unter deren Verantwortung verarbeitet werden,
   c) aus Gründen des öffentlichen Interesses im Bereich der öffentlichen Gesundheit, wie des Schutzes vor schwerwiegenden grenzüberschreitenden Gesundheitsgefahren oder zur Gewährleistung hoher Qualitäts- und Sicherheitsstandards bei der Gesundheitsversorgung und bei Arzneimitteln und Medizinprodukten erforderlich ist; ergänzend zu den in Absatz 2 genannten Maßnahmen sind insbesondere die berufsrechtlichen und strafrechtlichen Vorgaben zur Wahrung des Berufsgeheimnisses einzuhalten, oder
   d) aus Gründen eines erheblichen öffentlichen Interesses zwingend erforderlich ist,
2. durch öffentliche Stellen, wenn sie
   a) zur Abwehr einer erheblichen Gefahr für die öffentliche Sicherheit erforderlich ist,
   b) zur Abwehr erheblicher Nachteile für das Gemeinwohl oder zur Wahrung erheblicher Belange des Gemeinwohls zwingend erforderlich ist oder
   c) aus zwingenden Gründen der Verteidigung oder der Erfüllung über- oder zwischenstaatlicher Verpflichtungen einer öffentlichen Stelle des Bundes auf dem Gebiet der Krisenbewältigung oder Konfliktverhinderung oder für humanitäre Maßnahmen erforderlich ist

und soweit die Interessen des Verantwortlichen an der Datenverarbeitung in den Fällen der Nummer 1 Buchstabe d und der Nummer 2 die Interessen der betroffenen Person überwiegen.

(2) [1]In den Fällen des Absatzes 1 sind angemessene und spezifische Maßnahmen zur Wahrung der Interessen der betroffenen Person vorzusehen. [2]Unter Berücksichtigung des Stands der Technik, der Implementierungskosten und der Art, des Umfangs, der Umstände und der Zwecke der Verarbeitung sowie der unterschiedlichen Eintrittswahrscheinlichkeit und Schwere der mit der Verarbeitung verbundenen Risiken für die Rechte und Freiheiten natürlicher Personen können dazu insbesondere gehören:

1. technisch organisatorische Maßnahmen, um sicherzustellen, dass die Verarbeitung gemäß der Verordnung (EU) 2016/679 erfolgt,
2. Maßnahmen, die gewährleisten, dass nachträglich überprüft und festgestellt werden kann, ob und von wem personenbezogene Daten eingegeben, verändert oder entfernt worden sind,
3. Sensibilisierung der an Verarbeitungsvorgängen Beteiligten,
4. Benennung einer oder eines Datenschutzbeauftragten,
5. Beschränkung des Zugangs zu den personenbezogenen Daten innerhalb der verantwortlichen Stelle und von Auftragsverarbeitern,
6. Pseudonymisierung personenbezogener Daten,
7. Verschlüsselung personenbezogener Daten,
8. Sicherstellung der Fähigkeit, Vertraulichkeit, Integrität, Verfügbarkeit und Belastbarkeit der Systeme und Dienste im Zusammenhang mit der Verarbeitung personenbezogener Daten, einschließlich der Fähigkeit, die Verfügbarkeit und den Zugang bei einem physischen oder technischen Zwischenfall rasch wiederherzustellen,
9. zur Gewährleistung der Sicherheit der Verarbeitung die Einrichtung eines Verfahrens zur regelmäßigen Überprüfung, Bewertung und Evaluierung der Wirksamkeit der technischen und organisatorischen Maßnahmen oder
10. spezifische Verfahrensregelungen, die im Fall einer Übermittlung oder Verarbeitung für andere Zwecke die Einhaltung der Vorgaben dieses Gesetzes sowie der Verordnung (EU) 2016/679 sicherstellen.

§ 23 Verarbeitung zu anderen Zwecken durch öffentliche Stellen

(1) Die Verarbeitung personenbezogener Daten zu einem anderen Zweck als zu demjenigen, zu dem die Daten erhoben wurden, durch öffentliche Stellen im Rahmen ihrer Aufgabenerfüllung ist zulässig, wenn

1. offensichtlich ist, dass sie im Interesse der betroffenen Person liegt und kein Grund zu der Annahme besteht, dass sie in Kenntnis des anderen Zwecks ihre Einwilligung verweigern würde,
2. Angaben der betroffenen Person überprüft werden müssen, weil tatsächliche Anhaltspunkte für deren Unrichtigkeit bestehen,
3. sie zur Abwehr erheblicher Nachteile für das Gemeinwohl oder einer Gefahr für die öffentliche Sicherheit, die Verteidigung oder die nationale Sicherheit, zur Wahrung erheblicher Belange des Gemeinwohls oder zur Sicherung des Steuer- und Zollaufkommens erforderlich ist,
4. sie zur Verfolgung von Straftaten oder Ordnungswidrigkeiten, zur Vollstreckung oder zum Vollzug von Strafen oder Maßnahmen im Sinne des § 11 Absatz 1 Nummer 8 des Strafgesetzbuchs oder von Erziehungsmaßregeln oder Zuchtmitteln im Sinne des Jugendgerichtsgesetzes oder zur Vollstreckung von Geldbußen erforderlich ist,
5. sie zur Abwehr einer schwerwiegenden Beeinträchtigung der Rechte einer anderen Person erforderlich ist oder
6. sie der Wahrnehmung von Aufsichts- und Kontrollbefugnissen, der Rechnungsprüfung oder der Durchführung von Organisationsuntersuchungen des Verantwortlichen dient; dies gilt auch für die Verarbeitung zu Ausbildungs- und Prüfungszwecken durch den Verantwortlichen, soweit schutzwürdige Interessen der betroffenen Person dem nicht entgegenstehen.

(2) Die Verarbeitung besonderer Kategorien personenbezogener Daten im Sinne des Artikels 9 Absatz 1 der Verordnung (EU) 2016/679 zu einem anderen Zweck als zu demjenigen, zu dem die Daten erhoben wurden, ist zulässig, wenn die Voraussetzungen des Absatzes 1 und ein Ausnahmetatbestand nach Artikel 9 Absatz 2 der Verordnung (EU) 2016/679 oder nach § 22 vorliegen.

§ 24 Verarbeitung zu anderen Zwecken durch nichtöffentliche Stellen

(1) Die Verarbeitung personenbezogener Daten zu einem anderen Zweck als zu demjenigen, zu dem die Daten erhoben wurden, durch nichtöffentliche Stellen ist zulässig, wenn

1. sie zur Abwehr von Gefahren für die staatliche oder öffentliche Sicherheit oder zur Verfolgung von Straftaten erforderlich ist oder
2. sie zur Geltendmachung, Ausübung oder Verteidigung zivilrechtlicher Ansprüche erforderlich ist,

sofern nicht die Interessen der betroffenen Person an dem Ausschluss der Verarbeitung überwiegen.

(2) Die Verarbeitung besonderer Kategorien personenbezogener Daten im Sinne des Artikels 9 Absatz 1 der Verordnung (EU) 2016/679 zu einem anderen Zweck als zu demjenigen, zu dem die Daten erhoben wurden, ist zulässig, wenn die Voraussetzungen des Absatzes 1 und ein Ausnahmetatbestand nach Artikel 9 Absatz 2 der Verordnung (EU) 2016/679 oder nach § 22 vorliegen.

§ 25 Datenübermittlungen durch öffentliche Stellen

(1) [1]Die Übermittlung personenbezogener Daten durch öffentliche Stellen an öffentliche Stellen ist zulässig, wenn sie zur Erfüllung der in der Zuständigkeit der übermittelnden Stelle oder des Dritten, an den die Daten übermittelt werden, liegenden Aufgaben erforderlich ist und die Voraussetzungen vorliegen, die eine Verarbeitung nach § 23 zulassen würden. [2]Der Dritte, an den die Daten übermittelt werden, darf diese nur für den Zweck verarbeiten, zu dessen Erfüllung sie ihm übermittelt werden. [3]Eine Verarbeitung für andere Zwecke ist unter den Voraussetzungen des § 23 zulässig.

(2) [1]Die Übermittlung personenbezogener Daten durch öffentliche Stellen an nichtöffentliche Stellen ist zulässig, wenn

1. sie zur Erfüllung der in der Zuständigkeit der übermittelnden Stelle liegenden Aufgaben erforderlich ist und die Voraussetzungen vorliegen, die eine Verarbeitung nach § 23 zulassen würden,
2. der Dritte, an den die Daten übermittelt werden, ein berechtigtes Interesse an der Kenntnis der zu übermittelnden Daten glaubhaft darlegt und die betroffene Person kein schutzwürdiges Interesse an dem Ausschluss der Übermittlung hat oder
3. es zur Geltendmachung, Ausübung oder Verteidigung rechtlicher Ansprüche erforderlich ist

und der Dritte sich gegenüber der übermittelnden öffentlichen Stelle verpflichtet hat, die Daten nur für den Zweck zu verarbeiten, zu dessen Erfüllung sie ihm übermittelt werden. [2]Eine Verarbeitung für andere Zwecke ist zulässig, wenn eine Übermittlung nach Satz 1 zulässig wäre und die übermittelnde Stelle zugestimmt hat.

(3) Die Übermittlung besonderer Kategorien personenbezogener Daten im Sinne des Artikels 9 Absatz 1 der Verordnung (EU) 2016/679 ist zulässig, wenn die Voraussetzungen des Absatzes 1 oder 2 und ein Ausnahmetatbestand nach Artikel 9 Absatz 2 der Verordnung (EU) 2016/679 oder nach § 22 vorliegen.

Abschnitt 2: Besondere Verarbeitungssituationen

§ 26 Datenverarbeitung für Zwecke des Beschäftigungsverhältnisses

(1) [1]Personenbezogene Daten von Beschäftigten dürfen für Zwecke des Beschäftigungsverhältnisses verarbeitet werden, wenn dies für die Entscheidung über die Begründung eines Beschäftigungsverhältnisses oder nach Begründung des Beschäftigungsverhältnisses für dessen Durchführung oder Beendigung oder zur Ausübung oder Erfüllung der sich aus einem Gesetz oder einem Tarifvertrag, einer Betriebs- oder Dienstvereinbarung (Kollektivvereinbarung) ergebenden Rechte und Pflichten der Interessenvertretung der Beschäftigten erforderlich ist. [2]Zur Aufdeckung von Straftaten dürfen personenbezogene Daten von Beschäftigten nur dann verarbeitet werden, wenn zu dokumentierende tatsächliche Anhaltspunkte den Verdacht begründen, dass die betroffene Person im Beschäftigungsverhältnis eine Straftat begangen hat, die Verarbeitung zur Aufdeckung erforderlich ist und das schutzwürdige Interesse der oder des Beschäftigten an dem Ausschluss der Verarbeitung nicht überwiegt, insbesondere Art und Ausmaß im Hinblick auf den Anlass nicht unverhältnismäßig sind.

(2) [1]Erfolgt die Verarbeitung personenbezogener Daten von Beschäftigten auf der Grundlage einer Einwilligung, so sind für die Beurteilung der Freiwilligkeit der Einwilligung insbesondere die im Beschäftigungsverhältnis bestehende Abhängigkeit der beschäftigten Person sowie die Umstände, unter denen die Einwilligung erteilt worden ist, zu berücksichtigen. [2]Freiwilligkeit kann insbesondere vorliegen, wenn für die beschäftigte Person ein rechtlicher oder wirtschaftlicher Vorteil erreicht wird oder Arbeitgeber und beschäftigte Person gleichgelagerte Interessen verfolgen. [3]Die Einwilligung hat schriftlich oder elektronisch zu erfolgen, soweit nicht wegen besonderer Umstände eine andere Form angemessen ist. [4]Der Arbeitgeber hat die beschäftigte Person über den Zweck der Datenverarbeitung und über ihr Widerrufsrecht nach Artikel 7 Absatz 3 der Verordnung (EU) 2016/679 in Textform aufzuklären.

(3) [1]Abweichend von Artikel 9 Absatz 1 der Verordnung (EU) 2016/679 ist die Verarbeitung besonderer Kategorien personenbezogener Daten im Sinne des Artikels 9 Absatz 1 der Verordnung (EU) 2016/679 für Zwecke des Beschäftigungsverhältnisses zulässig, wenn sie zur Ausübung von Rechten oder zur Erfüllung rechtlicher Pflichten aus dem Arbeitsrecht, dem Recht der sozialen Sicherheit und des Sozialschutzes erforderlich ist und kein Grund zu der Annahme besteht, dass das schutzwürdige Interesse der betroffenen Person an dem Ausschluss der Verarbeitung überwiegt. [2]Absatz 2 gilt auch für die Einwilligung in die Verarbeitung besonderer Kategorien personenbezogener Daten; die Einwilligung muss sich dabei ausdrücklich auf diese Daten beziehen. [3]§ 22 Absatz 2 gilt entsprechend.

(4) [1]Die Verarbeitung personenbezogener Daten, einschließlich besonderer Kategorien personenbezogener Daten von Beschäftigten für Zwecke des Beschäftigungsverhältnisses, ist auf der Grundlage von Kollektivvereinbarungen zulässig. [2]Dabei haben die Verhandlungspartner Artikel 88 Absatz 2 der Verordnung (EU) 2016/679 zu beachten.

(5) Der Verantwortliche muss geeignete Maßnahmen ergreifen, um sicherzustellen, dass insbesondere die in Artikel 5 der Verordnung (EU) 2016/679 dargelegten Grundsätze für die Verarbeitung personenbezogener Daten eingehalten werden.

(6) Die Beteiligungsrechte der Interessenvertretungen der Beschäftigten bleiben unberührt.

(7) Die Absätze 1 bis 6 sind auch anzuwenden, wenn personenbezogene Daten, einschließlich besonderer Kategorien personenbezogener Daten, von Beschäftigten verarbeitet werden, ohne dass sie in einem Dateisystem gespeichert sind oder gespeichert werden sollen.

(8) [1]Beschäftigte im Sinne dieses Gesetzes sind:

1. Arbeitnehmerinnen und Arbeitnehmer, einschließlich der Leiharbeitnehmerinnen und Leiharbeitnehmer im Verhältnis zum Entleiher,
2. zu ihrer Berufsbildung Beschäftigte,
3. Teilnehmerinnen und Teilnehmer an Leistungen zur Teilhabe am Arbeitsleben sowie an Abklärungen der beruflichen Eignung oder Arbeitserprobung (Rehabilitandinnen und Rehabilitanden),
4. in anerkannten Werkstätten für behinderte Menschen Beschäftigte,
5. Freiwillige, die einen Dienst nach dem Jugendfreiwilligendienstegesetz oder dem Bundesfreiwilligendienstgesetz leisten,
6. Personen, die wegen ihrer wirtschaftlichen Unselbständigkeit als arbeitnehmerähnliche Personen anzusehen sind; zu diesen gehören auch die in Heimarbeit Beschäftigten und die ihnen Gleichgestellten,
7. Beamtinnen und Beamte des Bundes, Richterinnen und Richter des Bundes, Soldatinnen und Soldaten sowie Zivildienstleistende.

[2]Bewerberinnen und Bewerber für ein Beschäftigungsverhältnis sowie Personen, deren Beschäftigungsverhältnis beendet ist, gelten als Beschäftigte.

§ 27 Datenverarbeitung zu wissenschaftlichen oder historischen Forschungszwecken und zu statistischen Zwecken

(1) [1]Abweichend von Artikel 9 Absatz 1 der Verordnung (EU) 2016/679 ist die Verarbeitung besonderer Kategorien personenbezogener Daten im Sinne des Artikels 9 Absatz 1 der Verordnung (EU) 2016/679 auch ohne Einwilligung für wissenschaftliche oder historische Forschungszwecke oder für statistische Zwecke zulässig, wenn die Verarbeitung zu diesen Zwecken erforderlich ist und die Interessen des Verantwortlichen an der Verarbeitung die Interessen der betroffenen Person an einem Ausschluss der Verarbeitung erheblich überwiegen. [2]Der Verantwortliche sieht angemessene und spezifische Maßnahmen zur Wahrung der Interessen der betroffenen Person gemäß § 22 Absatz 2 Satz 2 vor.

(2) [1]Die in den Artikeln 15, 16, 18 und 21 der Verordnung (EU) 2016/679 vorgesehenen Rechte der betroffenen Person sind insoweit beschränkt, als diese Rechte voraussichtlich die Verwirklichung der Forschungs- oder Statistikzwecke unmöglich machen oder ernsthaft beinträchtigen und die Beschränkung für die Erfüllung der Forschungs- oder Statistikzwecke notwendig ist. [2]Das Recht auf Auskunft gemäß Artikel 15 der Verordnung (EU) 2016/679 besteht darüber hinaus nicht, wenn die Daten für Zwecke der wissenschaftlichen Forschung erforderlich sind und die Auskunftserteilung einen unverhältnismäßigen Aufwand erfordern würde.

(3) [1]Ergänzend zu den in § 22 Absatz 2 genannten Maßnahmen sind zu wissenschaftlichen oder historischen Forschungszwecken oder zu statistischen Zwecken verarbeitete besondere Kategorien personenbezogener Daten im Sinne des Artikels 9 Absatz 1 der Verordnung (EU) 2016/679 zu anonymisieren, sobald dies nach dem Forschungs- oder Statistikzweck möglich ist, es sei denn, berechtigte Interessen der betroffenen Person stehen dem entgegen. [2]Bis dahin sind die Merkmale gesondert zu speichern, mit denen Einzelangaben über persönliche oder sachliche Verhältnisse einer bestimmten oder bestimmbaren Person zugeordnet werden können. [3]Sie dürfen mit den Einzelangaben nur zusammengeführt werden, soweit der Forschungs- oder Statistikzweck dies erfordert.

(4) Der Verantwortliche darf personenbezogene Daten nur veröffentlichen, wenn die betroffene Person eingewilligt hat oder dies für die Darstellung von Forschungsergebnissen über Ereignisse der Zeitgeschichte unerlässlich ist.

§ 28 Datenverarbeitung zu im öffentlichen Interesse liegenden Archivzwecken

(1) [1]Abweichend von Artikel 9 Absatz 1 der Verordnung (EU) 2016/679 ist die Verarbeitung besonderer Kategorien personenbezogener Daten im Sinne des Artikels 9 Absatz 1 der Verordnung (EU) 2016/679 zulässig, wenn sie für im öffentlichen Interesse liegende Archivzwecke erforderlich ist. [2]Der Verantwortliche sieht angemessene und spezifische Maßnahmen zur Wahrung der Interessen der betroffenen Person gemäß § 22 Absatz 2 Satz 2 vor.

(2) Das Recht auf Auskunft der betroffenen Person gemäß Artikel 15 der Verordnung (EU) 2016/679 besteht nicht, wenn das Archivgut nicht durch den Namen der Person erschlossen ist oder keine Angaben gemacht werden, die das Auffinden des betreffenden Archivguts mit vertretbarem Verwaltungsaufwand ermöglichen.

(3) [1]Das Recht auf Berichtigung der betroffenen Person gemäß Artikel 16 der Verordnung (EU) 2016/679 besteht nicht, wenn die personenbezogenen Daten zu Archivzwecken im öffentlichen Interesse verarbeitet werden. [2]Bestreitet die betroffene Person die Richtigkeit der personenbezogenen Daten, ist ihr die Möglichkeit einer Gegendarstellung einzuräumen. [3]Das zuständige Archiv ist verpflichtet, die Gegendarstellung den Unterlagen hinzuzufügen.

(4) Die in Artikel 18 Absatz 1 Buchstabe a, b und d, den Artikeln 20 und 21 der Verordnung (EU) 2016/679 vorgesehenen Rechte bestehen nicht, soweit diese Rechte voraussichtlich die Verwirklichung der im öffentlichen Interesse liegenden Archivzwecke unmöglich machen oder ernsthaft beeinträchtigen und die Ausnahmen für die Erfüllung dieser Zwecke erforderlich sind.

§ 29 Rechte der betroffenen Person und aufsichtsbehördliche Befugnisse im Fall von Geheimhaltungspflichten

(1) [1]Die Pflicht zur Information der betroffenen Person gemäß Artikel 14 Absatz 1 bis 4 der Verordnung (EU) 2016/679 besteht ergänzend zu den in Artikel 14 Absatz 5 der Verordnung (EU) 2016/679 genannten Ausnahmen nicht, soweit durch ihre Erfüllung Informationen offenbart würden, die ihrem Wesen nach, insbesondere wegen der überwiegenden berechtigten Interessen eines Dritten, geheim gehalten werden müssen. [2]Das Recht auf Auskunft der betroffenen Person gemäß Artikel 15 der Verordnung (EU) 2016/679 besteht nicht, soweit durch die Auskunft Informationen offenbart würden, die nach einer Rechtsvorschrift oder ihrem Wesen nach, insbesondere wegen der überwiegenden berechtigten Interessen eines Dritten, geheim gehalten werden müssen. [3]Die Pflicht zur Benachrichtigung gemäß Artikel 34 der Verordnung (EU) 2016/679 besteht ergänzend zu der in Artikel 34 Absatz 3 der Verordnung (EU) 2016/679 genannten Ausnahme nicht, soweit durch die Benachrichtigung Informationen offenbart würden, die nach einer Rechtsvorschrift oder ihrem Wesen nach, insbesondere wegen der überwiegenden berechtigten Interessen eines Dritten, geheim gehalten werden müssen. [4]Abweichend von der Ausnahme nach Satz 3 ist die betroffene Person nach Artikel 34 der Verordnung (EU) 2016/679 zu benachrichtigen, wenn die Interessen der betroffenen Person, insbesondere unter Berücksichtigung drohender Schäden, gegenüber dem Geheimhaltungsinteresse überwiegen.

(2) Werden Daten Dritter im Zuge der Aufnahme oder im Rahmen eines Mandatsverhältnisses an einen Berufsgeheimnisträger übermittelt, so besteht die Pflicht der übermittelnden Stelle zur Information der betroffenen Person gemäß Artikel 13 Absatz 3 der Verordnung (EU) 2016/679 nicht, sofern nicht das Interesse der betroffenen Person an der Informationserteilung überwiegt.

(3) [1]Gegenüber den in § 203 Absatz 1, 2a und 3 des Strafgesetzbuchs genannten Personen oder deren Auftragsverarbeitern bestehen die Untersuchungsbefugnisse der Aufsichtsbehörden gemäß Artikel 58 Absatz 1 Buchstabe e und f der Verordnung (EU) 2016/679 nicht, soweit die Inanspruchnahme der Befugnisse zu einem Verstoß gegen die Geheimhaltungspflichten dieser Personen führen würde. [2]Erlangt eine Aufsichtsbehörde im Rahmen einer Untersuchung Kenntnis von Daten, die einer Geheimhaltungspflicht im Sinne des Satzes 1 unterliegen, gilt die Geheimhaltungspflicht auch für die Aufsichtsbehörde.

§ 30 Verbraucherkredite

(1) Eine Stelle, die geschäftsmäßig personenbezogene Daten, die zur Bewertung der Kreditwürdigkeit von Verbrauchern genutzt werden dürfen, zum Zweck der Übermittlung erhebt, speichert oder verändert, hat Auskunftsverlangen von Darlehensgebern aus anderen Mitgliedstaaten der Europäischen Union genauso zu behandeln wie Auskunftsverlangen inländischer Darlehensgeber.

(2) [1]Wer den Abschluss eines Verbraucherdarlehensvertrags oder eines Vertrags über eine entgeltliche Finanzierungshilfe mit einem Verbraucher infolge einer Auskunft einer Stelle im Sinne des Absatzes 1 ablehnt, hat den Verbraucher unverzüglich hierüber sowie über die erhaltene Auskunft zu unterrichten. [2]Die Unterrichtung unterbleibt, soweit hierdurch die öffentliche Sicherheit oder Ordnung gefährdet würde. [3]§ 37 bleibt unberührt.

§ 31 Schutz des Wirtschaftsverkehrs bei Scoring und Bonitätsauskünften

(1) Die Verwendung eines Wahrscheinlichkeitswerts über ein bestimmtes zukünftiges Verhalten einer natürlichen Person zum Zweck der Entscheidung über die Begründung, Durchführung oder Beendigung eines Vertragsverhältnisses mit dieser Person (Scoring) ist nur zulässig, wenn

1. die Vorschriften des Datenschutzrechts eingehalten wurden,
2. die zur Berechnung des Wahrscheinlichkeitswerts genutzten Daten unter Zugrundelegung eines wissenschaftlich anerkannten mathematisch-statistischen Verfahrens nachweisbar für die Berechnung der Wahrscheinlichkeit des bestimmten Verhaltens erheblich sind,
3. für die Berechnung des Wahrscheinlichkeitswerts nicht ausschließlich Anschriftendaten genutzt wurden und
4. im Fall der Nutzung von Anschriftendaten die betroffene Person vor Berechnung des Wahrscheinlichkeitswerts über die vorgesehene Nutzung dieser Daten unterrichtet worden ist; die Unterrichtung ist zu dokumentieren.

(2) [1]Die Verwendung eines von Auskunfteien ermittelten Wahrscheinlichkeitswerts über die Zahlungsfähig- und Zahlungswilligkeit einer natürlichen Person ist im Fall der Einbeziehung von Informationen über Forderungen nur zulässig, soweit die Voraussetzungen nach Absatz 1 vorliegen und nur solche Forderungen über eine geschuldete Leistung, die trotz Fälligkeit nicht erbracht worden ist, berücksichtigt werden,

1. die durch ein rechtskräftiges oder für vorläufig vollstreckbar erklärtes Urteil festgestellt worden sind oder für die ein Schuldtitel nach § 794 der Zivilprozessordnung vorliegt,
2. die nach § 178 der Insolvenzordnung festgestellt und nicht vom Schuldner im Prüfungstermin bestritten worden sind,
3. die der Schuldner ausdrücklich anerkannt hat,
4. bei denen
   a) der Schuldner nach Eintritt der Fälligkeit der Forderung mindestens zweimal schriftlich gemahnt worden ist,
   b) die erste Mahnung mindestens vier Wochen zurückliegt,
   c) der Schuldner zuvor, jedoch frühestens bei der ersten Mahnung, über eine mögliche Berücksichtigung durch eine Auskunftei unterrichtet worden ist und
   d) der Schuldner die Forderung nicht bestritten hat oder

5. deren zugrunde liegendes Vertragsverhältnis aufgrund von Zahlungsrückständen fristlos gekündigt werden kann und bei denen der Schuldner zuvor über eine mögliche Berücksichtigung durch eine Auskunftei unterrichtet worden ist.

[2]Die Zulässigkeit der Verarbeitung, einschließlich der Ermittlung von Wahrscheinlichkeitswerten, von anderen bonitätsrelevanten Daten nach allgemeinem Datenschutzrecht bleibt unberührt.

Kapitel 2: Rechte der betroffenen Person

§ 32 Informationspflicht bei Erhebung von personenbezogenen Daten bei der betroffenen Person

(1) Die Pflicht zur Information der betroffenen Person gemäß Artikel 13 Absatz 3 der Verordnung (EU) 2016/679 besteht ergänzend zu der in Artikel 13 Absatz 4 der Verordnung (EU) 2016/679 genannten Ausnahme dann nicht, wenn die Erteilung der Information über die beabsichtigte Weiterverarbeitung

1. eine Weiterverarbeitung analog gespeicherter Daten betrifft, bei der sich der Verantwortliche durch die Weiterverarbeitung unmittelbar an die betroffene Person wendet, der Zweck mit dem ursprünglichen Erhebungszweck gemäß der Verordnung (EU) 2016/679 vereinbar ist, die Kommunikation mit der betroffenen Person nicht in digitaler Form erfolgt und das Interesse der betroffenen Person an der Informationserteilung nach den Umständen des Einzelfalls, insbesondere mit Blick auf den Zusammenhang, in dem die Daten erhoben wurden, als gering anzusehen ist,
2. im Fall einer öffentlichen Stelle die ordnungsgemäße Erfüllung der in der Zuständigkeit des Verantwortlichen liegenden Aufgaben im Sinne des Artikels 23 Absatz 1 Buchstabe a bis e der Verordnung (EU) 2016/679 gefährden würde und die Interessen des Verantwortlichen an der Nichterteilung der Information die Interessen der betroffenen Person überwiegen,
3. die öffentliche Sicherheit oder Ordnung gefährden oder sonst dem Wohl des Bundes oder eines Landes Nachteile bereiten würde und die Interessen des Verantwortlichen an der Nichterteilung der Information die Interessen der betroffenen Person überwiegen,
4. die Geltendmachung, Ausübung oder Verteidigung rechtlicher Ansprüche beeinträchtigen würde und die Interessen des Verantwortlichen an der Nichterteilung der Information die Interessen der betroffenen Person überwiegen oder
5. eine vertrauliche Übermittlung von Daten an öffentliche Stellen gefährden würde.

(2) [1]Unterbleibt eine Information der betroffenen Person nach Maßgabe des Absatzes 1, ergreift der Verantwortliche geeignete Maßnahmen zum Schutz der berechtigten Interessen der betroffenen Person, einschließlich der Bereitstellung der in Artikel 13 Absatz 1 und 2 der Verordnung (EU) 2016/679 genannten Informationen für die Öffentlichkeit in präziser, transparenter, verständlicher und leicht zugänglicher Form in einer klaren und einfachen Sprache. [2]Der Verantwortliche hält schriftlich fest, aus welchen Gründen er von einer Information abgesehen hat. [3]Die Sätze 1 und 2 finden in den Fällen des Absatzes 1 Nummer 4 und 5 keine Anwendung.

(3) Unterbleibt die Benachrichtigung in den Fällen des Absatzes 1 wegen eines vorübergehenden Hinderungsgrundes, kommt der Verantwortliche der Informationspflicht unter Berücksichtigung der spezifischen Umstände der Verarbeitung innerhalb einer angemessenen Frist nach Fortfall des Hinderungsgrundes, spätestens jedoch innerhalb von zwei Wochen, nach.

§ 33 Informationspflicht, wenn die personenbezogenen Daten nicht bei der betroffenen Person erhoben wurden

(1) Die Pflicht zur Information der betroffenen Person gemäß Artikel 14 Absatz 1, 2 und 4 der Verordnung (EU) 2016/679 besteht ergänzend zu den in Artikel 14 Absatz 5 der Verordnung (EU) 2016/679 und der in § 29 Absatz 1 Satz 1 genannten Ausnahme nicht, wenn die Erteilung der Information

1. im Fall einer öffentlichen Stelle
   a) die ordnungsgemäße Erfüllung der in der Zuständigkeit des Verantwortlichen liegenden Aufgaben im Sinne des Artikels 23 Absatz 1 Buchstabe a bis e der Verordnung (EU) 2016/679 gefährden würde oder
   b) die öffentliche Sicherheit oder Ordnung gefährden oder sonst dem Wohl des Bundes oder eines Landes Nachteile bereiten würde

   und deswegen das Interesse der betroffenen Person an der Informationserteilung zurücktreten muss,
2. im Fall einer nichtöffentlichen Stelle
   a) die Geltendmachung, Ausübung oder Verteidigung zivilrechtlicher Ansprüche beeinträchtigen würde oder die Verarbeitung Daten aus zivilrechtlichen Verträgen beinhaltet und der Verhütung von Schäden durch Straftaten dient, sofern nicht das berechtigte Interesse der betroffenen Person an der Informationserteilung überwiegt, oder
   b) die zuständige öffentliche Stelle gegenüber dem Verantwortlichen festgestellt hat, dass das Bekanntwerden der Daten die öffentliche Sicherheit oder Ordnung gefährden oder sonst dem Wohl des Bundes oder eines Landes Nachteile bereiten würde; im Fall der Datenverarbeitung für Zwecke der Strafverfolgung bedarf es keiner Feststellung nach dem ersten Halbsatz.

(2) [1]Unterbleibt eine Information der betroffenen Person nach Maßgabe des Absatzes 1, ergreift der Verantwortliche geeignete Maßnahmen zum Schutz der berechtigten Interessen der betroffenen Person, einschließlich der Bereitstellung der in Artikel 14 Absatz 1 und 2 der Verordnung (EU) 2016/679 genannten Informationen für die Öffentlichkeit in präziser, transparenter, verständlicher und leicht zugänglicher Form in einer klaren und einfachen Sprache. [2]Der Verantwortliche hält schriftlich fest, aus welchen Gründen er von einer Information abgesehen hat.

(3) Bezieht sich die Informationserteilung auf die Übermittlung personenbezogener Daten durch öffentliche Stellen an Verfassungsschutzbehörden, den Bundesnachrichtendienst, den Militärischen Abschirmdienst und, soweit die Sicherheit des Bundes berührt wird, andere Behörden des Bundesministeriums der Verteidigung, ist sie nur mit Zustimmung dieser Stellen zulässig.

§ 34 Auskunftsrecht der betroffenen Person

(1) Das Recht auf Auskunft der betroffenen Person gemäß Artikel 15 der Verordnung (EU) 2016/679 besteht ergänzend zu den in § 27 Absatz 2, § 28 Absatz 2 und § 29 Absatz 1 Satz 2 genannten Ausnahmen nicht, wenn

1. die betroffene Person nach § 33 Absatz 1 Nummer 1, 2 Buchstabe b oder Absatz 3 nicht zu informieren ist, oder
2. die Daten
   a) nur deshalb gespeichert sind, weil sie aufgrund gesetzlicher oder satzungsmäßiger Aufbewahrungsvorschriften nicht gelöscht werden dürfen, oder
   b) ausschließlich Zwecken der Datensicherung oder der Datenschutzkontrolle dienen

   und die Auskunftserteilung einen unverhältnismäßigen Aufwand erfordern würde sowie eine Verarbeitung zu anderen Zwecken durch geeignete technische und organisatorische Maßnahmen ausgeschlossen ist.

(2) [1]Die Gründe der Auskunftsverweigerung sind zu dokumentieren. [2]Die Ablehnung der Auskunftserteilung ist gegenüber der betroffenen Person zu begründen, soweit nicht durch die Mitteilung der tatsächlichen und rechtlichen Gründe, auf die die Entscheidung gestützt wird, der mit der Auskunftsverweigerung verfolgte Zweck gefährdet würde. [3]Die zum Zweck der Auskunftserteilung an die betroffene Person und zu deren Vorbereitung gespeicherten Daten dürfen nur für diesen Zweck sowie für Zwecke der Datenschutzkontrolle verarbeitet werden; für andere Zwecke ist die Verarbeitung nach Maßgabe des Artikels 18 der Verordnung (EU) 2016/679 einzuschränken.

(3) [1]Wird der betroffenen Person durch eine öffentliche Stelle des Bundes keine Auskunft erteilt, so ist sie auf ihr Verlangen der oder dem Bundesbeauftragten zu erteilen, soweit nicht die jeweils zuständige oberste Bundesbehörde im Einzelfall feststellt, dass dadurch die Sicherheit des Bundes oder eines Landes gefährdet würde. [2]Die Mitteilung der oder des Bundesbeauftragten an die betroffene Person über das Ergebnis der datenschutzrechtlichen Prüfung darf keine Rückschlüsse auf den Erkenntnisstand des Verantwortlichen zulassen, sofern dieser nicht einer weitergehenden Auskunft zustimmt.

(4) Das Recht der betroffenen Person auf Auskunft über personenbezogene Daten, die durch eine öffentliche Stelle weder automatisiert verarbeitet noch nicht automatisiert verarbeitet und in einem Dateisystem gespeichert werden, besteht nur, soweit die betroffene Person Angaben macht, die das Auffinden der Daten ermöglichen, und der für die Erteilung der Auskunft erforderliche Aufwand nicht außer Verhältnis zu dem von der betroffenen Person geltend gemachten Informationsinteresse steht.

§ 35 Recht auf Löschung

(1) [1]Ist eine Löschung im Fall nicht automatisierter Datenverarbeitung wegen der besonderen Art der Speicherung nicht oder nur mit unverhältnismäßig hohem Aufwand möglich und ist das Interesse der betroffenen Person an der Löschung als gering anzusehen, besteht das Recht der betroffenen Person auf und die Pflicht des Verantwortlichen zur Löschung personenbezogener Daten gemäß Artikel 17 Absatz 1 der Verordnung (EU) 2016/679 ergänzend zu den in Artikel 17 Absatz 3 der Verordnung (EU) 2016/679 genannten Ausnahmen nicht. [2]In diesem Fall tritt an die Stelle einer Löschung die Einschränkung der Verarbeitung gemäß Artikel 18 der Verordnung (EU) 2016/679. [3]Die Sätze 1 und 2 finden keine Anwendung, wenn die personenbezogenen Daten unrechtmäßig verarbeitet wurden.

(2) [1]Ergänzend zu Artikel 18 Absatz 1 Buchstabe b und c der Verordnung (EU) 2016/679 gilt Absatz 1 Satz 1 und 2 entsprechend im Fall des Artikels 17 Absatz 1 Buchstabe a und d der Verordnung (EU) 2016/679, solange und soweit der Verantwortliche Grund zu der Annahme hat, dass durch eine Löschung schutzwürdige Interessen der betroffenen Person beeinträchtigt würden. [2]Der Verantwortliche unterrichtet die betroffene Person über die Einschränkung der Verarbeitung, sofern sich die Unterrichtung nicht als unmöglich erweist oder einen unverhältnismäßigen Aufwand erfordern würde.

(3) Ergänzend zu Artikel 17 Absatz 3 Buchstabe b der Verordnung (EU) 2016/679 gilt Absatz 1 entsprechend im Fall des Artikels 17 Absatz 1 Buchstabe a der Verordnung (EU) 2016/679, wenn einer Löschung satzungsgemäße oder vertragliche Aufbewahrungsfristen entgegenstehen.

§ 36 Widerspruchsrecht

Das Recht auf Widerspruch gemäß Artikel 21 Absatz 1 der Verordnung (EU) 2016/679 gegenüber einer öffentlichen Stelle besteht nicht, soweit an der Verarbeitung ein zwingendes öffentliches Interesse besteht, das die Interessen der betroffenen Person überwiegt, oder eine Rechtsvorschrift zur Verarbeitung verpflichtet.

§ 37 Automatisierte Entscheidungen im Einzelfall einschließlich Profiling

(1) Das Recht gemäß Artikel 22 Absatz 1 der Verordnung (EU) 2016/679, keiner ausschließlich auf einer automatisierten Verarbeitung beruhenden Entscheidung unterworfen zu werden, besteht über die in Artikel 22 Absatz 2 Buchstabe a und c der Verordnung (EU) 2016/679 genannten Ausnahmen hinaus nicht, wenn die Entscheidung im Rahmen der Leistungserbringung nach einem Versicherungsvertrag ergeht und

1. dem Begehren der betroffenen Person stattgegeben wurde oder
2. die Entscheidung auf der Anwendung verbindlicher Entgeltregelungen für Heilbehandlungen beruht und der Verantwortliche für den Fall, dass dem Antrag nicht vollumfänglich stattgegeben wird, angemessene Maßnahmen zur Wahrung der berechtigten Interessen der betroffenen Person trifft, wozu mindestens das Recht auf Erwirkung des Eingreifens einer Person seitens des Verantwortlichen, auf Darlegung des eigenen Standpunktes und auf Anfechtung der Entscheidung zählt; der Verantwortliche

informiert die betroffene Person über diese Rechte spätestens zum Zeitpunkt der Mitteilung, aus der sich ergibt, dass dem Antrag der betroffenen Person nicht vollumfänglich stattgegeben wird.

(2) [1]Entscheidungen nach Absatz 1 dürfen auf der Verarbeitung von Gesundheitsdaten im Sinne des Artikels 4 Nummer 15 der Verordnung (EU) 2016/679 beruhen. [2]Der Verantwortliche sieht angemessene und spezifische Maßnahmen zur Wahrung der Interessen der betroffenen Person gemäß § 22 Absatz 2 Satz 2 vor.

Kapitel 3: Pflichten der Verantwortlichen und Auftragsverarbeiter

§ 38 Datenschutzbeauftragte nichtöffentlicher Stellen

(1) [1]Ergänzend zu Artikel 37 Absatz 1 Buchstabe b und c der Verordnung (EU) 2016/679 benennen der Verantwortliche und der Auftragsverarbeiter eine Datenschutzbeauftragte oder einen Datenschutzbeauftragten, soweit sie in der Regel mindestens 20 Personen ständig mit der automatisierten Verarbeitung personenbezogener Daten beschäftigen. [2]Nehmen der Verantwortliche oder der Auftragsverarbeiter Verarbeitungen vor, die einer Datenschutz-Folgenabschätzung nach Artikel 35 der Verordnung (EU) 2016/679 unterliegen, oder verarbeiten sie personenbezogene Daten geschäftsmäßig zum Zweck der Übermittlung, der anonymisierten Übermittlung oder für Zwecke der Markt- oder Meinungsforschung, haben sie unabhängig von der Anzahl der mit der Verarbeitung beschäftigten Personen eine Datenschutzbeauftragte oder einen Datenschutzbeauftragten zu benennen.

(2) § 6 Absatz 4, 5 Satz 2 und Absatz 6 finden Anwendung, § 6 Absatz 4 jedoch nur, wenn die Benennung einer oder eines Datenschutzbeauftragten verpflichtend ist.

§ 39 Akkreditierung

[1]Die Erteilung der Befugnis, als Zertifizierungsstelle gemäß Artikel 43 Absatz 1 Satz 1 der Verordnung (EU) 2016/679 tätig zu werden, erfolgt durch die für die datenschutzrechtliche Aufsicht über die Zertifizierungsstelle zuständige Aufsichtsbehörde des Bundes oder der Länder auf der Grundlage einer Akkreditierung durch die Deutsche Akkreditierungsstelle. [2]§ 2 Absatz 3 Satz 2, § 4 Absatz 3 und § 10 Absatz 1 Satz 1 Nummer 3 des Akkreditierungsstellengesetzes finden mit der Maßgabe Anwendung, dass der Datenschutz als ein dem Anwendungsbereich des § 1 Absatz 2 Satz 2 unterfallender Bereich gilt.

Kapitel 4: Aufsichtsbehörde für die Datenverarbeitung durch nichtöffentliche Stellen

§ 40 Aufsichtsbehörden der Länder

(1) Die nach Landesrecht zuständigen Behörden überwachen im Anwendungsbereich der Verordnung (EU) 2016/679 bei den nichtöffentlichen Stellen die Anwendung der Vorschriften über den Datenschutz.

(2) [1]Hat der Verantwortliche oder Auftragsverarbeiter mehrere inländische Niederlassungen, findet für die Bestimmung der zuständigen Aufsichtsbehörde Artikel 4 Nummer 16 der Verordnung (EU) 2016/679 entsprechende Anwendung. [2]Wenn sich mehrere Behörden für zuständig oder für unzuständig halten oder wenn die Zuständigkeit aus anderen Gründen zweifelhaft ist, treffen die Aufsichtsbehörden die Entscheidung gemeinsam nach Maßgabe des § 18 Absatz 2. [3]§ 3 Absatz 3 und 4 des Verwaltungsverfahrensgesetzes findet entsprechende Anwendung.

(3) [1]Die Aufsichtsbehörde darf die von ihr gespeicherten Daten nur für Zwecke der Aufsicht verarbeiten; hierbei darf sie Daten an andere Aufsichtsbehörden übermitteln. [2]Eine Verarbeitung zu einem anderen Zweck ist über Artikel 6 Absatz 4 der Verordnung (EU) 2016/679 hinaus zulässig, wenn

1. offensichtlich ist, dass sie im Interesse der betroffenen Person liegt und kein Grund zu der Annahme besteht, dass sie in Kenntnis des anderen Zwecks ihre Einwilligung verweigern würde,
2. sie zur Abwehr erheblicher Nachteile für das Gemeinwohl oder einer Gefahr für die öffentliche Sicherheit oder zur Wahrung erheblicher Belange des Gemeinwohls erforderlich ist oder
3. sie zur Verfolgung von Straftaten oder Ordnungswidrigkeiten, zur Vollstreckung oder zum Vollzug von Strafen oder Maßnahmen im Sinne des § 11 Absatz 1 Nummer 8 des Strafgesetzbuchs oder von Erziehungsmaßregeln oder Zuchtmitteln im Sinne des Jugendgerichtsgesetzes oder zur Vollstreckung von Geldbußen erforderlich ist.

[3]Stellt die Aufsichtsbehörde einen Verstoß gegen die Vorschriften über den Datenschutz fest, so ist sie befugt, die betroffenen Personen hierüber zu unterrichten, den Verstoß anderen für die Verfolgung oder Ahndung zuständigen Stellen anzuzeigen sowie bei schwerwiegenden Verstößen die Gewerbeaufsichtsbehörde zur Durchführung gewerberechtlicher Maßnahmen zu unterrichten. [4]§ 13 Absatz 4 Satz 4 bis 7 gilt entsprechend.

(4) [1]Die der Aufsicht unterliegenden Stellen sowie die mit deren Leitung beauftragten Personen haben einer Aufsichtsbehörde auf Verlangen die für die Erfüllung ihrer Aufgaben erforderlichen Auskünfte zu erteilen. [2]Der Auskunftspflichtige kann die Auskunft auf solche Fragen verweigern, deren Beantwortung ihn selbst oder einen der in § 383 Absatz 1 Nummer 1 bis 3 der Zivilprozessordnung bezeichneten Angehörigen der Gefahr strafgerichtlicher Verfolgung oder eines Verfahrens nach dem Gesetz über Ordnungswidrigkeiten aussetzen würde. [3]Der Auskunftspflichtige ist darauf hinzuweisen.

(5) [1]Die von einer Aufsichtsbehörde mit der Überwachung der Einhaltung der Vorschriften über den Datenschutz beauftragten Personen sind befugt, zur Erfüllung ihrer Aufgaben Grundstücke und Geschäftsräume der Stelle zu betreten und Zugang zu allen Datenverarbeitungsanlagen und -geräten zu erhalten. [2]Die Stelle ist insoweit zur Duldung verpflichtet. [3]§ 16 Absatz 4 gilt entsprechend.

(6) [1]Die Aufsichtsbehörden beraten und unterstützen die Datenschutzbeauftragten mit Rücksicht auf deren typische Bedürfnisse. [2]Sie können die Abberufung der oder des Datenschutzbeauftragten verlangen, wenn sie oder er die zur Erfüllung ihrer oder seiner

Aufgaben erforderliche Fachkunde nicht besitzt oder im Fall des Artikels 38 Absatz 6 der Verordnung (EU) 2016/679 ein schwerwiegender Interessenkonflikt vorliegt.

(7) Die Anwendung der Gewerbeordnung bleibt unberührt.

Kapitel 5: Sanktionen

§ 41 Anwendung der Vorschriften über das Bußgeld- und Strafverfahren

(1) [1]Für Verstöße nach Artikel 83 Absatz 4 bis 6 der Verordnung (EU) 2016/679 gelten, soweit dieses Gesetz nichts anderes bestimmt, die Vorschriften des Gesetzes über Ordnungswidrigkeiten sinngemäß. [2]Die §§ 17, 35 und 36 des Gesetzes über Ordnungswidrigkeiten finden keine Anwendung. [3]§ 68 des Gesetzes über Ordnungswidrigkeiten findet mit der Maßgabe Anwendung, dass das Landgericht entscheidet, wenn die festgesetzte Geldbuße den Betrag von einhunderttausend Euro übersteigt.

(2) [1]Für Verfahren wegen eines Verstoßes nach Artikel 83 Absatz 4 bis 6 der Verordnung (EU) 2016/679 gelten, soweit dieses Gesetz nichts anderes bestimmt, die Vorschriften des Gesetzes über Ordnungswidrigkeiten und der allgemeinen Gesetze über das Strafverfahren, namentlich der Strafprozessordnung und des Gerichtsverfassungsgesetzes, entsprechend. [2]Die §§ 56 bis 58, 87, 88, 99 und 100 des Gesetzes über Ordnungswidrigkeiten finden keine Anwendung. [3]§ 69 Absatz 4 Satz 2 des Gesetzes über Ordnungswidrigkeiten findet mit der Maßgabe Anwendung, dass die Staatsanwaltschaft das Verfahren nur mit Zustimmung der Aufsichtsbehörde, die den Bußgeldbescheid erlassen hat, einstellen kann.

§ 42 Strafvorschriften

(1) Mit Freiheitsstrafe bis zu drei Jahren oder mit Geldstrafe wird bestraft, wer wissentlich nicht allgemein zugängliche personenbezogene Daten einer großen Zahl von Personen, ohne hierzu berechtigt zu sein,

1. einem Dritten übermittelt oder
2. auf andere Art und Weise zugänglich macht

und hierbei gewerbsmäßig handelt.

(2) Mit Freiheitsstrafe bis zu zwei Jahren oder mit Geldstrafe wird bestraft, wer personenbezogene Daten, die nicht allgemein zugänglich sind,

1. ohne hierzu berechtigt zu sein, verarbeitet oder
2. durch unrichtige Angaben erschleicht

und hierbei gegen Entgelt oder in der Absicht handelt, sich oder einen anderen zu bereichern oder einen anderen zu schädigen.

(3) [1]Die Tat wird nur auf Antrag verfolgt. [2]Antragsberechtigt sind die betroffene Person, der Verantwortliche, die oder der Bundesbeauftragte und die Aufsichtsbehörde.

(4) Eine Meldung nach Artikel 33 der Verordnung (EU) 2016/679 oder eine Benachrichtigung nach Artikel 34 Absatz 1 der Verordnung (EU) 2016/679 darf in einem Strafverfahren gegen den Meldepflichtigen oder Benachrichtigenden oder seine in § 52 Absatz 1 der Strafprozessordnung bezeichneten Angehörigen nur mit Zustimmung des Meldepflichtigen oder Benachrichtigenden verwendet werden.

§ 43 Bußgeldvorschriften

(1) Ordnungswidrig handelt, wer vorsätzlich oder fahrlässig

1. entgegen § 30 Absatz 1 ein Auskunftsverlangen nicht richtig behandelt oder
2. entgegen § 30 Absatz 2 Satz 1 einen Verbraucher nicht, nicht richtig, nicht vollständig oder nicht rechtzeitig unterrichtet.

(2) Die Ordnungswidrigkeit kann mit einer Geldbuße bis zu fünfzigtausend Euro geahndet werden.

(3) Gegen Behörden und sonstige öffentliche Stellen im Sinne des § 2 Absatz 1 werden keine Geldbußen verhängt.

(4) Eine Meldung nach Artikel 33 der Verordnung (EU) 2016/679 oder eine Benachrichtigung nach Artikel 34 Absatz 1 der Verordnung (EU) 2016/679 darf in einem Verfahren nach dem Gesetz über Ordnungswidrigkeiten gegen den Meldepflichtigen oder Benachrichtigenden oder seine in § 52 Absatz 1 der Strafprozessordnung bezeichneten Angehörigen nur mit Zustimmung des Meldepflichtigen oder Benachrichtigenden verwendet werden.

Kapitel 6: Rechtsbehelfe

§ 44 Klagen gegen den Verantwortlichen oder Auftragsverarbeiter

(1) [1]Klagen der betroffenen Person gegen einen Verantwortlichen oder einen Auftragsverarbeiter wegen eines Verstoßes gegen datenschutzrechtliche Bestimmungen im Anwendungsbereich der Verordnung (EU) 2016/679 oder der darin enthaltenen Rechte der betroffenen Person können bei dem Gericht des Ortes erhoben werden, an dem sich eine Niederlassung des Verantwortlichen oder Auftragsverarbeiters befindet. [2]Klagen nach Satz 1 können auch bei dem Gericht des Ortes erhoben werden, an dem die betroffene Person ihren gewöhnlichen Aufenthaltsort hat.

(2) Absatz 1 gilt nicht für Klagen gegen Behörden, die in Ausübung ihrer hoheitlichen Befugnisse tätig geworden sind.

(3) [1]Hat der Verantwortliche oder Auftragsverarbeiter einen Vertreter nach Artikel 27 Absatz 1 der Verordnung (EU) 2016/679 benannt, gilt dieser auch als bevollmächtigt, Zustellungen in zivilgerichtlichen Verfahren nach Absatz 1 entgegenzunehmen. [2]§ 184 der Zivilprozessordnung bleibt unberührt.

Teil 3: Bestimmungen für Verarbeitungen zu Zwecken gemäß Artikel 1 Absatz 1 der Richtlinie (EU) 2016/680

Kapitel 1: Anwendungsbereich, Begriffsbestimmungen und allgemeine Grundsätze für die Verarbeitung personenbezogener Daten

§ 45 Anwendungsbereich

[1]Die Vorschriften dieses Teils gelten für die Verarbeitung personenbezogener Daten durch die für die Verhütung, Ermittlung, Aufdeckung, Verfolgung oder Ahndung von Straftaten oder Ordnungswidrigkeiten zuständigen öffentlichen Stellen, soweit sie Daten zum Zweck der Erfüllung dieser Aufgaben verarbeiten. [2]Die öffentlichen Stellen gelten dabei als Verantwortliche. [3]Die Verhütung von Straftaten im Sinne des Satzes 1 umfasst den Schutz vor und die Abwehr von Gefahren für die öffentliche Sicherheit. [4]Die Sätze 1 und 2 finden zudem Anwendung auf diejenigen öffentlichen Stellen, die für die Vollstreckung von Strafen, von Maßnahmen im Sinne des § 11 Absatz 1 Nummer 8 des Strafgesetzbuchs, von Erziehungsmaßregeln oder Zuchtmitteln im Sinne des Jugendgerichtsgesetzes und von Geldbußen zuständig sind. [4]Soweit dieser Teil Vorschriften für Auftragsverarbeiter enthält, gilt er auch für diese.

§ 46 Begriffsbestimmungen

Es bezeichnen die Begriffe:

1. „personenbezogene Daten" alle Informationen, die sich auf eine identifizierte oder identifizierbare natürliche Person (betroffene Person) beziehen; als identifizierbar wird eine natürliche Person angesehen, die direkt oder indirekt, insbesondere mittels Zuordnung zu einer Kennung wie einem Namen, zu einer Kennnummer, zu Standortdaten, zu einer Online-Kennung oder zu einem oder mehreren besonderen Merkmalen, die Ausdruck der physischen, physiologischen, genetischen, psychischen, wirtschaftlichen, kulturellen oder sozialen Identität dieser Person sind, identifiziert werden kann;
2. „Verarbeitung" jeden mit oder ohne Hilfe automatisierter Verfahren ausgeführten Vorgang oder jede solche Vorgangsreihe im Zusammenhang mit personenbezogenen Daten wie das Erheben, das Erfassen, die Organisation, das Ordnen, die Speicherung, die Anpassung, die Veränderung, das Auslesen, das Abfragen, die Verwendung, die Offenlegung durch Übermittlung, Verbreitung oder eine andere Form der Bereitstellung, den Abgleich, die Verknüpfung, die Einschränkung, das Löschen oder die Vernichtung;
3. „Einschränkung der Verarbeitung" die Markierung gespeicherter personenbezogener Daten mit dem Ziel, ihre künftige Verarbeitung einzuschränken;
4. „Profiling" jede Art der automatisierten Verarbeitung personenbezogener Daten, bei der diese Daten verwendet werden, um bestimmte persönliche Aspekte, die sich auf eine natürliche Person beziehen, zu bewerten, insbesondere um Aspekte der Arbeitsleistung, der wirtschaftlichen Lage, der Gesundheit, der persönlichen Vorlieben, der Interessen, der Zuverlässigkeit, des Verhaltens, der Aufenthaltsorte oder der Ortswechsel dieser natürlichen Person zu analysieren oder vorherzusagen;
5. „Pseudonymisierung" die Verarbeitung personenbezogener Daten in einer Weise, in der die Daten ohne Hinzuziehung zusätzlicher Informationen nicht mehr einer spezifischen betroffenen Person zugeordnet werden können, sofern diese zusätzlichen Informationen gesondert aufbewahrt werden und technischen und organisatorischen Maßnahmen unterliegen, die gewährleisten, dass die Daten keiner betroffenen Person zugewiesen werden können;
6. „Dateisystem" jede strukturierte Sammlung personenbezogener Daten, die nach bestimmten Kriterien zugänglich sind, unabhängig davon, ob diese Sammlung zentral, dezentral oder nach funktionalen oder geografischen Gesichtspunkten geordnet geführt wird;
7. „Verantwortlicher" die natürliche oder juristische Person, Behörde, Einrichtung oder andere Stelle, die allein oder gemeinsam mit anderen über die Zwecke und Mittel der Verarbeitung von personenbezogenen Daten entscheidet;
8. „Auftragsverarbeiter" eine natürliche oder juristische Person, Behörde, Einrichtung oder andere Stelle, die personenbezogene Daten im Auftrag des Verantwortlichen verarbeitet;
9. „Empfänger" eine natürliche oder juristische Person, Behörde, Einrichtung oder andere Stelle, der personenbezogene Daten offengelegt werden, unabhängig davon, ob es sich bei ihr um einen Dritten handelt oder nicht; Behörden, die im Rahmen eines bestimmten Untersuchungsauftrags nach dem Unionsrecht oder anderen Rechtsvorschriften personenbezogene Daten erhalten, gelten jedoch nicht als Empfänger; die Verarbeitung dieser Daten durch die genannten Behörden erfolgt im Einklang mit den geltenden Datenschutzvorschriften gemäß den Zwecken der Verarbeitung;
10. „Verletzung des Schutzes personenbezogener Daten" eine Verletzung der Sicherheit, die zur unbeabsichtigten oder unrechtmäßigen Vernichtung, zum Verlust, zur Veränderung oder zur unbefugten Offenlegung von oder zum unbefugten Zugang zu personenbezogenen Daten geführt hat, die verarbeitet wurden;
11. „genetische Daten" personenbezogene Daten zu den ererbten oder erworbenen genetischen Eigenschaften einer natürlichen Person, die eindeutige Informationen über die Physiologie oder die Gesundheit dieser Person liefern, insbesondere solche, die aus der Analyse einer biologischen Probe der Person gewonnen wurden;
12. „biometrische Daten" mit speziellen technischen Verfahren gewonnene personenbezogene Daten zu den physischen, physiologischen oder verhaltenstypischen Merkmalen einer natürlichen Person, die die eindeutige Identifizierung dieser natürlichen Person ermöglichen oder bestätigen, insbesondere Gesichtsbilder oder daktyloskopische Daten;
13. „Gesundheitsdaten" personenbezogene Daten, die sich auf die körperliche oder geistige Gesundheit einer natürlichen Person, einschließlich der Erbringung von Gesundheitsdienstleistungen, beziehen und aus denen Informationen über deren Gesundheitszustand hervorgehen;

14. „besondere Kategorien personenbezogener Daten"
    a) Daten, aus denen die rassische oder ethnische Herkunft, politische Meinungen, religiöse oder weltanschauliche Überzeugungen oder die Gewerkschaftszugehörigkeit hervorgehen,
    b) genetische Daten,
    c) biometrische Daten zur eindeutigen Identifizierung einer natürlichen Person,
    d) Gesundheitsdaten und
    e) Daten zum Sexualleben oder zur sexuellen Orientierung;
15. „Aufsichtsbehörde" eine von einem Mitgliedstaat gemäß Artikel 41 der Richtlinie (EU) 2016/680 eingerichtete unabhängige staatliche Stelle;
16. „internationale Organisation" eine völkerrechtliche Organisation und ihre nachgeordneten Stellen sowie jede sonstige Einrichtung, die durch eine von zwei oder mehr Staaten geschlossene Übereinkunft oder auf der Grundlage einer solchen Übereinkunft geschaffen wurde;
17. „Einwilligung" jede freiwillig für den bestimmten Fall, in informierter Weise und unmissverständlich abgegebene Willensbekundung in Form einer Erklärung oder einer sonstigen eindeutigen bestätigenden Handlung, mit der die betroffene Person zu verstehen gibt, dass sie mit der Verarbeitung der sie betreffenden personenbezogenen Daten einverstanden ist.

§ 47 Allgemeine Grundsätze für die Verarbeitung personenbezogener Daten

Personenbezogene Daten müssen

1. auf rechtmäßige Weise und nach Treu und Glauben verarbeitet werden,
2. für festgelegte, eindeutige und rechtmäßige Zwecke erhoben und nicht in einer mit diesen Zwecken nicht zu vereinbarenden Weise verarbeitet werden,
3. dem Verarbeitungszweck entsprechen, für das Erreichen des Verarbeitungszwecks erforderlich sein und ihre Verarbeitung nicht außer Verhältnis zu diesem Zweck stehen,
4. sachlich richtig und erforderlichenfalls auf dem neuesten Stand sein; dabei sind alle angemessenen Maßnahmen zu treffen, damit personenbezogene Daten, die im Hinblick auf die Zwecke ihrer Verarbeitung unrichtig sind, unverzüglich gelöscht oder berichtigt werden,
5. nicht länger als es für die Zwecke, für die sie verarbeitet werden, erforderlich ist, in einer Form gespeichert werden, die die Identifizierung der betroffenen Personen ermöglicht, und
6. in einer Weise verarbeitet werden, die eine angemessene Sicherheit der personenbezogenen Daten gewährleistet; hierzu gehört auch ein durch geeignete technische und organisatorische Maßnahmen zu gewährleistender Schutz vor unbefugter oder unrechtmäßiger Verarbeitung, unbeabsichtigtem Verlust, unbeabsichtigter Zerstörung oder unbeabsichtigter Schädigung.

Kapitel 2: Rechtsgrundlagen der Verarbeitung personenbezogener Daten

§ 48 Verarbeitung besonderer Kategorien personenbezogener Daten

(1) Die Verarbeitung besonderer Kategorien personenbezogener Daten ist nur zulässig, wenn sie zur Aufgabenerfüllung unbedingt erforderlich ist.

(2) [1]Werden besondere Kategorien personenbezogener Daten verarbeitet, sind geeignete Garantien für die Rechtsgüter der betroffenen Personen vorzusehen. [2]Geeignete Garantien können insbesondere sein

1. spezifische Anforderungen an die Datensicherheit oder die Datenschutzkontrolle,
2. die Festlegung von besonderen Aussonderungsprüffristen,
3. die Sensibilisierung der an Verarbeitungsvorgängen Beteiligten,
4. die Beschränkung des Zugangs zu den personenbezogenen Daten innerhalb der verantwortlichen Stelle,
5. die von anderen Daten getrennte Verarbeitung,
6. die Pseudonymisierung personenbezogener Daten,
7. die Verschlüsselung personenbezogener Daten oder
8. spezifische Verfahrensregelungen, die im Fall einer Übermittlung oder Verarbeitung für andere Zwecke die Rechtmäßigkeit der Verarbeitung sicherstellen.

§ 49 Verarbeitung zu anderen Zwecken

[1]Eine Verarbeitung personenbezogener Daten zu einem anderen Zweck als zu demjenigen, zu dem sie erhoben wurden, ist zulässig, wenn es sich bei dem anderen Zweck um einen der in § 45 genannten Zwecke handelt, der Verantwortliche befugt ist, Daten zu diesem Zweck zu verarbeiten, und die Verarbeitung zu diesem Zweck erforderlich und verhältnismäßig ist. [2]Die Verarbeitung personenbezogener Daten zu einem anderen, in § 45 nicht genannten Zweck ist zulässig, wenn sie in einer Rechtsvorschrift vorgesehen ist.

§ 50 Verarbeitung zu archivarischen, wissenschaftlichen und statistischen Zwecken

[1]Personenbezogene Daten dürfen im Rahmen der in § 45 genannten Zwecke in archivarischer, wissenschaftlicher oder statistischer Form verarbeitet werden, wenn hieran ein öffentliches Interesse besteht und geeignete Garantien für die Rechtsgüter der betroffenen Personen vorgesehen werden. [2]Solche Garantien können in einer so zeitnah wie möglich erfolgenden Anonymisierung

der personenbezogenen Daten, in Vorkehrungen gegen ihre unbefugte Kenntnisnahme durch Dritte oder in ihrer räumlich und organisatorisch von den sonstigen Fachaufgaben getrennten Verarbeitung bestehen.

§ 51 Einwilligung

(1) Soweit die Verarbeitung personenbezogener Daten nach einer Rechtsvorschrift auf der Grundlage einer Einwilligung erfolgen kann, muss der Verantwortliche die Einwilligung der betroffenen Person nachweisen können.

(2) Erfolgt die Einwilligung der betroffenen Person durch eine schriftliche Erklärung, die noch andere Sachverhalte betrifft, muss das Ersuchen um Einwilligung in verständlicher und leicht zugänglicher Form in einer klaren und einfachen Sprache so erfolgen, dass es von den anderen Sachverhalten klar zu unterscheiden ist.

(3) [1]Die betroffene Person hat das Recht, ihre Einwilligung jederzeit zu widerrufen. [2]Durch den Widerruf der Einwilligung wird die Rechtmäßigkeit der aufgrund der Einwilligung bis zum Widerruf erfolgten Verarbeitung nicht berührt. [3]Die betroffene Person ist vor Abgabe der Einwilligung hiervon in Kenntnis zu setzen.

(4) [1]Die Einwilligung ist nur wirksam, wenn sie auf der freien Entscheidung der betroffenen Person beruht. [2]Bei der Beurteilung, ob die Einwilligung freiwillig erteilt wurde, müssen die Umstände der Erteilung berücksichtigt werden. [3]Die betroffene Person ist auf den vorgesehenen Zweck der Verarbeitung hinzuweisen. [4]Ist dies nach den Umständen des Einzelfalles erforderlich oder verlangt die betroffene Person dies, ist sie auch über die Folgen der Verweigerung der Einwilligung zu belehren.

(5) Soweit besondere Kategorien personenbezogener Daten verarbeitet werden, muss sich die Einwilligung ausdrücklich auf diese Daten beziehen.

§ 52 Verarbeitung auf Weisung des Verantwortlichen

Jede einem Verantwortlichen oder einem Auftragsverarbeiter unterstellte Person, die Zugang zu personenbezogenen Daten hat, darf diese Daten ausschließlich auf Weisung des Verantwortlichen verarbeiten, es sei denn, dass sie nach einer Rechtsvorschrift zur Verarbeitung verpflichtet ist.

§ 53 Datengeheimnis

[1]Mit Datenverarbeitung befasste Personen dürfen personenbezogene Daten nicht unbefugt verarbeiten (Datengeheimnis). [2]Sie sind bei der Aufnahme ihrer Tätigkeit auf das Datengeheimnis zu verpflichten. [3]Das Datengeheimnis besteht auch nach der Beendigung ihrer Tätigkeit fort.

§ 54 Automatisierte Einzelentscheidung

(1) Eine ausschließlich auf einer automatischen Verarbeitung beruhende Entscheidung, die mit einer nachteiligen Rechtsfolge für die betroffene Person verbunden ist oder sie erheblich beeinträchtigt, ist nur zulässig, wenn sie in einer Rechtsvorschrift vorgesehen ist.

(2) Entscheidungen nach Absatz 1 dürfen nicht auf besonderen Kategorien personenbezogener Daten beruhen, sofern nicht geeignete Maßnahmen zum Schutz der Rechtsgüter sowie der berechtigten Interessen der betroffenen Personen getroffen wurden.

(3) Profiling, das zur Folge hat, dass betroffene Personen auf der Grundlage von besonderen Kategorien personenbezogener Daten diskriminiert werden, ist verboten.

Kapitel 3: Rechte der betroffenen Person

§ 55 Allgemeine Informationen zu Datenverarbeitungen

Der Verantwortliche hat in allgemeiner Form und für jedermann zugänglich Informationen zur Verfügung zu stellen über

1. die Zwecke der von ihm vorgenommenen Verarbeitungen,
2. die im Hinblick auf die Verarbeitung ihrer personenbezogenen Daten bestehenden Rechte der betroffenen Personen auf Auskunft, Berichtigung, Löschung und Einschränkung der Verarbeitung,
3. den Namen und die Kontaktdaten des Verantwortlichen und der oder des Datenschutzbeauftragten,
4. das Recht, die Bundesbeauftragte oder den Bundesbeauftragten anzurufen, und
5. die Erreichbarkeit der oder des Bundesbeauftragten.

§ 56 Benachrichtigung betroffener Personen

(1) Ist die Benachrichtigung betroffener Personen über die Verarbeitung sie betreffender personenbezogener Daten in speziellen Rechtsvorschriften, insbesondere bei verdeckten Maßnahmen, vorgesehen oder angeordnet, so hat diese Benachrichtigung zumindest die folgenden Angaben zu enthalten:

1. die in § 55 genannten Angaben,
2. die Rechtsgrundlage der Verarbeitung,
3. die für die Daten geltende Speicherdauer oder, falls dies nicht möglich ist, die Kriterien für die Festlegung dieser Dauer,
4. gegebenenfalls die Kategorien von Empfängern der personenbezogenen Daten sowie
5. erforderlichenfalls weitere Informationen, insbesondere, wenn die personenbezogenen Daten ohne Wissen der betroffenen Person erhoben wurden.

(2) In den Fällen des Absatzes 1 kann der Verantwortliche die Benachrichtigung insoweit und solange aufschieben, einschränken oder unterlassen, wie andernfalls

1. die Erfüllung der in § 45 genannten Aufgaben,
2. die öffentliche Sicherheit oder
3. Rechtsgüter Dritter

gefährdet würden, wenn das Interesse an der Vermeidung dieser Gefahren das Informationsinteresse der betroffenen Person überwiegt.

(3) Bezieht sich die Benachrichtigung auf die Übermittlung personenbezogener Daten an Verfassungsschutzbehörden, den Bundesnachrichtendienst, den Militärischen Abschirmdienst und, soweit die Sicherheit des Bundes berührt wird, andere Behörden des Bundesministeriums der Verteidigung, ist sie nur mit Zustimmung dieser Stellen zulässig.

(4) Im Fall der Einschränkung nach Absatz 2 gilt § 57 Absatz 7 entsprechend

§ 57 Auskunftsrecht

(1) [1]Der Verantwortliche hat betroffenen Personen auf Antrag Auskunft darüber zu erteilen, ob er sie betreffende Daten verarbeitet. [2]Betroffene Personen haben darüber hinaus das Recht, Informationen zu erhalten über

1. die personenbezogenen Daten, die Gegenstand der Verarbeitung sind, und die Kategorie, zu der sie gehören,
2. die verfügbaren Informationen über die Herkunft der Daten,
3. die Zwecke der Verarbeitung und deren Rechtsgrundlage,
4. die Empfänger oder die Kategorien von Empfängern, gegenüber denen die Daten offengelegt worden sind, insbesondere bei Empfängern in Drittstaaten oder bei internationalen Organisationen,
5. die für die Daten geltende Speicherdauer oder, falls dies nicht möglich ist, die Kriterien für die Festlegung dieser Dauer,
6. das Bestehen eines Rechts auf Berichtigung, Löschung oder Einschränkung der Verarbeitung der Daten durch den Verantwortlichen,
7. das Recht nach § 60, die Bundesbeauftragte oder den Bundesbeauftragten anzurufen, sowie
8. Angaben zur Erreichbarkeit der oder des Bundesbeauftragten.

(2) Absatz 1 gilt nicht für personenbezogene Daten, die nur deshalb verarbeitet werden, weil sie aufgrund gesetzlicher Aufbewahrungsvorschriften nicht gelöscht werden dürfen oder die ausschließlich Zwecken der Datensicherung oder der Datenschutzkontrolle dienen, wenn die Auskunftserteilung einen unverhältnismäßigen Aufwand erfordern würde und eine Verarbeitung zu anderen Zwecken durch geeignete technische und organisatorische Maßnahmen ausgeschlossen ist.

(3) Von der Auskunftserteilung ist abzusehen, wenn die betroffene Person keine Angaben macht, die das Auffinden der Daten ermöglichen, und deshalb der für die Erteilung der Auskunft erforderliche Aufwand außer Verhältnis zu dem von der betroffenen Person geltend gemachten Informationsinteresse steht.

(4) Der Verantwortliche kann unter den Voraussetzungen des § 56 Absatz 2 von der Auskunft nach Absatz 1 Satz 1 absehen oder die Auskunftserteilung nach Absatz 1 Satz 2 teilweise oder vollständig einschränken.

(5) Bezieht sich die Auskunftserteilung auf die Übermittlung personenbezogener Daten an Verfassungsschutzbehörden, den Bundesnachrichtendienst, den Militärischen Abschirmdienst und, soweit die Sicherheit des Bundes berührt wird, andere Behörden des Bundesministeriums der Verteidigung, ist sie nur mit Zustimmung dieser Stellen zulässig.

(6) [1]Der Verantwortliche hat die betroffene Person über das Absehen von oder die Einschränkung einer Auskunft unverzüglich schriftlich zu unterrichten. [2]Dies gilt nicht, wenn bereits die Erteilung dieser Informationen eine Gefährdung im Sinne des § 56 Absatz 2 mit sich bringen würde. [3]Die Unterrichtung nach Satz 1 ist zu begründen, es sei denn, dass die Mitteilung der Gründe den mit dem Absehen von oder der Einschränkung der Auskunft verfolgten Zweck gefährden würde.

(7) [1]Wird die betroffene Person nach Absatz 6 über das Absehen von oder die Einschränkung der Auskunft unterrichtet, kann sie ihr Auskunftsrecht auch über die Bundesbeauftragte oder den Bundesbeauftragten ausüben. [2]Der Verantwortliche hat die betroffene Person über diese Möglichkeit sowie darüber zu unterrichten, dass sie gemäß § 60 die Bundesbeauftragte oder den Bundesbeauftragten anrufen oder gerichtlichen Rechtsschutz suchen kann. [3]Macht die betroffene Person von ihrem Recht nach Satz 1 Gebrauch, ist die Auskunft auf ihr Verlangen der oder dem Bundesbeauftragten zu erteilen, soweit nicht die zuständige oberste Bundesbehörde im Einzelfall feststellt, dass dadurch die Sicherheit des Bundes oder eines Landes gefährdet würde. [4]Die oder der Bundesbeauftragte hat die betroffene Person zumindest darüber zu unterrichten, dass alle erforderlichen Prüfungen erfolgt sind oder eine Überprüfung durch sie stattgefunden hat. [5]Diese Mitteilung kann die Information enthalten, ob datenschutzrechtliche Verstöße festgestellt wurden. [6]Die Mitteilung der oder des Bundesbeauftragten an die betroffene Person darf keine Rückschlüsse auf den Erkenntnisstand des Verantwortlichen zulassen, sofern dieser keiner weitergehenden Auskunft zustimmt. [7]Der Verantwortliche darf die Zustimmung nur insoweit und solange verweigern, wie er nach Absatz 4 von einer Auskunft absehen oder sie einschränken könnte. [8]Die oder der Bundesbeauftragte hat zudem die betroffene Person über ihr Recht auf gerichtlichen Rechtsschutz zu unterrichten.

(8) Der Verantwortliche hat die sachlichen oder rechtlichen Gründe für die Entscheidung zu dokumentieren.

§ 58 Rechte auf Berichtigung und Löschung sowie Einschränkung der Verarbeitung

(1) [1]Die betroffene Person hat das Recht, von dem Verantwortlichen unverzüglich die Berichtigung sie betreffender unrichtiger Daten zu verlangen. [2]Insbesondere im Fall von Aussagen oder Beurteilungen betrifft die Frage der Richtigkeit nicht den Inhalt der Aussage oder Beurteilung. [3]Wenn die Richtigkeit oder Unrichtigkeit der Daten nicht festgestellt werden kann, tritt an die Stelle

der Berichtigung eine Einschränkung der Verarbeitung. [4]In diesem Fall hat der Verantwortliche die betroffene Person zu unterrichten, bevor er die Einschränkung wieder aufhebt. [5]Die betroffene Person kann zudem die Vervollständigung unvollständiger personenbezogener Daten verlangen, wenn dies unter Berücksichtigung der Verarbeitungszwecke angemessen ist.

(2) Die betroffene Person hat das Recht, von dem Verantwortlichen unverzüglich die Löschung sie betreffender Daten zu verlangen, wenn deren Verarbeitung unzulässig ist, deren Kenntnis für die Aufgabenerfüllung nicht mehr erforderlich ist oder diese zur Erfüllung einer rechtlichen Verpflichtung gelöscht werden müssen.

(3) [1]Anstatt die personenbezogenen Daten zu löschen, kann der Verantwortliche deren Verarbeitung einschränken, wenn

1. Grund zu der Annahme besteht, dass eine Löschung schutzwürdige Interessen einer betroffenen Person beeinträchtigen würde,
2. die Daten zu Beweiszwecken in Verfahren, die Zwecken des § 45 dienen, weiter aufbewahrt werden müssen oder
3. eine Löschung wegen der besonderen Art der Speicherung nicht oder nur mit unverhältnismäßigem Aufwand möglich ist.

[2]In ihrer Verarbeitung nach Satz 1 eingeschränkte Daten dürfen nur zu dem Zweck verarbeitet werden, der ihrer Löschung entgegenstand.

(4) Bei automatisierten Dateisystemen ist technisch sicherzustellen, dass eine Einschränkung der Verarbeitung eindeutig erkennbar ist und eine Verarbeitung für andere Zwecke nicht ohne weitere Prüfung möglich ist.

(5) [1]Hat der Verantwortliche eine Berichtigung vorgenommen, hat er einer Stelle, die ihm die personenbezogenen Daten zuvor übermittelt hat, die Berichtigung mitzuteilen. [2]In Fällen der Berichtigung, Löschung oder Einschränkung der Verarbeitung nach den Absätzen 1 bis 3 hat der Verantwortliche Empfängern, denen die Daten übermittelt wurden, diese Maßnahmen mitzuteilen. [3]Der Empfänger hat die Daten zu berichtigen, zu löschen oder ihre Verarbeitung einzuschränken.

(6) [1]Der Verantwortliche hat die betroffene Person über ein Absehen von der Berichtigung oder Löschung personenbezogener Daten oder über die an deren Stelle tretende Einschränkung der Verarbeitung schriftlich zu unterrichten. [2]Dies gilt nicht, wenn bereits die Erteilung dieser Informationen eine Gefährdung im Sinne des § 56 Absatz 2 mit sich bringen würde. [3]Die Unterrichtung nach Satz 1 ist zu begründen, es sei denn, dass die Mitteilung der Gründe den mit dem Absehen von der Unterrichtung verfolgten Zweck gefährden würde.

(7) § 57 Absatz 7 und 8 findet entsprechende Anwendung.

§ 59 Verfahren für die Ausübung der Rechte der betroffenen Person

(1) [1]Der Verantwortliche hat mit betroffenen Personen unter Verwendung einer klaren und einfachen Sprache in präziser, verständlicher und leicht zugänglicher Form zu kommunizieren. [2]Unbeschadet besonderer Formvorschriften soll er bei der Beantwortung von Anträgen grundsätzlich die für den Antrag gewählte Form verwenden.

(2) Bei Anträgen hat der Verantwortliche die betroffene Person unbeschadet des § 57 Absatz 6 und des § 58 Absatz 6 unverzüglich schriftlich darüber in Kenntnis zu setzen, wie verfahren wurde.

(3) [1]Die Erteilung von Informationen nach § 55, die Benachrichtigungen nach den §§ 56 und 66 und die Bearbeitung von Anträgen nach den §§ 57 und 58 erfolgen unentgeltlich. [2]Bei offenkundig unbegründeten oder exzessiven Anträgen nach den §§ 57 und 58 kann der Verantwortliche entweder eine angemessene Gebühr auf der Grundlage der Verwaltungskosten verlangen oder sich weigern, aufgrund des Antrags tätig zu werden. [3]In diesem Fall muss der Verantwortliche den offenkundig unbegründeten oder exzessiven Charakter des Antrags belegen können.

(4) Hat der Verantwortliche begründete Zweifel an der Identität einer betroffenen Person, die einen Antrag nach den §§ 57 oder 58 gestellt hat, kann er von ihr zusätzliche Informationen anfordern, die zur Bestätigung ihrer Identität erforderlich sind.

§ 60 Anrufung der oder des Bundesbeauftragten

(1) [1]Jede betroffene Person kann sich unbeschadet anderweitiger Rechtsbehelfe mit einer Beschwerde an die Bundesbeauftragte oder den Bundesbeauftragten wenden, wenn sie der Auffassung ist, bei der Verarbeitung ihrer personenbezogenen Daten durch öffentliche Stellen zu den in § 45 genannten Zwecken in ihren Rechten verletzt worden zu sein. [2]Dies gilt nicht für die Verarbeitung von personenbezogenen Daten durch Gerichte, soweit diese die Daten im Rahmen ihrer justiziellen Tätigkeit verarbeitet haben. [3]Die oder der Bundesbeauftragte hat die betroffene Person über den Stand und das Ergebnis der Beschwerde zu unterrichten und sie hierbei auf die Möglichkeit gerichtlichen Rechtsschutzes nach § 61 hinzuweisen.

(2) [1]Die oder der Bundesbeauftragte hat eine bei ihr oder ihm eingelegte Beschwerde über eine Verarbeitung, die in die Zuständigkeit einer Aufsichtsbehörde in einem anderen Mitgliedstaat der Europäischen Union fällt, unverzüglich an die zuständige Aufsichtsbehörde des anderen Staates weiterzuleiten. [2]Sie oder er hat in diesem Fall die betroffene Person über die Weiterleitung zu unterrichten und ihr auf deren Ersuchen weitere Unterstützung zu leisten.

§ 61 Rechtsschutz gegen Entscheidungen der oder des Bundesbeauftragten oder bei deren oder dessen Untätigkeit

(1) Jede natürliche oder juristische Person kann unbeschadet anderer Rechtsbehelfe gerichtlich gegen eine verbindliche Entscheidung der oder des Bundesbeauftragten vorgehen.

(2) Absatz 1 gilt entsprechend zugunsten betroffener Personen, wenn sich die oder der Bundesbeauftragte mit einer Beschwerde nach § 60 nicht befasst oder die betroffene Person nicht innerhalb von drei Monaten nach Einlegung der Beschwerde über den Stand oder das Ergebnis der Beschwerde in Kenntnis gesetzt hat.

Kapitel 4: Pflichten der Verantwortlichen und Auftragsverarbeiter

§ 62 Auftragsverarbeitung

(1) [1]Werden personenbezogene Daten im Auftrag eines Verantwortlichen durch andere Personen oder Stellen verarbeitet, hat der Verantwortliche für die Einhaltung der Vorschriften dieses Gesetzes und anderer Vorschriften über den Datenschutz zu sorgen. [2]Die Rechte der betroffenen Personen auf Auskunft, Berichtigung, Löschung, Einschränkung der Verarbeitung und Schadensersatz sind in diesem Fall gegenüber dem Verantwortlichen geltend zu machen.

(2) Ein Verantwortlicher darf nur solche Auftragsverarbeiter mit der Verarbeitung personenbezogener Daten beauftragen, die mit geeigneten technischen und organisatorischen Maßnahmen sicherstellen, dass die Verarbeitung im Einklang mit den gesetzlichen Anforderungen erfolgt und der Schutz der Rechte der betroffenen Personen gewährleistet wird.

(3) [1]Auftragsverarbeiter dürfen ohne vorherige schriftliche Genehmigung des Verantwortlichen keine weiteren Auftragsverarbeiter hinzuziehen. [2]Hat der Verantwortliche dem Auftragsverarbeiter eine allgemeine Genehmigung zur Hinzuziehung weiterer Auftragsverarbeiter erteilt, hat der Auftragsverarbeiter den Verantwortlichen über jede beabsichtigte Hinzuziehung oder Ersetzung zu informieren. [3]Der Verantwortliche kann in diesem Fall die Hinzuziehung oder Ersetzung untersagen.

(4) [1]Zieht ein Auftragsverarbeiter einen weiteren Auftragsverarbeiter hinzu, so hat er diesem dieselben Verpflichtungen aus seinem Vertrag mit dem Verantwortlichen nach Absatz 5 aufzuerlegen, die auch für ihn gelten, soweit diese Pflichten für den weiteren Auftragsverarbeiter nicht schon aufgrund anderer Vorschriften verbindlich sind. [2]Erfüllt ein weiterer Auftragsverarbeiter diese Verpflichtungen nicht, so haftet der ihn beauftragende Auftragsverarbeiter gegenüber dem Verantwortlichen für die Einhaltung der Pflichten des weiteren Auftragsverarbeiters.

(5) [1]Die Verarbeitung durch einen Auftragsverarbeiter hat auf der Grundlage eines Vertrags oder eines anderen Rechtsinstruments zu erfolgen, der oder das den Auftragsverarbeiter an den Verantwortlichen bindet und der oder das den Gegenstand, die Dauer, die Art und den Zweck der Verarbeitung, die Art der personenbezogenen Daten, die Kategorien betroffener Personen und die Rechte und Pflichten des Verantwortlichen festlegt. [2]Der Vertrag oder das andere Rechtsinstrument haben insbesondere vorzusehen, dass der Auftragsverarbeiter

1. nur auf dokumentierte Weisung des Verantwortlichen handelt; ist der Auftragsverarbeiter der Auffassung, dass eine Weisung rechtswidrig ist, hat er den Verantwortlichen unverzüglich zu informieren;
2. gewährleistet, dass die zur Verarbeitung der personenbezogenen Daten befugten Personen zur Vertraulichkeit verpflichtet werden, soweit sie keiner angemessenen gesetzlichen Verschwiegenheitspflicht unterliegen;
3. den Verantwortlichen mit geeigneten Mitteln dabei unterstützt, die Einhaltung der Bestimmungen über die Rechte der betroffenen Person zu gewährleisten;
4. alle personenbezogenen Daten nach Abschluss der Erbringung der Verarbeitungsleistungen nach Wahl des Verantwortlichen zurückgibt oder löscht und bestehende Kopien vernichtet, wenn nicht nach einer Rechtsvorschrift eine Verpflichtung zur Speicherung der Daten besteht;
5. dem Verantwortlichen alle erforderlichen Informationen, insbesondere die gemäß § 76 erstellten Protokolle, zum Nachweis der Einhaltung seiner Pflichten zur Verfügung stellt;
6. Überprüfungen, die von dem Verantwortlichen oder einem von diesem beauftragten Prüfer durchgeführt werden, ermöglicht und dazu beiträgt;
7. die in den Absätzen 3 und 4 aufgeführten Bedingungen für die Inanspruchnahme der Dienste eines weiteren Auftragsverarbeiters einhält;
8. alle gemäß § 64 erforderlichen Maßnahmen ergreift und
9. unter Berücksichtigung der Art der Verarbeitung und der ihm zur Verfügung stehenden Informationen den Verantwortlichen bei der Einhaltung der in den §§ 64 bis 67 und § 69 genannten Pflichten unterstützt.

(6) Der Vertrag im Sinne des Absatzes 5 ist schriftlich oder elektronisch abzufassen.

(7) Ein Auftragsverarbeiter, der die Zwecke und Mittel der Verarbeitung unter Verstoß gegen diese Vorschrift bestimmt, gilt in Bezug auf diese Verarbeitung als Verantwortlicher.

§ 63 Gemeinsam Verantwortliche

[1]Legen zwei oder mehr Verantwortliche gemeinsam die Zwecke und die Mittel der Verarbeitung fest, gelten sie als gemeinsam Verantwortliche. [2]Gemeinsam Verantwortliche haben ihre jeweiligen Aufgaben und datenschutzrechtlichen Verantwortlichkeiten in transparenter Form in einer Vereinbarung festzulegen, soweit diese nicht bereits in Rechtsvorschriften festgelegt sind. [3]Aus der Vereinbarung muss insbesondere hervorgehen, wer welchen Informationspflichten nachzukommen hat und wie und gegenüber wem betroffene Personen ihre Rechte wahrnehmen können. [4]Eine entsprechende Vereinbarung hindert die betroffene Person nicht, ihre Rechte gegenüber jedem der gemeinsam Verantwortlichen geltend zu machen.

§ 64 Anforderungen an die Sicherheit der Datenverarbeitung

(1) [1]Der Verantwortliche und der Auftragsverarbeiter haben unter Berücksichtigung des Stands der Technik, der Implementierungskosten, der Art, des Umfangs, der Umstände und der Zwecke der Verarbeitung sowie der Eintrittswahrscheinlichkeit und der Schwere der mit der Verarbeitung verbundenen Gefahren für die Rechtsgüter der betroffenen Personen die erforderlichen technischen und organisatorischen Maßnahmen zu treffen, um bei der Verarbeitung personenbezogener Daten ein dem Risiko angemessenes Schutzniveau zu gewährleisten, insbesondere im Hinblick auf die Verarbeitung besonderer Kategorien personenbezogener

Daten. ²Der Verantwortliche hat hierbei die einschlägigen Technischen Richtlinien und Empfehlungen des Bundesamtes für Sicherheit in der Informationstechnik zu berücksichtigen.

(2) ¹Die in Absatz 1 genannten Maßnahmen können unter anderem die Pseudonymisierung und Verschlüsselung personenbezogener Daten umfassen, soweit solche Mittel in Anbetracht der Verarbeitungszwecke möglich sind. ²Die Maßnahmen nach Absatz 1 sollen dazu führen, dass

1. die Vertraulichkeit, Integrität, Verfügbarkeit und Belastbarkeit der Systeme und Dienste im Zusammenhang mit der Verarbeitung auf Dauer sichergestellt werden und
2. die Verfügbarkeit der personenbezogenen Daten und der Zugang zu ihnen bei einem physischen oder technischen Zwischenfall rasch wiederhergestellt werden können.

(3) ¹Im Fall einer automatisierten Verarbeitung haben der Verantwortliche und der Auftragsverarbeiter nach einer Risikobewertung Maßnahmen zu ergreifen, die Folgendes bezwecken:

1. Verwehrung des Zugangs zu Verarbeitungsanlagen, mit denen die Verarbeitung durchgeführt wird, für Unbefugte (Zugangskontrolle),
2. Verhinderung des unbefugten Lesens, Kopierens, Veränderns oder Löschens von Datenträgern (Datenträgerkontrolle),
3. Verhinderung der unbefugten Eingabe von personenbezogenen Daten sowie der unbefugten Kenntnisnahme, Veränderung und Löschung von gespeicherten personenbezogenen Daten (Speicherkontrolle),
4. Verhinderung der Nutzung automatisierter Verarbeitungssysteme mit Hilfe von Einrichtungen zur Datenübertragung durch Unbefugte (Benutzerkontrolle),
5. Gewährleistung, dass die zur Benutzung eines automatisierten Verarbeitungssystems Berechtigten ausschließlich zu den von ihrer Zugangsberechtigung umfassten personenbezogenen Daten Zugang haben (Zugriffskontrolle),
6. Gewährleistung, dass überprüft und festgestellt werden kann, an welche Stellen personenbezogene Daten mit Hilfe von Einrichtungen zur Datenübertragung übermittelt oder zur Verfügung gestellt wurden oder werden können (Übertragungskontrolle),
7. Gewährleistung, dass nachträglich überprüft und festgestellt werden kann, welche personenbezogenen Daten zu welcher Zeit und von wem in automatisierte Verarbeitungssysteme eingegeben oder verändert worden sind (Eingabekontrolle),
8. Gewährleistung, dass bei der Übermittlung personenbezogener Daten sowie beim Transport von Datenträgern die Vertraulichkeit und Integrität der Daten geschützt werden (Transportkontrolle),
9. Gewährleistung, dass eingesetzte Systeme im Störungsfall wiederhergestellt werden können (Wiederherstellbarkeit),
10. Gewährleistung, dass alle Funktionen des Systems zur Verfügung stehen und auftretende Fehlfunktionen gemeldet werden (Zuverlässigkeit),
11. Gewährleistung, dass gespeicherte personenbezogene Daten nicht durch Fehlfunktionen des Systems beschädigt werden können (Datenintegrität),
12. Gewährleistung, dass personenbezogene Daten, die im Auftrag verarbeitet werden, nur entsprechend den Weisungen des Auftraggebers verarbeitet werden können (Auftragskontrolle),
13. Gewährleistung, dass personenbezogene Daten gegen Zerstörung oder Verlust geschützt sind (Verfügbarkeitskontrolle),
14. Gewährleistung, dass zu unterschiedlichen Zwecken erhobene personenbezogene Daten getrennt verarbeitet werden können (Trennbarkeit).

²Ein Zweck nach Satz 1 Nummer 2 bis 5 kann insbesondere durch die Verwendung von dem Stand der Technik entsprechenden Verschlüsselungsverfahren erreicht werden.

§ 65 Meldung von Verletzungen des Schutzes personenbezogener Daten an die oder den Bundesbeauftragten

(1) ¹Der Verantwortliche hat eine Verletzung des Schutzes personenbezogener Daten unverzüglich und möglichst innerhalb von 72 Stunden, nachdem sie ihm bekannt geworden ist, der oder dem Bundesbeauftragten zu melden, es sei denn, dass die Verletzung voraussichtlich keine Gefahr für die Rechtsgüter natürlicher Personen mit sich gebracht hat. ²Erfolgt die Meldung an die Bundesbeauftragte oder den Bundesbeauftragten nicht innerhalb von 72 Stunden, so ist die Verzögerung zu begründen.

(2) Ein Auftragsverarbeiter hat eine Verletzung des Schutzes personenbezogener Daten unverzüglich dem Verantwortlichen zu melden.

(3) Die Meldung nach Absatz 1 hat zumindest folgende Informationen zu enthalten:

1. eine Beschreibung der Art der Verletzung des Schutzes personenbezogener Daten, die, soweit möglich, Angaben zu den Kategorien und der ungefähren Anzahl der betroffenen Personen, zu den betroffenen Kategorien personenbezogener Daten und zu der ungefähren Anzahl der betroffenen personenbezogenen Datensätze zu enthalten hat,
2. den Namen und die Kontaktdaten der oder des Datenschutzbeauftragten oder einer sonstigen Person oder Stelle, die weitere Informationen erteilen kann,
3. eine Beschreibung der wahrscheinlichen Folgen der Verletzung und
4. eine Beschreibung der von dem Verantwortlichen ergriffenen oder vorgeschlagenen Maßnahmen zur Behandlung der Verletzung und der getroffenen Maßnahmen zur Abmilderung ihrer möglichen nachteiligen Auswirkungen.

(4) Wenn die Informationen nach Absatz 3 nicht zusammen mit der Meldung übermittelt werden können, hat der Verantwortliche sie unverzüglich nachzureichen, sobald sie ihm vorliegen.

(5) [1]Der Verantwortliche hat Verletzungen des Schutzes personenbezogener Daten zu dokumentieren. [2]Die Dokumentation hat alle mit den Vorfällen zusammenhängenden Tatsachen, deren Auswirkungen und die ergriffenen Abhilfemaßnahmen zu umfassen.

(6) Soweit von einer Verletzung des Schutzes personenbezogener Daten personenbezogene Daten betroffen sind, die von einem oder an einen Verantwortlichen in einem anderen Mitgliedstaat der Europäischen Union übermittelt wurden, sind die in Absatz 3 genannten Informationen dem dortigen Verantwortlichen unverzüglich zu übermitteln.

(7) § 42 Absatz 4 findet entsprechende Anwendung.

(8) Weitere Pflichten des Verantwortlichen zu Benachrichtigungen über Verletzungen des Schutzes personenbezogener Daten bleiben unberührt.

§ 66 Benachrichtigung betroffener Personen bei Verletzungen des Schutzes personenbezogener Daten

(1) Hat eine Verletzung des Schutzes personenbezogener Daten voraussichtlich eine erhebliche Gefahr für Rechtsgüter betroffener Personen zur Folge, so hat der Verantwortliche die betroffenen Personen unverzüglich über den Vorfall zu benachrichtigen.

(2) Die Benachrichtigung nach Absatz 1 hat in klarer und einfacher Sprache die Art der Verletzung des Schutzes personenbezogener Daten zu beschreiben und zumindest die in § 65 Absatz 3 Nummer 2 bis 4 genannten Informationen und Maßnahmen zu enthalten.

(3) Von der Benachrichtigung nach Absatz 1 kann abgesehen werden, wenn

1. der Verantwortliche geeignete technische und organisatorische Sicherheitsvorkehrungen getroffen hat und diese Vorkehrungen auf die von der Verletzung des Schutzes personenbezogener Daten betroffenen Daten angewandt wurden; dies gilt insbesondere für Vorkehrungen wie Verschlüsselungen, durch die die Daten für unbefugte Personen unzugänglich gemacht wurden;
2. der Verantwortliche durch im Anschluss an die Verletzung getroffene Maßnahmen sichergestellt hat, dass aller Wahrscheinlichkeit nach keine erhebliche Gefahr im Sinne des Absatzes 1 mehr besteht, oder
3. dies mit einem unverhältnismäßigen Aufwand verbunden wäre; in diesem Fall hat stattdessen eine öffentliche Bekanntmachung oder eine ähnliche Maßnahme zu erfolgen, durch die die betroffenen Personen vergleichbar wirksam informiert werden.

(4) [1]Wenn der Verantwortliche die betroffenen Personen über eine Verletzung des Schutzes personenbezogener Daten nicht benachrichtigt hat, kann die oder der Bundesbeauftragte förmlich feststellen, dass ihrer oder seiner Auffassung nach die in Absatz 3 genannten Voraussetzungen nicht erfüllt sind. [2]Hierbei hat sie oder er die Wahrscheinlichkeit zu berücksichtigen, dass die Verletzung eine erhebliche Gefahr im Sinne des Absatzes 1 zur Folge hat.

(5) Die Benachrichtigung der betroffenen Personen nach Absatz 1 kann unter den in § 56 Absatz 2 genannten Voraussetzungen aufgeschoben, eingeschränkt oder unterlassen werden, soweit nicht die Interessen der betroffenen Person aufgrund der von der Verletzung ausgehenden erheblichen Gefahr im Sinne des Absatzes 1 überwiegen.

(6) § 42 Absatz 4 findet entsprechende Anwendung.

§ 67 Durchführung einer Datenschutz-Folgenabschätzung

(1) Hat eine Form der Verarbeitung, insbesondere bei Verwendung neuer Technologien, aufgrund der Art, des Umfangs, der Umstände und der Zwecke der Verarbeitung voraussichtlich eine erhebliche Gefahr für die Rechtsgüter betroffener Personen zur Folge, so hat der Verantwortliche vorab eine Abschätzung der Folgen der vorgesehenen Verarbeitungsvorgänge für die betroffenen Personen durchzuführen.

(2) Für die Untersuchung mehrerer ähnlicher Verarbeitungsvorgänge mit ähnlich hohem Gefahrenpotential kann eine gemeinsame Datenschutz-Folgenabschätzung vorgenommen werden.

(3) Der Verantwortliche hat die Datenschutzbeauftragte oder den Datenschutzbeauftragten an der Durchführung der Folgenabschätzung zu beteiligen.

(4) Die Folgenabschätzung hat den Rechten der von der Verarbeitung betroffenen Personen Rechnung zu tragen und zumindest Folgendes zu enthalten:

1. eine systematische Beschreibung der geplanten Verarbeitungsvorgänge und der Zwecke der Verarbeitung,
2. eine Bewertung der Notwendigkeit und Verhältnismäßigkeit der Verarbeitungsvorgänge in Bezug auf deren Zweck,
3. eine Bewertung der Gefahren für die Rechtsgüter der betroffenen Personen und
4. die Maßnahmen, mit denen bestehenden Gefahren abgeholfen werden soll, einschließlich der Garantien, der Sicherheitsvorkehrungen und der Verfahren, durch die der Schutz personenbezogener Daten sichergestellt und die Einhaltung der gesetzlichen Vorgaben nachgewiesen werden sollen.

(5) Soweit erforderlich, hat der Verantwortliche eine Überprüfung durchzuführen, ob die Verarbeitung den Maßgaben folgt, die sich aus der Folgenabschätzung ergeben haben.

§ 68 Zusammenarbeit mit der oder dem Bundesbeauftragten

Der Verantwortliche hat mit der oder dem Bundesbeauftragten bei der Erfüllung ihrer oder seiner Aufgaben zusammenzuarbeiten.

§ 69 Anhörung der oder des Bundesbeauftragten

(1) [1]Der Verantwortliche hat vor der Inbetriebnahme von neu anzulegenden Dateisystemen die Bundesbeauftragte oder den Bundesbeauftragten anzuhören, wenn

1. aus einer Datenschutz-Folgenabschätzung nach § 67 hervorgeht, dass die Verarbeitung eine erhebliche Gefahr für die Rechtsgüter der betroffenen Personen zur Folge hätte, wenn der Verantwortliche keine Abhilfemaßnahmen treffen würde, oder
2. die Form der Verarbeitung, insbesondere bei der Verwendung neuer Technologien, Mechanismen oder Verfahren, eine erhebliche Gefahr für die Rechtsgüter der betroffenen Personen zur Folge hat.

[2]Die oder der Bundesbeauftragte kann eine Liste der Verarbeitungsvorgänge erstellen, die der Pflicht zur Anhörung nach Satz 1 unterliegen.

(2) [1]Der oder dem Bundesbeauftragten sind im Fall des Absatzes 1 vorzulegen:
1. die nach § 67 durchgeführte Datenschutz-Folgenabschätzung,
2. gegebenenfalls Angaben zu den jeweiligen Zuständigkeiten des Verantwortlichen, der gemeinsam Verantwortlichen und der an der Verarbeitung beteiligten Auftragsverarbeiter,
3. Angaben zu den Zwecken und Mitteln der beabsichtigten Verarbeitung,
4. Angaben zu den zum Schutz der Rechtsgüter der betroffenen Personen vorgesehenen Maßnahmen und Garantien und
5. Name und Kontaktdaten der oder des Datenschutzbeauftragten.

[2]Auf Anforderung sind ihr oder ihm zudem alle sonstigen Informationen zu übermitteln, die sie oder er benötigt, um die Rechtmäßigkeit der Verarbeitung sowie insbesondere die in Bezug auf den Schutz der personenbezogenen Daten der betroffenen Personen bestehenden Gefahren und die diesbezüglichen Garantien bewerten zu können.

(3) [1]Falls die oder der Bundesbeauftragte der Auffassung ist, dass die geplante Verarbeitung gegen gesetzliche Vorgaben verstoßen würde, insbesondere weil der Verantwortliche das Risiko nicht ausreichend ermittelt oder keine ausreichenden Abhilfemaßnahmen getroffen hat, kann sie oder er dem Verantwortlichen und gegebenenfalls dem Auftragsverarbeiter innerhalb eines Zeitraums von sechs Wochen nach Einleitung der Anhörung schriftliche Empfehlungen unterbreiten, welche Maßnahmen noch ergriffen werden sollten. [2]Die oder der Bundesbeauftragte kann diese Frist um einen Monat verlängern, wenn die geplante Verarbeitung besonders komplex ist. [3]Sie oder er hat in diesem Fall innerhalb eines Monats nach Einleitung der Anhörung den Verantwortlichen und gegebenenfalls den Auftragsverarbeiter über die Fristverlängerung zu informieren.

(4) [1]Hat die beabsichtigte Verarbeitung erhebliche Bedeutung für die Aufgabenerfüllung des Verantwortlichen und ist sie daher besonders dringlich, kann er mit der Verarbeitung nach Beginn der Anhörung, aber vor Ablauf der in Absatz 3 Satz 1 genannten Frist beginnen. [2]In diesem Fall sind die Empfehlungen der oder des Bundesbeauftragten im Nachhinein zu berücksichtigen und sind die Art und Weise der Verarbeitung daraufhin gegebenenfalls anzupassen.

§ 70 Verzeichnis von Verarbeitungstätigkeiten

(1) [1]Der Verantwortliche hat ein Verzeichnis aller Kategorien von Verarbeitungstätigkeiten zu führen, die in seine Zuständigkeit fallen. [2]Dieses Verzeichnis hat die folgenden Angaben zu enthalten:
1. den Namen und die Kontaktdaten des Verantwortlichen und gegebenenfalls des gemeinsam mit ihm Verantwortlichen sowie den Namen und die Kontaktdaten der oder des Datenschutzbeauftragten,
2. die Zwecke der Verarbeitung,
3. die Kategorien von Empfängern, gegenüber denen die personenbezogenen Daten offengelegt worden sind oder noch offengelegt werden sollen,
4. eine Beschreibung der Kategorien betroffener Personen und der Kategorien personenbezogener Daten,
5. gegebenenfalls die Verwendung von Profiling,
6. gegebenenfalls die Kategorien von Übermittlungen personenbezogener Daten an Stellen in einem Drittstaat oder an eine internationale Organisation,
7. Angaben über die Rechtsgrundlage der Verarbeitung,
8. die vorgesehenen Fristen für die Löschung oder die Überprüfung der Erforderlichkeit der Speicherung der verschiedenen Kategorien personenbezogener Daten und
9. eine allgemeine Beschreibung der technischen und organisatorischen Maßnahmen gemäß § 64.

(2) Der Auftragsverarbeiter hat ein Verzeichnis aller Kategorien von Verarbeitungen zu führen, die er im Auftrag eines Verantwortlichen durchführt, das Folgendes zu enthalten hat:
1. den Namen und die Kontaktdaten des Auftragsverarbeiters, jedes Verantwortlichen, in dessen Auftrag der Auftragsverarbeiter tätig ist, sowie gegebenenfalls der oder des Datenschutzbeauftragten,
2. gegebenenfalls Übermittlungen von personenbezogenen Daten an Stellen in einem Drittstaat oder an eine internationale Organisation unter Angabe des Staates oder der Organisation und
3. eine allgemeine Beschreibung der technischen und organisatorischen Maßnahmen gemäß § 64.

(3) Die in den Absätzen 1 und 2 genannten Verzeichnisse sind schriftlich oder elektronisch zu führen.

(4) Verantwortliche und Auftragsverarbeiter haben auf Anforderung ihre Verzeichnisse der oder dem Bundesbeauftragten zur Verfügung zu stellen.

§ 71 Datenschutz durch Technikgestaltung und datenschutzfreundliche Voreinstellungen

(1) [1]Der Verantwortliche hat sowohl zum Zeitpunkt der Festlegung der Mittel für die Verarbeitung als auch zum Zeitpunkt der Verarbeitung selbst angemessene Vorkehrungen zu treffen, die geeignet sind, die Datenschutzgrundsätze wie etwa die Datensparsamkeit wirksam umzusetzen, und die sicherstellen, dass die gesetzlichen Anforderungen eingehalten und die Rechte der betroffenen Personen geschützt werden. [2]Er hat hierbei den Stand der Technik, die Implementierungskosten und die Art, den Umfang, die

Umstände und die Zwecke der Verarbeitung sowie die unterschiedliche Eintrittswahrscheinlichkeit und Schwere der mit der Verarbeitung verbundenen Gefahren für die Rechtsgüter der betroffenen Personen zu berücksichtigen. [3]Insbesondere sind die Verarbeitung personenbezogener Daten und die Auswahl und Gestaltung von Datenverarbeitungssystemen an dem Ziel auszurichten, so wenig personenbezogene Daten wie möglich zu verarbeiten. [4]Personenbezogene Daten sind zum frühestmöglichen Zeitpunkt zu anonymisieren oder zu pseudonymisieren, soweit dies nach dem Verarbeitungszweck möglich ist.

(2) [1]Der Verantwortliche hat geeignete technische und organisatorische Maßnahmen zu treffen, die sicherstellen, dass durch Voreinstellungen grundsätzlich nur solche personenbezogenen Daten verarbeitet werden können, deren Verarbeitung für den jeweiligen bestimmten Verarbeitungszweck erforderlich ist. [2]Dies betrifft die Menge der erhobenen Daten, den Umfang ihrer Verarbeitung, ihre Speicherfrist und ihre Zugänglichkeit. [3]Die Maßnahmen müssen insbesondere gewährleisten, dass die Daten durch Voreinstellungen nicht automatisiert einer unbestimmten Anzahl von Personen zugänglich gemacht werden können.

§ 72 Unterscheidung zwischen verschiedenen Kategorien betroffener Personen

[1]Der Verantwortliche hat bei der Verarbeitung personenbezogener Daten so weit wie möglich zwischen den verschiedenen Kategorien betroffener Personen zu unterscheiden. [2]Dies betrifft insbesondere folgende Kategorien:

1. Personen, gegen die ein begründeter Verdacht besteht, dass sie eine Straftat begangen haben,
2. Personen, gegen die ein begründeter Verdacht besteht, dass sie in naher Zukunft eine Straftat begehen werden,
3. verurteilte Straftäter,
4. Opfer einer Straftat oder Personen, bei denen bestimmte Tatsachen darauf hindeuten, dass sie Opfer einer Straftat sein könnten, und
5. andere Personen wie insbesondere Zeugen, Hinweisgeber oder Personen, die mit den in den Nummern 1 bis 4 genannten Personen in Kontakt oder Verbindung stehen.

§ 73 Unterscheidung zwischen Tatsachen und persönlichen Einschätzungen

[1]Der Verantwortliche hat bei der Verarbeitung so weit wie möglich danach zu unterscheiden, ob personenbezogene Daten auf Tatsachen oder auf persönlichen Einschätzungen beruhen. [2]Zu diesem Zweck soll er, soweit dies im Rahmen der jeweiligen Verarbeitung möglich und angemessen ist, Beurteilungen, die auf persönlichen Einschätzungen beruhen, als solche kenntlich machen. [3]Es muss außerdem feststellbar sein, welche Stelle die Unterlagen führt, die der auf einer persönlichen Einschätzung beruhenden Beurteilung zugrunde liegen.

§ 74 Verfahren bei Übermittlungen

(1) [1]Der Verantwortliche hat angemessene Maßnahmen zu ergreifen, um zu gewährleisten, dass personenbezogene Daten, die unrichtig oder nicht mehr aktuell sind, nicht übermittelt oder sonst zur Verfügung gestellt werden. [2]Zu diesem Zweck hat er, soweit dies mit angemessenem Aufwand möglich ist, die Qualität der Daten vor ihrer Übermittlung oder Bereitstellung zu überprüfen. [3]Bei jeder Übermittlung personenbezogener Daten hat er zudem, soweit dies möglich und angemessen ist, Informationen beizufügen, die es dem Empfänger gestatten, die Richtigkeit, die Vollständigkeit und die Zuverlässigkeit der Daten sowie deren Aktualität zu beurteilen.

(2) [1]Gelten für die Verarbeitung von personenbezogenen Daten besondere Bedingungen, so hat bei Datenübermittlungen die übermittelnde Stelle den Empfänger auf diese Bedingungen und die Pflicht zu ihrer Beachtung hinzuweisen. [2]Die Hinweispflicht kann dadurch erfüllt werden, dass die Daten entsprechend markiert werden.

(3) Die übermittelnde Stelle darf auf Empfänger in anderen Mitgliedstaaten der Europäischen Union und auf Einrichtungen und sonstige Stellen, die nach den Kapiteln 4 und 5 des Titels V des Dritten Teils des Vertrags über die Arbeitsweise der Europäischen Union errichtet wurden, keine Bedingungen anwenden, die nicht auch für entsprechende innerstaatliche Datenübermittlungen gelten.

§ 75 Berichtigung und Löschung personenbezogener Daten sowie Einschränkung der Verarbeitung

(1) Der Verantwortliche hat personenbezogene Daten zu berichtigen, wenn sie unrichtig sind.

(2) Der Verantwortliche hat personenbezogene Daten unverzüglich zu löschen, wenn ihre Verarbeitung unzulässig ist, sie zur Erfüllung einer rechtlichen Verpflichtung gelöscht werden müssen oder ihre Kenntnis für seine Aufgabenerfüllung nicht mehr erforderlich ist.

(3) [1]§ 58 Absatz 3 bis 5 ist entsprechend anzuwenden. [2]Sind unrichtige personenbezogene Daten oder personenbezogene Daten unrechtmäßig übermittelt worden, ist auch dies dem Empfänger mitzuteilen.

(4) Unbeschadet in Rechtsvorschriften festgesetzter Höchstspeicher- oder Löschfristen hat der Verantwortliche für die Löschung von personenbezogenen Daten oder eine regelmäßige Überprüfung der Notwendigkeit ihrer Speicherung angemessene Fristen vorzusehen und durch verfahrensrechtliche Vorkehrungen sicherzustellen, dass diese Fristen eingehalten werden.

§ 76 Protokollierung

(1) In automatisierten Verarbeitungssystemen haben Verantwortliche und Auftragsverarbeiter mindestens die folgenden Verarbeitungsvorgänge zu protokollieren:

1. Erhebung,
2. Veränderung,

3. Abfrage,
4. Offenlegung einschließlich Übermittlung,
5. Kombination und
6. Löschung.

(2) Die Protokolle über Abfragen und Offenlegungen müssen es ermöglichen, die Begründung, das Datum und die Uhrzeit dieser Vorgänge und so weit wie möglich die Identität der Person, die die personenbezogenen Daten abgefragt oder offengelegt hat, und die Identität des Empfängers der Daten festzustellen.

(3) Die Protokolle dürfen ausschließlich für die Überprüfung der Rechtmäßigkeit der Datenverarbeitung durch die Datenschutzbeauftragte oder den Datenschutzbeauftragten, die Bundesbeauftragte oder den Bundesbeauftragten und die betroffene Person sowie für die Eigenüberwachung, für die Gewährleistung der Integrität und Sicherheit der personenbezogenen Daten und für Strafverfahren verwendet werden.

(4) Die Protokolldaten sind am Ende des auf deren Generierung folgenden Jahres zu löschen.

(5) Der Verantwortliche und der Auftragsverarbeiter haben die Protokolle der oder dem Bundesbeauftragten auf Anforderung zur Verfügung zu stellen.

§ 77 Vertrauliche Meldung von Verstößen

Der Verantwortliche hat zu ermöglichen, dass ihm vertrauliche Meldungen über in seinem Verantwortungsbereich erfolgende Verstöße gegen Datenschutzvorschriften zugeleitet werden können.

Kapitel 5: Datenübermittlungen an Drittstaaten und an internationale Organisationen

§ 78 Allgemeine Voraussetzungen

(1) Die Übermittlung personenbezogener Daten an Stellen in Drittstaaten oder an internationale Organisationen ist bei Vorliegen der übrigen für Datenübermittlungen geltenden Voraussetzungen zulässig, wenn

1. die Stelle oder internationale Organisation für die in § 45 genannten Zwecke zuständig ist und
2. die Europäische Kommission gemäß Artikel 36 Absatz 3 der Richtlinie (EU) 2016/680 einen Angemessenheitsbeschluss gefasst hat.

(2) [1]Die Übermittlung personenbezogener Daten hat trotz des Vorliegens eines Angemessenheitsbeschlusses im Sinne des Absatzes 1 Nummer 2 und des zu berücksichtigenden öffentlichen Interesses an der Datenübermittlung zu unterbleiben, wenn im Einzelfall ein datenschutzrechtlich angemessener und die elementaren Menschenrechte wahrender Umgang mit den Daten beim Empfänger nicht hinreichend gesichert ist oder sonst überwiegende schutzwürdige Interessen einer betroffenen Person entgegenstehen. [2]Bei seiner Beurteilung hat der Verantwortliche maßgeblich zu berücksichtigen, ob der Empfänger im Einzelfall einen angemessenen Schutz der übermittelten Daten garantiert.

(3) [1]Wenn personenbezogene Daten, die aus einem anderen Mitgliedstaat der Europäischen Union übermittelt oder zur Verfügung gestellt wurden, nach Absatz 1 übermittelt werden sollen, muss diese Übermittlung zuvor von der zuständigen Stelle des anderen Mitgliedstaats genehmigt werden. [2]Übermittlungen ohne vorherige Genehmigung sind nur dann zulässig, wenn die Übermittlung erforderlich ist, um eine unmittelbare und ernsthafte Gefahr für die öffentliche Sicherheit eines Staates oder für die wesentlichen Interessen eines Mitgliedstaats abzuwehren, und die vorherige Genehmigung nicht rechtzeitig eingeholt werden kann. [3]Im Fall des Satzes 2 ist die Stelle des anderen Mitgliedstaats, die für die Erteilung der Genehmigung zuständig gewesen wäre, unverzüglich über die Übermittlung zu unterrichten.

(4) [1]Der Verantwortliche, der Daten nach Absatz 1 übermittelt, hat durch geeignete Maßnahmen sicherzustellen, dass der Empfänger die übermittelten Daten nur dann an andere Drittstaaten oder andere internationale Organisationen weiterübermittelt, wenn der Verantwortliche diese Übermittlung zuvor genehmigt hat. [2]Bei der Entscheidung über die Erteilung der Genehmigung hat der Verantwortliche alle maßgeblichen Faktoren zu berücksichtigen, insbesondere die Schwere der Straftat, den Zweck der ursprünglichen Übermittlung und das in dem Drittstaat oder der internationalen Organisation, an das oder an die die Daten weiterübermittelt werden sollen, bestehende Schutzniveau für personenbezogene Daten. [3]Eine Genehmigung darf nur dann erfolgen, wenn auch eine direkte Übermittlung an den anderen Drittstaat oder die andere internationale Organisation zulässig wäre. [4]Die Zuständigkeit für die Erteilung der Genehmigung kann auch abweichend geregelt werden.

§ 79 Datenübermittlung bei geeigneten Garantien

(1) Liegt entgegen § 78 Absatz 1 Nummer 2 kein Beschluss nach Artikel 36 Absatz 3 der Richtlinie (EU) 2016/680 vor, ist eine Übermittlung bei Vorliegen der übrigen Voraussetzungen des § 78 auch dann zulässig, wenn

1. in einem rechtsverbindlichen Instrument geeignete Garantien für den Schutz personenbezogener Daten vorgesehen sind oder
2. der Verantwortliche nach Beurteilung aller Umstände, die bei der Übermittlung eine Rolle spielen, zu der Auffassung gelangt ist, dass geeignete Garantien für den Schutz personenbezogener Daten bestehen.

(2) [1]Der Verantwortliche hat Übermittlungen nach Absatz 1 Nummer 2 zu dokumentieren. [2]Die Dokumentation hat den Zeitpunkt der Übermittlung, die Identität des Empfängers, den Grund der Übermittlung und die übermittelten personenbezogenen Daten zu enthalten. [3]Sie ist der oder dem Bundesbeauftragten auf Anforderung zur Verfügung zu stellen.

(3) [1]Der Verantwortliche hat die Bundesbeauftragte oder den Bundesbeauftragten zumindest jährlich über Übermittlungen zu unterrichten, die aufgrund einer Beurteilung nach Absatz 1 Nummer 2 erfolgt sind. [2]In der Unterrichtung kann er die Empfänger und die Übermittlungszwecke angemessen kategorisieren.

§ 80 Datenübermittlung ohne geeignete Garantien

(1) Liegt entgegen § 78 Absatz 1 Nummer 2 kein Beschluss nach Artikel 36 Absatz 3 der Richtlinie (EU) 2016/680 vor und liegen auch keine geeigneten Garantien im Sinne des § 79 Absatz 1 vor, ist eine Übermittlung bei Vorliegen der übrigen Voraussetzungen des § 78 auch dann zulässig, wenn die Übermittlung erforderlich ist

1. zum Schutz lebenswichtiger Interessen einer natürlichen Person,
2. zur Wahrung berechtigter Interessen der betroffenen Person,
3. zur Abwehr einer gegenwärtigen und erheblichen Gefahr für die öffentliche Sicherheit eines Staates,
4. im Einzelfall für die in § 45 genannten Zwecke oder
5. im Einzelfall zur Geltendmachung, Ausübung oder Verteidigung von Rechtsansprüchen im Zusammenhang mit den in § 45 genannten Zwecken.

(2) Der Verantwortliche hat von einer Übermittlung nach Absatz 1 abzusehen, wenn die Grundrechte der betroffenen Person das öffentliche Interesse an der Übermittlung überwiegen.

(3) Für Übermittlungen nach Absatz 1 gilt § 79 Absatz 2 entsprechend.

§ 81 Sonstige Datenübermittlung an Empfänger in Drittstaaten

(1) Verantwortliche können bei Vorliegen der übrigen für die Datenübermittlung in Drittstaaten geltenden Voraussetzungen im besonderen Einzelfall personenbezogene Daten unmittelbar an nicht in § 78 Absatz 1 Nummer 1 genannte Stellen in Drittstaaten übermitteln, wenn die Übermittlung für die Erfüllung ihrer Aufgaben unbedingt erforderlich ist und

1. im konkreten Fall keine Grundrechte der betroffenen Person das öffentliche Interesse an einer Übermittlung überwiegen,
2. die Übermittlung an die in § 78 Absatz 1 Nummer 1 genannten Stellen wirkungslos oder ungeeignet wäre, insbesondere weil sie nicht rechtzeitig durchgeführt werden kann, und
3. der Verantwortliche dem Empfänger die Zwecke der Verarbeitung mitteilt und ihn darauf hinweist, dass die übermittelten Daten nur in dem Umfang verarbeitet werden dürfen, in dem ihre Verarbeitung für diese Zwecke erforderlich ist.

(2) Im Fall des Absatzes 1 hat der Verantwortliche die in § 78 Absatz 1 Nummer 1 genannten Stellen unverzüglich über die Übermittlung zu unterrichten, sofern dies nicht wirkungslos oder ungeeignet ist.

(3) Für Übermittlungen nach Absatz 1 gilt § 79 Absatz 2 und 3 entsprechend.

(4) Bei Übermittlungen nach Absatz 1 hat der Verantwortliche den Empfänger zu verpflichten, die übermittelten personenbezogenen Daten ohne seine Zustimmung nur für den Zweck zu verarbeiten, für den sie übermittelt worden sind.

(5) Abkommen im Bereich der justiziellen Zusammenarbeit in Strafsachen und der polizeilichen Zusammenarbeit bleiben unberührt.

Kapitel 6: Zusammenarbeit der Aufsichtsbehörden

§ 82 Gegenseitige Amtshilfe

(1) [1]Die oder der Bundesbeauftragte hat den Datenschutzaufsichtsbehörden in anderen Mitgliedstaaten der Europäischen Union Informationen zu übermitteln und Amtshilfe zu leisten, soweit dies für eine einheitliche Umsetzung und Anwendung der Richtlinie (EU) 2016/680 erforderlich ist. [2]Die Amtshilfe betrifft insbesondere Auskunftsersuchen und aufsichtsbezogene Maßnahmen, beispielsweise Ersuchen um Konsultation oder um Vornahme von Nachprüfungen und Untersuchungen.

(2) Die oder der Bundesbeauftragte hat alle geeigneten Maßnahmen zu ergreifen, um Amtshilfeersuchen unverzüglich und spätestens innerhalb eines Monats nach deren Eingang nachzukommen.

(3) Die oder der Bundesbeauftragte darf Amtshilfeersuchen nur ablehnen, wenn

1. sie oder er für den Gegenstand des Ersuchens oder für die Maßnahmen, die sie oder er durchführen soll, nicht zuständig ist oder
2. ein Eingehen auf das Ersuchen gegen Rechtsvorschriften verstoßen würde.

(4) [1]Die oder der Bundesbeauftragte hat die ersuchende Aufsichtsbehörde des anderen Staates über die Ergebnisse oder gegebenenfalls über den Fortgang der Maßnahmen zu informieren, die getroffen wurden, um dem Amtshilfeersuchen nachzukommen. [2]Sie oder er hat im Fall des Absatzes 3 die Gründe für die Ablehnung des Ersuchens zu erläutern.

(5) Die oder der Bundesbeauftragte hat die Informationen, um die sie oder er von der Aufsichtsbehörde des anderen Staates ersucht wurde, in der Regel elektronisch und in einem standardisierten Format zu übermitteln.

(6) Die oder der Bundesbeauftragte hat Amtshilfeersuchen kostenfrei zu erledigen, soweit sie oder er nicht im Einzelfall mit der Aufsichtsbehörde des anderen Staates die Erstattung entstandener Ausgaben vereinbart hat.

(7) [1]Ein Amtshilfeersuchen der oder des Bundesbeauftragten hat alle erforderlichen Informationen zu enthalten; hierzu gehören insbesondere der Zweck und die Begründung des Ersuchens. [2]Die auf das Ersuchen übermittelten Informationen dürfen ausschließlich zu dem Zweck verwendet werden, zu dem sie angefordert wurden.

Kapitel 7: Haftung und Sanktionen

§ 83 Schadensersatz und Entschädigung

(1) [1]Hat ein Verantwortlicher einer betroffenen Person durch eine Verarbeitung personenbezogener Daten, die nach diesem Gesetz oder nach anderen auf ihre Verarbeitung anwendbaren Vorschriften rechtswidrig war, einen Schaden zugefügt, ist er oder sein Rechtsträger der betroffenen Person zum Schadensersatz verpflichtet. [2]Die Ersatzpflicht entfällt, soweit bei einer nicht automatisierten Verarbeitung der Schaden nicht auf ein Verschulden des Verantwortlichen zurückzuführen ist.

(2) Wegen eines Schadens, der nicht Vermögensschaden ist, kann die betroffene Person eine angemessene Entschädigung in Geld verlangen.

(3) Lässt sich bei einer automatisierten Verarbeitung personenbezogener Daten nicht ermitteln, welche von mehreren beteiligten Verantwortlichen den Schaden verursacht hat, so haftet jeder Verantwortliche beziehungsweise sein Rechtsträger.

(4) Hat bei der Entstehung des Schadens ein Verschulden der betroffenen Person mitgewirkt, ist § 254 des Bürgerlichen Gesetzbuchs entsprechend anzuwenden.

(5) Auf die Verjährung finden die für unerlaubte Handlungen geltenden Verjährungsvorschriften des Bürgerlichen Gesetzbuchs entsprechende Anwendung.

§ 84 Strafvorschriften

Für Verarbeitungen personenbezogener Daten durch öffentliche Stellen im Rahmen von Tätigkeiten nach § 45 Satz 1, 3 oder 4 findet § 42 entsprechende Anwendung.

Teil 4: Besondere Bestimmungen für Verarbeitungen im Rahmen von nicht in die Anwendungsbereiche der Verordnung (EU) 2016/679 und der Richtlinie (EU) 2016/680 fallenden Tätigkeiten

§ 85 Verarbeitung personenbezogener Daten im Rahmen von nicht in die Anwendungsbereiche der Verordnung (EU) 2016/679 und der Richtlinie (EU) 2016/680 fallenden Tätigkeiten

(1) [1]Die Übermittlung personenbezogener Daten an einen Drittstaat oder an über- oder zwischenstaatliche Stellen oder internationale Organisationen im Rahmen von nicht in die Anwendungsbereiche der Verordnung (EU) 2016/679 und der Richtlinie (EU) 2016/680 fallenden Tätigkeiten ist über die bereits gemäß der Verordnung (EU) 2016/679 zulässigen Fälle hinaus auch dann zulässig, wenn sie zur Erfüllung eigener Aufgaben aus zwingenden Gründen der Verteidigung oder zur Erfüllung über- oder zwischenstaatlicher Verpflichtungen einer öffentlichen Stelle des Bundes auf dem Gebiet der Krisenbewältigung oder Konfliktverhinderung oder für humanitäre Maßnahmen erforderlich ist. [2]Der Empfänger ist darauf hinzuweisen, dass die übermittelten Daten nur zu dem Zweck verwendet werden dürfen, zu dem sie übermittelt wurden.

(2) Für Verarbeitungen im Rahmen von nicht in die Anwendungsbereiche der Verordnung (EU) 2016/679 und der Richtlinie (EU) 2016/680 fallenden Tätigkeiten durch Dienststellen im Geschäftsbereich des Bundesministeriums der Verteidigung gilt § 16 Absatz 4 nicht, soweit das Bundesministerium der Verteidigung im Einzelfall feststellt, dass die Erfüllung der dort genannten Pflichten die Sicherheit des Bundes gefährden würde.

(3) [1]Für Verarbeitungen im Rahmen von nicht in die Anwendungsbereiche der Verordnung (EU) 2016/679 und der Richtlinie (EU) 2016/680 fallenden Tätigkeiten durch öffentliche Stellen des Bundes besteht keine Informationspflicht gemäß Artikel 13 Absatz 1 und 2 der Verordnung (EU) 2016/679, wenn

1. es sich um Fälle des § 32 Absatz 1 Nummer 1 bis 3 handelt oder
2. durch ihre Erfüllung Informationen offenbart würden, die nach einer Rechtsvorschrift oder ihrem Wesen nach, insbesondere wegen der überwiegenden berechtigten Interessen eines Dritten, geheim gehalten werden müssen, und deswegen das Interesse der betroffenen Person an der Erteilung der Information zurücktreten muss.

[2]Ist die betroffene Person in den Fällen des Satzes 1 nicht zu informieren, besteht auch kein Recht auf Auskunft. 3§ 32 Absatz 2 und § 33 Absatz 2 finden keine Anwendung.

§ 86 Verarbeitung personenbezogener Daten für Zwecke staatlicher Auszeichnungen und Ehrungen

(1) [1]Zur Vorbereitung und Durchführung staatlicher Verfahren bei Auszeichnungen und Ehrungen dürfen sowohl die zuständigen als auch andere öffentliche und nichtöffentliche Stellen die dazu erforderlichen personenbezogenen Daten, einschließlich besonderer Kategorien personenbezogener Daten im Sinne des Artikels 9 Absatz 1 der Verordnung (EU) 2016/679, auch ohne Kenntnis der betroffenen Person verarbeiten. [2]Für nichtöffentliche Stellen gilt insoweit § 1 Absatz 8 entsprechend. [3]Eine Verarbeitung der personenbezogenen Daten nach Satz 1 für andere Zwecke ist nur mit Einwilligung der betroffenen Person zulässig.

(2) Soweit eine Verarbeitung ausschließlich für die in Absatz 1 Satz 1 genannten Zwecke erfolgt, sind die Artikel 13 bis 16, 19 und 21 der Verordnung (EU) 2016/679 nicht anzuwenden.

(3) Bei der Verarbeitung besonderer Kategorien personenbezogener Daten im Sinne des Artikels 9 Absatz 1 der Verordnung (EU) 2016/679 sieht der Verantwortliche angemessene und spezifische Maßnahmen zur Wahrung der Rechte der betroffenen Person gemäß § 22 Absatz 2 vor

Informationsfreiheitsgesetz (IFG)

Gesetz zur Regelung des Zugangs zu Informationen des Bundes

Rechtsstand: Januar 2024. Letzte Änderung: 27.06.2020 (BGBl. I S. 1328).

§ 1 Grundsatz

(1) [1]Jeder hat nach Maßgabe dieses Gesetzes gegenüber den Behörden des Bundes einen Anspruch auf Zugang zu amtlichen Informationen. [2]Für sonstige Bundesorgane und -einrichtungen gilt dieses Gesetz, soweit sie öffentlich-rechtliche Verwaltungsaufgaben wahrnehmen. [3]Einer Behörde im Sinne dieser Vorschrift steht eine natürliche Person oder juristische Person des Privatrechts gleich, soweit eine Behörde sich dieser Person zur Erfüllung ihrer öffentlich-rechtlichen Aufgaben bedient.

(2) [1]Die Behörde kann Auskunft erteilen, Akteneinsicht gewähren oder Informationen in sonstiger Weise zur Verfügung stellen. [2]Begehrt der Antragsteller eine bestimmte Art des Informationszugangs, so darf dieser nur aus wichtigem Grund auf andere Art gewährt werden. [3]Als wichtiger Grund gilt insbesondere ein deutlich höherer Verwaltungsaufwand.

(3) Regelungen in anderen Rechtsvorschriften über den Zugang zu amtlichen Informationen gehen mit Ausnahme des § 29 des Verwaltungsverfahrensgesetzes und des § 25 des Zehnten Buches Sozialgesetzbuch vor.

§ 2 Begriffsbestimmungen

Im Sinne dieses Gesetzes ist

1. amtliche Information: jede amtlichen Zwecken dienende Aufzeichnung, unabhängig von der Art ihrer Speicherung. Entwürfe und Notizen, die nicht Bestandteil eines Vorgangs werden sollen, gehören nicht dazu;
2. Dritter: jeder, über den personenbezogene Daten oder sonstige Informationen vorliegen.

§ 3 Schutz von besonderen öffentlichen Belangen

Der Anspruch auf Informationszugang besteht nicht,

1. wenn das Bekanntwerden der Information nachteilige Auswirkungen haben kann auf
   a) internationale Beziehungen,
   b) militärische und sonstige sicherheitsempfindliche Belange der Bundeswehr,
   c) Belange der inneren oder äußeren Sicherheit,
   d) Kontroll- oder Aufsichtsaufgaben der Finanz-, Wettbewerbs- und Regulierungsbehörden,
   e) Angelegenheiten der externen Finanzkontrolle,
   f) Maßnahmen zum Schutz vor unerlaubtem Außenwirtschaftsverkehr,
   g) die Durchführung eines laufenden Gerichtsverfahrens, den Anspruch einer Person auf ein faires Verfahren oder die Durchführung strafrechtlicher, ordnungswidrigkeitsrechtlicher oder disziplinarischer Ermittlungen,
2. wenn das Bekanntwerden der Information die öffentliche Sicherheit gefährden kann,
3. wenn und solange
   a) die notwendige Vertraulichkeit internationaler Verhandlungen oder
   b) die Beratungen von Behörden beeinträchtigt werden,
4. wenn die Information einer durch Rechtsvorschrift oder durch die Allgemeine Verwaltungsvorschrift zum materiellen und organisatorischen Schutz von Verschlusssachen geregelten Geheimhaltungs- oder Vertraulichkeitspflicht oder einem Berufs- oder besonderen Amtsgeheimnis unterliegt,
5. hinsichtlich vorübergehend beigezogener Information einer anderen öffentlichen Stelle, die nicht Bestandteil der eigenen Vorgänge werden soll,
6. wenn das Bekanntwerden der Information geeignet wäre, fiskalische Interessen des Bundes im Wirtschaftsverkehr oder wirtschaftliche Interessen der Sozialversicherungen zu beeinträchtigen,
7. bei vertraulich erhobener oder übermittelter Information, soweit das Interesse des Dritten an einer vertraulichen Behandlung im Zeitpunkt des Antrags auf Informationszugang noch fortbesteht,
8. gegenüber den Nachrichtendiensten sowie den Behörden und sonstigen öffentlichen Stellen des Bundes, soweit sie Aufgaben im Sinne des § 10 Nr. 3 des Sicherheitsüberprüfungsgesetzes wahrnehmen.

§ 4 Schutz des behördlichen Entscheidungsprozesses

(1) [1]Der Antrag auf Informationszugang soll abgelehnt werden für Entwürfe zu Entscheidungen sowie Arbeiten und Beschlüsse zu ihrer unmittelbaren Vorbereitung, soweit und solange durch die vorzeitige Bekanntgabe der Informationen der Erfolg der Entscheidung oder bevorstehender behördlicher Maßnahmen vereitelt würde. [2]Nicht der unmittelbaren Entscheidungsvorbereitung nach Satz 1 dienen regelmäßig Ergebnisse der Beweiserhebung und Gutachten oder Stellungnahmen Dritter.

(2) Der Antragsteller soll über den Abschluss des jeweiligen Verfahrens informiert werden.

§ 5 Schutz personenbezogener Daten

(1) [1]Zugang zu personenbezogenen Daten darf nur gewährt werden, soweit das Informationsinteresse des Antragstellers das schutzwürdige Interesse des Dritten am Ausschluss des Informationszugangs überwiegt oder der Dritte eingewilligt hat. [2]Besondere Kategorien personenbezogener Daten im Sinne des Artikels 9 Absatz 1 der Verordnung (EU) 2016/679 des Europäischen Parlaments und des Rates vom 27. April 2016 zum Schutz natürlicher Personen bei der Verarbeitung personenbezogener Daten,

zum freien Datenverkehr und zur Aufhebung der Richtlinie 95/46/EG (Datenschutz-Grundverordnung) (ABl. L 119 vom 4.5.2016, S. 1; L 314 vom 22.11.2016, S. 72; L 127 vom 23.5.2018, S. 2) in der jeweils geltenden Fassung dürfen nur übermittelt werden, wenn der Dritte ausdrücklich eingewilligt hat.

(2) Das Informationsinteresse des Antragstellers überwiegt nicht bei Informationen aus Unterlagen, soweit sie mit dem Dienst- oder Amtsverhältnis oder einem Mandat des Dritten in Zusammenhang stehen und bei Informationen, die einem Berufs- oder Amtsgeheimnis unterliegen.

(3) Das Informationsinteresse des Antragstellers überwiegt das schutzwürdige Interesse des Dritten am Ausschluss des Informationszugangs in der Regel dann, wenn sich die Angabe auf Name, Titel, akademischen Grad, Berufs- und Funktionsbezeichnung, Büroanschrift und -telekommunikationsnummer beschränkt und der Dritte als Gutachter, Sachverständiger oder in vergleichbarer Weise eine Stellungnahme in einem Verfahren abgegeben hat.

(4) Name, Titel, akademischer Grad, Berufs- und Funktionsbezeichnung, Büroanschrift und - telekommunikationsnummer von Bearbeitern sind vom Informationszugang nicht ausgeschlossen, soweit sie Ausdruck und Folge der amtlichen Tätigkeit sind und kein Ausnahmetatbestand erfüllt ist.

§ 6 Schutz des geistigen Eigentums und von Betriebs- oder Geschäftsgeheimnissen

[1]Der Anspruch auf Informationszugang besteht nicht, soweit der Schutz geistigen Eigentums entgegensteht. [2]Zugang zu Betriebs- oder Geschäftsgeheimnissen darf nur gewährt werden, soweit der Betroffene eingewilligt hat.

§ 7 Antrag und Verfahren

(1) [1]Über den Antrag auf Informationszugang entscheidet die Behörde, die zur Verfügung über die begehrten Informationen berechtigt ist. [2]Im Fall des § 1 Abs. 1 Satz 3 ist der Antrag an die Behörde zu richten, die sich der natürlichen oder juristischen Person des Privatrechts zur Erfüllung ihrer öffentlich-rechtlichen Aufgaben bedient. [3]Betrifft der Antrag Daten Dritter im Sinne von § 5 Abs. 1 und 2 oder § 6, muss er begründet werden. [4]Bei gleichförmigen Anträgen von mehr als 50 Personen gelten die §§ 17 bis 19 des Verwaltungsverfahrensgesetzes entsprechend.

(2) [1]Besteht ein Anspruch auf Informationszugang zum Teil, ist dem Antrag in dem Umfang stattzugeben, in dem der Informationszugang ohne Preisgabe der geheimhaltungsbedürftigen Informationen oder ohne unverhältnismäßigen Verwaltungsaufwand möglich ist. [2]Entsprechendes gilt, wenn sich der Antragsteller in den Fällen, in denen Belange Dritter berührt sind, mit einer Unkenntlichmachung der diesbezüglichen Informationen einverstanden erklärt.

(3) [1]Auskünfte können mündlich, schriftlich oder elektronisch erteilt werden. [2]Die Behörde ist nicht verpflichtet, die inhaltliche Richtigkeit der Information zu prüfen.

(4) [1]Im Fall der Einsichtnahme in amtliche Informationen kann sich der Antragsteller Notizen machen oder Ablichtungen und Ausdrucke fertigen lassen. [2]§ 6 Satz 1 bleibt unberührt.

(5) [1]Die Information ist dem Antragsteller unter Berücksichtigung seiner Belange unverzüglich zugänglich zu machen. [2]Der Informationszugang soll innerhalb eines Monats erfolgen. [3]§ 8 bleibt unberührt.

§ 8 Verfahren bei Beteiligung Dritter

(1) Die Behörde gibt einem Dritten, dessen Belange durch den Antrag auf Informationszugang berührt sind, schriftlich Gelegenheit zur Stellungnahme innerhalb eines Monats, sofern Anhaltspunkte dafür vorliegen, dass er ein schutzwürdiges Interesse am Ausschluss des Informationszugangs haben kann.

(2) [1]Die Entscheidung nach § 7 Abs. 1 Satz 1 ergeht schriftlich und ist auch dem Dritten bekannt zu geben. [2]Der Informationszugang darf erst erfolgen, wenn die Entscheidung dem Dritten gegenüber bestandskräftig ist oder die sofortige Vollziehung angeordnet worden ist und seit der Bekanntgabe der Anordnung an den Dritten zwei Wochen verstrichen sind. [3]§ 9 Abs. 4 gilt entsprechend.

§ 9 Ablehnung des Antrags; Rechtsweg

(1) Die Bekanntgabe einer Entscheidung, mit der der Antrag ganz oder teilweise abgelehnt wird, hat innerhalb der Frist nach § 7 Abs. 5 Satz 2 zu erfolgen.

(2) Soweit die Behörde den Antrag ganz oder teilweise ablehnt, hat sie mitzuteilen, ob und wann der Informationszugang ganz oder teilweise zu einem späteren Zeitpunkt voraussichtlich möglich ist.

(3) Der Antrag kann abgelehnt werden, wenn der Antragsteller bereits über die begehrten Informationen verfügt oder sich diese in zumutbarer Weise aus allgemein zugänglichen Quellen beschaffen kann.

(4) [1]Gegen die ablehnende Entscheidung sind Widerspruch und Verpflichtungsklage zulässig. [2]Ein Widerspruchsverfahren nach den Vorschriften des 8. Abschnitts der Verwaltungsgerichtsordnung ist auch dann durchzuführen, wenn die Entscheidung von einer obersten Bundesbehörde getroffen wurde.

§ 10 Gebühren und Auslagen

(1) [1]Für individuell zurechenbare öffentliche Leistungen nach diesem Gesetz werden Gebühren und Auslagen erhoben. [2]Dies gilt nicht für die Erteilung einfacher Auskünfte.

(2) Die Gebühren sind auch unter Berücksichtigung des Verwaltungsaufwandes so zu bemessen, dass der Informationszugang nach § 1 wirksam in Anspruch genommen werden kann.

(3) [1]Das Bundesministerium des Innern, für Bau und Heimat wird ermächtigt, für individuell zurechenbare öffentliche Leistungen nach diesem Gesetz die Gebührentatbestände und Gebührensätze durch Rechtsverordnung ohne Zustimmung des Bundesrates zu bestimmen. [2]§ 10 des Bundesgebührengesetzes findet keine Anwendung.

§ 11 Veröffentlichungspflichten

(1) Die Behörden sollen Verzeichnisse führen, aus denen sich die vorhandenen Informationssammlungen und - zwecke erkennen lassen.

(2) Organisations- und Aktenpläne ohne Angabe personenbezogener Daten sind nach Maßgabe dieses Gesetzes allgemein zugänglich zu machen.

(3) Die Behörden sollen die in den Absätzen 1 und 2 genannten Pläne und Verzeichnisse sowie weitere geeignete Informationen in elektronischer Form allgemein zugänglich machen.

§ 12 Bundesbeauftragter für die Informationsfreiheit

(1) Jeder kann den Bundesbeauftragten für die Informationsfreiheit anrufen, wenn er sein Recht auf Informationszugang nach diesem Gesetz als verletzt ansieht.

(2) Die Aufgabe des Bundesbeauftragten für die Informationsfreiheit wird von dem Bundesbeauftragten für den Datenschutz wahrgenommen.

(3) Die Bestimmungen des Bundesdatenschutzgesetzes in der am 24. Mai 2018 geltenden Fassung über die Kontrollaufgaben des Bundesbeauftragten für den Datenschutz (§ 24 Abs. 1 und 3 bis 5), über Beanstandungen (§ 25 Abs. 1 Satz 1 Nr. 1 und 4, Satz 2 und Abs. 2 und 3) sowie über weitere Aufgaben gemäß § 26 Abs. 1 bis 3 gelten entsprechend.

§ 13 |weggefallen|

§ 14 Bericht und Evaluierung

[1]Die Bundesregierung unterrichtet den Deutschen Bundestag zwei Jahre vor Außerkrafttreten über die Anwendung dieses Gesetzes. [2]Der Deutsche Bundestag wird das Gesetz ein Jahr vor Außerkrafttreten auf wissenschaftlicher Grundlage evaluieren.

§ 15 Inkrafttreten

Dieses Gesetz tritt am 1. Januar 2006 in Kraft.

Telemediengesetz (TMG)

Rechtsstand: Januar 2024. Letzte Änderung: 01.01.2024 (BGBl. I S. 3436).

Abschnitt 1: Allgemeine Bestimmungen

§ 1 Anwendungsbereich

(1) [1]Dieses Gesetz gilt für alle elektronischen Informations- und Kommunikationsdienste, soweit sie nicht Telekommunikationsdienste nach § 3 Nummer 61 des Telekommunikationsgesetzes, telekommunikationsgestützte Dienste nach § 3 Nummer 63 des Telekommunikationsgesetzes oder Rundfunk nach § 2 des Rundfunkstaatsvertrages sind (Telemedien). [2]Dieses Gesetz gilt für alle Anbieter einschließlich der öffentlichen Stellen unabhängig davon, ob für die Nutzung ein Entgelt erhoben wird.

(2) Dieses Gesetz gilt nicht für den Bereich der Besteuerung.

(3) Das Telekommunikationsgesetz und die Pressegesetze bleiben unberührt.

(4) Die an die Inhalte von Telemedien zu richtenden besonderen Anforderungen ergeben sich aus dem Staatsvertrag für Rundfunk und Telemedien (Rundfunkstaatsvertrag).

(5) Dieses Gesetz trifft weder Regelungen im Bereich des internationalen Privatrechts noch regelt es die Zuständigkeit der Gerichte.

(6) Die besonderen Bestimmungen dieses Gesetzes für audiovisuelle Mediendienste gelten nicht für Dienste, die

1. ausschließlich zum Empfang in Drittstaaten bestimmt sind und
2. weder unmittelbar noch mittelbar von der Allgemeinheit mit handelsüblichen Verbraucherendgeräten in einem Mitgliedstaat empfangen werden.

§ 2 Begriffsbestimmungen

[1]Im Sinne dieses Gesetzes

1. ist Diensteanbieter jede natürliche oder juristische Person, die eigene oder fremde Telemedien zur Nutzung bereithält oder den Zugang zur Nutzung vermittelt,
2. ist niedergelassener Diensteanbieter jeder Anbieter, der mittels einer festen Einrichtung auf unbestimmte Zeit Telemedien geschäftsmäßig anbietet oder erbringt; der Standort der technischen Einrichtung allein begründet keine Niederlassung des Anbieters,

2a. ist drahtloses lokales Netzwerk ein Drahtloszugangssystem mit geringer Leistung und geringer Reichweite sowie mit geringem Störungsrisiko für weitere, von anderen Nutzern in unmittelbarer Nähe installierte Systeme dieser Art, welches nicht exklusive Grundfrequenzen nutzt,

3. ist Nutzer jede natürliche oder juristische Person, die Telemedien nutzt, insbesondere um Informationen zu erlangen oder zugänglich zu machen,
4. sind Verteildienste Telemedien, die im Wege einer Übertragung von Daten ohne individuelle Anforderung gleichzeitig für eine unbegrenzte Anzahl von Nutzern erbracht werden,
5. ist kommerzielle Kommunikation jede Form der Kommunikation, die der unmittelbaren oder mittelbaren Förderung des Absatzes von Waren, Dienstleistungen oder des Erscheinungsbilds eines Unternehmens, einer sonstigen Organisation oder einer natürlichen Person dient, die eine Tätigkeit im Handel, Gewerbe oder Handwerk oder einen freien Beruf ausübt; die Übermittlung der folgenden Angaben stellt als solche keine Form der kommerziellen Kommunikation dar:
   a) Angaben, die unmittelbaren Zugang zur Tätigkeit des Unternehmens oder der Organisation oder Person ermöglichen, wie insbesondere ein Domain-Name oder eine Adresse der elektronischen Post,
   b) Angaben in Bezug auf Waren und Dienstleistungen oder das Erscheinungsbild eines Unternehmens, einer Organisation oder Person, die unabhängig und insbesondere ohne finanzielle Gegenleistung gemacht werden; dies umfasst auch solche unabhängig und insbesondere ohne finanzielle Gegenleistung oder sonstige Vorteile von natürlichen Personen gemachten Angaben, die eine unmittelbare Verbindung zu einem Nutzerkonto von weiteren natürlichen Personen bei Diensteanbietern ermöglichen,
6. sind audiovisuelle Mediendienste
   a) audiovisuelle Mediendienste auf Abruf und
   b) die audiovisuelle kommerzielle Kommunikation,
7. ist audiovisueller Mediendiensteanbieter ein Anbieter von audiovisuellen Mediendiensten,
8. sind audiovisuelle Mediendienste auf Abruf nichtlineare audiovisuelle Mediendienste, bei denen der Hauptzweck des Dienstes oder eines trennbaren Teils des Dienstes darin besteht, unter der redaktionellen Verantwortung eines audiovisuellen Mediendiensteanbieters der Allgemeinheit Sendungen zur Information, Unterhaltung oder Bildung zum individuellen Abruf zu einem vom Nutzer gewählten Zeitpunkt bereitzustellen,
9. ist audiovisuelle kommerzielle Kommunikation jede Form der Kommunikation mit Bildern mit oder ohne Ton, die einer Sendung oder einem nutzergenerierten Video gegen Entgelt oder gegen eine ähnliche Gegenleistung oder als Eigenwerbung beigefügt oder darin enthalten ist, wenn die Kommunikation der unmittelbaren oder mittelbaren Förderung des Absatzes von Waren und Dienstleistungen oder der Förderung des Erscheinungsbilds natürlicher oder juristischer Personen, die einer wirtschaftlichen Tätigkeit nachgehen, dient, einschließlich Sponsoring und Produktplatzierung,
10. sind Videosharingplattform-Dienste

a) Telemedien, bei denen der Hauptzweck oder eine wesentliche Funktion darin besteht, Sendungen oder nutzergenerierte Videos, für die der Diensteanbieter keine redaktionelle Verantwortung trägt, der Allgemeinheit bereitzustellen, wobei der Diensteanbieter die Organisation der Sendungen und der nutzergenerierten Videos, auch mit automatischen Mitteln, bestimmt,
b) trennbare Teile von Telemedien, wenn für den trennbaren Teil der in Buchstabe a genannte Hauptzweck vorliegt,

11. ist Videosharingplattform-Anbieter ein Diensteanbieter, der Videosharingplattform-Dienste betreibt,
12. ist redaktionelle Verantwortung die Ausübung einer wirksamen Kontrolle hinsichtlich der Zusammenstellung der Sendungen und ihrer Bereitstellung mittels eines Katalogs,
13. ist Sendung eine Abfolge von bewegten Bildern mit oder ohne Ton, die unabhängig von ihrer Länge Einzelbestandteil eines von einem Diensteanbieter erstellten Sendeplans oder Katalogs ist,
14. ist nutzergeneriertes Video eine von einem Nutzer erstellte Abfolge von bewegten Bildern mit oder ohne Ton, die unabhängig von ihrer Länge einen Einzelbestandteil darstellt und die von diesem oder einem anderen Nutzer auf einen Videosharingplattform-Dienst hochgeladen wird,
15. ist Mitgliedstaat jeder Mitgliedstaat der Europäischen Union und jeder andere Vertragsstaat des Abkommens über den Europäischen Wirtschaftsraum, für den die Richtlinie 2010/13/EU des Europäischen Parlaments und des Rates vom 10. März 2010 zur Koordinierung bestimmter Rechts- und Verwaltungsvorschriften der Mitgliedstaaten über die Bereitstellung audiovisueller Mediendienste (Richtlinie über audiovisuelle Mediendienste) (ABl. L 95 vom 15.4.2010, S. 1; L 263 vom 6.10.2010, S. 15), die durch die Richtlinie (EU) 2018/1808 (ABl. L 303 vom 28.11.2018, S. 69) geändert worden ist, gilt,
16. ist Drittstaat jeder Staat, der nicht Mitgliedstaat ist,
17. ist Mutterunternehmen ein Unternehmen, das ein oder mehrere Tochterunternehmen kontrolliert,
18. ist Tochterunternehmen ein Unternehmen, das unmittelbar oder mittelbar von einem Mutterunternehmen kontrolliert wird,
19. ist Gruppe die Gesamtheit von Mutterunternehmen, allen seinen Tochterunternehmen und allen anderen mit dem Mutterunternehmen und seinen Tochterunternehmen wirtschaftlich und rechtlich verbundenen Unternehmen.

[2]Einer juristischen Person steht eine rechtsfähige Personengesellschaft gleich.

§ 2a Europäisches Sitzland

(1) Sitzland des Diensteanbieters im Sinne dieses Gesetzes ist der Mitgliedstaat, in dessen Hoheitsgebiet der Diensteanbieter niedergelassen ist.

(2) [1]Abweichend von Absatz 1 gilt bei audiovisuellen Mediendiensten ein Mitgliedstaat als Sitzland des Diensteanbieters, in dem die Hauptverwaltung des Diensteanbieters liegt und die redaktionellen Entscheidungen über den audiovisuellen Mediendienst getroffen werden. [2]Werden die redaktionellen Entscheidungen über den audiovisuellen Mediendienst in einem anderen Mitgliedstaat als dem Sitz der Hauptverwaltung getroffen, so gilt als Sitzland des Diensteanbieters

1. derjenige dieser beiden Mitgliedstaaten, in dem ein erheblicher Teil des Personals des Diensteanbieters, das mit der Durchführung der programmbezogenen Tätigkeiten des audiovisuellen Mediendienstes betraut ist, tätig ist,
2. der Mitgliedstaat, in dem die Hauptverwaltung des Diensteanbieters liegt, wenn ein erheblicher Teil des Personals des audiovisuellen Mediendiensteanbieters, das mit der Ausübung der sendungsbezogenen Tätigkeiten betraut ist, in jedem dieser Mitgliedstaaten tätig ist oder
3. der Mitgliedstaat, in dem der Diensteanbieter zuerst mit seiner Tätigkeit nach Maßgabe des Rechts dieses Mitgliedstaats begonnen hat, sofern eine dauerhafte und tatsächliche Verbindung mit der Wirtschaft dieses Mitgliedstaats fortbesteht, wenn ein erheblicher Teil des Personals des audiovisuellen Mediendiensteanbieters, das mit der Ausübung der sendungsbezogenen Tätigkeiten betraut ist, in keinem dieser Mitgliedstaaten tätig ist.

[3]Werden die redaktionellen Entscheidungen über den audiovisuellen Mediendienst in einem Drittstaat getroffen, gilt der Mitgliedstaat als Sitzland, in dem die Hauptverwaltung des Diensteanbieters liegt. [4]Liegt die Hauptverwaltung des Diensteanbieters in einem Drittstaat und werden die redaktionellen Entscheidungen über den audiovisuellen Mediendienst in einem Mitgliedstaat getroffen, gilt der Mitgliedstaat als Sitzland, in dem ein erheblicher Teil des mit der Bereitstellung des audiovisuellen Mediendienstes betrauten Personals tätig ist.

(3) [1]Für audiovisuelle Mediendiensteanbieter, die nicht bereits aufgrund ihrer Niederlassung der Rechtshoheit eines Mitgliedstaats unterliegen, gilt ein Mitgliedstaat als Sitzland, wenn sie

1. eine in diesem Mitgliedstaat gelegene Satelliten-Bodenstation für die Aufwärtsstrecke nutzen oder
2. zwar keine in diesem Mitgliedstaat gelegene Satelliten-Bodenstation für die Aufwärtsstrecke, aber eine diesem Mitgliedstaat zugewiesene Übertragungskapazität eines Satelliten nutzen.

[2]Liegt keines dieser beiden Kriterien vor, gilt der Mitgliedstaat auch als Sitzland für einen audiovisuellen Diensteanbieter, in dem dieser gemäß den Artikeln 49 bis 55 des Vertrages über die Arbeitsweise der Europäischen Union niedergelassen ist.

(4) Ist ein Videosharingplattform-Anbieter nicht im Hoheitsgebiet eines Mitgliedstaats niedergelassen, so gilt derjenige Mitgliedstaat abweichend von Absatz 1 als Sitzland, in dessen Hoheitsgebiet

1. ein Mutterunternehmen oder ein Tochterunternehmen des Videosharingplattform-Anbieters oder
2. ein anderes Unternehmen einer Gruppe, von welcher der Videosharingplattform-Anbieter ein Teil ist,

niedergelassen ist.

(5) Sind in den Fällen des Absatzes 4 das Mutterunternehmen, das Tochterunternehmen oder die anderen Unternehmen der Gruppe jeweils in verschiedenen Mitgliedstaaten niedergelassen, so gilt der Videosharingplattform-Anbieter als in dem Mitgliedstaat niedergelassen,

1. in dem sein Mutterunternehmen niedergelassen ist oder
2. mangels einer solchen Niederlassung in dem sein Tochterunternehmen niedergelassen ist, oder
3. mangels einer solchen Niederlassung in dem das oder die anderen Unternehmen der Gruppe niedergelassen ist oder sind.

(6) Gibt es mehrere Tochterunternehmen und ist jedes dieser Tochterunternehmen in einem anderen Mitgliedstaat niedergelassen, so gilt der Videosharingplattform-Anbieter als in dem Mitgliedstaat niedergelassen, in dem eines der Tochterunternehmen zuerst seine Tätigkeit aufgenommen hat, sofern eine dauerhafte und tatsächliche Verbindung mit der Wirtschaft dieses Mitgliedstaats besteht.

(7) Gibt es mehrere andere Unternehmen, die Teil der Gruppe sind und von denen jedes in einem anderen Mitgliedstaat niedergelassen ist, so gilt der Videosharingplattform-Anbieter als in dem Mitgliedstaat niedergelassen, in dem eines dieser Unternehmen zuerst seine Tätigkeit aufgenommen hat, sofern eine dauerhafte und tatsächliche Verbindung mit der Wirtschaft dieses Mitgliedstaats besteht.

(8) Treten zwischen der zuständigen Behörde und einer Behörde eines anderen Mitgliedstaats Meinungsverschiedenheiten darüber auf, welcher Mitgliedstaat Sitzland des Diensteanbieters nach den Absätzen 2 bis 7 ist oder als solcher gilt, so bringt die zuständige Behörde dies der Europäischen Kommission unverzüglich zur Kenntnis.

§ 2b Listen der audiovisuellen Mediendiensteanbieter und Videosharingplattform-Anbieter

(1) [1]Die zuständige Behörde erstellt jeweils eine Liste der audiovisuellen Mediendiensteanbieter und der Videosharingplattform-Anbieter, deren Sitzland Deutschland ist oder für die Deutschland als Sitzland gilt. [2]In der Liste sind zu jedem audiovisuellen Mediendiensteanbieter und Videosharingplattform-Anbieter die maßgeblichen Kriterien nach § 2a Absatz 2 bis 7 anzugeben.

(2) Die zuständige Behörde übermittelt die Listen der audiovisuellen Mediendiensteanbieter und Videosharingplattform-Anbieter und alle Aktualisierungen dieser Listen der für Kultur und Medien zuständigen obersten Bundesbehörde.

(3) Die für Kultur und Medien zuständige oberste Bundesbehörde leitet die ihr übermittelten Listen der audiovisuellen Mediendiensteanbieter und Videosharingplattform-Anbieter und alle Aktualisierungen dieser Listen an die Europäische Kommission weiter.

§ 2c Auskunftsverlangen der zuständigen Behörde

(1) Audiovisuelle Mediendiensteanbieter und Videosharingplattform-Anbieter sind verpflichtet, der zuständigen Behörde auf Verlangen Auskünfte über die in § 2a Absatz 2 bis 7 genannten Kriterien zu erteilen, soweit dies für die Erfüllung der Aufgaben nach § 2b Absatz 1 Satz 2 und Absatz 2 erforderlich ist.

(2) [1]Der Auskunftspflichtige kann die Auskunft auf solche Fragen verweigern, deren Beantwortung ihn selbst oder einen der in § 383 Absatz 1 Nummer 1 bis 3 der Zivilprozessordnung bezeichneten Angehörigen der Gefahr der Verfolgung wegen einer Straftat oder Ordnungswidrigkeit aussetzen würde. [2]Er ist über sein Recht zur Auskunftsverweigerung zu belehren. [3]Die Tatsache, auf die der Auskunftspflichtige die Verweigerung der Auskunft nach Satz 1 stützt, ist auf Verlangen glaubhaft zu machen. [4]Es genügt die eidliche Versicherung des Auskunftspflichtigen.

§ 3 Herkunftslandprinzip

(1) In Deutschland nach § 2a niedergelassene Diensteanbieter und ihre Telemedien unterliegen den Anforderungen des deutschen Rechts auch dann, wenn die Telemedien innerhalb des Geltungsbereichs der Richtlinie 2000/31/EG des Europäischen Parlaments und des Rates vom 8. Juni 2000 über bestimmte rechtliche Aspekte der Dienste der Informationsgesellschaft, insbesondere des elektronischen Geschäftsverkehrs, im Binnenmarkt (Richtlinie über den elektronischen Geschäftsverkehr) (ABl. L 178 vom 17.7.2000, S. 1) und der Richtlinie 2010/13/EU in einem anderen Mitgliedstaat geschäftsmäßig angeboten oder verbreitet werden.

(2) Der freie Dienstleistungsverkehr von Telemedien, die innerhalb des Geltungsbereichs der Richtlinie 2000/31/EG und der Richtlinie 2010/13/EU in Deutschland von Diensteanbietern, die in einem anderen Mitgliedstaat niedergelassen sind, geschäftsmäßig angeboten oder verbreitet werden, wird vorbehaltlich der Absätze 5 und 6 nicht eingeschränkt.

(3) Von den Absätzen 1 und 2 bleiben unberührt

1. die Freiheit der Rechtswahl,
2. die Vorschriften für vertragliche Schuldverhältnisse in Bezug auf Verbraucherverträge,
3. gesetzliche Vorschriften über die Form des Erwerbs von Grundstücken und grundstücksgleichen Rechten sowie der Begründung, Übertragung, Änderung oder Aufhebung von dinglichen Rechten an Grundstücken und grundstücksgleichen Rechten,
4. das für den Schutz personenbezogener Daten geltende Recht.

(4) Die Absätze 1 und 2 gelten nicht für

1. die Tätigkeit von Notaren sowie von Angehörigen anderer Berufe, soweit diese ebenfalls hoheitlich tätig sind,
2. die Vertretung von Mandanten und die Wahrnehmung ihrer Interessen vor Gericht,
3. die Zulässigkeit nicht angeforderter kommerzieller Kommunikationen durch elektronische Post,
4. Gewinnspiele mit einem einen Geldwert darstellenden Einsatz bei Glücksspielen, einschließlich Lotterien und Wetten,
5. die Anforderungen an Verteildienste,
6. das Urheberrecht, verwandte Schutzrechte, Rechte im Sinne der Richtlinie 87/54/EWG des Rates vom 16. Dezember 1986

über den Rechtsschutz der Topographien von Halbleitererzeugnissen (ABl. EG Nr. L 24 S. 36) und der Richtlinie 96/9/EG des Europäischen Parlaments und des Rates vom 11. März 1996 über den rechtlichen Schutz von Datenbanken (ABl. EG Nr. L 77 S. 20) sowie für gewerbliche Schutzrechte,
7. die Ausgabe elektronischen Geldes durch Institute, die gemäß Artikel 8 Abs. 1 der Richtlinie 2000/46/EG des Europäischen Parlaments und des Rates vom 18. September 2000 über die Aufnahme, Ausübung und Beaufsichtigung der Tätigkeit von E-Geld-Instituten (ABl. EG Nr. L 275 S. 39) von der Anwendung einiger oder aller Vorschriften dieser Richtlinie und von der Anwendung der Richtlinie 2000/12/EG des Europäischen Parlaments und des Rates vom 20. März 2000 über die Aufnahme und Ausübung der Tätigkeit der Kreditinstitute (ABl. EG Nr. L 126 S. 1) freigestellt sind,
8. Vereinbarungen oder Verhaltensweisen, die dem Kartellrecht unterliegen,
9. Bereiche, die erfasst sind von den §§ 39, 57 bis 59, 61 bis 65, 146, 241 bis 243b, 305 und 306 des Versicherungsaufsichtsgesetzes vom 1. April 2015 (BGBl. I S. 434), das zuletzt durch Artikel 6 des Gesetzes vom 19. März 2020 (BGBl. I S. 529) geändert worden ist, und von der Versicherungsberichterstattungs-Verordnung vom 19. Juli 2017 (BGBl. I S. 2858), die durch Artikel 7 des Gesetzes vom 17. August 2017 (BGBl. I S. 3214) geändert worden ist, für die Regelungen über das auf Versicherungsverträge anwendbare Recht sowie für Pflichtversicherungen.

(5) [1]Das Angebot und die Verbreitung von Telemedien, bei denen es sich nicht um audiovisuelle Mediendienste handelt, durch einen Diensteanbieter, der in einem anderen Mitgliedstaat niedergelassen ist, unterliegen den Einschränkungen des deutschen Rechts, soweit
1. dies dem Schutz folgender Schutzziele vor Beeinträchtigungen oder ernsthaften und schwerwiegenden Gefahren dient:
   a) der öffentlichen Sicherheit und Ordnung, insbesondere
      aa) im Hinblick auf die Verhütung, Ermittlung, Aufklärung, Verfolgung und Vollstreckung
         aaa) von Straftaten und Ordnungswidrigkeiten, einschließlich des Jugendschutzes und der Bekämpfung der Verunglimpfung aus Gründen der Rasse, des Geschlechts, des Glaubens oder der Nationalität,
         bbb) von Verletzungen der Menschenwürde einzelner Personen oder
      bb) im Hinblick auf die Wahrung nationaler Sicherheits- und Verteidigungsinteressen,
   b) der öffentlichen Gesundheit oder
   c) der Interessen der Verbraucher und der Interessen der Anleger und
2. die Maßnahmen, die auf der Grundlage des deutschen Rechts in Betracht kommen, in einem angemessenen Verhältnis zu diesen Schutzzielen stehen.

[2]Maßnahmen nach Satz 1 Nummer 2 sind nur zulässig, wenn die gemäß Artikel 3 Absatz 4 Buchstabe b und Absatz 5 der Richtlinie 2000/31/EG erforderlichen Verfahren eingehalten werden; davon unberührt bleiben gerichtliche Verfahren einschließlich etwaiger Vorverfahren und die Verfolgung von Straftaten einschließlich der Strafvollstreckung und von Ordnungswidrigkeiten.

(6) [1]Der freie Empfang und die Weiterverbreitung von audiovisuellen Mediendiensten aus anderen Mitgliedstaaten darf abweichend von Absatz 2 vorübergehend beeinträchtigt werden, wenn diese audiovisuellen Mediendienste
1. in offensichtlicher, ernster und schwerwiegender Weise Folgendes enthalten:
   a) eine Aufstachelung zu Gewalt oder Hass gegen eine Gruppe von Personen oder gegen ein Mitglied einer Gruppe von Personen aus einem der in Artikel 21 der Charta der Grundrechte der Europäischen Union (ABl. C 364 vom 18.12.2000, S. 1) genannten Gründe,
   b) eine öffentliche Aufforderung zur Begehung einer terroristischen Straftat gemäß Artikel 5 der Richtlinie (EU) 2017/541 des Europäischen Parlaments und des Rates vom 15. März 2017 zur Terrorismusbekämpfung und zur Ersetzung des Rahmenbeschlusses 2002/475/JI des Rates und zur Änderung des Beschlusses 2005/671/JI des Rates (ABl. L 88 vom 31.3.2017, S. 6),
   c) einen Verstoß gegen die Vorgaben zum Schutz von Minderjährigen nach Artikel 6a Absatz 1 der Richtlinie 2010/13/EU oder
2. eine Beeinträchtigung oder eine ernsthafte und schwerwiegende Gefahr der Beeinträchtigung darstellen für
   a) die öffentliche Gesundheit,
   b) die öffentliche Sicherheit oder
   c) die Wahrung nationaler Sicherheits- und Verteidigungsinteressen.

[2]Maßnahmen nach Satz 1 sind nur zulässig, wenn die Voraussetzungen des Artikels 3 Absatz 2 bis 5 der Richtlinie 2010/13/EU erfüllt sind.

Abschnitt 2: Zulassungsfreiheit, Informationspflichten

§ 4 Zulassungsfreiheit

Telemedien sind im Rahmen der Gesetze zulassungs- und anmeldefrei.

§ 5 Allgemeine Informationspflichten

(1) Diensteanbieter haben für geschäftsmäßige, in der Regel gegen Entgelt angebotene Telemedien folgende Informationen leicht erkennbar, unmittelbar erreichbar und ständig verfügbar zu halten:
1. den Namen und die Anschrift, unter der sie niedergelassen sind, bei juristischen Personen zusätzlich die Rechtsform, den Vertretungsberechtigten und, sofern Angaben über das Kapital der Gesellschaft gemacht werden, das Stamm- oder Grundkapital sowie, wenn nicht alle in Geld zu leistenden Einlagen eingezahlt sind, der Gesamtbetrag der ausstehenden Einlagen,

2. Angaben, die eine schnelle elektronische Kontaktaufnahme und unmittelbare Kommunikation mit ihnen ermöglichen, einschließlich der Adresse der elektronischen Post,
3. soweit der Dienst im Rahmen einer Tätigkeit angeboten oder erbracht wird, die der behördlichen Zulassung bedarf, Angaben zur zuständigen Aufsichtsbehörde,
4. das Handelsregister, Genossenschaftsregister, Gesellschaftsregister, Partnerschaftsregister oder Vereinsregister, in das sie eingetragen sind, und die entsprechende Registernummer,
5. soweit der Dienst in Ausübung eines Berufs im Sinne von Artikel 1 Buchstabe d der Richtlinie 89/48/EWG des Rates vom 21. Dezember 1988 über eine allgemeine Regelung zur Anerkennung der Hochschuldiplome, die eine mindestens dreijährige Berufsausbildung abschließen (ABl. EG Nr. L 19 S. 16), oder im Sinne von Artikel 1 Buchstabe f der Richtlinie 92/51/EWG des Rates vom 18. Juni 1992 über eine zweite allgemeine Regelung zur Anerkennung beruflicher Befähigungsnachweise in Ergänzung zur Richtlinie 89/48/EWG (ABl. EG Nr. L 209 S. 25, 1995 Nr. L 17 S. 20), zuletzt geändert durch die Richtlinie 97/38/EG der Kommission vom 20. Juni 1997 (ABl. EG Nr. L 184 S. 31), angeboten oder erbracht wird, Angaben über
   a) die Kammer, welcher die Diensteanbieter angehören,
   b) die gesetzliche Berufsbezeichnung und den Staat, in dem die Berufsbezeichnung verliehen worden ist,
   c) die Bezeichnung der berufsrechtlichen Regelungen und dazu, wie diese zugänglich sind,
6. in Fällen, in denen sie eine Umsatzsteueridentifikationsnummer nach § 27a des Umsatzsteuergesetzes oder eine Wirtschafts-Identifikationsnummer nach § 139c der Abgabenordnung besitzen, die Angabe dieser Nummer,
7. bei Aktiengesellschaften, Kommanditgesellschaften auf Aktien und Gesellschaften mit beschränkter Haftung, die sich in Abwicklung oder Liquidation befinden, die Angabe hierüber,
8. bei audiovisuellen Mediendiensteanbietern die Angabe
   a) des Mitgliedstaats, der für sie Sitzland ist oder als Sitzland gilt sowie
   b) der zuständigen Regulierungs- und Aufsichtsbehörden.

(2) Weitergehende Informationspflichten nach anderen Rechtsvorschriften bleiben unberührt.

§ 6 Besondere Pflichten bei kommerziellen Kommunikationen

(1) Diensteanbieter haben bei kommerziellen Kommunikationen, die Telemedien oder Bestandteile von Telemedien sind, mindestens die folgenden Voraussetzungen zu beachten:
1. Kommerzielle Kommunikationen müssen klar als solche zu erkennen sein.
2. Die natürliche oder juristische Person, in deren Auftrag kommerzielle Kommunikationen erfolgen, muss klar identifizierbar sein.
3. Angebote zur Verkaufsförderung wie Preisnachlässe, Zugaben und Geschenke müssen klar als solche erkennbar sein, und die Bedingungen für ihre Inanspruchnahme müssen leicht zugänglich sein sowie klar und unzweideutig angegeben werden.
4. Preisausschreiben oder Gewinnspiele mit Werbecharakter müssen klar als solche erkennbar und die Teilnahmebedingungen leicht zugänglich sein sowie klar und unzweideutig angegeben werden.

(2) [1]Werden kommerzielle Kommunikationen per elektronischer Post versandt, darf in der Kopf- und Betreffzeile weder der Absender noch der kommerzielle Charakter der Nachricht verschleiert oder verheimlicht werden. [2]Ein Verschleiern oder Verheimlichen liegt dann vor, wenn die Kopf- und Betreffzeile absichtlich so gestaltet sind, dass der Empfänger vor Einsichtnahme in den Inhalt der Kommunikation keine oder irreführende Informationen über die tatsächliche Identität des Absenders oder den kommerziellen Charakter der Nachricht erhält.

(3) Videosharingplattform-Anbieter müssen eine Funktion bereitstellen, mit der Nutzer, die nutzergenerierte Videos hochladen, erklären können, ob diese Videos audiovisuelle kommerzielle Kommunikation enthalten.

(4) Videosharingplattform-Anbieter sind verpflichtet, audiovisuelle kommerzielle Kommunikation, die Nutzer auf den Videosharingplattform-Dienst hochgeladen haben, als solche zu kennzeichnen, soweit sie nach Absatz 3 oder anderweitig Kenntnis von dieser erlangt haben.

(5) Die Vorschriften des Gesetzes gegen den unlauteren Wettbewerb bleiben unberührt.

Abschnitt 3: Verantwortlichkeit

§ 7 Allgemeine Grundsätze

(1) Diensteanbieter sind für eigene Informationen, die sie zur Nutzung bereithalten, nach den allgemeinen Gesetzen verantwortlich.

(2) Diensteanbieter im Sinne der §§ 8 bis 10 sind nicht verpflichtet, die von ihnen übermittelten oder gespeicherten Informationen zu überwachen oder nach Umständen zu forschen, die auf eine rechtswidrige Tätigkeit hinweisen.

(3) [1]Verpflichtungen zur Entfernung von Informationen oder zur Sperrung der Nutzung von Informationen nach den allgemeinen Gesetzen aufgrund von gerichtlichen oder behördlichen Anordnungen bleiben auch im Falle der Nichtverantwortlichkeit des Diensteanbieters nach den §§ 8 bis 10 unberührt. [2]Das Fernmeldegeheimnis nach § 3 des Telekommunikation-Telemedien-Datenschutz-Gesetzes ist zu wahren.

(4) [1]Wurde ein Telemediendienst von einem Nutzer in Anspruch genommen, um das Recht am geistigen Eigentum eines anderen zu verletzen und besteht für den Inhaber dieses Rechts keine andere Möglichkeit, der Verletzung seines Rechts abzuhelfen, so kann der Inhaber des Rechts von dem betroffenen Diensteanbieter nach § 8 Absatz 3 die Sperrung der Nutzung von Informationen

verlangen, um die Wiederholung der Rechtsverletzung zu verhindern. [2]Die Sperrung muss zumutbar und verhältnismäßig sein. [3]Ein Anspruch gegen den Diensteanbieter auf Erstattung der vor- und außergerichtlichen Kosten für die Geltendmachung und Durchsetzung des Anspruchs nach Satz 1 besteht außer in den Fällen des § 8 Absatz 1 Satz 3 nicht.

§ 8 Durchleitung von Informationen

(1) [1]Diensteanbieter sind für fremde Informationen, die sie in einem Kommunikationsnetz übermitteln oder zu denen sie den Zugang zur Nutzung vermitteln, nicht verantwortlich, sofern sie
1. die Übermittlung nicht veranlasst,
2. den Adressaten der übermittelten Informationen nicht ausgewählt und
3. die übermittelten Informationen nicht ausgewählt oder verändert haben.

[2]Sofern diese Diensteanbieter nicht verantwortlich sind, können sie insbesondere nicht wegen einer rechtswidrigen Handlung eines Nutzers auf Schadensersatz oder Beseitigung oder Unterlassung einer Rechtsverletzung in Anspruch genommen werden; dasselbe gilt hinsichtlich aller Kosten für die Geltendmachung und Durchsetzung dieser Ansprüche. [3]Die Sätze 1 und 2 finden keine Anwendung, wenn der Diensteanbieter absichtlich mit einem Nutzer seines Dienstes zusammenarbeitet, um rechtswidrige Handlungen zu begehen.

(2) Die Übermittlung von Informationen nach Absatz 1 und die Vermittlung des Zugangs zu ihnen umfasst auch die automatische kurzzeitige Zwischenspeicherung dieser Informationen, soweit dies nur zur Durchführung der Übermittlung im Kommunikationsnetz geschieht und die Informationen nicht länger gespeichert werden, als für die Übermittlung üblicherweise erforderlich ist.

(3) Die Absätze 1 und 2 gelten auch für Diensteanbieter nach Absatz 1, die Nutzern einen Internetzugang über ein drahtloses lokales Netzwerk zur Verfügung stellen.

(4) [1]Diensteanbieter nach § 8 Absatz 3 dürfen von einer Behörde nicht verpflichtet werden,
1. vor Gewährung des Zugangs
   a) die persönlichen Daten von Nutzern zu erheben und zu speichern (Registrierung) oder
   b) die Eingabe eines Passworts zu verlangen oder
2. das Anbieten des Dienstes dauerhaft einzustellen.

[2]Davon unberührt bleibt, wenn ein Diensteanbieter auf freiwilliger Basis die Nutzer identifiziert, eine Passworteingabe verlangt oder andere freiwillige Maßnahmen ergreift.

§ 9 Zwischenspeicherung zur beschleunigten Übermittlung von Informationen

[1]Diensteanbieter sind für eine automatische, zeitlich begrenzte Zwischenspeicherung, die allein dem Zweck dient, die Übermittlung fremder Informationen an andere Nutzer auf deren Anfrage effizienter zu gestalten, nicht verantwortlich, sofern sie
1. die Informationen nicht verändern,
2. die Bedingungen für den Zugang zu den Informationen beachten,
3. die Regeln für die Aktualisierung der Informationen, die in weithin anerkannten und verwendeten Industriestandards festgelegt sind, beachten,
4. die erlaubte Anwendung von Technologien zur Sammlung von Daten über die Nutzung der Informationen, die in weithin anerkannten und verwendeten Industriestandards festgelegt sind, nicht beeinträchtigen und
5. unverzüglich handeln, um im Sinne dieser Vorschrift gespeicherte Informationen zu entfernen oder den Zugang zu ihnen zu sperren, sobald sie Kenntnis davon erhalten haben, dass die Informationen am ursprünglichen Ausgangsort der Übertragung aus dem Netz entfernt wurden oder der Zugang zu ihnen gesperrt wurde oder ein Gericht oder eine Verwaltungsbehörde die Entfernung oder Sperrung angeordnet hat.

[2]§ 8 Abs. 1 Satz 2 gilt entsprechend.

§ 10 Speicherung von Informationen

[1]Diensteanbieter sind für fremde Informationen, die sie für einen Nutzer speichern, nicht verantwortlich, sofern
1. sie keine Kenntnis von der rechtswidrigen Handlung oder der Information haben und ihnen im Falle von Schadensersatzansprüchen auch keine Tatsachen oder Umstände bekannt sind, aus denen die rechtswidrige Handlung oder die Information offensichtlich wird, oder
2. sie unverzüglich tätig geworden sind, um die Information zu entfernen oder den Zugang zu ihr zu sperren, sobald sie diese Kenntnis erlangt haben.

[2]Satz 1 findet keine Anwendung, wenn der Nutzer dem Diensteanbieter untersteht oder von ihm beaufsichtigt wird.

Abschnitt 4: Melde- und Abhilfeverfahren der Videosharingplattform-Anbieter

§ 10a Verfahren zur Meldung von Nutzerbeschwerden

(1) Wenn eine Rechtsvorschrift des Bundes oder der Länder auf diese Vorschrift Bezug nimmt und soweit sich eine entsprechende Verpflichtung nicht bereits aus dem Netzwerkdurchsetzungsgesetz vom 1. September 2017 (BGBl. I S. 3352), das zuletzt durch Artikel 274 der Verordnung vom 19. Juni 2020 (BGBl. I S. 1328) geändert worden ist, in der jeweils geltenden Fassung

ergibt, sind Videosharingplattform-Anbieter verpflichtet, ein Verfahren vorzuhalten, mit dem die Nutzer Beschwerden (Nutzerbeschwerden) über rechtswidrige audiovisuelle Inhalte, die auf dem Videosharingplattform-Dienst des Videosharingplattform-Anbieters bereitgestellt werden, elektronisch melden können.

(2) Das Meldeverfahren muss

1. bei der Wahrnehmung des Inhalts leicht erkennbar und bedienbar, unmittelbar erreichbar und ständig verfügbar sein,
2. dem Beschwerdeführer die Möglichkeit geben, die Nutzerbeschwerde näher zu begründen und
3. gewährleisten, dass der Videosharingplattform-Anbieter Nutzerbeschwerden unverzüglich zur Kenntnis nehmen und prüfen kann.

§ 10b Verfahren zur Abhilfe von Nutzerbeschwerden

[1]Wenn eine Rechtsvorschrift des Bundes oder der Länder auf diese Vorschrift Bezug nimmt und soweit sich eine entsprechende Verpflichtung nicht bereits aus dem Netzwerkdurchsetzungsgesetz ergibt, müssen Videosharingplattform-Anbieter ein wirksames und transparentes Verfahren nach Satz 2 zur Prüfung und Abhilfe der nach § 10a Absatz 1 gemeldeten Nutzerbeschwerden vorhalten. [2]Das Verfahren muss gewährleisten, dass der Videosharingplattform-Anbieter

1. unverzüglich nach Eingang der Nutzerbeschwerde prüft, ob ein rechtswidriger Inhalt vorliegt,
2. unverzüglich nach Eingang der Nutzerbeschwerde einen rechtswidrigen Inhalt entfernt oder den Zugang zu diesem Inhalt sperrt,
3. im Falle der Entfernung eines rechtswidrigen Inhalts den Inhalt zu Beweiszwecken sichert und für die Dauer von zehn Wochen speichert,
4. den Beschwerdeführer und den Nutzer, für den der beanstandete Inhalt gespeichert wurde, unverzüglich über seine Entscheidung informiert und diese begründet,
5. den Beschwerdeführer und den Nutzer, für den der beanstandete Inhalt gespeichert wurde, über die Möglichkeit der Teilnahme an einem unparteiischen Schlichtungsverfahren informiert,
6. dem Beschwerdeführer und dem Nutzer, für den der beanstandete Inhalt gespeichert wurde, die Gelegenheit gibt, unter Angabe von Gründen eine Überprüfung der ursprünglichen Entscheidung zu verlangen, wenn der Antrag auf Überprüfung (Gegenvorstellung) innerhalb von zwei Wochen nach Information über die Entscheidung gestellt wird,
7. darauf hinweist, dass der Inhalt einer Stellungnahme des Nutzers, für den der beanstandete Inhalt gespeichert wurde, an den Beschwerdeführer sowie der Inhalt einer Stellungnahme des Beschwerdeführers an den Nutzer, für den der beanstandete Inhalt gespeichert wurde, weitergegeben werden kann,
8. im Falle einer Gegenvorstellung des Beschwerdeführers den Nutzer, für den der beanstandete Inhalt gespeichert wurde, und im Falle einer Gegenvorstellung des Nutzers, für den der beanstandete Inhalt gespeichert wurde, den Beschwerdeführer im Falle der Abhilfe über den Inhalt der Gegenvorstellung unverzüglich informiert und ihm Gelegenheit zur Stellungnahme innerhalb einer angemessenen Frist gibt,
9. seine ursprüngliche Entscheidung unverzüglich einer Überprüfung unterzieht, das Ergebnis dem Beschwerdeführer und dem Nutzer, für den der beanstandete Inhalt gespeichert wurde, unverzüglich übermittelt und einzelfallbezogen begründet,
10. sicherstellt, dass eine Offenlegung der Identität des Beschwerdeführers und des Nutzers, für den der beanstandete Inhalt gespeichert wurde, nicht erfolgt und
11. jede Beschwerde, das Ergebnis ihrer Prüfung, die zu ihrer Abhilfe getroffene Maßnahme sowie jede verlangte Überprüfung der Entscheidung und deren Ergebnis dokumentiert.

§ 10c Allgemeine Geschäftsbedingungen

(1) Videosharingplattform-Anbieter sind verpflichtet, mit ihren Nutzern wirksam zu vereinbaren, dass diesen die Verbreitung unzulässiger audiovisueller kommerzieller Kommunikation verboten ist.

(2) Unzulässige audiovisuelle kommerzielle Kommunikation im Sinne dieser Vorschrift ist audiovisuelle kommerzielle Kommunikation, die gegen folgende Vorschriften verstößt:

1. § 20 des Tabakerzeugnisgesetzes vom 4. April 2016 (BGBl. I S. 569), das zuletzt durch Artikel 96 der Verordnung vom 19. Juni 2020 (BGBl. I S. 1328) geändert worden ist, oder
2. § 10 des Heilmittelwerbegesetzes in der Fassung der Bekanntmachung vom 19. Oktober 1994 (BGBl. I S. 3068), das zuletzt durch Artikel 6 des Gesetzes vom 28. April 2020 (BGBl. I S. 960) geändert worden ist.

Abschnitt 5: Bußgeldvorschriften

§ 11 Bußgeldvorschriften

(1) Ordnungswidrig handelt, wer absichtlich entgegen § 6 Abs. 2 Satz 1 den Absender oder den kommerziellen Charakter der Nachricht verschleiert oder verheimlicht.

(2) Ordnungswidrig handelt, wer vorsätzlich oder fahrlässig

1. entgegen § 2c Absatz 1 eine Auskunft nicht, nicht richtig, nicht vollständig oder nicht rechtzeitig erteilt,
2. entgegen § 5 Abs. 1 eine Information nicht, nicht richtig oder nicht vollständig verfügbar hält oder
3. entgegen § 10a Absatz 1 oder § 10b Satz 1 ein dort genanntes Verfahren nicht, nicht richtig oder nicht vollständig vorhält.

(3) Die Ordnungswidrigkeit kann mit einer Geldbuße bis zu fünfzigtausend Euro geahndet werden.

Telekommunikationsgesetz (TKG)

Rechtsstand: Januar 2024. Letzte Änderung: 01.01.2024 (BGBl. 2023 I Nr. 71).

Auszug aus dem Gesetz

Teil 3: Kundenschutz

§ 65 Anspruch auf Einzelverbindungsnachweis

(1) [1]Der Endnutzer kann von dem Anbieter öffentlich zugänglicher nummerngebundener interpersoneller Telekommunikationsdienste und von dem Anbieter von Internetzugangsdiensten jederzeit mit Wirkung für die Zukunft eine nach Einzelverbindungen aufgeschlüsselte Rechnung (Einzelverbindungsnachweis) verlangen, die zumindest die Angaben enthält, die für eine Nachprüfung der Teilbeträge der Rechnung erforderlich sind. [2]Dies gilt nicht, soweit technische Hindernisse der Erteilung von Einzelverbindungsnachweisen entgegenstehen oder wegen der Art des Rechtsgeschäfts eine Rechnung grundsätzlich nicht erteilt wird. [3]Die Rechtsvorschriften zum Schutz personenbezogener Daten bleiben unberührt.

(2) [1]Die Einzelheiten darüber, welche Angaben in der Regel für einen Einzelverbindungsnachweis erforderlich und in welcher Form diese Angaben jeweils mindestens zu erteilen sind, kann die Bundesnetzagentur durch Verfügung festlegen. [2]Der Endnutzer kann einen auf diese Festlegungen beschränkten Einzelverbindungsnachweis verlangen, für den kein Entgelt erhoben werden darf.

§ § 67 Beanstandungen

(1) [1]Anbieter öffentlich zugänglicher Telekommunikationsdienste, bei denen es sich weder um nummernunabhängige interpersonelle Telekommunikationsdienste noch um für die Bereitstellung von Diensten für die Maschine-Maschine-Kommunikation genutzte Übertragungsdienste handelt, sind verpflichtet, Informationen zu den von ihnen bereitgestellten Beschwerdeverfahren in einem Format zu veröffentlichen, das für Endnutzer mit Behinderungen zugänglich ist. [2]Die Anbieter müssen insbesondere informieren über die durchschnittliche Dauer der Bearbeitung von Beschwerden der Endnutzer sowie die durchschnittliche Dauer der Bearbeitung von Beschwerden zu den Themen Qualität der Dienstleistungen, Vertragsdurchführung und Abrechnung. [3]Die Anbieter müssen klarstellen, wie die Endnutzer Zugang zu diesen Verfahren haben. [4]Die Verfahren müssen den Interessen von Endnutzern mit Behinderungen Rechnung tragen, indem sie in einem barrierefreien Format erfolgen.

(2) [1]Endnutzer können eine erteilte Abrechnung nach Zugang oder eine Abbuchung vorausbezahlten Guthabens innerhalb einer Frist von acht Wochen beanstanden. [2]Im Falle der Beanstandung hat der Anbieter dem Endnutzer das Verbindungsaufkommen als Entgeltnachweis nach den einzelnen Verbindungsdaten aufzuschlüsseln und eine technische Prüfung durchzuführen, es sei denn, die Beanstandung ist nachweislich nicht auf einen technischen Mangel zurückzuführen. [3]Bei der Aufschlüsselung des Verbindungsaufkommens hat der Anbieter die datenschutzrechtlichen Belange etwaiger weiterer Nutzer des Anschlusses zu wahren.

(3) [1]Der Endnutzer kann innerhalb der Beanstandungsfrist verlangen, dass ihm der Entgeltnachweis und die Ergebnisse der technischen Prüfung vorgelegt werden. [2]Erfolgt die Vorlage nicht binnen acht Wochen nach einer Beanstandung, erlöschen bis dahin entstandene Ansprüche aus Verzug. [3]Die mit der Abrechnung geltend gemachte Forderung wird mit der verlangten Vorlage fällig. [4]Die Bundesnetzagentur veröffentlicht, welche Verfahren zur Durchführung der technischen Prüfung geeignet sind.

(4) [1]Soweit aus technischen Gründen keine Verkehrsdaten gespeichert oder für den Fall, dass keine Beanstandungen erhoben wurden, gespeicherte Daten nach Verstreichen der in Absatz 2 Satz 1 geregelten oder mit dem Anbieter vereinbarten Frist oder aufgrund rechtlicher Verpflichtungen gelöscht worden sind, trifft den Anbieter weder eine Nachweispflicht für die erbrachten Verbindungsleistungen noch die Auskunftspflicht nach Absatz 2 für die Einzelverbindungen. [2]Satz 1 gilt entsprechend, soweit der Endnutzer nach einem deutlich erkennbaren Hinweis auf die Folgen nach Satz 1 verlangt hat, dass Verkehrsdaten gelöscht oder nicht gespeichert werden.

(5) [1]Dem Anbieter öffentlich zugänglicher Telekommunikationsdienste obliegt der Nachweis, dass er den Telekommunikationsdienst oder den Zugang zum Telekommunikationsnetz bis zu dem Übergabepunkt, an dem dem Endnutzer der Netzzugang bereitgestellt wird, technisch fehlerfrei erbracht hat. [2]Ergibt die technische Prüfung nach Absatz 2 Mängel, die sich auf die Berechnung des beanstandeten Entgelts zu Lasten des Endnutzers ausgewirkt haben können, oder wird die technische Prüfung später als zwei Monate nach der Beanstandung durch den Endnutzer abgeschlossen, wird widerleglich vermutet, dass das in Rechnung gestellte Verbindungsaufkommen des jeweiligen Anbieters öffentlich zugänglicher Telekommunikationsdienste unrichtig ermittelt ist.

(6) [1]Soweit der Endnutzer nachweist, dass ihm die Inanspruchnahme von Leistungen des Anbieters nicht zugerechnet werden kann, hat der Anbieter keinen Anspruch auf Entgelt gegen den Endnutzer. [2]Der Anspruch entfällt auch, soweit Tatsachen die Annahme rechtfertigen, dass Dritte durch unbefugte Veränderungen an öffentlichen Telekommunikationsnetzen das in Rechnung gestellte Verbindungsentgelt beeinflusst haben.

Teil 10: Öffentliche Sicherheit und Notfallvorsorge

Abschnitt 1: Öffentliche Sicherheit

§ 164 Notruf

(1) [1]Wer öffentlich zugängliche nummerngebundene interpersonelle Telekommunikationsdienste für das Führen von ausgehenden Gesprächen zu einer oder mehreren Nummern des nationalen oder internationalen Nummernplans erbringt, hat Vorkehrungen zu treffen, damit Endnutzern unentgeltliche Verbindungen möglich sind, die entweder durch die Wahl der europaeinheitlichen Notrufnummer 112 oder der zusätzlichen nationalen Notrufnummer 110 oder durch das Aussenden entsprechender Signalisierungen eingeleitet werden (Notrufverbindungen). [2]Wer derartige öffentlich zugängliche nummerngebundene interpersonelle Telekommunikationsdienste erbringt, den Zugang zu solchen Diensten ermöglicht oder Telekommunikationsnetze betreibt, die für diese Dienste einschließlich der Durchleitung von Anrufen genutzt werden, hat sicherzustellen oder im notwendigen Umfang daran mitzuwirken, dass Notrufverbindungen jederzeit unverzüglich zu der örtlich zuständigen Notrufabfragestelle hergestellt werden. [3]Die nach den Sätzen 1 und 2 Verpflichteten haben sicherzustellen, dass der Notrufabfragestelle auch Folgendes mit der Notrufverbindung übermittelt wird:

1. die Rufnummer des Anschlusses, von dem die Notrufverbindung ausgeht, und
2. die Daten, die zur Ermittlung des Standortes erforderlich sind, von dem die Notrufverbindung ausgeht.

[4]Notrufverbindungen sind vorrangig vor anderen Verbindungen herzustellen; sie stehen vorrangigen Verbindungen nach § 186 Absatz 2 Satz 1 gleich. [5]Daten, die nach Maßgabe der Rechtsverordnung nach Absatz 5 zur Verfolgung von Missbrauch des Notrufs erforderlich sind, dürfen auch verzögert an die Notrufabfragestelle übermittelt werden. [6]Die Übermittlung der Daten nach den Sätzen 3 und 5 erfolgt unentgeltlich. [7]Die für Notrufverbindungen entstehenden Kosten trägt jeder Anbieter eines Telekommunikationsdienstes selbst; die Entgeltlichkeit von Vorleistungen bleibt unberührt.

(2) Im Hinblick auf Notrufverbindungen, die unter Verwendung eines Telefaxgerätes eingeleitet werden, gilt Absatz 1 entsprechend.

(3) [1]Zur Gewährleistung einer gleichwertigen Notrufkommunikation von Menschen mit Behinderungen ist sicherzustellen, dass bei Nutzung eines Vermittlungsdienstes nach § 51 Absatz 4 unentgeltliche Notrufverbindungen möglich sind. [2]Soweit technisch möglich, gelten die Anforderungen des Absatzes 1 Satz 3 und 6 entsprechend.

(4) [1]Anbieter nummernunabhängiger interpersoneller Telekommunikationsdienste, die eine direkte Kommunikation zu der örtlich zuständigen Notrufabfragestelle ermöglichen, haben sicherzustellen, dass die zur Ermittlung des Standortes erforderlichen Daten übermittelt werden. [2]Die für diese Notrufverbindungen entstehenden Kosten trägt jeder Anbieter eines Telekommunikationsdienstes selbst; die Entgeltlichkeit von Vorleistungen bleibt unberührt.

(5) [1]Das Bundesministerium für Wirtschaft und Energie wird ermächtigt, im Einvernehmen mit dem Bundesministerium des Innern, für Bau und Heimat, dem Bundesministerium für Verkehr und digitale Infrastruktur und dem Bundesministerium für Arbeit und Soziales durch Rechtsverordnung mit Zustimmung des Bundesrates Regelungen zu treffen

1. zu den Grundsätzen der Festlegung von Einzugsgebieten von Notrufabfragestellen und deren Unterteilungen durch die für den Notruf zuständigen Landes- und Kommunalbehörden sowie zu den Grundsätzen des Abstimmungsverfahrens zwischen diesen Behörden und den betroffenen Netzbetreibern, soweit diese Grundsätze für die Herstellung von Notrufverbindungen erforderlich sind,
2. zur Herstellung von Notrufverbindungen zur jeweils örtlich zuständigen Notrufabfragestelle oder Ersatznotrufabfragestelle,
3. zum Umfang der für Notrufverbindungen zu erbringenden Leistungsmerkmale, einschließlich
   a) der Übermittlung der Daten nach Absatz 1 Satz 3 und
   b) zulässiger Abweichungen hinsichtlich der nach Absatz 1 Satz 3 Nummer 1 zu übermittelnden Daten in unausweichlichen technisch bedingten Sonderfällen,
4. zur Bereitstellung und Übermittlung von Daten, die geeignet sind, der Notrufabfragestelle die Verfolgung von Missbrauch des Notrufs zu ermöglichen,
5. zum Herstellen von Notrufverbindungen mittels automatischer Verfahren,
6. zur Sicherstellung der Gleichwertigkeit der Notrufkommunikation für Menschen mit Behinderungen und
7. zu den Aufgaben der Bundesnetzagentur auf den in den Nummern 1 bis 6 aufgeführten Gebieten, insbesondere im Hinblick auf die Festlegung von Kriterien für die Genauigkeit und Zuverlässigkeit der Daten, die zur Ermittlung des Standortes erforderlich sind, von dem die Notrufverbindung ausgeht.

[2]Landesrechtliche Regelungen über Notrufabfragestellen, die nicht Verpflichtungen im Sinne der Absätze 1 bis 4 betreffen, bleiben von den Vorschriften dieses Absatzes unberührt.

(6) [1]Die technischen Einzelheiten zu den in Absatz 5 Satz 1 Nummer 1 bis 6 aufgeführten Regelungsgegenständen, insbesondere die Kriterien für die Genauigkeit und Zuverlässigkeit der Angaben zu dem Standort, von dem die Notrufverbindung ausgeht, legt die Bundesnetzagentur in einer Technischen Richtlinie fest; dabei berücksichtigt sie die Vorschriften der Rechtsverordnung nach Absatz 5. [2]Die Bundesnetzagentur erstellt die Technische Richtlinie unter Beteiligung

1. der Verbände der durch die Absätze 1 bis 4 betroffenen Anbieter von Telekommunikationsdiensten und Betreiber von Telekommunikationsnetzen,
2. der vom Bundesministerium des Innern, für Bau und Heimat benannten Vertreter der Betreiber von Notrufabfragestellen und

3. der Hersteller der in den Telekommunikationsnetzen und Notrufabfragestellen eingesetzten technischen Einrichtungen.

[3]Bei den Festlegungen in der Technischen Richtlinie sind internationale Standards zu berücksichtigen; Abweichungen von den Standards sind zu begründen. [4]Die Verpflichteten nach den Absätzen 1 bis 4 haben die Anforderungen der Technischen Richtlinie spätestens ein Jahr nach deren Bekanntmachung zu erfüllen, sofern in der Technischen Richtlinie für bestimmte Verpflichtungen kein längerer Übergangszeitraum festgelegt ist. [5]Nach dieser Technischen Richtlinie gestaltete mängelfreie technische Einrichtungen müssen im Falle einer Änderung der Technischen Richtlinie spätestens drei Jahre nach deren Inkrafttreten die geänderten Anforderungen erfüllen.

§ 164a Öffentliche Warnungen

(1) Betreiber öffentlicher Mobilfunknetze haben

1. technische Einrichtungen für Warnungen vor drohenden oder sich ausbreitenden größeren Notfällen und Katastrophen vorzuhalten, die
   a) über das zentrale Warnsystem des Bundes von den Gefahrenabwehrbehörden sowie Behörden des Zivil- und Katastrophenschutzes ausgelöst und
   b) an empfangsbereite Mobilfunkendgeräte, die sich in dem von der auslösenden Behörde bestimmten geographischen Gebiet befinden, ausgesendet werden können und
2. durch organisatorische Vorkehrungen die Möglichkeit der jederzeitigen unverzüglichen Aussendung von Warnungen nach Nummer 1 sicherzustellen.

(2) Betreiber öffentlicher Mobilfunknetze haben Warnungen nach Absatz 1 an alle Mobilfunkendgeräte in dem von der auslösenden Behörde bestimmten geographischen Gebiet auszusenden.

(3) Anbieter öffentlich zugänglicher mobiler nummerngebundener interpersoneller Telekommunikationsdienste

1. wirken im notwendigen Umfang daran mit, dass Warnungen nach Absatz 1 jederzeit und unverzüglich zu den Endnutzern in dem bestimmten geographischen Gebiet ausgesendet werden können und
2. informieren ihre Endnutzer über die Voraussetzungen für den Empfang von Warnungen nach Absatz 1.

(4) Das Bundesministerium für Wirtschaft und Energie wird ermächtigt, im Einvernehmen mit dem Bundesministerium des Innern, für Bau und Heimat und dem Bundesministerium für Verkehr und digitale Infrastruktur durch Rechtsverordnung mit Zustimmung des Bundesrates Regelungen zu treffen

1. über die grundlegenden technischen Anforderungen für die Aussendung von Warnungen im öffentlichen Mobilfunknetz, einschließlich der zu beachtenden Sicherheitsanforderungen,
2. über die organisatorischen Rahmenbedingungen für die Aussendung von Warnungen, einschließlich Erreichbarkeits- und Reaktionszeiten,
3. zum Umfang der bei der Aussendung von Warnungen zu erbringenden Leistungsmerkmale, einschließlich der dabei verarbeiteten Daten,
4. zur Konkretisierung der Verpflichtungen für Anbieter nach Absatz 3 und
5. zu den Aufgaben der Bundesnetzagentur hinsichtlich der in den Nummern 1 bis 4 aufgeführten Gebiete.

(5) [1]Die technischen Einzelheiten zu den in Absatz 4 Nummer 1 bis 4 aufgeführten Regelungsgegenständen legt die Bundesnetzagentur in einer Technischen Richtlinie fest; dabei berücksichtigt sie die Vorschriften der Rechtsverordnung nach Absatz 4. [2]Die Bundesnetzagentur erstellt die Technische Richtlinie unter Beteiligung

1. der Verbände
   a) der durch die Absätze 1 und 2 verpflichteten Betreiber öffentlicher Mobilfunknetze,
   b) der durch Absatz 3 verpflichteten Anbieter öffentlich zugänglicher mobiler nummerngebundener interpersoneller Telekommunikationsdienste,
   c) der Hersteller der in den Mobilfunknetzen eingesetzten technischen Einrichtungen und
   d) der Hersteller der Mobilfunkendgeräte,
2. des Bundesamtes für Bevölkerungsschutz und Katastrophenhilfe,
3. der vom Bundesamt für Bevölkerungsschutz und Katastrophenhilfe benannten Vertreter der in Absatz 1 Nummer 1 Buchstabe a genannten Behörden und
4. des Bundesamtes für Sicherheit in der Informationstechnik hinsichtlich der technischen Anforderungen in Absatz 4 Nummer 1.

[3]Bei den Festlegungen in der Technischen Richtlinie sind internationale Standards zu berücksichtigen; Abweichungen von den Standards sind zu begründen. [4]Die nach den Absätzen 1 bis 3 Verpflichteten haben die Anforderungen der Technischen Richtlinie spätestens ein Jahr nach deren Bekanntmachung zu erfüllen, sofern in der Technischen Richtlinie für bestimmte Verpflichtungen kein anderer Übergangszeitraum festgelegt ist.

(6) [1]Notwendige Aufwendungen, die den Betreibern öffentlicher Mobilfunknetze durch die Umsetzung der Anforderungen aus Absatz 1 entstehen, sind auf Antrag zu ersetzen. [2]Für die Bemessung des Aufwendungsersatzes sind die tatsächlich entstandenen Kosten der Verpflichteten maßgebend. [3]Über die Anträge auf Aufwendungsersatz entscheidet die Bundesnetzagentur. [4]Die durch die Aussendung der Warnungen nach Absatz 2 entstehenden Kosten trägt jeder Betreiber selbst. [5]Die für das Versenden von Informationen anfallenden Kosten nach Absatz 3 trägt jeder Anbieter selbst.

§ 165 Technische und organisatorische Schutzmaßnahmen

(1) [1]Wer Telekommunikationsdienste erbringt oder daran mitwirkt, hat angemessene technische Vorkehrungen und sonstige Maßnahmen zu treffen

1. zum Schutz des Fernmeldegeheimnisses und
2. gegen die Verletzung des Schutzes personenbezogener Daten.

[2]Dabei ist der Stand der Technik zu berücksichtigen.

(2) [1]Wer ein öffentliches Telekommunikationsnetz betreibt oder öffentlich zugängliche Telekommunikationsdienste erbringt, hat bei den hierfür betriebenen Telekommunikations- und Datenverarbeitungssystemen angemessene technische und organisatorische Vorkehrungen und sonstige Maßnahmen zu treffen

1. zum Schutz gegen Störungen, die zu erheblichen Beeinträchtigungen von Telekommunikationsnetzen und -diensten führen, auch, sofern diese Störungen durch äußere Angriffe und Einwirkungen von Katastrophen bedingt sein können, und
2. zur Beherrschung der Risiken für die Sicherheit von Telekommunikationsnetzen und -diensten.

[2]Insbesondere sind Maßnahmen, einschließlich gegebenenfalls Maßnahmen in Form von Verschlüsselung, zu treffen, um Telekommunikations- und Datenverarbeitungssysteme gegen unerlaubte Zugriffe zu sichern und Auswirkungen von Sicherheitsverletzungen für Nutzer, andere Telekommunikationsnetze und Dienste so gering wie möglich zu halten. [3]Bei diesen Maßnahmen ist der Stand der Technik zu berücksichtigen.

(3) [1]Als eine angemessene Maßnahme im Sinne des Absatzes 2 können Betreiber öffentlicher Telekommunikationsnetze und Anbieter öffentlich zugänglicher Telekommunikationsdienste Systeme zur Angriffserkennung im Sinne des § 2 Absatz 9b des BSI-Gesetzes einsetzen. [2]Betreiber öffentlicher Telekommunikationsnetze und Anbieter öffentlich zugänglicher Telekommunikationsdienste mit erhöhtem Gefährdungspotenzial haben entsprechende Systeme zur Angriffserkennung einzusetzen. [3]Die eingesetzten Systeme zur Angriffserkennung müssen in der Lage sein, durch kontinuierliche und automatische Erfassung und Auswertung Gefahren oder Bedrohungen zu erkennen. [4]Sie sollen zudem in der Lage sein, erkannte Gefahren oder Bedrohungen abzuwenden und für eingetretene Störungen geeignete Beseitigungsmaßnahmen vorsehen. [5]Weitere Einzelheiten kann die Bundesnetzagentur im Katalog von Sicherheitsanforderungen nach § 167 festlegen.

(4) Kritische Komponenten im Sinne von § 2 Absatz 13 des BSI-Gesetzes dürfen von einem Betreiber öffentlicher Telekommunikationsnetze mit erhöhtem Gefährdungspotenzial nur eingesetzt werden, wenn sie vor dem erstmaligen Einsatz von einer anerkannten Zertifizierungsstelle überprüft und zertifiziert wurden.

(5) Wer ein öffentliches Telekommunikationsnetz betreibt, hat Maßnahmen zu treffen, um den ordnungsgemäßen Betrieb seiner Netze zu gewährleisten und dadurch die fortlaufende Verfügbarkeit der über diese Netze erbrachten Dienste sicherzustellen.

(6) [1]Technische Vorkehrungen und sonstige Schutzmaßnahmen sind angemessen, wenn der dafür erforderliche technische und wirtschaftliche Aufwand nicht außer Verhältnis zur Bedeutung der zu schützenden Telekommunikationsnetze oder -dienste steht. [2]§ 62 Absatz 1 des Bundesdatenschutzgesetzes gilt entsprechend.

(7) Bei gemeinsamer Nutzung eines Standortes oder technischer Einrichtungen hat jeder Beteiligte die Verpflichtungen nach den Absätzen 1 bis 5 zu erfüllen, soweit bestimmte Verpflichtungen nicht einem bestimmten Beteiligten zugeordnet werden können.

(8) Im Falle des Eintritts eines Sicherheitsvorfalls oder der Feststellung einer erheblichen Gefahr kann die Bundesnetzagentur Maßnahmen zur Behebung des Sicherheitsvorfalls oder zur Abwendung der Gefahr und deren Umsetzungsfristen anordnen.

(9) [1]Die Bundesnetzagentur kann anordnen, dass sich die Betreiber öffentlicher Telekommunikationsnetze oder die Anbieter öffentlich zugänglicher Telekommunikationsdienste einer Überprüfung durch eine qualifizierte unabhängige Stelle oder eine zuständige nationale Behörde unterziehen, in der festgestellt wird, ob die Anforderungen nach den Absätzen 1 bis 7 erfüllt sind. [2]Unbeschadet von Satz 1 haben sich Betreiber öffentlicher Telekommunikationsnetze mit erhöhtem Gefährdungspotenzial alle zwei Jahre einer Überprüfung durch eine qualifizierte unabhängige Stelle oder eine zuständige nationale Behörde zu unterziehen, in der festgestellt wird, ob die Anforderungen nach den Absätzen 1 bis 7 erfüllt sind. [3]Die Bundesnetzagentur legt den Zeitpunkt der erstmaligen Überprüfung fest. [4]Der nach den Sätzen 1 und 2 Verpflichtete hat eine Kopie des Überprüfungsberichts unverzüglich an die Bundesnetzagentur und an das Bundesamt für Sicherheit in der Informationstechnik, sofern dieses die Überprüfung nicht vorgenommen hat, zu übermitteln. [5]Er trägt die Kosten dieser Überprüfung. [6]Die Bewertung der Überprüfung sowie eine diesbezügliche Feststellung von Sicherheitsmängeln im Sicherheitskonzept nach § 166 erfolgt durch die Bundesnetzagentur im Einvernehmen mit dem Bundesamt für Sicherheit in der Informationstechnik.

(10) Über aufgedeckte Mängel bei der Erfüllung der Sicherheitsanforderungen in der Informationstechnik sowie die in diesem Zusammenhang von der Bundesnetzagentur geforderten Abhilfemaßnahmen unterrichtet die Bundesnetzagentur unverzüglich das Bundesamt für Sicherheit in der Informationstechnik.

(11) [1]Die Bundesnetzagentur kann zur Unterstützung ein Computer-Notfallteam gemäß Artikel 9 der Richtlinie (EU) 2016/1148 des Europäischen Parlaments und des Rates vom 6. Juli 2016 über Maßnahmen zur Gewährleistung eines hohen gemeinsamen Sicherheitsniveaus von Netz- und Informationssystemen in der Union (ABl. L 194 vom 19.7.2016, S. 1; L 33 vom 7.2.2018, S. 5) im Rahmen der zugewiesenen Aufgaben in Anspruch nehmen. [2]Die Bundesnetzagentur kann ferner das Bundesamt für Sicherheit in der Informationstechnik, die zuständigen nationalen Strafverfolgungsbehörden und die Bundesbeauftragte oder den Bundesbeauftragten für den Datenschutz und die Informationsfreiheit konsultieren.

§ 166 Sicherheitsbeauftragter und Sicherheitskonzept

(1) Wer ein öffentliches Telekommunikationsnetz betreibt oder öffentlich zugängliche Telekommunikationsdienste erbringt, hat

1. einen Sicherheitsbeauftragten zu bestimmen,
2. einen in der Europäischen Union ansässigen Ansprechpartner zu benennen und
3. ein Sicherheitskonzept zu erstellen, aus dem hervorgeht,
   a) welches öffentliche Telekommunikationsnetz betrieben wird und welche öffentlich zugänglichen Telekommunikationsdienste erbracht werden,
   b) von welchen Gefährdungen auszugehen ist und
   c) welche technischen Vorkehrungen oder sonstigen Schutzmaßnahmen zur Erfüllung der durch die Vorgaben des Katalogs von Sicherheitsanforderungen nach § 167 konkretisierten Verpflichtungen aus § 165 Absatz 1 bis 7 getroffen oder geplant sind; sofern der Katalog lediglich Sicherheitsziele vorgibt, ist darzulegen, dass mit den ergriffenen Maßnahmen das jeweilige Sicherheitsziel vollumfänglich erreicht wird.

(2) [1]Wer ein öffentliches Telekommunikationsnetz betreibt, hat der Bundesnetzagentur das Sicherheitskonzept unverzüglich nach der Aufnahme des Netzbetriebs vorzulegen. [2]Wer öffentlich zugängliche Telekommunikationsdienste erbringt, kann von der Bundesnetzagentur verpflichtet werden, das Sicherheitskonzept vorzulegen.

(3) Mit dem Sicherheitskonzept ist eine Erklärung vorzulegen, dass die in dem Sicherheitskonzept aufgezeigten technischen Vorkehrungen und sonstigen Schutzmaßnahmen umgesetzt sind oder unverzüglich umgesetzt werden.

(4) [1]Stellt die Bundesnetzagentur im Sicherheitskonzept oder bei dessen Umsetzung Sicherheitsmängel fest, so kann sie die unverzügliche Beseitigung dieser Mängel verlangen. [2]Sofern sich die dem Sicherheitskonzept zugrunde liegenden Gegebenheiten ändern, hat der nach Absatz 2 Verpflichtete das Sicherheitskonzept unverzüglich nach der Änderung anzupassen und der Bundesnetzagentur unverzüglich nach erfolgter Anpassung unter Hinweis auf die Änderungen erneut vorzulegen.

(5) [1]Die Bundesnetzagentur überprüft regelmäßig die Umsetzung des Sicherheitskonzepts. [2]Die Überprüfung soll mindestens alle zwei Jahre erfolgen.

§ 167 Katalog von Sicherheitsanforderungen

(1) [1]Die Bundesnetzagentur legt im Einvernehmen mit dem Bundesamt für Sicherheit in der Informationstechnik und der oder dem Bundesbeauftragten für den Datenschutz und die Informationsfreiheit durch Allgemeinverfügung in einem Katalog von Sicherheitsanforderungen für das Betreiben von Telekommunikations- und Datenverarbeitungssystemen sowie für die Verarbeitung personenbezogener Daten fest:

1. Einzelheiten der nach § 165 Absatz 1 bis 7 zu treffenden technischen Vorkehrungen und sonstigen Maßnahmen unter Beachtung der verschiedenen Gefährdungspotenziale der öffentlichen Telekommunikationsnetze und öffentlich zugänglichen Telekommunikationsdienste,
2. welche Funktionen kritische Funktionen im Sinne von § 2 Absatz 13 Satz 1 Nummer 3 Buchstabe b des BSI-Gesetzes sind, die von kritischen Komponenten im Sinne von § 2 Absatz 13 des BSI-Gesetzes realisiert werden, und
3. wer als Betreiber öffentlicher Telekommunikationsnetze und als Anbieter öffentlich zugänglicher Telekommunikationsdienste mit erhöhtem Gefährdungspotenzial einzustufen ist.

[2]Der Katalog von Sicherheitsanforderungen nach Satz 1 kann auch Anforderungen zur Offenlegung und Interoperabilität von Schnittstellen von Netzkomponenten einschließlich einzuhaltender technischer Standards enthalten. [3]Die Bundesnetzagentur gibt den Herstellern, den Verbänden der Betreiber öffentlicher Telekommunikationsnetze und den Verbänden der Anbieter öffentlich zugänglicher Telekommunikationsdienste Gelegenheit zur Stellungnahme.

(2) Die Verpflichteten haben die Vorgaben des Katalogs spätestens ein Jahr nach dessen Inkrafttreten zu erfüllen, es sei denn, in dem Katalog ist eine davon abweichende Umsetzungsfrist festgelegt worden.

§ 168 Mitteilung eines Sicherheitsvorfalls

(1) [1]Wer ein öffentliches Telekommunikationsnetz betreibt oder öffentlich zugängliche Telekommunikationsdienste erbringt, hat der Bundesnetzagentur und dem Bundesamt für Sicherheit in der Informationstechnik einen Sicherheitsvorfall mit beträchtlichen Auswirkungen auf den Betrieb der Netze oder die Erbringung der Dienste unverzüglich mitzuteilen. [2]§ 42 Absatz 4 und § 43 Absatz 4 des Bundesdatenschutzgesetzes gelten entsprechend.

(2) Das Ausmaß der Auswirkungen eines Sicherheitsvorfalls ist – sofern verfügbar – insbesondere anhand folgender Kriterien zu bewerten:

1. die Zahl der von dem Sicherheitsvorfall betroffenen Nutzer,
2. die Dauer des Sicherheitsvorfalls,
3. die geographische Ausdehnung des von dem Sicherheitsvorfall betroffenen Gebiets,
4. das Ausmaß der Beeinträchtigung des Telekommunikationsnetzes oder des Dienstes,
5. das Ausmaß der Auswirkungen auf wirtschaftliche und gesellschaftliche Tätigkeiten.

(3) Die Mitteilung nach Absatz 1 Satz 1 muss die folgenden Angaben enthalten:

1. Angaben zu dem Sicherheitsvorfall,
2. Angaben zu den Kriterien nach Absatz 2,

3. Angaben zu den betroffenen Systemen sowie
4. Angaben zu der vermuteten oder tatsächlichen Ursache.

(4) [1]Die Bundesnetzagentur legt Einzelheiten des Mitteilungsverfahrens fest. [2]Die Bundesnetzagentur kann einen detaillierten Bericht über den Sicherheitsvorfall und die ergriffenen Abhilfemaßnahmen verlangen.

(5) [1]Erforderlichenfalls unterrichtet die Bundesnetzagentur die nationalen Regulierungsbehörden der anderen Mitgliedstaaten der Europäischen Union und die Agentur der Europäischen Union für Cybersicherheit über den Sicherheitsvorfall. [2]Die Bundesnetzagentur kann die Öffentlichkeit unterrichten oder die nach Absatz 1 Satz 1 Verpflichteten zu dieser Unterrichtung verpflichten, wenn sie zu dem Schluss gelangt, dass die Bekanntgabe des Sicherheitsvorfalls im öffentlichen Interesse liegt.

(6) [1]Im Falle einer besonderen und erheblichen Gefahr eines Sicherheitsvorfalls informieren die nach Absatz 1 Satz 1 Verpflichteten die von dieser Gefahr potenziell betroffenen Nutzer über alle möglichen Schutz- oder Abhilfemaßnahmen, die von den Nutzern ergriffen werden können sowie gegebenenfalls auch über die Gefahr selbst. [2]§ 8e des BSI-Gesetzes gilt entsprechend.

(7) Die Bundesnetzagentur legt der Kommission, der Agentur der Europäischen Union für Cybersicherheit und dem Bundesamt für Sicherheit in der Informationstechnik einmal pro Jahr einen zusammenfassenden Bericht über die eingegangenen Meldungen und die ergriffenen Abhilfemaßnahmen vor.

§ 169 Daten- und Informationssicherheit

(1) [1]Wer öffentlich zugängliche Telekommunikationsdienste erbringt, hat im Falle einer Verletzung des Schutzes personenbezogener Daten unverzüglich die Bundesnetzagentur und die Bundesbeauftragte oder den Bundesbeauftragten für den Datenschutz und die Informationsfreiheit von der Verletzung zu benachrichtigen. [2]Ist anzunehmen, dass durch die Verletzung des Schutzes personenbezogener Daten Endnutzer oder andere Personen schwerwiegend in ihren Rechten oder schutzwürdigen Interessen beeinträchtigt werden, hat der Anbieter des Telekommunikationsdienstes zusätzlich die Betroffenen unverzüglich von dieser Verletzung zu benachrichtigen. [3]In Fällen, in denen in dem Sicherheitskonzept nachgewiesen wurde, dass die von der Verletzung betroffenen personenbezogenen Daten durch geeignete technische Vorkehrungen gesichert, insbesondere unter Anwendung eines als sicher anerkannten Verschlüsselungsverfahrens gespeichert wurden, ist eine Benachrichtigung nicht erforderlich. [4]Unabhängig von Satz 3 kann die Bundesnetzagentur den Anbieter des Telekommunikationsdienstes unter Berücksichtigung der wahrscheinlichen nachteiligen Auswirkungen der Verletzung des Schutzes personenbezogener Daten zu einer Benachrichtigung der Betroffenen verpflichten. [5]Im Übrigen gelten § 42 Absatz 4 und § 43 Absatz 4 des Bundesdatenschutzgesetzes entsprechend.

(2) [1]Die Benachrichtigung nach Absatz 1 Satz 1 und 2 muss mindestens enthalten:
1. die Art der Verletzung des Schutzes personenbezogener Daten,
2. Angaben zu den Kontaktstellen, bei denen weitere Informationen erhältlich sind, und
3. Empfehlungen zu Maßnahmen, die mögliche nachteilige Auswirkungen der Verletzung des Schutzes personenbezogener Daten begrenzen.

[2]In der Benachrichtigung an die Bundesnetzagentur und die Bundesbeauftragte oder den Bundesbeauftragten für den Datenschutz und die Informationsfreiheit hat der Anbieter des Telekommunikationsdienstes zusätzlich die Folgen der Verletzung des Schutzes personenbezogener Daten und die beabsichtigten oder ergriffenen Maßnahmen darzulegen.

(3) [1]Die Anbieter der Telekommunikationsdienste haben ein Verzeichnis der Verletzungen des Schutzes personenbezogener Daten zu führen, das Angaben zu Folgendem enthält:
1. den Umständen der Verletzungen,
2. den Auswirkungen der Verletzungen und
3. den ergriffenen Abhilfemaßnahmen.

[2]Diese Angaben müssen ausreichend sein, um der Bundesnetzagentur und der oder dem Bundesbeauftragten für den Datenschutz und die Informationsfreiheit die Prüfung zu ermöglichen, ob die Absätze 1 und 2 eingehalten wurden. [3]Das Verzeichnis enthält nur die zu diesem Zweck erforderlichen Informationen und muss nicht Verletzungen berücksichtigen, die mehr als fünf Jahre zurückliegen.

(4) [1]Werden dem Anbieter des Telekommunikationsdienstes nach Absatz 1 Satz 1 Störungen bekannt, die von Datenverarbeitungssystemen der Nutzer ausgehen, so hat er die Nutzer, soweit ihm diese bereits bekannt sind, unverzüglich darüber zu benachrichtigen. [2]Soweit technisch möglich und zumutbar, hat er die Nutzer auf angemessene, wirksame und zugängliche technische Mittel hinzuweisen, mit denen sie diese Störungen erkennen und beseitigen können. [3]Der Anbieter des Telekommunikationsdienstes darf die Teile des Datenverkehrs von und zu einem Nutzer, von denen eine Störung ausgeht, umleiten, soweit dies erforderlich ist, um den Nutzer über die Störungen benachrichtigen zu können.

(5) [1]Wird der Anbieter des Telekommunikationsdienstes nach Absatz 1 Satz 1 vom Bundesamt für Sicherheit in der Informationstechnik über konkrete erhebliche Gefahren informiert, die von Datenverarbeitungssystemen der Nutzer ausgehen oder diese betreffen, so hat er die betroffenen Nutzer, soweit ihm diese bekannt sind, unverzüglich darüber zu benachrichtigen. [2]Soweit technisch möglich und zumutbar, hat er die Nutzer auf angemessene, wirksame und zugängliche technische Mittel hinzuweisen, mit denen sie diese Gefahren erkennen und ihnen vorbeugen können. [3]Werden dem Anbieter des Telekommunikationsdienstes nach Absatz 1 Satz 1 Gefahren bekannt, die von Datenverarbeitungssystemen der Nutzer ausgehen oder diese betreffen, so kann er die Nutzer, soweit ihm diese bekannt sind, darüber benachrichtigen. [4]Soweit technisch möglich und

zumutbar, kann er die Nutzer auf angemessene, wirksame und zugängliche technische Mittel hinweisen, mit denen sie diese Gefahren erkennen und ihnen vorbeugen können.

(6) Der Anbieter des Telekommunikationsdienstes darf im Falle einer Störung die Nutzung des Telekommunikationsdienstes bis zur Beendigung der Störung einschränken, umleiten oder unterbinden, soweit dies erforderlich ist, um die Beeinträchtigung der Telekommunikations- und Datenverarbeitungssysteme des Anbieters des Telekommunikationsdienstes, eines Nutzers im Sinne des Absatzes 4 oder anderer Nutzer zu beseitigen oder zu verhindern und der Nutzer die Störung nicht unverzüglich selbst beseitigt oder zu erwarten ist, dass der Nutzer die Störung selbst nicht unverzüglich beseitigt.

(7) Der Anbieter des Telekommunikationsdienstes darf den Datenverkehr von und zu Störungsquellen einschränken, umleiten oder unterbinden, soweit dies zur Vermeidung von Störungen in den Telekommunikations- und Datenverarbeitungssystemen der Nutzer erforderlich ist.

(8) Vorbehaltlich technischer Durchführungsmaßnahmen der Kommission nach Artikel 4 Absatz 5 der Richtlinie 2002/58/EG des Europäischen Parlaments und des Rates vom 12. Juli 2002 über die Verarbeitung personenbezogener Daten und den Schutz der Privatsphäre in der elektronischen Kommunikation (Datenschutzrichtlinie für elektronische Kommunikation) (ABl. L 201 vom 31.7.2002, S. 37; L 241 vom 10.9.2013, S. 9; L 162 vom 23.6.2017, S. 56), die zuletzt durch die Richtlinie 2009/136/EG (ABl. L 337 vom 18.12.2009, S. 11) geändert worden ist, kann die Bundesnetzagentur Leitlinien vorgeben bezüglich des Formats, der Verfahrensweise und der Umstände, unter denen eine Benachrichtigung über eine Verletzung des Schutzes personenbezogener Daten erforderlich ist.

§ 170 Umsetzung von Überwachungsmaßnahmen, Erteilung von Auskünften

(1) Wer eine Telekommunikationsanlage betreibt, mit der öffentlich zugängliche Telekommunikationsdienste erbracht werden, hat

1. ab dem Zeitpunkt der Betriebsaufnahme auf eigene Kosten technische Einrichtungen zur Umsetzung gesetzlich vorgesehener Maßnahmen zur Überwachung der Telekommunikation vorzuhalten und organisatorische Vorkehrungen für deren unverzügliche Umsetzung zu treffen,
2. in Fällen, in denen die Überwachbarkeit nur durch das Zusammenwirken von zwei oder mehreren Telekommunikationsanlagen eines oder mehrerer Betreiber sichergestellt werden kann, ab dem Zeitpunkt der Betriebsaufnahme die dazu erforderlichen automatischen Steuerungsmöglichkeiten zur Erfassung und Ausleitung der zu überwachenden Telekommunikation in seiner Telekommunikationsanlage bereitzustellen sowie eine derartige Steuerung zu ermöglichen,
3. der Bundesnetzagentur unverzüglich nach der Betriebsaufnahme
   a) mitzuteilen, dass er die Vorkehrungen nach Nummer 1 getroffen hat, sowie
   b) einen Zustellungsbevollmächtigten im Inland zu benennen, bei dem die Zustellung für ihn bestimmter Anordnungen zur Überwachung der Telekommunikation sowie damit zusammenhängender Verfügungen und Schriftstücke bewirkt werden kann,
4. der Bundesnetzagentur den unentgeltlichen Nachweis zu erbringen, dass seine technischen Einrichtungen und organisatorischen Vorkehrungen nach Nummer 1 mit den Vorschriften der Rechtsverordnung nach Absatz 5 und der Technischen Richtlinie nach Absatz 6 übereinstimmen; dazu hat er unverzüglich, spätestens einen Monat nach Betriebsaufnahme,
   a) der Bundesnetzagentur die Unterlagen zu übersenden, die dort für die Vorbereitung der im Rahmen des Nachweises von der Bundesnetzagentur durchzuführenden Prüfungen erforderlich sind, und
   b) mit der Bundesnetzagentur einen Prüftermin für die Erbringung dieses Nachweises zu vereinbaren; bei den für den Nachweis erforderlichen Prüfungen hat er die Bundesnetzagentur zu unterstützen,
5. der Bundesnetzagentur auf deren besondere Aufforderung insbesondere zur Beseitigung von Fehlfunktionen eine erneute unentgeltliche Prüfung seiner technischen und organisatorischen Vorkehrungen zu gestatten sowie
6. die Aufstellung und den Betrieb von technischen Mitteln der zur Überwachung der Telekommunikation berechtigten Stellen für die Durchführung von Maßnahmen nach den §§ 3, 5 und 8 des Artikel 10-Gesetzes oder nach den §§ 19, 24, 26, 32 und 33 des BND-Gesetzes in seinen Räumen zu dulden und Bediensteten der für diese Maßnahmen zuständigen Stelle sowie bei Maßnahmen nach den §§ 3, 5 und 8 des Artikel 10-Gesetzes den Mitgliedern und Mitarbeitern der G 10-Kommission (§ 1 Absatz 2 des Artikel 10-Gesetzes) Zugang zu diesen technischen Mitteln zur Erfüllung ihrer gesetzlichen Aufgaben zu gewähren.

(2) Wer öffentlich zugängliche Telekommunikationsdienste erbringt und sich hierfür eines Betreibers einer Telekommunikationsanlage bedient, hat

1. sich bei der Auswahl des Betreibers der dafür genutzten Telekommunikationsanlage zu vergewissern, dass dieser Anordnungen zur Überwachung der Telekommunikation unverzüglich nach Maßgabe des Absatzes 1 sowie der Rechtsverordnung nach Absatz 5 und der Technischen Richtlinie nach Absatz 6 umsetzen kann, und
2. der Bundesnetzagentur unverzüglich nach Aufnahme seines Dienstes mitzuteilen,
   a) welche Telekommunikationsdienste er erbringt,
   b) durch wen Überwachungsanordnungen, die seine Nutzer betreffen, umgesetzt werden und
   c) an welche im Inland gelegene Stelle die Zustellung von Anordnungen zur Überwachung der Telekommunikation sowie damit zusammenhängender Verfügungen und Schriftstücke bewirkt werden kann.

(3) [1]Änderungen der den Mitteilungen nach Absatz 1 Nummer 3 Buchstabe b und Absatz 2 Nummer 2 zugrunde liegenden Daten sind der Bundesnetzagentur unverzüglich mitzuteilen. [2]In Fällen, in denen noch keine Vorschriften nach Absatz 6 vorhanden sind, hat der Verpflichtete die technischen Einrichtungen nach Absatz 1 Nummer 1 und 2 in Absprache mit der Bundesnetzagentur zu gestalten, die entsprechende Festlegungen im Benehmen mit den berechtigten Stellen trifft.

(4) [1]Die Absätze 1 bis 3 gelten nicht, soweit die Rechtsverordnung nach Absatz 5 Ausnahmen für die Telekommunikationsanlage vorsieht. [2]§ 100a Absatz 4 Satz 1 der Strafprozessordnung, § 2 Absatz 1a Satz 1 Nummer 1 bis 3 des Artikel 10-Gesetzes, § 51 Absatz 6 Satz 1 des Bundeskriminalamtgesetzes, § 25 Absatz 1 Satz 1 des BND-Gesetzes sowie entsprechende landesgesetzliche Regelungen zur polizeilich-präventiven Telekommunikationsüberwachung bleiben unberührt.

(5) Die Bundesregierung wird ermächtigt, durch Rechtsverordnung mit Zustimmung des Bundesrates

1. Regelungen zu treffen
   a) über die grundlegenden technischen Anforderungen und die organisatorischen Eckpunkte für die Umsetzung von Überwachungsmaßnahmen und die Erteilung von Auskünften einschließlich der Umsetzung von Überwachungsmaßnahmen und der Erteilung von Auskünften durch einen von dem Verpflichteten beauftragten Erfüllungsgehilfen und der Speicherung von Anordnungsdaten sowie zu den Mitwirkungspflichten bei technischen Ermittlungsmaßnahmen bei Mobilfunkendgeräten nach § 171,
   b) über den Regelungsrahmen für die Technische Richtlinie nach Absatz 6,
   c) für den Nachweis nach Absatz 1 Nummer 4,
   d) für die erneute Prüfung nach Absatz 1 Nummer 5,
   e) für die nähere Ausgestaltung der Duldungsverpflichtung nach Absatz 1 Nummer 6 und
   f) für die nähere Ausgestaltung der Sicherstellungspflichten nach Absatz 11 sowie
2. zu bestimmen,
   a) in welchen Fällen und unter welchen Bedingungen vorübergehend auf die Einhaltung bestimmter technischer Vorgaben verzichtet werden kann,
   b) dass die Bundesnetzagentur aus technischen Gründen Ausnahmen von der Erfüllung einzelner technischer Anforderungen zulassen kann und
   c) bei welchen Telekommunikationsanlagen und damit erbrachten Telekommunikationsdiensten aus grundlegenden technischen Erwägungen oder aus Gründen der Verhältnismäßigkeit abweichend von Absatz 1 Nummer 1 keine technischen Einrichtungen vorgehalten und keine organisatorischen Vorkehrungen getroffen werden müssen.

(6) [1]Die Bundesnetzagentur legt technische Einzelheiten zur Umsetzung von Maßnahmen zur Überwachung der Telekommunikation, insbesondere technische Einzelheiten, die zur Sicherstellung einer vollständigen Erfassung der zu überwachenden Telekommunikation und zur Auskunftserteilung sowie zur Gestaltung des Übergabepunktes zu den berechtigten Stellen und zur Speicherung der Anordnungsdaten sowie zu den Mitwirkungspflichten bei technischen Ermittlungsmaßnahmen bei Mobilfunkendgeräten nach § 171 erforderlich sind, in einer im Benehmen mit den berechtigten Stellen und unter Beteiligung der Verbände und der Hersteller zu erstellenden Technischen Richtlinie fest. [2]Dabei sind internationale technische Standards zu berücksichtigen; Abweichungen von den Standards sind zu begründen.

(7) [1]Wer technische Einrichtungen zur Umsetzung von Überwachungsmaßnahmen herstellt oder vertreibt, kann von der Bundesnetzagentur verlangen, dass sie diese Einrichtungen im Rahmen einer Typmusterprüfung im Zusammenwirken mit bestimmten Telekommunikationsanlagen daraufhin prüft, ob die rechtlichen und technischen Vorschriften der Rechtsverordnung nach Absatz 5 und der Technischen Richtlinie nach Absatz 6 erfüllt werden. [2]Die Bundesnetzagentur kann nach pflichtgemäßem Ermessen vorübergehend Abweichungen von den technischen Vorgaben zulassen, sofern die Umsetzung von Überwachungsmaßnahmen grundsätzlich sichergestellt ist und sich ein nur unwesentlicher Anpassungsbedarf bei den Einrichtungen der berechtigten Stellen ergibt. [3]Die Bundesnetzagentur hat dem Hersteller oder Vertreiber das Prüfergebnis schriftlich mitzuteilen. [4]Die Prüfergebnisse werden von der Bundesnetzagentur bei dem Nachweis der Übereinstimmung der technischen Einrichtungen mit den anzuwendenden technischen Vorschriften beachtet, den der Verpflichtete nach Absatz 1 Nummer 4 zu erbringen hat. [5]Die vom Bundesministerium für Wirtschaft und Energie vor Inkrafttreten dieser Vorschrift ausgesprochenen Zustimmungen zu den von Herstellern vorgestellten Rahmenkonzepten gelten als Mitteilungen im Sinne des Satzes 3.

(8) [1]Wer nach Absatz 1 oder 2 in Verbindung mit der Rechtsverordnung nach Absatz 5 und der Technischen Richtlinie nach Absatz 6 verpflichtet ist, Vorkehrungen zu treffen, hat die Anforderungen spätestens ein Jahr, nachdem sie für ihn Geltung erlangen, zu erfüllen, sofern dort nicht für bestimmte Verpflichtungen ein längerer Zeitraum festgelegt ist. [2]Nach dieser Richtlinie gestaltete mängelfreie technische Einrichtungen für bereits vom Verpflichteten angebotene Telekommunikationsdienste müssen im Falle einer Änderung der Richtlinie spätestens drei Jahre nach deren Inkrafttreten die geänderten Anforderungen erfüllen. [3]Stellt sich bei dem Nachweis nach Absatz 1 Nummer 4 oder einer erneuten Prüfung nach Absatz 1 Nummer 5 ein Mangel bei den von dem Verpflichteten getroffenen technischen oder organisatorischen Vorkehrungen heraus, hat er diesen Mangel nach Vorgaben der Bundesnetzagentur in angemessener Frist zu beseitigen; stellt sich im Betrieb, insbesondere anlässlich durchzuführender Überwachungsmaßnahmen, ein Mangel heraus, hat er diesen unverzüglich zu beseitigen. [4]Sofern für die technische Einrichtung eine Typmusterprüfung nach Absatz 7 durchgeführt worden ist und dabei Fristen für die Beseitigung von Mängeln festgelegt worden sind, hat die Bundesnetzagentur diese Fristen bei ihren Vorgaben zur Mängelbeseitigung nach Satz 3 zu berücksichtigen.

(9) [1]Jeder Betreiber einer Telekommunikationsanlage, der anderen im Rahmen seines Angebots für die Öffentlichkeit Netzabschlusspunkte seiner Telekommunikationsanlage überlässt, ist verpflichtet, den gesetzlich zur Überwachung der Telekommunikation berechtigten Stellen auf deren Anforderung Netzabschlusspunkte für die Übertragung der im Rahmen einer Überwachungsmaßnahme anfallenden Informationen unverzüglich und vorrangig bereitzustellen. [2]Die technische Ausgestaltung derartiger Netzabschlusspunkte kann in einer Rechtsverordnung nach Absatz 5 geregelt werden. [3]Für die Bereitstellung und Nutzung gelten mit Ausnahme besonderer Tarife oder Zuschläge für vorrangige oder vorzeitige Bereitstellung oder Entstörung die jeweils für die Allgemeinheit anzuwendenden Tarife. [4]Besondere vertraglich vereinbarte Rabatte bleiben von Satz 3 unberührt.

(10) [1]Telekommunikationsanlagen, die von den gesetzlich berechtigten Stellen betrieben werden und mittels derer in das Fernmeldegeheimnis oder in den Netzbetrieb eingegriffen werden soll, sind im Einvernehmen mit der Bundesnetzagentur technisch zu gestalten. [2]Die Bundesnetzagentur hat sich gegenüber der berechtigten Stelle zu der technischen Gestaltung innerhalb angemessener Frist zu äußern.

(11) Betreiber von öffentlichen Mobilfunknetzen, die Nutzer eines Betreibers von öffentlichen Mobilfunknetzen in der Europäischen Union nach Absprache anschließen und zu dessen Telekommunikationsanlage vermitteln, haben bei der durch sie bereitzustellenden Überwachungskopie sicherzustellen, dass eine durch den ausländischen Betreiber netzseitig aufgebrachte Verschlüsselung zu dessen Nutzern aufgehoben wird, soweit hierfür internationale technische Standards zur Verfügung stehen, die in der Technischen Richtlinie nach Absatz 6 beschrieben werden.

§ 171 Mitwirkung bei technischen Ermittlungsmaßnahmen bei Mobilfunkendgeräten

[1]Jeder Betreiber eines öffentlichen Mobilfunknetzes hat den berechtigten Stellen nach § 100i Absatz 1 der Strafprozessordnung, § 53 des Bundekriminalamtsgesetzes, § 9 Absatz 4 des Bundesverfassungsschutzgesetzes, auch in Verbindung mit § 5 des MAD-Gesetzes und § 5 des BND-Gesetzes, oder nach Landesrecht nach Maßgabe der Rechtsverordnung nach § 170 Absatz 5 und der Technischen Richtlinie nach § 170 Absatz 6 ohne dass dies dem Endnutzer bekannt wird,

1. den Einsatz von technischen Mitteln der berechtigten Stellen in seinem Mobilfunknetz zu ermöglichen, die der Ermittlung folgender Informationen von Mobilfunkendgeräten dienen:
   a) des Standortes,
   b) der Gerätenummer,
   c) der Kennung zur Identifizierung des Anschlusses und
   d) der temporären oder dauerhaften Kennungen, die Mobilfunkendgeräten in seinem Mobilfunknetz zugewiesen sind,

sowie

2. eine automatisierte Auskunft über die temporär und dauerhaft in seinem Mobilfunknetz zugewiesenen Kennungen unverzüglich zu erteilen.

[2]§ 170 Absatz 10 gilt entsprechend. [3]Verpflichtungen nach Maßgabe des § 170 bleiben unberührt. [4]Die Benachrichtigung des Endnutzers erfolgt ausschließlich durch die für die Maßnahme zuständige Behörde nach den jeweils geltenden Vorschriften.

§ 172 Daten für Auskunftsersuchen der Sicherheitsbehörden

(1) [1]Wer nummerngebundene interpersonelle Telekommunikationsdienste, Internetzugangsdienste oder Dienste, die ganz oder überwiegend in der Übertragung von Signalen bestehen, erbringt und dabei Rufnummern oder andere Anschlusskennungen vergibt oder Telekommunikationsanschlüsse für von anderen vergebene Rufnummern oder andere Anschlusskennungen bereitstellt, hat für die Auskunftsverfahren nach den §§ 173 und 174 vor der Freischaltung folgende Daten zu erheben und unverzüglich zu speichern, auch, soweit diese Daten für betriebliche Zwecke nicht erforderlich sind:

1. die Rufnummern,
2. andere von ihm vergebene Anschlusskennungen,
3. den Namen und die Anschrift des Anschlussinhabers,
4. bei natürlichen Personen deren Geburtsdatum,
5. bei Festnetzanschlüssen die Anschrift des Anschlusses,
6. in Fällen, in denen neben einem Mobilfunkanschluss auch ein Mobilfunkendgerät überlassen wird, die Gerätenummer dieses Gerätes sowie
7. das Datum der Vergabe der Rufnummer und, soweit abweichend, das Datum des Vertragsbeginns.

[2]Das Datum der Beendigung der Zuordnung der Rufnummer und, sofern davon abweichend, das Datum des Vertragsendes sind bei Bekanntwerden ebenfalls zu speichern. [3]Die Sätze 1 und 2 gelten auch, sofern die Daten nicht in Endnutzerverzeichnisse eingetragen werden. [4]Für das Auskunftsverfahren nach § 174 ist die Form der Datenspeicherung freigestellt.

(2) [1]Anbieter von im Voraus bezahlten Mobilfunkdiensten haben die Richtigkeit der nach Absatz 1 Satz 1 Nummer 3 und 4 erhobenen Daten, sofern die Daten in den vorgelegten Dokumenten oder eingesehenen Registern oder Verzeichnissen enthalten sind, vor der Freischaltung zu überprüfen durch

1. Vorlage eines Ausweises im Sinne des § 2 Absatz 1 des Personalausweisgesetzes,
2. Vorlage eines Passes im Sinne des § 1 Absatz 2 des Passgesetzes,
3. Vorlage eines sonstigen gültigen amtlichen Ausweises, der ein Lichtbild des Inhabers enthält und mit dem die Pass- und Ausweispflicht im Inland erfüllt wird, wozu insbesondere auch ein nach ausländerrechtlichen Bestimmungen anerkannter oder zugelassener Pass, Personalausweis oder Pass- oder Ausweisersatz zählt,

4. Vorlage eines Aufenthaltstitels,
5. Vorlage eines Ankunftsnachweises nach § 63a Absatz 1 des Asylgesetzes oder einer Bescheinigung über die Aufenthaltsgestattung nach § 63 Absatz 1 des Asylgesetzes,
6. Vorlage einer Bescheinigung über die Aussetzung der Abschiebung nach § 60a Absatz 4 des Aufenthaltsgesetzes oder
7. Vorlage eines Auszugs aus dem Handels- oder Genossenschaftsregister oder einem vergleichbaren amtlichen Register oder Verzeichnis, der Gründungsdokumente oder gleichwertiger beweiskräftiger Dokumente oder durch Einsichtnahme in diese Register oder Verzeichnisse und Abgleich mit den darin enthaltenen Daten, sofern es sich bei dem Anschlussinhaber um eine juristische Person oder Personengesellschaft handelt.

[2]Dazu darf ihnen abweichend von § 20 Absatz 2 Satz 2 des Personalausweisgesetzes und § 18 Absatz 3 Satz 2 des Passgesetzes ein Vertriebspartner eine elektronische Kopie des Personalausweises oder Reisepasses übersenden. [3]Die Überprüfung kann auch durch andere geeignete Verfahren erfolgen; die Bundesnetzagentur legt nach Anhörung der betroffenen Kreise fest, welche anderen Verfahren zur Überprüfung geeignet sind, wobei jeweils zum Zweck der Identifikation vor Freischaltung der vertraglich vereinbarten Mobilfunkdienstleistung ein Dokument im Sinne des Satzes 1 genutzt werden muss. [4]Verpflichtete haben vor Nutzung anderer geeigneter Verfahren die Feststellung der Übereinstimmung eines Verfahrens mit der Festlegung der Bundesnetzagentur durch eine Konformitätsbewertungsstelle im Sinne der Begriffsbestimmung in Artikel 2 Nummer 13 der Verordnung (EG) Nr. 765/2008 des Europäischen Parlaments und des Rates vom 9. Juli 2008 über die Vorschriften für die Akkreditierung und Marktüberwachung im Zusammenhang mit der Vermarktung von Produkten und zur Aufhebung der Verordnung (EWG) Nr. 339/93 des Rates (ABl. L 218 vom 13.8.2008, S. 30) nachzuweisen, die gemäß jener Verordnung als zur Durchführung der Konformitätsbewertung von anderen geeigneten Verfahren nach Satz 3 akkreditiert worden ist. [5]Die Feststellung darf bei Nutzung des Verfahrens nicht älter als 24 Monate sein. [6]Bei der Überprüfung ist die Art des eingesetzten Verfahrens zu speichern; bei Überprüfung mittels eines Dokumentes im Sinne des Satzes 1 Nummer 1 bis 6 sind ferner Angaben zu Art, Nummer und ausstellender Stelle zu speichern. [7]Für die Identifizierung anhand eines elektronischen Identitätsnachweises nach § 18 des Personalausweisgesetzes, nach § 12 des eID-Karte-Gesetzes oder nach § 78 Absatz 5 des Aufenthaltsgesetzes gilt § 8 Absatz 2 Satz 5 des Geldwäschegesetzes entsprechend.

(3) Die Verpflichtung zur unverzüglichen Speicherung nach Absatz 1 Satz 1 gilt hinsichtlich der Daten nach Absatz 1 Satz 1 Nummer 1, 3, 4 und 7 entsprechend für denjenigen, der nummernunabhängige interpersonelle Telekommunikationsdienste erbringt und dabei Daten nach Absatz 1 Satz 1 Nummer 1, 3, 4 und 7 erhebt, wobei an die Stelle der Daten nach Absatz 1 Satz 1 Nummer 1 die entsprechenden Kennungen des Dienstes und an die Stelle des Anschlussinhabers nach Absatz 1 Satz 1 Nummer 3 der Nutzer des Dienstes tritt.

(4) Wird dem Verpflichteten nach den Absätzen 1 bis 3 eine Änderung bekannt, hat er die Daten unverzüglich zu berichtigen.

(5) [1]Bedient sich ein Verpflichteter nach den Absätzen 1 bis 3 zur Erhebung der Daten nach Absatz 1 Satz 1 und 2 und Absatz 3 oder Überprüfung der Daten nach Absatz 2 eines Dritten, bleibt er für die Erfüllung der Pflichten nach den Absätzen 1 bis 3 verantwortlich. [2]Es ist dem Dritten verboten, unrichtige Daten zu verwenden oder zu verarbeiten. [3]Werden dem Dritten im Rahmen des üblichen Geschäftsablaufs Änderungen der Daten nach Absatz 1 Satz 1 und 2 und Absatz 3 bekannt, hat er diese dem Anbieter des Telekommunikationsdienstes unverzüglich zu übermitteln.

(6) Die Daten nach den Absätzen 1 bis 3 sind mit Ablauf des auf die Beendigung des Vertragsverhältnisses folgenden Kalenderjahres zu löschen.

(7) Eine Entschädigung für die Datenerhebung und -speicherung wird nicht gewährt.

§ 173 Automatisiertes Auskunftsverfahren

(1) [1]Wer nummerngebundene interpersonelle Telekommunikationsdienste oder Dienste, die ganz oder überwiegend in der Übertragung von Signalen bestehen, erbringt und dabei Rufnummern vergibt, hat die nach § 172 Absatz 1, 2 und 4 erhobenen Daten unverzüglich in Kundendateien zu speichern, in die auch Rufnummern und Rufnummernkontingente, die zur weiteren Vermarktung oder sonstigen Nutzung an andere Anbieter von Telekommunikationsdiensten vergeben werden, sowie bei portierten Rufnummern die aktuelle Portierungskennung aufzunehmen sind. [2]Der Verpflichtete kann auch eine andere Stelle nach Maßgabe des Artikels 28 der Verordnung (EU) 2016/679 des Europäischen Parlaments und des Rates vom 27. April 2016 zum Schutz natürlicher Personen bei der Verarbeitung personenbezogener Daten, zum freien Datenverkehr und zur Aufhebung der Richtlinie 95/46/EG (Datenschutz-Grundverordnung) (ABl. L 119 vom 4.5.2016, S. 1; L 314 vom 22.11.2016, S. 72; L 127 vom 23.5.2018, S. 2) beauftragen, die Kundendateien zu führen. [3]Für die Berichtigung und Löschung der in den Kundendateien gespeicherten Daten gilt § 172 Absatz 4 und 6 entsprechend. [4]In Fällen portierter Rufnummern sind die Rufnummer und die zugehörige Portierungskennung erst nach Ablauf des Jahres zu löschen, das dem Zeitpunkt folgt, zu dem die Rufnummer wieder an den Netzbetreiber zurückgegeben wurde, dem sie ursprünglich zugeteilt worden war.

(2) [1]Der Verpflichtete hat zu gewährleisten, dass
1. die Bundesnetzagentur jederzeit Daten aus den Kundendateien automatisiert im Inland abrufen kann,
2. der Abruf von Daten unter Verwendung unvollständiger Abfragedaten oder die Suche mittels einer Ähnlichenfunktion erfolgen kann.

[2]Der Verpflichtete und sein Beauftragter haben durch technische und organisatorische Maßnahmen sicherzustellen, dass ihnen die abgerufenen Daten nicht zur Kenntnis gelangen können.

(3) [1]Die Bundesnetzagentur darf Daten aus den Kundendateien nur abrufen, soweit die Kenntnis der Daten erforderlich ist

1. für die Verfolgung von Ordnungswidrigkeiten oder Verstößen nach diesem Gesetz oder nach dem Gesetz gegen den unlauteren Wettbewerb,
2. für die Erledigung von Auskunftsersuchen der in Absatz 4 genannten Stellen.

[2]Die ersuchende Stelle prüft unverzüglich, inwieweit sie die als Antwort übermittelten Daten benötigt; nicht benötigte Daten löscht sie unverzüglich; dies gilt auch für die Bundesnetzagentur für den Abruf von Daten nach Satz 1 Nummer 1.

(4) Auskünfte aus den Kundendateien nach Absatz 1 werden den folgenden Stellen nach Absatz 7 jederzeit erteilt, soweit die Auskünfte zur Erfüllung ihrer gesetzlichen Aufgaben erforderlich sind und die Ersuchen an die Bundesnetzagentur im automatisierten Auskunftsverfahren vorgelegt werden:

1. den Gerichten und Strafverfolgungsbehörden,
2. den Polizeivollzugsbehörden des Bundes und der Länder für Zwecke der Gefahrenabwehr,
3. dem Zollkriminalamt und den Zollfahndungsämtern für Zwecke eines Strafverfahrens sowie dem Zollkriminalamt zur Vorbereitung und Durchführung von Maßnahmen nach § 72 des Zollfahndungsdienstgesetzes,
4. den Verfassungsschutzbehörden des Bundes und der Länder, dem Militärischen Abschirmdienst, dem Bundesnachrichtendienst,
5. den Notrufabfragestellen nach § 164 sowie der Abfragestelle für die Rufnummer 124 124,
6. der Bundesanstalt für Finanzdienstleistungsaufsicht,
7. den Behörden der Zollverwaltung für die in § 2 Absatz 1 des Schwarzarbeitsbekämpfungsgesetzes genannten Zwecke über zentrale Abfragestellen,
8. den nach Landesrecht für die Verfolgung und Ahndung von Ordnungswidrigkeiten zuständigen Behörden für die in § 2 Absatz 3 des Schwarzarbeitsbekämpfungsgesetzes genannten Zwecke über zentrale Abfragestellen sowie
9. den für die Verfolgung und Ahndung von Ordnungswidrigkeiten nach § 81 Absatz 1 bis 3 des Gesetzes gegen Wettbewerbsbeschränkungen zuständigen Kartellbehörden.

(5) [1]Das Bundesministerium für Wirtschaft und Energie wird ermächtigt, im Einvernehmen mit dem Bundeskanzleramt, dem Bundesministerium des Innern, für Bau und Heimat, dem Bundesministerium der Justiz und für Verbraucherschutz, dem Bundesministerium der Finanzen, dem Bundesministerium für Verkehr und digitale Infrastruktur sowie dem Bundesministerium der Verteidigung eine Rechtsverordnung mit Zustimmung des Bundesrates zu erlassen, in der Folgendes geregelt wird:

1. die wesentlichen Anforderungen an die technischen Verfahren
   a) zur Übermittlung der Ersuchen an die Bundesnetzagentur,
   b) zur Abfrage der Daten durch die Bundesnetzagentur bei den Verpflichteten und deren Antwort an die Bundesnetzagentur einschließlich der für die Abfrage zu verwendenden Datenarten und
   c) zur Übermittlung der Ergebnisse des Abrufs von der Bundesnetzagentur an die ersuchenden Stellen,
2. die zu beachtenden Sicherheitsanforderungen,
3. für Auskünfte und Abrufe mit unvollständigen Abfragedaten und für die Suche mittels einer Ähnlichenfunktion
   a) die Mindestanforderungen an den Umfang der einzugebenden Daten zur möglichst genauen Bestimmung der gesuchten Person,
   b) die Zeichen, die in Ersuchen verwendet werden dürfen,
   c) Anforderungen an den Einsatz sprachwissenschaftlicher Verfahren, die gewährleisten, dass unterschiedliche Schreibweisen eines Personen-, Straßen- oder Ortsnamens sowie Abweichungen, die sich aus der Vertauschung, Auslassung oder Hinzufügung von Namensbestandteilen ergeben, in die Suche und das Suchergebnis einbezogen werden,
   d) die zulässige Menge der an die Bundesnetzagentur zu übermittelnden Antwortdatensätze sowie
4. wer abweichend von Absatz 1 Satz 1 aus Gründen der Verhältnismäßigkeit keine Kundendateien für das automatisierte Auskunftsverfahren vorhalten muss; in diesen Fällen gilt § 172 Absatz 1 Satz 4 entsprechend.

[2]Im Übrigen können in der Rechtsverordnung auch Einschränkungen der Abfragemöglichkeit für die in Absatz 4 Nummer 5 bis 9 genannten Stellen auf den für diese Stellen erforderlichen Umfang geregelt werden.

(6) [1]Die technischen Einzelheiten des automatisierten Auskunftsverfahrens legt die Bundesnetzagentur unter Beteiligung der betroffenen Verbände und der berechtigten Stellen in einer Technischen Richtlinie fest, die bei Bedarf an den Stand der Technik anzupassen ist. [2]Die Verpflichteten nach den Absätzen 1 und 2 und die berechtigten Stellen haben die Anforderungen der Technischen Richtlinie spätestens ein Jahr nach deren Inkrafttreten zu erfüllen, es sei denn, in der Technischen Richtlinie ist eine davon abweichende Umsetzungsfrist festgelegt worden. [3]Nach dieser Richtlinie gestaltete mängelfreie technische Einrichtungen müssen im Falle einer Änderung der Technischen Richtlinie spätestens drei Jahre nach deren Inkrafttreten die geänderten Anforderungen erfüllen.

(7) [1]Auf Ersuchen der in Absatz 4 genannten Stellen hat die Bundesnetzagentur die entsprechenden Datensätze aus den Kundendateien nach Absatz 1 abzurufen und als Ergebnis an die ersuchende Stelle zu übermitteln. [2]Sie prüft die Zulässigkeit der Übermittlung nur, soweit hierzu ein besonderer Anlass besteht. [3]Die Verantwortung für die Zulässigkeit der Übermittlung tragen

1. in den Fällen des Absatzes 3 Satz 1 Nummer 1 die Bundesnetzagentur und
2. in den Fällen des Absatzes 3 Satz 1 Nummer 2 die in Absatz 4 genannten Stellen.

(8) [1]Die Bundesnetzagentur protokolliert für Zwecke der Datenschutzkontrolle durch die jeweils zuständige Stelle bei jedem Abruf

1. den Zeitpunkt,
2. die bei der Durchführung des Abrufs verwendeten Daten,
3. die abgerufenen Daten,
4. ein die abrufende Person eindeutig bezeichnendes Datum sowie
5. die ersuchende Stelle, deren Aktenzeichen und ein die ersuchende Person eindeutig bezeichnendes Datum.

[2]Eine Verwendung der Protokolldaten für andere Zwecke ist unzulässig. [3]Die Protokolldaten sind nach einem Jahr zu löschen.

(9) [1]Der Verpflichtete nach den Absätzen 1 und 2 hat alle technischen Vorkehrungen in seinem Verantwortungsbereich auf seine Kosten zu treffen, die für die Erteilung der Auskünfte nach dieser Vorschrift erforderlich sind. [2]Dazu gehören auch die Anschaffung der zur Sicherstellung der Vertraulichkeit und des Schutzes vor unberechtigten Zugriffen erforderlichen Geräte, die Einrichtung eines geeigneten Telekommunikationsanschlusses sowie die laufende Bereitstellung dieser Vorkehrungen nach Maßgaben der Rechtsverordnung nach Absatz 5 und der Technischen Richtlinie nach Absatz 6. [3]Eine Entschädigung für im automatisierten Auskunftsverfahren erteilte Auskünfte wird den Verpflichteten nicht gewährt.

§ 174 Manuelles Auskunftsverfahren

(1) [1]Wer Telekommunikationsdienste erbringt oder daran mitwirkt, darf von ihm erhobene Bestandsdaten sowie die nach § 172 erhobenen Daten nach Maßgabe dieser Vorschrift zur Erfüllung von Auskunftspflichten gegenüber den in Absatz 3 genannten Stellen verwenden. [2]Dies gilt auch für Daten, mittels derer der Zugriff auf Endgeräte oder auf Speichereinrichtungen, die in diesen Endgeräten oder hiervon räumlich getrennt eingesetzt werden, geschützt wird. [3]Die in eine Auskunft aufzunehmenden Daten dürfen auch anhand einer zu einem bestimmten Zeitpunkt zugewiesenen Internetprotokoll-Adresse bestimmt werden; hierfür dürfen Verkehrsdaten auch automatisiert ausgewertet werden. [4]Für die Auskunftserteilung nach Satz 3 sind sämtliche unternehmensinternen Datenquellen zu berücksichtigen. [5]Der Verpflichtete hat die in seinem Verantwortungsbereich für die Auskunftserteilung erforderlichen Vorkehrungen auf eigene Kosten zu treffen.

(2) [1]Die Auskunft darf nur erteilt werden nach Maßgabe der nachfolgenden Absätze und soweit die um die Auskunft ersuchende Stelle dies im Einzelfall unter Angabe einer gesetzlichen Bestimmung verlangt, die ihr eine Erhebung der in Absatz 1 in Bezug genommenen Daten erlaubt. [2]Das Auskunftsverlangen ist schriftlich oder elektronisch zu stellen. [3]Bei Gefahr im Verzug darf die Auskunft auch erteilt werden, wenn das Verlangen in anderer Form gestellt wird. [4]In diesem Falle ist das Verlangen unverzüglich nachträglich schriftlich oder elektronisch zu bestätigen. [5]Die Verantwortung für die Zulässigkeit der Auskunft tragen die um Auskunft ersuchenden Stellen.

(3) Die Auskunft nach Absatz 1 Satz 1 darf nur erteilt werden

1. an die für die Verfolgung von Straftaten und Ordnungswidrigkeiten zuständigen Behörden, soweit zureichende tatsächliche Anhaltspunkte für eine Straftat oder Ordnungswidrigkeit vorliegen und die in die Auskunft aufzunehmenden Daten erforderlich sind, um den Sachverhalt zu erforschen, den Aufenthaltsort eines Beschuldigten oder Betroffenen zu ermitteln oder eine Strafe zu vollstrecken,
2. an die für die Abwehr von Gefahren für die öffentliche Sicherheit oder Ordnung zuständigen Behörden, wenn die in die Auskunft aufzunehmenden Daten im Einzelfall erforderlich sind
   a) zur Abwehr einer Gefahr für die öffentliche Sicherheit oder
   b) zum Schutz von Leib, Leben, Freiheit der Person, sexueller Selbstbestimmung, dem Bestand und der Sicherheit des Bundes oder eines Landes, der freiheitlich demokratischen Grundordnung, Gütern der Allgemeinheit, deren Bedrohung die Grundlagen der Existenz der Menschen berührt sowie nicht unerheblichen Sachwerten, wenn Tatsachen den Schluss auf ein wenigstens seiner Art nach konkretisiertes sowie zeitlich absehbares Geschehen zulassen, an dem bestimmte Personen beteiligt sein werden, oder
   c) zum Schutz von Leib, Leben, Freiheit der Person, sexueller Selbstbestimmung, dem Bestand und der Sicherheit des Bundes oder eines Landes, der freiheitlich demokratischen Grundordnung sowie Gütern der Allgemeinheit, deren Bedrohung die Grundlagen der Existenz der Menschen berührt, wenn das individuelle Verhalten einer Person die konkrete Wahrscheinlichkeit begründet, dass sie in einem übersehbaren Zeitraum eine gegen ein solches Rechtsgut gerichtete Straftat begehen wird, oder
   d) zur Verhütung einer Straftat von erheblicher Bedeutung, sofern Tatsachen die Annahme rechtfertigen, dass eine Person innerhalb eines übersehbaren Zeitraums auf eine ihrer Art nach konkretisierte Weise als Täter oder Teilnehmer an der Begehung einer Tat beteiligt ist, oder
   e) zur Verhütung einer schweren Straftat nach § 100a Absatz 2 der Strafprozessordnung, sofern das individuelle Verhalten einer Person die konkrete Wahrscheinlichkeit begründet, dass die Person innerhalb eines übersehbaren Zeitraums die Tat begehen wird,
3. an das Bundeskriminalamt als Zentralstelle nach § 2 des Bundeskriminalamtgesetzes,
   a) sofern zureichende tatsächliche Anhaltspunkte für eine Straftat im Sinne des § 2 Absatz 1 des Bundeskriminalamtgesetzes vorliegen und die in die Auskunft aufzunehmenden Daten erforderlich sind,
      aa) um die zuständige Strafverfolgungsbehörde zu ermitteln, oder
      bb) um ein Auskunftsersuchen einer ausländischen Strafverfolgungsbehörde im Rahmen des internationalen polizeilichen Dienstverkehrs, das nach Maßgabe der Vorschriften über die internationale Rechtshilfe in Strafsachen bearbeitet wird, zu erledigen, oder

b) sofern die in die Auskunft aufzunehmenden Daten im Rahmen der Strafvollstreckung erforderlich sind, um ein Auskunftsersuchen einer ausländischen Strafverfolgungsbehörde im Rahmen des polizeilichen Dienstverkehrs, das nach Maßgabe der Vorschriften über die internationale Rechtshilfe in Strafsachen bearbeitet wird, zu erledigen, oder
c) sofern die Gefahr besteht, dass eine Person an der Begehung einer Straftat im Sinne des § 2 Absatz 1 des Bundeskriminalamtgesetzes beteiligt sein wird und die in die Auskunft aufzunehmenden Daten erforderlich sind,
   aa) um die für die Verhütung der Straftat zuständige Polizeibehörde zu ermitteln, oder
   bb) um ein Auskunftsersuchen einer ausländischen Polizeibehörde im Rahmen des polizeilichen Dienstverkehrs zur Verhütung der Straftat zu erledigen, oder
d) sofern Tatsachen die Annahme rechtfertigen, dass eine Person innerhalb eines übersehbaren Zeitraums auf eine zumindest ihrer Art nach konkretisierte Weise an einer Straftat von erheblicher Bedeutung beteiligt sein wird und die in die Auskunft aufzunehmenden Daten erforderlich sind,
   aa) um die für die Verhütung der Straftat zuständige Polizeibehörde zu ermitteln oder
   bb) um ein Auskunftsersuchen einer ausländischen Polizeibehörde im Rahmen des polizeilichen Dienstverkehrs zur Verhütung der Straftat zu erledigen oder
e) sofern das individuelle Verhalten einer Person die konkrete Wahrscheinlichkeit begründet, dass sie innerhalb eines übersehbaren Zeitraums eine schwere Straftat nach § 100a Absatz 2 der Strafprozessordnung begehen wird und die in die Auskunft aufzunehmenden Daten erforderlich sind,
   aa) um die für die Verhütung der Straftat zuständige Polizeibehörde zu ermitteln oder
   bb) um ein Auskunftsersuchen einer ausländischen Polizeibehörde im Rahmen des polizeilichen Dienstverkehrs zur Verhütung der Straftat zu erledigen,

4. an das Zollkriminalamt als Zentralstelle nach § 3 des Zollfahndungsdienstgesetzes,
   a) sofern zureichende tatsächliche Anhaltspunkte für eine Straftat vorliegen und die in die Auskunft aufzunehmenden Daten erforderlich sind, um
      aa) die zuständige Strafverfolgungsbehörde zu ermitteln, oder
      bb) ein Auskunftsersuchen einer ausländischen Strafverfolgungsbehörde im Rahmen des internationalen polizeilichen Dienstverkehrs, das nach Maßgabe der Vorschriften über die internationale Rechtshilfe in Strafsachen bearbeitet wird, auch im Rahmen der Strafvollstreckung, zu erledigen, oder
   b) sofern dies im Einzelfall erforderlich ist
      aa) zur Abwehr einer Gefahr für die öffentliche Sicherheit,
      bb) zum Schutz von Leib, Leben, Freiheit der Person, sexueller Selbstbestimmung, dem Bestand und der Sicherheit des Bundes oder eines Landes, der freiheitlich demokratischen Grundordnung, Gütern der Allgemeinheit, deren Bedrohung die Grundlagen der Existenz der Menschen berührt, sowie nicht unerheblichen Sachwerten, wenn Tatsachen den Schluss auf ein wenigstens seiner Art nach konkretisiertes und zeitlich absehbares Geschehen zulassen, an dem bestimmte Personen beteiligt sein werden, oder
      cc) zum Schutz von Leib, Leben, Freiheit der Person, sexueller Selbstbestimmung, dem Bestand und der Sicherheit des Bundes oder eines Landes, der freiheitlich demokratischen Grundordnung sowie Gütern der Allgemeinheit, deren Bedrohung die Grundlagen der Existenz der Menschen berührt, wenn das individuelle Verhalten einer Person die konkrete Wahrscheinlichkeit begründet, dass die Gefährdung eines solchen Rechtsgutes in einem übersehbaren Zeitraum eintreten wird, oder
      dd) zur Erledigung eines Auskunftsersuchens einer ausländischen Polizeibehörde im Rahmen des polizeilichen Dienstverkehrs zur Verhütung einer Straftat oder
      ee) zur Verhütung einer Straftat von erheblicher Bedeutung, sofern Tatsachen die Annahme rechtfertigen, dass eine Person innerhalb eines übersehbaren Zeitraums auf eine ihrer Art nach konkretisierte Weise als Täter oder Teilnehmer an der Begehung der Tat beteiligt ist, oder
      ff) zur Verhütung einer schweren Straftat nach § 100a Absatz 2 der Strafprozessordnung, sofern das individuelle Verhalten einer Person die konkrete Wahrscheinlichkeit begründet, dass die Person innerhalb eines übersehbaren Zeitraums die Tat begehen wird,
5. an die Verfassungsschutzbehörden des Bundes und der Länder, soweit dies aufgrund tatsächlicher Anhaltspunkte im Einzelfall erforderlich ist zur Aufklärung bestimmter Bestrebungen oder Tätigkeiten nach
   a) § 3 Absatz 1 des Bundesverfassungsschutzgesetzes oder
   b) einem zum Verfassungsschutz (§ 1 Absatz 1 des Bundesverfassungsschutzgesetzes) landesgesetzlich begründeten Beobachtungsauftrag der Landesbehörde, insbesondere zum Schutz der verfassungsmäßigen Ordnung vor Bestrebungen und Tätigkeiten der organisierten Kriminalität,
6. an den Militärischen Abschirmdienst, soweit dies aufgrund tatsächlicher Anhaltspunkte im Einzelfall zur Aufklärung bestimmter Bestrebungen oder Tätigkeiten nach § 1 Absatz 1 des MAD-Gesetzes oder zur Sicherung der Einsatzbereitschaft der Truppe oder zum Schutz der Angehörigen, der Dienststellen oder Einrichtungen des Geschäftsbereichs des Bundesministeriums der Verteidigung nach § 14 Absatz 1 des MAD-Gesetzes erforderlich ist,
7. an den Bundesnachrichtendienst, soweit dies erforderlich ist
   a) zur politischen Unterrichtung der Bundesregierung, wenn im Einzelfall tatsächliche Anhaltspunkte dafür vorliegen,

dass durch die Auskunft Informationen über das Ausland gewonnen werden können, die von außen- und sicherheitspolitischer Bedeutung für die Bundesrepublik Deutschland sind und zu deren Aufklärung das Bundeskanzleramt den Bundesnachrichtendienst beauftragt hat, oder

b) zur Früherkennung von aus dem Ausland drohenden Gefahren von internationaler Bedeutung, wenn im Einzelfall tatsächliche Anhaltspunkte dafür vorliegen, dass durch die Auskunft Erkenntnisse gewonnen werden können mit Bezug zu den in § 4 Absatz 3 Nummer 1 des BND-Gesetzes genannten Gefahrenbereichen oder zum Schutz der in § 4 Absatz 3 Nummer 2 und 3 des BND-Gesetzes genannten Rechtsgüter,

8. an das Bundesamt für Sicherheit in der Informationstechnik zum Schutz der Versorgung der Bevölkerung in den Bereichen des § 2 Absatz 10 Satz 1 Nummer 1 des BSI-Gesetzes oder der öffentlichen Sicherheit, um damit eine Beeinträchtigung der Sicherheit oder Funktionsfähigkeit informationstechnischer Systeme einer Kritischen Infrastruktur oder eines Unternehmens im besonderen öffentlichen Interesse abzuwenden, wenn Tatsachen den Schluss auf ein wenigstens seiner Art nach konkretisiertes und zeitlich absehbares Geschehen zulassen, das auf die informationstechnischen Systeme bestimmbarer Infrastrukturen oder Unternehmen abzielen wird, und die in die Auskunft aufzunehmenden Daten im Einzelfall erforderlich sind, um den Betreiber der betroffenen Kritischen Infrastruktur oder das betroffene Unternehmen im besonderen öffentlichen Interesse vor dieser Beeinträchtigung zu warnen, über diese zu informieren oder bei deren Beseitigung zu beraten oder zu unterstützen.

(4) [1]Die Auskunft nach Absatz 1 Satz 2 darf nur unter den Voraussetzungen des Absatzes 3 und nur dann erteilt werden, wenn die Auskunft verlangende Stelle auch zur Nutzung der zu beauskunftenden Daten im Einzelfall berechtigt ist. [2]Die Verantwortung für die Berechtigung zur Nutzung der zu beauskunftenden Daten tragen die um Auskunft ersuchenden Stellen.

(5) Die Auskunft nach Absatz 1 Satz 3 darf nur erteilt werden an

1. die für die Verfolgung von Straftaten zuständigen Behörden, soweit zureichende tatsächliche Anhaltspunkte für eine Straftat vorliegen und die in die Auskunft aufzunehmenden Daten erforderlich sind, um den Sachverhalt zu erforschen, den Aufenthaltsort eines Beschuldigten zu ermitteln oder eine Strafe zu vollstrecken,
2. die für die Abwehr von Gefahren für die öffentliche Sicherheit oder Ordnung zuständigen Behörden, wenn die in die Auskunft aufzunehmenden Daten im Einzelfall erforderlich sind
   a) zum Schutz von Leib, Leben, Freiheit der Person, sexueller Selbstbestimmung, dem Bestand und der Sicherheit des Bundes oder eines Landes, der freiheitlich demokratischen Grundordnung, Gütern der Allgemeinheit, deren Bedrohung die Grundlagen der Existenz der Menschen berührt, sowie nicht unerheblicher Sachwerte oder zur Verhütung einer Straftat oder
   b) zum Schutz von Leib, Leben, Freiheit der Person, sexueller Selbstbestimmung, dem Bestand und der Sicherheit des Bundes oder eines Landes, der freiheitlich demokratischen Grundordnung sowie Gütern der Allgemeinheit, deren Bedrohung die Grundlagen der Existenz der Menschen berührt, wenn Tatsachen den Schluss auf ein wenigstens seiner Art nach konkretisiertes sowie zeitlich absehbares Geschehen zulassen, an dem bestimmte Personen beteiligt sein werden, oder
   c) zum Schutz von Leib, Leben, Freiheit der Person, sexueller Selbstbestimmung, dem Bestand und der Sicherheit des Bundes oder eines Landes, der freiheitlich demokratischen Grundordnung sowie Gütern der Allgemeinheit, deren Bedrohung die Grundlagen der Existenz der Menschen berührt, wenn das individuelle Verhalten einer Person die konkrete Wahrscheinlichkeit begründet, dass sie in einem übersehbaren Zeitraum eine gegen ein solches Rechtsgut gerichtete Straftat begehen wird, oder
   d) zur Verhütung einer schweren Straftat nach § 100a Absatz 2 der Strafprozessordnung, sofern Tatsachen die Annahme rechtfertigen, dass eine Person innerhalb eines übersehbaren Zeitraums auf eine ihrer Art nach konkretisierten Weise als Täter oder Teilnehmer an der Begehung einer Tat beteiligt ist, oder
   e) zur Verhütung einer schweren Straftat nach § 100a Absatz 2 der Strafprozessordnung, sofern das individuelle Verhalten einer Person die konkrete Wahrscheinlichkeit begründet, dass die Person innerhalb eines übersehbaren Zeitraums die Tat begehen wird,
3. das Bundeskriminalamt als Zentralstelle nach § 2 des Bundeskriminalamtgesetzes, sofern
   a) zureichende tatsächliche Anhaltspunkte für eine Straftat im Sinne des § 2 Absatz 1 des Bundeskriminalamtgesetzes vorliegen und die in die Auskunft aufzunehmenden Daten erforderlich sind, um
      aa) die zuständige Strafverfolgungsbehörde zu ermitteln, oder
      bb) ein Auskunftsersuchen einer ausländischen Strafverfolgungsbehörde im Rahmen des internationalen polizeilichen Dienstverkehrs, das nach Maßgabe der Vorschriften über die internationale Rechtshilfe in Strafsachen bearbeitet wird, zu erledigen, oder
   b) die in die Auskunft aufzunehmenden Daten im Rahmen der Strafvollstreckung erforderlich sind, um ein Auskunftsersuchen einer ausländischen Strafverfolgungsbehörde im Rahmen des polizeilichen Dienstverkehrs, das nach Maßgabe der Vorschriften über die internationale Rechtshilfe in Strafsachen bearbeitet wird, zu erledigen,
   c) die Gefahr besteht, dass eine Person an der Begehung einer Straftat im Sinne des § 2 Absatz 1 des Bundeskriminalamtgesetzes beteiligt sein wird und die in die Auskunft aufzunehmenden Daten erforderlich sind, um
      aa) die für die Verhütung der Straftat zuständigen Polizeibehörde zu ermitteln, oder
      bb) ein Auskunftsersuchen einer ausländischen Polizeibehörde im Rahmen des polizeilichen Dienstverkehrs zur Verhütung der Straftat zu erledigen, oder

d) Tatsachen die Annahme rechtfertigen, dass eine Person innerhalb eines übersehbaren Zeitraums auf eine zumindest ihrer Art nach konkretisierte Weise an einer schweren Straftat nach § 100a Absatz 2 der Strafprozessordnung beteiligt sein wird und die in die Auskunft aufzunehmenden Daten erforderlich sind, um
   aa) die für die Verhütung der Straftat zuständige Polizeibehörde zu ermitteln, oder
   bb) ein Auskunftsersuchen einer ausländischen Polizeibehörde im Rahmen des polizeilichen Dienstverkehrs zur Verhütung der Straftat zu erledigen, oder
e) das individuelle Verhalten einer Person die konkrete Wahrscheinlichkeit begründet, dass sie innerhalb eines übersehbaren Zeitraums eine schwere Straftat nach § 100a Absatz 2 der Strafprozessordnung begehen wird, und die in die Auskunft aufzunehmenden Daten erforderlich sind, um
   aa) die für die Verhütung der Straftat zuständige Polizeibehörde zu ermitteln, oder
   bb) ein Auskunftsersuchen einer ausländischen Polizeibehörde im Rahmen des polizeilichen Dienstverkehrs zur Verhütung der Straftat zu erledigen,

4. das Zollkriminalamt als Zentralstelle nach § 3 des Zollfahndungsdienstgesetzes, sofern
   a) im Einzelfall zureichende tatsächliche Anhaltspunkte für eine Straftat vorliegen und die in die Auskunft aufzunehmenden Daten erforderlich sind, um
      aa) die zuständige Strafverfolgungsbehörde zu ermitteln, oder
      bb) ein Auskunftsersuchen einer ausländischen Strafverfolgungsbehörde im Rahmen des internationalen polizeilichen Dienstverkehrs, das nach Maßgabe der Vorschriften über die internationale Rechtshilfe in Strafsachen bearbeitet wird, auch im Rahmen der Strafvollstreckung, zu erledigen, oder
   b) dies im Einzelfall erforderlich ist
      aa) zum Schutz von Leib, Leben, Freiheit der Person, sexueller Selbstbestimmung, dem Bestand und der Sicherheit des Bundes oder eines Landes, der freiheitlich demokratischen Grundordnung, Gütern der Allgemeinheit, deren Bedrohung die Grundlagen der Existenz der Menschen berührt, sowie nicht unerheblicher Sachwerte oder zur Verhütung einer Straftat, oder
      bb) zum Schutz von Leib, Leben, Freiheit der Person, sexueller Selbstbestimmung, dem Bestand und der Sicherheit des Bundes oder eines Landes, der freiheitlich demokratischen Grundordnung sowie Gütern der Allgemeinheit, deren Bedrohung die Grundlagen der Existenz der Menschen berührt, wenn Tatsachen den Schluss auf ein wenigstens seiner Art nach konkretisiertes und zeitlich absehbares Geschehen zulassen, an dem bestimmte Personen beteiligt sein werden, oder
      cc) zum Schutz von Leib, Leben, Freiheit der Person, sexueller Selbstbestimmung, dem Bestand und der Sicherheit des Bundes oder eines Landes, der freiheitlich demokratischen Grundordnung sowie Gütern der Allgemeinheit, deren Bedrohung die Grundlagen der Existenz der Menschen berührt, wenn das individuelle Verhalten einer Person die konkrete Wahrscheinlichkeit begründet, dass die Gefährdung eines solchen Rechtsgutes in einem übersehbaren Zeitraum eintreten wird, oder
      dd) zur Erledigung eines Auskunftsersuchens einer ausländischen Polizeibehörde im Rahmen des polizeilichen Dienstverkehrs zur Verhütung einer schweren Straftat nach § 100a Absatz 2 der Strafprozessordnung, oder
      ee) zur Verhütung einer schweren Straftat nach § 100a Absatz 2 der Strafprozessordnung, sofern Tatsachen die Annahme rechtfertigen, dass eine Person innerhalb eines übersehbaren Zeitraums auf eine ihrer Art nach konkretisierte Weise als Täter oder Teilnehmer an der Begehung der Tat beteiligt ist, oder
      ff) zur Verhütung einer schweren Straftat nach § 100a Absatz 2 der Strafprozessordnung, sofern das individuelle Verhalten einer Person, die konkrete Wahrscheinlichkeit begründet, dass die Person innerhalb eines übersehbaren Zeitraums die Tat begehen wird,
5. die Verfassungsschutzbehörden des Bundes und der Länder, soweit dies aufgrund tatsächlicher Anhaltspunkte im Einzelfall erforderlich ist zur Aufklärung bestimmter Bestrebungen oder Tätigkeiten nach
   a) § 3 Absatz 1 des Bundesverfassungsschutzgesetzes oder
   b) einem zum Verfassungsschutz (§ 1 Absatz 1 des Bundesverfassungsschutzgesetzes) landesgesetzlich begründeten Beobachtungsauftrag der Landesbehörde, insbesondere zum Schutz der verfassungsmäßigen Ordnung vor Bestrebungen und Tätigkeiten der organisierten Kriminalität,
6. den Militärischen Abschirmdienst, soweit dies aufgrund tatsächlicher Anhaltspunkte im Einzelfall zur Aufklärung bestimmter Bestrebungen oder Tätigkeiten nach § 1 Absatz 1 des MAD-Gesetzes oder zur Sicherung der Einsatzbereitschaft der Truppe oder zum Schutz der Angehörigen, der Dienststellen und Einrichtungen des Geschäftsbereichs des Bundesministeriums der Verteidigung nach § 14 Absatz 1 des MAD-Gesetzes erforderlich ist,
7. den Bundesnachrichtendienst, soweit dies erforderlich ist
   a) zur politischen Unterrichtung der Bundesregierung, wenn im Einzelfall tatsächliche Anhaltspunkte dafür vorliegen, dass durch die Auskunft Informationen über das Ausland gewonnen werden können, die von außen- und sicherheitspolitischer Bedeutung für die Bundesrepublik Deutschland sind und zu deren Aufklärung das Bundeskanzleramt den Bundesnachrichtendienst beauftragt hat, oder
   b) zur Früherkennung von aus dem Ausland drohenden Gefahren von internationaler Bedeutung, wenn im Einzelfall tatsächliche Anhaltspunkte dafür vorliegen, dass durch die Auskunft Erkenntnisse gewonnen werden können mit Bezug zu den in § 4 Absatz 3 Nummer 1 des BND-Gesetzes genannten Gefahrenbereichen oder zum Schutz der in § 4

Absatz 3 Nummer 2 und 3 des BND-Gesetzes genannten Rechtsgüter,
8. an das Bundesamt für Sicherheit in der Informationstechnik zum Schutz der Versorgung der Bevölkerung in den Bereichen des § 2 Absatz 10 Satz 1 Nummer 1 des BSI-Gesetzes oder der öffentlichen Sicherheit, um damit eine Beeinträchtigung der Sicherheit oder Funktionsfähigkeit informationstechnischer Systeme einer Kritischen Infrastruktur oder eines Unternehmens im besonderen öffentlichen Interesse abzuwenden, wenn Tatsachen den Schluss auf ein wenigstens seiner Art nach konkretisiertes und zeitlich absehbares Geschehen zulassen, das auf die informationstechnischen Systeme bestimmbarer Infrastrukturen oder Unternehmen abzielen wird, und die in die Auskunft aufzunehmenden Daten im Einzelfall erforderlich sind, um den Betreiber der betroffenen Kritischen Infrastruktur oder das betroffene Unternehmen im besonderen öffentlichen Interesse vor dieser Beeinträchtigung zu warnen, über diese zu informieren oder bei deren Beseitigung zu beraten oder zu unterstützen.

(6) [1]Derjenige, der geschäftsmäßig Telekommunikationsdienste erbringt oder daran mitwirkt, hat die zu beauskunftenden Daten unverzüglich und vollständig zu übermitteln. [2]Über das Auskunftsersuchen und die Auskunftserteilung haben die Verpflichteten gegenüber den Betroffenen sowie Dritten Stillschweigen zu wahren.

(7) [1]Wer öffentlich zugängliche Telekommunikationsdienste erbringt, hat für die Entgegennahme der Auskunftsverlangen sowie für die Erteilung der zugehörigen Auskünfte gesicherte elektronische Schnittstellen nach Maßgabe der Verordnung nach § 170 Absatz 5 und der Technischen Richtlinie nach § 170 Absatz 6 bereitzuhalten, durch die auch die gegen die Kenntnisnahme der Daten durch Unbefugte gesicherte Übertragung gewährleistet ist. [2]Dabei haben Verpflichtete mit 100 000 oder mehr Vertragspartnern die Schnittstelle sowie das E-Mail-basierte Übermittlungsverfahren nach der Technischen Richtlinie nach § 170 Absatz 6 bereitzuhalten. [3]Verpflichtete mit weniger als 100 000 Vertragspartnern müssen nur das E-Mail-basierte Übermittlungsverfahren bereithalten. [4]Darüber hinaus gelten für die Entgegennahme der Auskunftsverlangen sowie für die Übermittlung der zugehörigen Auskünfte § 31 Absatz 2 Satz 2 bis 4 und Absatz 6 und 7, § 34 Absatz 1 Satz 1 und 3 und Absatz 2 sowie § 35 der Verordnung nach § 170 Absatz 5 entsprechend. [5]Die Verpflichteten haben dafür Sorge zu tragen, dass jedes Auskunftsverlangen durch eine verantwortliche Fachkraft auf Einhaltung der in Absatz 2 genannten formalen Voraussetzungen geprüft und die weitere Bearbeitung des Verlangens erst nach einem positiven Prüfergebnis freigegeben wird. [6]Die Prüfung und Freigabe durch eine verantwortliche Fachkraft nach Satz 5 kann unterbleiben, sofern durch die technische Ausgestaltung der elektronischen Schnittstelle die Einhaltung der in Absatz 2 genannten formalen Voraussetzungen automatisch überprüft werden kann.

§ 175 Verpflichtete; Entschädigung

(1) [1]Die Verpflichtungen zur Speicherung von Verkehrsdaten, zur Verwendung der Daten und zur Datensicherheit nach den §§ 176 bis 181 beziehen sich auf Anbieter öffentlich zugänglicher Telekommunikationsdienste für Endnutzer, bei denen es sich nicht um nummernunabhängige interpersonelle Telekommunikationsdienste handelt. [2]Ein Anbieter nach Satz 1, der nicht alle der nach Maßgabe der §§ 176 bis 181 zu speichernden Daten selbst erzeugt oder verarbeitet, hat

1. sicherzustellen, dass die nicht von ihm selbst bei der Erbringung seines Dienstes erzeugten oder verarbeiteten Daten gemäß § 176 Absatz 1 gespeichert werden, und
2. der Bundesnetzagentur auf deren Verlangen unverzüglich mitzuteilen, wer diese Daten speichert.

(2) [1]Für notwendige Aufwendungen, die den Verpflichteten durch die Umsetzung der Vorgaben aus den §§ 176, 178 bis 181 entstehen, ist eine angemessene Entschädigung zu zahlen, soweit dies zur Abwendung oder zum Ausgleich unbilliger Härten geboten erscheint. [2]Für die Bemessung der Entschädigung sind die tatsächlich entstandenen Kosten maßgebend. [3]Über Anträge auf Entschädigung entscheidet die Bundesnetzagentur.

§ 176 Pflichten zur Speicherung von Verkehrsdaten

(1) Die in § 175 Absatz 1 Genannten sind verpflichtet, Daten wie folgt im Inland zu speichern:

1. Daten nach den Absätzen 2 und 3 für zehn Wochen,
2. Standortdaten nach Absatz 4 für vier Wochen.

(2) [1]Die Anbieter von Sprachkommunikationsdiensten speichern

1. die Rufnummer oder eine andere Kennung des anrufenden und des angerufenen Anschlusses sowie bei Um- oder Weiterschaltungen jedes weiteren beteiligten Anschlusses,
2. Datum und Uhrzeit von Beginn und Ende der Verbindung unter Angabe der zugrunde liegenden Zeitzone,
3. Angaben zu dem genutzten Dienst, wenn im Rahmen des Sprachkommunikationsdienstes unterschiedliche Dienste genutzt werden können,
4. im Falle mobiler Sprachkommunikationsdienste ferner
   a) die internationale Kennung mobiler Endnutzer für den anrufenden und den angerufenen Anschluss,
   b) die internationale Kennung des anrufenden und des angerufenen Endgerätes,
   c) Datum und Uhrzeit der ersten Aktivierung des Dienstes unter Angabe der zugrunde liegenden Zeitzone, wenn Dienste im Voraus bezahlt wurden,
5. im Falle von Internet-Sprachkommunikationsdiensten auch die Internetprotokoll-Adressen des anrufenden und des angerufenen Anschlusses und zugewiesene Benutzerkennungen.

[2]Satz 1 gilt entsprechend

1. bei der Übermittlung einer Kurz-, Multimedia- oder ähnlichen Nachricht; hierbei treten an die Stelle der Angaben nach Satz 1 Nummer 2 die Zeitpunkte der Versendung und des Empfangs der Nachricht;
2. für unbeantwortete oder wegen eines Eingriffs des Netzwerkmanagements erfolglose Anrufe, soweit der Anbieter öffentlich zugänglicher Sprachkommunikationsdienste die in Satz 1 genannten Verkehrsdaten für die in § 9 des Telekommunikation-Telemedien-Datenschutz-Gesetzes genannten Zwecke speichert oder protokolliert.

(3) Die Anbieter öffentlich zugänglicher Internetzugangsdienste speichern
1. die dem Endnutzer für eine Internetnutzung zugewiesene Internetprotokoll-Adresse,
2. eine eindeutige Kennung des Anschlusses, über den die Internetnutzung erfolgt, sowie eine zugewiesene Benutzerkennung,
3. Datum und Uhrzeit von Beginn und Ende der Internetnutzung unter der zugewiesenen Internetprotokoll- Adresse unter Angabe der zugrunde liegenden Zeitzone.

(4) [1]Im Falle der Nutzung mobiler Sprachkommunikationsdienste sind die Bezeichnungen der Funkzellen zu speichern, die durch den anrufenden und den angerufenen Anschluss bei Beginn der Verbindung genutzt wurden. [2]Bei öffentlich zugänglichen Internetzugangsdiensten ist im Falle der mobilen Nutzung die Bezeichnung der bei Beginn der Internetverbindung genutzten Funkzelle zu speichern. [3]Zusätzlich sind die Daten vorzuhalten, aus denen sich die geografische Lage und die Hauptstrahlrichtungen der die jeweilige Funkzelle versorgenden Funkantennen ergeben.

(5) Der Inhalt der Kommunikation, Daten über aufgerufene Internetseiten und Daten von Diensten der elektronischen Post dürfen aufgrund dieser Vorschrift nicht gespeichert werden.

(6) [1]Daten, die den in § 11 Absatz 5 des Telekommunikation-Telemedien-Datenschutz-Gesetzes genannten Verbindungen zugrunde liegen, dürfen aufgrund dieser Vorschrift nicht gespeichert werden. [2]Dies gilt entsprechend für Telefonverbindungen, die von den in § 11 Absatz 5 des Telekommunikation-Telemedien- Datenschutz-Gesetzes genannten Stellen ausgehen. [3]§ 11 Absatz 6 des Telekommunikation-Telemedien- Datenschutz-Gesetzes gilt entsprechend.

(7) Die Speicherung der Daten hat so zu erfolgen, dass Auskunftsersuchen der berechtigten Stellen unverzüglich beantwortet werden können.

(8) Der nach § 175 Absatz 1 Verpflichtete hat die aufgrund des Absatzes 1 gespeicherten Daten unverzüglich, spätestens jedoch binnen einer Woche nach Ablauf der Speicherfristen nach Absatz 1, irreversibel zu löschen oder die irreversible Löschung sicherzustellen.

§ 177 Verwendung der Daten

(1) Die aufgrund des § 176 gespeicherten Daten dürfen
1. an eine Strafverfolgungsbehörde übermittelt werden, soweit diese die Übermittlung unter Berufung auf eine gesetzliche Bestimmung, die ihr eine Erhebung der in § 176 genannten Daten zur Verfolgung besonders schwerer Straftaten erlaubt, verlangt;
2. an eine Gefahrenabwehrbehörde der Länder übermittelt werden, soweit diese die Übermittlung unter Berufung auf eine gesetzliche Bestimmung, die ihr eine Erhebung der in § 176 genannten Daten zur Abwehr einer konkreten Gefahr für Leib, Leben oder Freiheit einer Person oder für den Bestand des Bundes oder eines Landes erlaubt, verlangt;
3. durch den Anbieter öffentlich zugänglicher Telekommunikationsdienste für eine Auskunft nach § 174 Absatz 1 Satz 3 verwendet werden.

(2) Für andere Zwecke als die in Absatz 1 genannten dürfen die aufgrund des § 176 gespeicherten Daten von den nach § 175 Absatz 1 Verpflichteten nicht verwendet werden.

(3) [1]Die Übermittlung der Daten erfolgt nach Maßgabe der Rechtsverordnung nach § 170 Absatz 5 und der Technischen Richtlinie nach § 170 Absatz 6. [2]Die Daten sind so zu kennzeichnen, dass erkennbar ist, dass es sich um Daten handelt, die nach § 176 gespeichert waren. [3]Nach Übermittlung an eine andere Stelle ist die Kennzeichnung durch diese aufrechtzuerhalten.

§ 178 Gewährleistung der Sicherheit der Daten

[1]Der nach § 175 Absatz 1 Verpflichtete hat sicherzustellen, dass die aufgrund der Speicherpflicht nach § 176 Absatz 1 gespeicherten Daten durch technische und organisatorische Maßnahmen nach dem Stand der Technik gegen unbefugte Kenntnisnahme und Verwendung geschützt werden. [2]Die Maßnahmen umfassen insbesondere
1. den Einsatz eines besonders sicheren Verschlüsselungsverfahrens,
2. die Speicherung in gesonderten, von den für die üblichen betrieblichen Aufgaben getrennten Speichereinrichtungen,
3. die Speicherung mit einem hohen Schutz vor dem Zugriff aus dem Internet auf vom Internet entkoppelten Datenverarbeitungssystemen,
4. die Beschränkung des Zutritts zu den Datenverarbeitungsanlagen auf Personen, die durch den Verpflichteten besonders ermächtigt sind, und
5. die notwendige Mitwirkung von mindestens zwei Personen beim Zugriff auf die Daten, die dazu durch den Verpflichteten besonders ermächtigt worden sind.

§ 179 Protokollierung

(1) [1]Der nach § 175 Absatz 1 Verpflichtete hat sicherzustellen, dass für Zwecke der Datenschutzkontrolle jeder Zugriff, insbesondere das Lesen, Kopieren, Ändern, Löschen und Sperren der aufgrund der Speicherpflicht nach § 176 Absatz 1 gespeicherten Daten protokolliert wird. [2]Zu protokollieren sind

1. der Zeitpunkt des Zugriffs,
2. die auf die Daten zugreifenden Personen,
3. Zweck und Art des Zugriffs.

(2) Für andere Zwecke als die der Datenschutzkontrolle dürfen die Protokolldaten nicht verwendet werden.

(3) Der nach § 175 Absatz 1 Verpflichtete hat sicherzustellen, dass die Protokolldaten nach einem Jahr gelöscht werden.

§ 180 Anforderungskatalog

(1) [1]Bei der Umsetzung der Verpflichtungen gemäß den §§ 176 bis 179 ist ein besonders hoher Standard der Datensicherheit und Datenqualität zu gewährleisten. [2]Die Einhaltung dieses Standards wird vermutet, wenn alle Anforderungen des Katalogs der technischen Vorkehrungen und sonstigen Maßnahmen erfüllt werden, den die Bundesnetzagentur im Benehmen mit dem Bundesamt für Sicherheit in der Informationstechnik und der oder dem Bundesbeauftragten für den Datenschutz und die Informationsfreiheit erstellt.

(2) [1]Die Bundesnetzagentur überprüft fortlaufend die im Katalog nach Absatz 1 Satz 2 enthaltenen Anforderungen; hierbei berücksichtigt sie den Stand der Technik und der Fachdiskussion. [2]Stellt die Bundesnetzagentur Änderungsbedarf fest, ist der Katalog im Benehmen mit dem Bundesamt für Sicherheit in der Informationstechnik und der oder dem Bundesbeauftragten für den Datenschutz und die Informationsfreiheit unverzüglich anzupassen.

(3) [1]§ 167 Absatz 1 Satz 3 gilt entsprechend. [2]Der Anforderungskatalog wird von der Bundesnetzagentur veröffentlicht. [3]§ 165 Absatz 9 Satz 1 und 5 gilt mit der Maßgabe, dass an die Stelle der Anforderungen nach § 165 Absatz 1 bis 7 die Anforderungen nach Absatz 1 Satz 1, § 176 Absatz 7 und 8, § 178 und § 179 Absatz 1 und 3 treten.

§ 181 Sicherheitskonzept

[1]Der nach § 175 Absatz 1 Verpflichtete hat in das Sicherheitskonzept nach § 166 zusätzlich aufzunehmen,

1. welche Systeme zur Erfüllung der Verpflichtungen aus den §§ 176 bis 179 betrieben werden,
2. von welchen Gefährdungen für diese Systeme auszugehen ist und
3. welche technischen Vorkehrungen oder sonstigen Maßnahmen getroffen oder geplant sind, um diesen Gefährdungen entgegenzuwirken und die Verpflichtungen aus den §§ 176 bis 179 zu erfüllen.

[2]Der nach § 175 Absatz 1 Verpflichtete hat der Bundesnetzagentur das Sicherheitskonzept unverzüglich nach dem Beginn der Speicherung nach § 176 und unverzüglich bei jeder Änderung des Konzepts vorzulegen. [3]Bleibt das Sicherheitskonzept unverändert, hat der nach § 175 Absatz 1 Verpflichtete dies gegenüber der Bundesnetzagentur im Abstand von jeweils zwei Jahren schriftlich zu erklären.

§ 182 Auskunftsersuchen des Bundesnachrichtendienstes

(1) [1]Betreiber öffentlicher Telekommunikationsnetze haben dem Bundesministerium für Wirtschaft und Energie auf Anfrage entgeltfrei Auskünfte über die Strukturen der Telekommunikationsnetze sowie bevorstehende Änderungen zu erteilen. [2]Einzelne Telekommunikationsvorgänge und Bestandsdaten von Endnutzern dürfen nicht Gegenstand einer Auskunft nach dieser Vorschrift sein.

(2) [1]Anfragen nach Absatz 1 sind nur zulässig, wenn ein entsprechendes Ersuchen des Bundesnachrichtendienstes vorliegt und soweit die Auskunft zur Erfüllung der Aufgaben nach den §§ 5 und 8 des Artikel 10-Gesetzes oder den §§ 19, 24, 26, 32 und 33 des BND-Gesetzes erforderlich ist. [2]Die Verwendung einer nach dieser Vorschrift erlangten Auskunft zu anderen Zwecken ist ausgeschlossen.

§ 183 Kontrolle und Durchsetzung von Verpflichtungen

(1) [1]Die Bundesnetzagentur kann Anordnungen und andere Maßnahmen treffen, um die Einhaltung der Vorschriften des Abschnitts 1 sowie der aufgrund dieses Abschnitts ergangenen Rechtsverordnungen und Allgemeinverfügungen, insbesondere der jeweils anzuwendenden Technischen Richtlinien, sicherzustellen. [2]Der nach den Vorschriften des Abschnitts 1 Verpflichtete muss auf Anforderung der Bundesnetzagentur die hierzu erforderlichen Auskünfte erteilen. [3]Die Bundesnetzagentur ist zur Überprüfung der Einhaltung der Verpflichtungen befugt, die Geschäfts- und Betriebsräume während der üblichen Betriebs- oder Geschäftszeiten zu betreten und zu besichtigen. [4]Die Befugnisse der Bundesnetzagentur nach Teil 11 Abschnitt 2 bleiben unberührt.

(2) [1]Die Bundesnetzagentur kann bei konkreten Anhaltspunkten für Verstöße gegen die Verpflichtungen aus § 172 den Inhalt von Kundendateien nach § 173 Absatz 1 Satz 1 überprüfen und dazu auch personenbezogene Daten verarbeiten. [2]Die Speicherdauer der personenbezogenen Daten ist auf das erforderliche Maß zu beschränken.

(3) Bei wiederholten Verstößen gegen § 172 Absatz 1 bis 6, § 173 Absatz 1, 2, 6 Satz 2, Absatz 9 Satz 1 und 2 oder § 174 Absatz 1 Satz 5 und Absatz 6 kann die Tätigkeit des Verpflichteten durch Anordnung der Bundesnetzagentur dahingehend eingeschränkt werden, dass der Kundenstamm bis zur Erfüllung der sich aus diesen Vorschriften ergebenden Verpflichtungen nur durch Vertragsablauf oder Kündigung verändert werden darf.

(4) Über die Befugnis zu Anordnungen nach Absatz 3 hinaus kann die Bundesnetzagentur bei Nichterfüllung von Verpflichtungen dieses Abschnitts den Betrieb der betreffenden Telekommunikationsanlage oder das Erbringen des betreffenden Telekommunikationsdienstes ganz oder teilweise untersagen, wenn mildere Eingriffe zur Durchsetzung rechtmäßigen Verhaltens nicht ausreichen.

(5) Zur Durchsetzung von Maßnahmen nach den Absätzen 1 bis 4 kann nach Maßgabe des Verwaltungsvollstreckungsgesetzes ein Zwangsgeld bis zu einer Million Euro festgesetzt werden.

(6) Das Fernmeldegeheimnis des Artikels 10 des Grundgesetzes wird nach Maßgabe des Absatzes 1 eingeschränkt.

Teil 13: Bußgeldvorschriften

§ 228 Bußgeldvorschriften

(1) Ordnungswidrig handelt, wer vorsätzlich oder leichtfertig einer vollziehbaren Anordnung nach § 203 Absatz 4 Satz 1 Nummer 2 zuwiderhandelt.

(2) Ordnungswidrig handelt, wer vorsätzlich oder fahrlässig

1. entgegen § 4 eine Information nicht, nicht richtig, nicht vollständig oder nicht rechtzeitig zur Verfügung stellt,
2. entgegen § 5 Absatz 1 eine Meldung nicht, nicht richtig, nicht vollständig, nicht in der vorgeschriebenen Weise oder nicht rechtzeitig macht,
3. einer vollziehbaren Anordnung nach
   a) § 19 Absatz 1 Satz 1 in Verbindung mit § 18 Absatz 1 Satz 1 zweiter Halbsatz Nummer 2 oder 3, § 25 Absatz 1, 2 oder 3 Satz 1, § 29 Absatz 4 Satz 2, § 38 Absatz 4 Satz 1 oder 2, § 44 Absatz 3 Satz 2, auch in Verbindung mit § 46 Absatz 6, § 46 Absatz 5, § 47 Absatz 1 Satz 1, § 49 Absatz 2 erster Halbsatz, § 50 Absatz 4 Satz 1, § 161 Absatz 2 Satz 1 oder Absatz 3 Satz 1 oder § 188 Absatz 1,
   b) § 47 Absatz 3, § 104 oder § 203 Absatz 2 Satz 1 Nummer 1 oder Satz 3 oder
   c) § 58 Absatz 5 Satz 2, § 123 Absatz 1, 2 Satz 1 oder 2, Absatz 3 Satz 1, Absatz 4 oder 5, § 149 Absatz 2 Satz 1 oder § 166 Absatz 2 Satz 2 oder Absatz 4 Satz 1

   zuwiderhandelt,
4. entgegen
   a) § 34 Absatz 1,
   b) § 45 Absatz 1 oder § 76 Absatz 2 Nummer 4 oder
   c) § 111 Absatz 1 Nummer 1

   eine Anzeige nicht oder nicht rechtzeitig erstattet,
5. ohne Genehmigung nach § 38 Absatz 1 Satz 1 ein Entgelt erhebt,
6. einer Rechtsverordnung nach § 52 Absatz 4 oder § 108 Absatz 6 Satz 1 oder einer vollziehbaren Anordnung aufgrund einer solchen Rechtsverordnung zuwiderhandelt, soweit die Rechtsverordnung für einen bestimmten Tatbestand auf diese Bußgeldvorschrift verweist,
7. entgegen § 54 Absatz 3 Satz 1, auch in Verbindung mit § 54 Absatz 3 Satz 3, eine Vertragszusammenfassung nicht oder nicht rechtzeitig zur Verfügung stellt,
8. entgegen § 55 Absatz 1 eine Information nicht, nicht richtig, nicht vollständig oder nicht rechtzeitig zur Verfügung stellt,
9. entgegen § 57 Absatz 2 Satz 1 den Endnutzer nicht oder nicht rechtzeitig unterrichtet,
10. entgegen § 58 Absatz 2 Satz 1 eine Dokumentation nicht oder nicht rechtzeitig erstellt,
11. entgegen § 59 Absatz 2 Satz 1 nicht sicherstellt, dass die Leistung beim Anbieterwechsel gegenüber dem Endnutzer nicht unterbrochen wird,
12. entgegen § 59 Absatz 2 Satz 3 den Telekommunikationsdienst unterbricht,
13. entgegen § 61 Absatz 3 Satz 1 eine Leistung ganz oder teilweise verweigert,
14. entgegen § 73 Absatz 3 Satz 1 den Anschluss einer Telekommunikationsendeinrichtung verweigert,
15. entgegen § 73 Absatz 3 Satz 3 die Zugangsdaten oder eine Information nicht, nicht richtig, nicht vollständig, nicht in der vorgeschriebenen Weise oder nicht rechtzeitig zur Verfügung stellt,
16. entgegen § 74 Absatz 5 eine Leistung anbietet,
17. ohne Frequenzzuteilung nach § 91 Absatz 1 Satz 1 eine Frequenz nutzt,
18. ohne Übertragung nach § 95 Absatz 2 Satz 1 ein deutsches Orbit- oder Frequenznutzungsrecht ausübt,
19. einer vollziehbaren Auflage nach § 99 Absatz 3 Satz 1 Nummer 1 zuwiderhandelt,
20. entgegen § 109 Absatz 1 Satz 1 oder 2, Absatz 2 Satz 1 oder Absatz 3 eine Angabe nicht, nicht richtig oder nicht vollständig macht,
21. entgegen § 109 Absatz 2 Satz 3 die Preisangabe zeitlich kürzer anzeigt,
22. entgegen § 110 Absatz 1, auch in Verbindung mit § 110 Absatz 2 Satz 1 oder 2, Absatz 3 Satz 1 oder Absatz 4 Satz 1 oder 2, einen dort genannten Preis nicht, nicht richtig, nicht vollständig oder nicht rechtzeitig ansagt,
23. entgegen § 112 Absatz 1, 2, 4 oder 5 Satz 1 einen Preis erhebt,
24. entgegen § 113 Absatz 1 Satz 1, auch in Verbindung mit § 113 Absatz 1 Satz 2, eine Verbindung nicht oder nicht rechtzeitig trennt,
25. entgegen § 114 Absatz 1 oder 3 Satz 2 einen dort genannten Dialer einsetzt,
26. entgegen § 115 Absatz 1 eine Warteschleife einsetzt,
27. entgegen § 115 Absatz 2 Satz 1 nicht sicherstellt, dass der Anrufende informiert wird,
28. entgegen § 119 Absatz 1 Satz 2 einen R-Gesprächsdienst anbietet,
29. entgegen § 120 Absatz 1 Satz 1, auch in Verbindung mit § 120 Absatz 5 Satz 1, nicht sicherstellt, dass eine vollständige Rufnummer übermittelt und gekennzeichnet wird,

30. entgegen § 120 Absatz 1 Satz 3, auch in Verbindung mit § 120 Absatz 5 Satz 1, oder entgegen § 120 Absatz 2 Satz 1 oder 3 eine dort genannte Rufnummer aufsetzt oder übermittelt,
31. entgegen § 120 Absatz 1 Satz 4, auch in Verbindung mit § 120 Absatz 5 Satz 1, eine übermittelte Rufnummer verändert,
32. entgegen § 120 Absatz 3 Satz 1 nicht sicherstellt, dass eine dort genannte Rufnummer nicht als Rufnummer des Anrufers übermittelt oder angezeigt wird,
33. entgegen § 120 Absatz 4 Satz 1 nicht sicherstellt, dass eine dort genannte Rufnummer nur in den dort genannten Fällen angezeigt wird,
34. entgegen § 120 Absatz 4 Satz 2 erster Halbsatz nicht sicherstellt, dass der Eintrittsweg gekennzeichnet wird,
35. entgegen § 164 Absatz 1 Satz 2, auch in Verbindung mit § 164 Absatz 2 oder einer Rechtsverordnung nach § 164 Absatz 5 Satz 1 Nummer 2, nicht sicherstellt, dass eine Notrufverbindung hergestellt wird,
36. entgegen § 164 Absatz 1 Satz 3, auch in Verbindung mit § 164 Absatz 2 oder einer Rechtsverordnung nach § 164 Absatz 5 Satz 1 Nummer 3, oder entgegen § 164 Absatz 4 Satz 1 nicht sicherstellt, dass die Rufnummer oder die dort genannten Daten übermittelt werden,
37. entgegen § 164 Absatz 3 Satz 1, auch in Verbindung mit einer Rechtsverordnung nach § 164 Absatz 5 Nummer 6, nicht sicherstellt, dass eine dort genannte Notrufverbindung möglich ist,
37a. entgegen § 164a Absatz 1 Nummer 1, auch in Verbindung mit einer Rechtsverordnung nach § 164a Absatz 4 Nummer 1, 2 oder 3, eine dort genannte Einrichtung nicht oder nicht richtig vorhält,
37b. entgegen § 164a Absatz 1 Nummer 2, auch in Verbindung mit einer Rechtsverordnung nach § 164a Absatz 4 Nummer 1, 2 oder 3, eine dort genannte Aussendung nicht sicherstellt,
37c. einer vollziehbaren Anordnung nach § 164a Absatz 2, auch in Verbindung mit einer Rechtsverordnung nach § 164a Absatz 4 Nummer 1, 2 oder 3, zuwiderhandelt,
38. entgegen § 166 Absatz 2 Satz 1 oder Absatz 4 Satz 2 oder § 181 Satz 2 ein Sicherheitskonzept nicht, nicht richtig, nicht vollständig oder nicht rechtzeitig vorlegt,
39. entgegen § 168 Absatz 1 Satz 1, § 170 Absatz 1 Nummer 3 Buchstabe a, Absatz 2 Nummer 2 oder Absatz 3 Satz 1 oder § 175 Absatz 1 Satz 2 Nummer 2 eine Mitteilung nicht, nicht richtig, nicht vollständig oder nicht rechtzeitig macht,
40. entgegen § 169 Absatz 1 Satz 1 oder 2 oder Absatz 5 Satz 1 eine Benachrichtigung nicht, nicht richtig, nicht vollständig oder nicht rechtzeitig vornimmt,
41. entgegen § 169 Absatz 3 Satz 1 das dort genannte Verzeichnis nicht, nicht richtig oder nicht vollständig führt,
42. entgegen § 170 Absatz 1 Satz 1 Nummer 1 in Verbindung mit einer Rechtsverordnung nach § 170 Absatz 5 Nummer 1 Buchstabe a eine technische Einrichtung nicht vorhält oder eine organisatorische Vorkehrung nicht trifft,
43. entgegen § 170 Absatz 1 Satz 1 Nummer 2 in Verbindung mit einer Rechtsverordnung nach § 170 Absatz 5 Nummer 1 Buchstabe a eine Steuerungsmöglichkeit nicht oder nicht rechtzeitig bereitstellt oder eine Steuerung nicht oder nicht rechtzeitig ermöglicht,
44. entgegen § 170 Absatz 1 Satz 1 Nummer 3 Buchstabe b einen Zustellungsbevollmächtigten im Inland nicht oder nicht rechtzeitig benennt,
45. entgegen § 170 Absatz 1 Satz 1 Nummer 5 eine Prüfung nicht gestattet,
46. entgegen § 170 Absatz 1 Satz 1 Nummer 6 die Aufstellung oder den Betrieb eines dort genannten technischen Mittels nicht duldet oder den Zugang zu einem solchen technischen Mittel nicht gewährt,
47. entgegen § 170 Absatz 8 Satz 3 einen Mangel nicht oder nicht rechtzeitig beseitigt,
48. entgegen § 170 Absatz 9 Satz 1 einen Netzabschlusspunkt nicht, nicht in der vorgeschriebenen Weise oder nicht rechtzeitig bereitstellt,
49. entgegen § 172 Absatz 1 Satz 1, auch in Verbindung mit § 172 Absatz 3, oder entgegen § 172 Absatz 4 dort genannte Daten nicht, nicht richtig, nicht vollständig oder nicht rechtzeitig erhebt, nicht, nicht richtig, nicht vollständig oder nicht rechtzeitig speichert oder nicht, nicht richtig, nicht vollständig oder nicht rechtzeitig berichtigt,
50. entgegen § 172 Absatz 2 Satz 1 die Richtigkeit der Daten nicht, nicht richtig, nicht vollständig oder nicht rechtzeitig überprüft,
51. entgegen § 172 Absatz 5 Satz 2 unrichtige Daten verwendet oder verarbeitet,
52. entgegen § 172 Absatz 5 Satz 3 eine Änderung nicht, nicht richtig, nicht vollständig oder nicht rechtzeitig übermittelt,
53. entgegen § 172 Absatz 6 Daten nicht oder nicht rechtzeitig löscht,
54. entgegen § 173 Absatz 2 Satz 1 Nummer 1 nicht gewährleistet, dass die Bundesnetzagentur jederzeit und automatisiert Daten aus den Kundendateien abrufen kann,
55. entgegen § 173 Absatz 2 Satz 2 nicht sicherstellt, dass ihm die abgerufenen Daten nicht zur Kenntnis gelangen können,
56. entgegen § 174 Absatz 6 Satz 2 Stillschweigen nicht wahrt,
57. entgegen § 176 Absatz 8 Daten nicht oder nicht rechtzeitig löscht oder die Löschung nicht sicherstellt,
58. entgegen § 177 Absatz 2 oder § 179 Absatz 2 dort genannte Daten für andere als die dort genannten Zwecke verwendet,
59. entgegen § 178 Satz 1 nicht sicherstellt, dass Daten geschützt werden,
60. entgegen § 179 Absatz 1 Satz 1 nicht sicherstellt, dass jeder Zugriff protokolliert wird,
61. entgegen § 182 Absatz 1 Satz 1, § 183 Absatz 1 Satz 2 oder § 190 Absatz 1 Satz 2 eine Auskunft nicht, nicht richtig, nicht vollständig oder nicht rechtzeitig erteilt,
62. entgegen § 185 Absatz 1 einen Telekommunikationsdienst, den Netzbetrieb oder eine Dienstleistung nicht aufrechterhält,

63. entgegen § 186 Absatz 1 einen Anschluss oder einen Übertragungsweg nicht oder nicht rechtzeitig bereitstellt oder nicht oder nicht rechtzeitig entstört oder eine Datenübertragungsrate nicht oder nicht rechtzeitig erweitert,
64. entgegen § 187 Absatz 2 Satz 1 eine Vorkehrung nicht oder nicht rechtzeitig trifft,
65. entgegen § 187 Absatz 2 Satz 2 eine Vorkehrung nicht oder nicht rechtzeitig aufhebt,
66. entgegen § 187 Absatz 2 Satz 3 eine Information nicht, nicht richtig oder nicht rechtzeitig gibt,
67. entgegen § 190 Absatz 1 Satz 5 eine Überprüfung nicht duldet oder
68. entgegen § 203 Absatz 1 Satz 1 eine Information nicht, nicht richtig, nicht vollständig oder nicht rechtzeitig zur Verfügung stellt.

(3) Ordnungswidrig handelt, wer gegen die Verordnung (EU) Nr. 531/2012 des Europäischen Parlaments und des Rates vom 13. Juni 2012 über das Roaming in öffentlichen Mobilfunknetzen in der Union (ABl. L 172 vom 30.6.2012, S. 10), die zuletzt durch die Verordnung (EU) 2017/920 (ABl. L 147 vom 9.6.2017, S. 1) geändert worden ist, verstößt, indem er vorsätzlich oder fahrlässig

1. entgegen Artikel 3 Absatz 5 Satz 2 einen Entwurf nicht oder nicht rechtzeitig vorlegt,
2. entgegen Artikel 5 Absatz 1 Satz 2 einem dort genannten Antrag nicht oder nicht unverzüglich nach Zugang des Antrags nachkommt,
3. entgegen Artikel 6a ein dort genanntes Entgelt berechnet,
4. entgegen Artikel 6e Absatz 1 Unterabsatz 2 Satz 1 einen Aufschlag erhebt,
5. entgegen Artikel 6e Absatz 1 Unterabsatz 3 Satz 1 oder 3 ein Entgelt nicht richtig abrechnet,
6. entgegen Artikel 6e Absatz 1 Unterabsatz 3 Satz 2 eine andere Mindestabrechnungsdauer zugrunde legt,
7. entgegen Artikel 11 ein technisches Merkmal verändert,
8. entgegen Artikel 14 Absatz 1 Unterabsatz 1 eine dort genannte Preisinformation nicht, nicht richtig, nicht vollständig, nicht in der vorgeschriebenen Weise oder nicht rechtzeitig bereitstellt,
9. entgegen Artikel 15 Absatz 2a Satz 1 in Verbindung mit Satz 2 eine Mitteilung nicht oder nicht rechtzeitig versendet,
10. entgegen Artikel 15 Absatz 3 Unterabsatz 6 Satz 1 nicht sicherstellt, dass eine dort genannte Meldung übermittelt wird,
11. entgegen Artikel 15 Absatz 3 Unterabsatz 7 Satz 3 die Erbringung oder Inrechnungstellung eines dort genannten Dienstes nicht oder nicht rechtzeitig einstellt,
12. entgegen Artikel 15 Absatz 3 Unterabsatz 8 eine dort genannte Änderung nicht oder nicht rechtzeitig vornimmt oder
13. entgegen Artikel 16 Absatz 4 Satz 2 eine Information nicht, nicht richtig, nicht vollständig oder nicht rechtzeitig übermittelt.

(4) Ordnungswidrig handelt, wer gegen die Verordnung (EU) 2015/2120 des Europäischen Parlaments und des Rates vom 25. November 2015 über Maßnahmen zum Zugang zum offenen Internet und zu Endkundenentgelten für regulierte intra-EU-Kommunikation sowie zur Änderung der Richtlinie 2002/22/EG und der Verordnung (EU) Nr. 531/2012 (ABl. L 310 vom 26.11.2015, S. 1), die zuletzt durch die Verordnung (EU) 2018/1971 (ABl. L 321 vom 17.12.2018, S. 1) geändert worden ist, verstößt, indem er vorsätzlich oder fahrlässig

1. entgegen Artikel 3 Absatz 2 als Anbieter von Internetzugangsdiensten eine Vereinbarung trifft oder eine Geschäftspraxis anwendet,
2. entgegen Artikel 3 Absatz 3 Unterabsatz 3 erster Halbsatz eine dort genannte Verkehrsmanagementmaßnahme anwendet,
3. entgegen Artikel 4 Absatz 1 Unterabsatz 1 Satz 1 nicht sicherstellt, dass ein dort genannter Vertrag die dort genannten Angaben enthält,
4. einer vollziehbaren Anordnung nach Artikel 5 Absatz 1 Unterabsatz 1 Satz 2 zuwiderhandelt,
5. entgegen Artikel 5 Absatz 2 eine dort genannte Information nicht, nicht richtig, nicht vollständig oder nicht rechtzeitig vorlegt oder nicht, nicht richtig, nicht vollständig oder nicht rechtzeitig übermittelt,
6. entgegen Artikel 5a Absatz 2 Satz 2 einen Verbraucher nicht, nicht richtig, nicht vollständig oder nicht rechtzeitig unterrichtet oder
7. entgegen Artikel 5a Absatz 5 Satz 1, auch in Verbindung mit Satz 3, als Anbieter regulierter intra-EU- Kommunikation eine dort genannte Obergrenze nicht, nicht richtig oder nicht rechtzeitig festlegt.

(5) Ordnungswidrig handelt, wer als Anbieter regulierter intra-EU-Kommunikation nach Artikel 2 Absatz 2 Nummer 3 der Verordnung (EU) 2015/2120 vorsätzlich oder fahrlässig

1. gegenüber einem Verbraucher einen Endkundenpreis berechnet, der den in Artikel 5a Absatz 1 der Verordnung (EU) 2015/2120 genannten Endkundenpreis überschreitet,
2. nicht sicherstellt, dass ein in Artikel 5a Absatz 3 der Verordnung (EU) 2015/2120 genannter Tarifwechsel durchgeführt wird, oder
3. nicht sicherstellt, dass ein Verbraucher gemäß Artikel 5a Absatz 4 der Verordnung (EU) 2015/2120 aus einem oder in einen dort genannten Tarif kostenfrei wechseln kann.

(6) Ordnungswidrig handelt, wer gegen die Verordnung (EU) 2018/302 des Europäischen Parlaments und des Rates vom 28. Februar 2018 über Maßnahmen gegen ungerechtfertigtes Geoblocking und andere Formen der Diskriminierung aufgrund der Staatsangehörigkeit, des Wohnsitzes oder des Ortes der Niederlassung des Kunden innerhalb des Binnenmarkts und zur Änderung der Verordnungen (EG) Nr. 2006/2004 und (EU) 2017/2394 sowie der Richtlinie 2009/22/EG (ABl. L 60I vom 2.3.2018, S. 1) verstößt, indem er vorsätzlich oder fahrlässig

1. entgegen Artikel 3 Absatz 1 einen Zugang zur Online-Benutzeroberfläche sperrt oder beschränkt,
2. entgegen Artikel 3 Absatz 2 Unterabsatz 1 einen Kunden zu einer dort genannten Version der Online- Benutzeroberfläche weiterleitet,
3. entgegen Artikel 4 Absatz 1 unterschiedliche Allgemeine Geschäftsbedingungen anwendet oder
4. entgegen Artikel 5 Absatz 1 unterschiedliche Bedingungen für einen Zahlungsvorgang anwendet.

(7) Die Ordnungswidrigkeit kann geahndet werden

1. in den Fällen des
   a) Absatzes 2 Nummer 19,
   b) Absatzes 3 Nummer 3 und 4 und des Absatzes 5 Nummer 1 und
   c) Absatzes 4 Nummer 1, 2 und 4

   mit einer Geldbuße bis zu einer Million Euro,
2. in den Fällen des Absatzes 2 Nummer 3 Buchstabe a, Nummer 4 Buchstabe a, Nummer 17, 42, 43, 47, 54 und 57 bis 59 mit einer Geldbuße bis zu fünfhunderttausend Euro,
3. in den Fällen des Absatzes 2 Nummer 10, 37 bis 38, 46, 49, 50, 53 und 60 und des Absatzes 6 mit einer Geldbuße von bis zu dreihunderttausend Euro,
4. in den Fällen des Absatzes 2 Nummer 3 Buchstabe c, Nummer 6 bis 8, 14 bis 16, 20 bis 36, 40, 61, 63 bis 66 und 68, des Absatzes 3 Nummer 1, 2 und 8, des Absatzes 4 Nummer 3 und 6 und des Absatzes 5 Nummer 2 und 3 mit einer Geldbuße bis zu einhunderttausend Euro,
5. in den Fällen des Absatzes 2 Nummer 11, 18 und 56 mit einer Geldbuße bis zu fünfzigtausend Euro und
6. in den übrigen Fällen der Absätze 1 bis 4 mit einer Geldbuße bis zu zehntausend Euro.

(8) [1]Bei einer juristischen Person oder Personenvereinigung mit einem durchschnittlichen Jahresumsatz von mehr als

1. 50 Millionen Euro kann abweichend von Absatz 7 Nummer 1 Buchstabe a in Verbindung mit § 30 Absatz 2 Satz 2 des Gesetzes über Ordnungswidrigkeiten eine Ordnungswidrigkeit nach Absatz 2 Nummer 19 in Verbindung mit § 30 Absatz 1 des Gesetzes über Ordnungswidrigkeiten mit einer Geldbuße bis zu 2 Prozent,
2. 100 Millionen Euro kann abweichend von Absatz 7 Nummer 1 Buchstabe c in Verbindung mit § 30 Absatz 2 Satz 2 des Gesetzes über Ordnungswidrigkeiten eine Ordnungswidrigkeit nach Absatz 4 Nummer 1, 2 oder 4, jeweils in Verbindung mit § 30 Absatz 1 des Gesetzes über Ordnungswidrigkeiten, mit einer Geldbuße bis zu 1 Prozent

des durchschnittlichen Jahresumsatzes geahndet werden, der von der juristischen Person oder Personenvereinigung weltweit in den letzten drei Geschäftsjahren erzielt wurde, die der Behördenentscheidung vorausgehen. [2]In den durchschnittlichen Jahresumsatz nach Satz 1 sind die durchschnittlichen Jahresumsätze aller Unternehmen einzubeziehen, die mit der juristischen Person oder Personenvereinigung nach § 3 Nummer 69 verbunden oder zusammengeschlossen sind. [3]Der durchschnittliche Jahresumsatz kann geschätzt werden.

(9) Verwaltungsbehörde im Sinne des § 36 Absatz 1 Nummer 1 des Gesetzes über Ordnungswidrigkeiten ist die Bundesnetzagentur.

(10) [1]Die Bundesnetzagentur ist zuständige Vollstreckungsbehörde für das Verfahren wegen der Festsetzung einer Geldbuße. [2]Die Vollstreckung der im gerichtlichen Ordnungswidrigkeitenverfahren verhängten Geldbuße und des Geldbetrages, dessen Einziehung nach § 29a des Gesetzes über Ordnungswidrigkeiten angeordnet wurde, erfolgt durch die Bundesnetzagentur als Vollstreckungsbehörde aufgrund einer von dem Urkundsbeamten der Geschäftsstelle des Gerichts zu erteilenden, mit der Bescheinigung der Vollstreckbarkeit versehenen beglaubigten Abschrift der Urteilsformel entsprechend den Vorschriften über die Vollstreckung von Bußgeldbescheiden. [3]Die Geldbußen und die Geldbeträge, deren Einziehung nach § 29a des Gesetzes über Ordnungswidrigkeiten angeordnet wurde, fließen der Bundeskasse zu, die auch die der Staatskasse auferlegten Kosten trägt.

Telekommunikation-Telemedien-Datenschutz-Gesetz (TTDSG)

Gesetz über den Datenschutz und den Schutz der Privatsphäre in der Telekommunikation und bei Telemedien

vom 23. Juni 2021 (BGBl. I S. 1982)

Rechtsstand: Januar 2024. Letzte Änderung: 06.07.2022 (BGBl. I S. 1045).

Teil 1: Allgemeine Vorschriften

§ 1 Anwendungsbereich des Gesetzes

(1) Dieses Gesetz regelt

1. das Fernmeldegeheimnis, einschließlich des Abhörverbotes und der Geheimhaltungspflicht der Betreiber von Funkanlagen,
2. besondere Vorschriften zum Schutz personenbezogener Daten bei der Nutzung von Telekommunikationsdiensten und Telemedien,
3. die Anforderungen an den Schutz der Privatsphäre im Hinblick auf die Mitteilung ankommender Verbindungen, die Rufnummernunterdrückung und -anzeige und die automatische Anrufweiterschaltung,
4. die Anforderungen an die Aufnahme in Endnutzerverzeichnisse und die Bereitstellung von Endnutzerdaten an Auskunftsdienste, Dienste zur Unterrichtung über einen individuellen Gesprächswunsch eines anderen Nutzers und Anbieter von Endnutzerverzeichnissen,
5. die von Anbietern von Telemedien zu beachtenden technischen und organisatorischen Vorkehrungen,
6. die Anforderungen an die Erteilung von Auskünften über Bestands- und Nutzungsdaten durch Anbieter von Telemedien,
7. den Schutz der Privatsphäre bei Endeinrichtungen hinsichtlich der Anforderungen an die Speicherung von Informationen in Endeinrichtungen der Endnutzer und den Zugriff auf Informationen, die bereits in Endeinrichtungen der Endnutzer gespeichert sind, und
8. die Aufsichtsbehörden und die Aufsicht im Hinblick auf den Datenschutz und den Schutz der Privatsphäre in der Telekommunikation; bei Telemedien bleiben die Aufsicht durch die nach Landesrecht zuständigen Behörden und § 40 des Bundesdatenschutzgesetzes unberührt.

(2) Dem Fernmeldegeheimnis unterliegende Einzelangaben über Verhältnisse einer bestimmten oder bestimmbaren juristischen Person oder Personengesellschaft, die mit der Fähigkeit ausgestattet ist, Rechte zu erwerben oder Verbindlichkeiten einzugehen, stehen den personenbezogenen Daten gleich.

(3) [1]Diesem Gesetz unterliegen alle Unternehmen und Personen, die im Geltungsbereich dieses Gesetzes eine Niederlassung haben oder Dienstleistungen erbringen oder daran mitwirken oder Waren auf dem Markt bereitstellen. [2]§ 3 des Telemediengesetzes bleibt unberührt.

§ 2 Begriffsbestimmungen

(1) Die Begriffsbestimmungen des Telekommunikationsgesetzes, des Telemediengesetzes und der Verordnung (EU) 2016/679 des Europäischen Parlaments und des Rates vom 27. April 2016 zum Schutz natürlicher Personen bei der Verarbeitung personenbezogener Daten, zum freien Datenverkehr und zur Aufhebung der Richtlinie 95/46/EG (Datenschutz-Grundverordnung) gelten auch für dieses Gesetz, soweit in Absatz 2 keine abweichende Begriffsbestimmung getroffen wird.

(2) Im Sinne dieses Gesetzes ist oder sind

1. „Anbieter von Telemedien“ jede natürliche oder juristische Person, die eigene oder fremde Telemedien erbringt, an der Erbringung mitwirkt oder den Zugang zur Nutzung von eigenen oder fremden Telemedien vermittelt,
2. „Bestandsdaten“ im Sinne des Teils 3 dieses Gesetzes die personenbezogenen Daten, deren Verarbeitung zum Zweck der Begründung, inhaltlichen Ausgestaltung oder Änderung eines Vertragsverhältnisses zwischen dem Anbieter von Telemedien und dem Nutzer über die Nutzung von Telemedien erforderlich ist,
3. „Nutzungsdaten“ die personenbezogenen Daten eines Nutzers von Telemedien, deren Verarbeitung erforderlich ist, um die Inanspruchnahme von Telemedien zu ermöglichen und abzurechnen; dazu gehören insbesondere
   a) Merkmale zur Identifikation des Nutzers,
   b) Angaben über Beginn und Ende sowie Umfang der jeweiligen Nutzung und
   c) Angaben über die vom Nutzer in Anspruch genommenen Telemedien,
4. „Nachricht“ jede Information, die zwischen einer endlichen Zahl von Beteiligten über einen Telekommunikationsdienst ausgetauscht oder weitergeleitet wird; davon ausgenommen sind Informationen, die als Teil eines Rundfunkdienstes über ein öffentliches Telekommunikationsnetz an die Öffentlichkeit weitergeleitet werden, soweit die Informationen nicht mit dem identifizierbaren Nutzer, der sie erhält, in Verbindung gebracht werden können,
5. „Dienst mit Zusatznutzen“ jeder von einem Anbieter eines Telekommunikationsdienstes bereitgehaltene zusätzliche Dienst, der die Verarbeitung von Verkehrsdaten oder anderen Standortdaten als Verkehrsdaten in einem Maße erfordert, das über das für die Übermittlung einer Nachricht oder für die Entgeltabrechnung des Telekommunikationsdienstes erforderliche Maß hinausgeht,

6. „Endeinrichtung" jede direkt oder indirekt an die Schnittstelle eines öffentlichen Telekommunikationsnetzes angeschlossene Einrichtung zum Aussenden, Verarbeiten oder Empfangen von Nachrichten; sowohl bei direkten als auch bei indirekten Anschlüssen kann die Verbindung über Draht, optische Faser oder elektromagnetisch hergestellt werden; bei einem indirekten Anschluss ist zwischen der Endeinrichtung und der Schnittstelle des öffentlichen Netzes ein Gerät geschaltet.

Teil 2: Datenschutz und Schutz der Privatsphäre in der Telekommunikation

Kapitel 1: Vertraulichkeit der Kommunikation

§ 3 Vertraulichkeit der Kommunikation – Fernmeldegeheimnis

(1) [1]Dem Fernmeldegeheimnis unterliegen der Inhalt der Telekommunikation und ihre näheren Umstände, insbesondere die Tatsache, ob jemand an einem Telekommunikationsvorgang beteiligt ist oder war. [2]Das Fernmeldegeheimnis erstreckt sich auch auf die näheren Umstände erfolgloser Verbindungsversuche.

(2) [1]Zur Wahrung des Fernmeldegeheimnisses sind verpflichtet

1. Anbieter von öffentlich zugänglichen Telekommunikationsdiensten sowie natürliche und juristische Personen, die an der Erbringung solcher Dienste mitwirken,
2. Anbieter von ganz oder teilweise geschäftsmäßig angebotenen Telekommunikationsdiensten sowie natürliche und juristische Personen, die an der Erbringung solcher Dienste mitwirken,
3. Betreiber öffentlicher Telekommunikationsnetze und
4. Betreiber von Telekommunikationsanlagen, mit denen geschäftsmäßig Telekommunikationsdienste erbracht werden.

[2]Die Pflicht zur Geheimhaltung besteht auch nach dem Ende der Tätigkeit fort, durch die sie begründet worden ist.

(3) [1]Den nach Absatz 2 Satz 1 Verpflichteten ist es untersagt, sich oder anderen über das für die Erbringung der Telekommunikationsdienste oder für den Betrieb ihrer Telekommunikationsnetze oder ihrer Telekommunikationsanlagen einschließlich des Schutzes ihrer technischen Systeme erforderliche Maß hinaus Kenntnis vom Inhalt oder von den näheren Umständen der Telekommunikation zu verschaffen. [2]Sie dürfen Kenntnisse über Tatsachen, die dem Fernmeldegeheimnis unterliegen, nur für den in Satz 1 genannten Zweck verwenden. [3]Eine Verwendung dieser Kenntnisse für andere Zwecke, insbesondere die Weitergabe an andere, ist nur zulässig, soweit dieses Gesetz oder eine andere gesetzliche Vorschrift dies vorsieht und sich dabei ausdrücklich auf Telekommunikationsvorgänge bezieht. [4]Die Anzeigepflicht nach § 138 des Strafgesetzbuches hat Vorrang.

(4) Befindet sich die Telekommunikationsanlage an Bord eines Wasser- oder Luftfahrzeugs, so besteht die Pflicht zur Wahrung des Fernmeldegeheimnisses nicht gegenüber der Person, die das Fahrzeug führt, und ihrer Stellvertretung.

§ 4 Rechte des Erben des Endnutzers und anderer berechtigter Personen

Das Fernmeldegeheimnis steht der Wahrnehmung von Rechten gegenüber dem Anbieter des Telekommunikationsdienstes nicht entgegen, wenn diese Rechte statt durch den betroffenen Endnutzer durch seinen Erben oder eine andere berechtigte Person, die zur Wahrnehmung der Rechte des Endnutzers befugt ist, wahrgenommen werden.

§ 5 Abhörverbot, Geheimhaltungspflicht der Betreiber von Funkanlagen

(1) Mit einer Funkanlage (§ 3 Absatz 1 Nummer 1 des Funkanlagengesetzes) dürfen nur solche Nachrichten abgehört oder in vergleichbarer Weise zur Kenntnis genommen werden, die für den Betreiber der Funkanlage, für Funkamateure im Sinne des § 2 Nummer 1 des Amateurfunkgesetzes, für die Allgemeinheit oder für einen unbestimmten Personenkreis bestimmt sind.

(2) [1]Der Inhalt anderer als in Absatz 1 genannter Nachrichten sowie die Tatsache ihres Empfangs dürfen, auch wenn der Empfang unbeabsichtigt geschieht, auch von Personen, für die eine Pflicht zur Geheimhaltung nicht schon nach § 3 besteht, anderen nicht mitgeteilt werden. [2]§ 3 Absatz 4 gilt entsprechend.

(3) Das Abhören oder die in vergleichbarer Weise erfolgende Kenntnisnahme und die Weitergabe von Nachrichten aufgrund besonderer gesetzlicher Ermächtigung bleiben unberührt.

§ 6 Nachrichtenübermittlung mit Zwischenspeicherung

(1) Nach § 3 Absatz 2 Satz 1 Nummer 1 und 2 Verpflichtete dürfen bei Diensten, für deren Durchführung eine Zwischenspeicherung erforderlich ist, Nachrichteninhalte, insbesondere Sprach-, Ton-, Text- und Grafikmitteilungen von Endnutzern, im Rahmen eines hierauf gerichteten Diensteangebots verarbeiten, wenn

1. die Verarbeitung ausschließlich in Telekommunikationsanlagen des zwischenspeichernden Anbieters erfolgt, es sei denn, die Nachrichteninhalte werden im Auftrag des Endnutzers oder durch Eingabe des Endnutzers in Telekommunikationsanlagen anderer Anbieter weitergeleitet;
2. ausschließlich der Endnutzer
   a) durch seine Eingabe Inhalt, Umfang und Art der Verarbeitung bestimmt und
   b) bestimmt, wer Nachrichteninhalte eingeben und darauf zugreifen darf, und
3. der Verpflichtete
   a) dem Endnutzer mitteilen darf, dass der Empfänger auf die Nachricht zugegriffen hat, und
   b) Nachrichteninhalte nur entsprechend dem mit dem Endnutzer geschlossenen Vertrag löschen darf.

(2) [1]Nach § 3 Absatz 2 Satz 1 Nummer 1 und 2 Verpflichtete haben die erforderlichen technischen und organisatorischen Maßnahmen zu treffen, um Fehlübermittlungen und das unbefugte Offenbaren von Nachrichteninhalten innerhalb des Unternehmens

des Anbieters und an Dritte auszuschließen. [2]Erforderlich sind Maßnahmen nur, wenn ihr Aufwand in einem angemessenen Verhältnis zu dem angestrebten Schutzzweck steht. [3]Soweit es im Hinblick auf den angestrebten Schutzzweck erforderlich ist, sind die Maßnahmen dem jeweiligen Stand der Technik anzupassen.

§ 7 Verlangen eines amtlichen Ausweises

(1) [1]Anbieter und mitwirkende Personen nach § 3 Absatz 2 Satz 1 Nummer 1 und 2 können im Zusammenhang mit dem Begründen und dem Ändern eines Vertragsverhältnisses mit einem Endnutzer über das Erbringen von Telekommunikationsdiensten die Vorlage eines amtlichen Ausweises verlangen, wenn dies zur Überprüfung der Angaben des Endnutzers erforderlich ist. [2]Die Pflicht nach § 172 des Telekommunikationsgesetzes bleibt unberührt.

(2) Um dem Verlangen nach Vorlage eines amtlichen Ausweises zu entsprechen, kann der Endnutzer den elektronischen Identitätsnachweis gemäß § 18 des Personalausweisgesetzes, gemäß § 12 des eID-Karte-Gesetzes oder gemäß § 78 Absatz 5 des Aufenthaltsgesetzes nutzen.

(3) [1]Von dem Ausweis darf eine Kopie erstellt werden. [2]Die Kopie ist unverzüglich nach Feststellung der für den Vertragsabschluss erforderlichen Angaben des Endnutzers zu vernichten. [3]Andere als die für den Vertragsabschluss erforderlichen Daten dürfen dabei nicht verarbeitet werden.

§ 8 Missbrauch von Telekommunikationsanlagen

(1) Es ist verboten, Telekommunikationsanlagen zu besitzen, herzustellen, auf dem Markt bereitzustellen, einzuführen oder sonst in den Geltungsbereich dieses Gesetzes zu verbringen, die ihrer Form nach einen anderen Gegenstand vortäuschen oder die mit Gegenständen des täglichen Gebrauchs verkleidet sind und aufgrund dieser Umstände oder aufgrund ihrer Funktionsweise in besonderer Weise geeignet und dazu bestimmt sind, das nicht öffentlich gesprochene Wort eines anderen von diesem unbemerkt abzuhören oder das Bild eines anderen von diesem unbemerkt aufzunehmen.

(2) Als zum unbemerkten Abhören oder Aufnehmen eines Bildes bestimmt gilt eine Telekommunikationsanlage insbesondere, wenn ihre Abhör- oder Aufnahmefunktion beim bestimmungsgemäßen Gebrauch des Gegenstandes für den Betroffenen nicht eindeutig erkennbar ist.

(3) Das Verbot, Telekommunikationsanlagen nach Absatz 1 zu besitzen, gilt nicht für denjenigen, der die tatsächliche Gewalt über eine solche Telekommunikationsanlage

1. als Organ, als Mitglied eines Organs, als gesetzlicher Vertreter oder als vertretungsberechtigter Gesellschafter eines Berechtigten nach Absatz 5 erlangt,
2. von einem anderen oder für einen anderen Berechtigten nach Absatz 5 erlangt, sofern und solange er die Weisungen des anderen Berechtigten über die Ausübung der tatsächlichen Gewalt über die Telekommunikationsanlage aufgrund eines Dienst- oder Arbeitsverhältnisses zu befolgen hat oder die tatsächliche Gewalt aufgrund gerichtlichen oder behördlichen Auftrags ausübt,
3. als Gerichtsvollzieher oder Vollzugsbeamter in einem Vollstreckungsverfahren erwirbt,
4. von einem Berechtigten nach Absatz 5 vorübergehend zum Zweck der sicheren Verwahrung oder der nicht gewerbsmäßigen Beförderung zu einem Berechtigten erlangt,
5. lediglich zur gewerbsmäßigen Beförderung oder gewerbsmäßigen Lagerung erlangt,
6. durch Fund erlangt, sofern er die Telekommunikationsanlage unverzüglich abliefert an den Verlierer, den Eigentümer, einen sonstigen Berechtigten nach Absatz 5 oder die für die Entgegennahme der Fundanzeige zuständige Stelle,
7. von Todes wegen erwirbt, sofern er die Telekommunikationsanlage unverzüglich einem Berechtigten nach Absatz 5 überlässt oder sie für dauernd unbrauchbar macht.

(4) [1]Das Verbot, Telekommunikationsanlagen nach Absatz 1 zu besitzen, gilt ferner nicht für eine Telekommunikationsanlage, die durch Entfernen eines wesentlichen Bauteils dauernd unbrauchbar gemacht worden ist, sofern derjenige, der die tatsächliche Gewalt über eine solche Telekommunikationsanlage erlangt, den Erwerb unverzüglich der Bundesnetzagentur schriftlich anzeigt. [2]Die Anzeige muss folgende Angaben enthalten:

1. Name, Vornamen und Anschrift des Erwerbers,
2. die Art der Telekommunikationsanlage, deren Hersteller- oder Warenzeichen und, wenn die Telekommunikationsanlage eine Herstellungsnummer hat, auch diese,
3. die glaubhafte Darlegung, dass der Erwerber die Telekommunikationsanlage ausschließlich zu Sammlerzwecken erworben hat.

(5) [1]Die zuständigen obersten Bundes- oder Landesbehörden lassen Ausnahmen von Absatz 1 zu, wenn es im öffentlichen Interesse, insbesondere aus Gründen der öffentlichen Sicherheit oder zum Zweck der Lehre über oder der Forschung an entsprechenden Telekommunikationsanlagen erforderlich ist. [2]Absatz 1 gilt ferner nicht, soweit das Bundesamt für Wirtschaft und Ausfuhrkontrolle die Ausfuhr der Telekommunikationsanlagen genehmigt hat, und nicht für technische Mittel von Behörden, die diese in den Grenzen ihrer gesetzlichen Befugnisse zur Durchführung von technischen Ermittlungsmaßnahmen einsetzen.

(6) Es ist verboten, öffentlich oder in Mitteilungen, die für einen größeren Personenkreis bestimmt sind, für Telekommunikationsanlagen mit dem Hinweis zu werben, dass sie geeignet sind, das nicht öffentlich gesprochene Wort eines anderen von diesem unbemerkt abzuhören oder das Bild eines anderen von diesem unbemerkt aufzunehmen.

Kapitel 2: Verkehrsdaten, Standortdaten

§ 9 Verarbeitung von Verkehrsdaten

(1) [1]Nach § 3 Absatz 2 Satz 1 Verpflichtete dürfen folgende Verkehrsdaten nur verarbeiten, soweit dies zum Aufbau und zur Aufrechterhaltung der Telekommunikation, zur Entgeltabrechnung oder zum Aufbau weiterer Verbindungen erforderlich ist:

1. die Nummer oder Kennung der beteiligten Anschlüsse oder der Endeinrichtung, personenbezogene Berechtigungskennungen, bei Verwendung von Kundenkarten auch die Kartennummer, bei mobilen Anschlüssen auch die Standortdaten,
2. den Beginn und das Ende der jeweiligen Verbindung nach Datum und Uhrzeit und, soweit die Entgelte davon abhängen, die übermittelten Datenmengen,
3. den vom Nutzer in Anspruch genommenen Telekommunikationsdienst,
4. die Endpunkte von festgeschalteten Verbindungen, ihren Beginn und ihr Ende nach Datum und Uhrzeit und, soweit die Entgelte davon abhängen, die übermittelten Datenmengen und
5. sonstige zum Aufbau und zur Aufrechterhaltung der Telekommunikation sowie zur Entgeltabrechnung notwendige Verkehrsdaten.

[2]Im Übrigen sind Verkehrsdaten von den nach § 3 Absatz 2 Satz 1 Verpflichteten nach Beendigung der Verbindung unverzüglich zu löschen. [3]Eine über Satz 1 hinausgehende Verarbeitung der Verkehrsdaten ist unzulässig. [4]Die Pflicht zur Verarbeitung von Verkehrsdaten aufgrund von anderen Rechtsvorschriften bleibt unberührt.

(2) [1]Teilnehmerbezogene Verkehrsdaten nach Absatz 1 dürfen vom Anbieter des Telekommunikationsdienstes zum Zweck der Vermarktung von Telekommunikationsdiensten, zur bedarfsgerechten Gestaltung von Telekommunikationsdiensten oder zur Bereitstellung von Diensten mit Zusatznutzen im dazu erforderlichen Maß und im dazu erforderlichen Zeitraum nur verwendet werden, wenn der Endnutzer in diese Verwendung gemäß der Verordnung (EU) 2016/679 eingewilligt hat. [2]Die Daten anderer Endnutzer sind unverzüglich zu anonymisieren. [3]Eine zielnummernbezogene Verwendung der Verkehrsdaten zu den in Satz 1 genannten Zwecken ist nur zulässig, wenn der Endnutzer gemäß der Verordnung (EU) 2016/679 informiert wurde und er eingewilligt hat. [4]Hierbei sind die Daten anderer Endnutzer unverzüglich zu anonymisieren. [5]Außerdem ist der Endnutzer darauf hinzuweisen, dass er die Einwilligung nach den Sätzen 1 und 3 jederzeit widerrufen kann.

§ 10 Entgeltermittlung und Entgeltabrechnung

(1) [1]Die Verarbeitung der Verkehrsdaten nach § 9 Absatz 1 Satz 1 durch nach § 3 Absatz 2 Satz 1 Nummer 1 und 2 Verpflichtete zur Ermittlung des Entgelts und zur Abrechnung mit den Endnutzern darf nur nach Maßgabe der Absätze 2 bis 4 erfolgen. [2]Erbringt ein Anbieter eines Telekommunikationsdienstes seine Dienste über ein öffentliches Telekommunikationsnetz eines anderen Betreibers, darf dieser Betreiber dem Anbieter des Telekommunikationsdienstes die für die Erbringung von dessen Diensten erhobenen Verkehrsdaten übermitteln. [3]Hat der Anbieter eines Telekommunikationsdienstes mit einem Dritten einen Vertrag über den Einzug des Entgelts geschlossen, so darf er dem Dritten die Verkehrsdaten nach § 9 Absatz 1 Satz 1 Nummer 1 bis 3 und 5 nur übermitteln, soweit es zum Einzug des Entgelts und der Erstellung einer detaillierten Rechnung erforderlich ist. [4]Der Dritte darf die Daten nur zu diesem Zweck verarbeiten. [5]Der Dritte ist vertraglich zur Wahrung des Fernmeldegeheimnisses und des dem Anbieter des Telekommunikationsdienstes obliegenden Datenschutzes zu verpflichten.

(2) [1]Nach § 3 Absatz 2 Satz 1 Nummer 1 und 2 Verpflichtete haben nach Beendigung der Verbindung aus den Verkehrsdaten nach § 9 Absatz 1 Satz 1 Nummer 1 bis 3 und 5 unverzüglich die für die Berechnung des Entgelts erforderlichen Daten zu ermitteln. [2]Diese Daten dürfen bis zu sechs Monate nach Versendung der Rechnung gespeichert werden. [3]Für die Abrechnung nicht erforderliche Daten sind unverzüglich zu löschen. [4]Hat der Endnutzer gegen die Höhe der in Rechnung gestellten Verbindungsentgelte vor Ablauf der Frist nach Satz 2 Einwendungen erhoben, dürfen die Daten gespeichert werden, bis die Einwendungen abschließend geklärt sind.

(3) Soweit es für die Abrechnung des Anbieters eines Telekommunikationsdienstes mit anderen Anbietern von Telekommunikationsdiensten oder mit deren Endnutzern sowie für die Abrechnung anderer Anbieter mit ihren Endnutzern erforderlich ist, dürfen der Anbieter und mitwirkende Personen nach § 3 Absatz 2 Satz 1 Nummer 1 und 2 die für die Berechnung des Entgelts erforderlichen Verkehrsdaten nach § 9 Absatz 1 Satz 1 Nummer 1 bis 3 und 5 verarbeiten.

(4) Ziehen der Anbieter und mitwirkende Personen nach § 3 Absatz 2 Satz 1 Nummer 1 und 2 mit der Rechnung Entgelte für Leistungen eines Dritten ein, die dieser im Zusammenhang mit der Erbringung von Telekommunikationsdiensten erbracht hat, so dürfen dem Dritten Verkehrsdaten nach § 9 Absatz 1 Satz 1 Nummer 1 bis 3 und 5 übermittelt werden, soweit diese im Einzelfall für die Durchsetzung der Forderungen des Dritten gegenüber seinem Endnutzer erforderlich sind.

§ 11 Einzelverbindungsnachweis

(1) [1]Dem Endnutzer sind die Verkehrsdaten nach § 9 Absatz 1 Satz 1 Nummer 1 bis 3 derjenigen Verbindungen, für die er entgeltpflichtig ist, durch Anbieter und mitwirkende Personen nach § 3 Absatz 2 Satz 1 Nummer 1 und 2 mitzuteilen, wenn er vor dem maßgeblichen Abrechnungszeitraum einen Einzelverbindungsnachweis verlangt hat. [2]Auf Wunsch dürfen ihm auch die Daten pauschal abgegoltener Verbindungen mitgeteilt werden. [3]Dabei entscheidet der Endnutzer, ob ihm die von ihm gewählten Rufnummern ungekürzt oder unter Kürzung um die letzten drei Ziffern mitgeteilt werden. [4]Bei einem Teilnehmeranschluss im Haushalt ist die Mitteilung nur zulässig, wenn der Anschlussinhaber in Textform erklärt hat, dass er alle zum Haushalt gehörenden

Personen, die den Teilnehmeranschluss nutzen, darüber informiert hat und künftige Mitnutzer des Teilnehmeranschlusses unverzüglich darüber informieren wird, dass dem Inhaber des Teilnehmeranschlusses die Verkehrsdaten nach Satz 1 zur Erteilung des Einzelverbindungsnachweises bekannt gegeben werden.

(2) [1]Unbeschadet des Absatzes 1 dürfen dem Endnutzer die Verkehrsdaten nach Absatz 1 Satz 1 mitgeteilt werden, wenn er Einwendungen gegen die Höhe der Verbindungsentgelte erhoben hat. [3]Das gilt auch für einen Mobilfunkanschluss.

(3) [1]Bei Teilnehmeranschlüssen in Betrieben und Behörden ist die Mitteilung nur zulässig, wenn der Inhaber des Teilnehmeranschlusses in Textform erklärt hat, dass die Mitarbeiter informiert worden sind und künftige Mitarbeiter unverzüglich informiert werden und dass der Betriebsrat oder die Personalvertretung entsprechend den gesetzlichen Vorschriften beteiligt worden ist oder eine solche Beteiligung nicht erforderlich ist. [2]Soweit die öffentlich-rechtlichen Religionsgesellschaften für ihren Bereich eigene Mitarbeitervertreterregelungen erlassen haben, findet Satz 1 mit der Maßgabe Anwendung, dass an die Stelle des Betriebsrates oder der Personalvertretung die jeweilige Mitarbeitervertretung tritt.

(4) Soweit ein Anschlussinhaber zur vollständigen oder teilweisen Übernahme der Entgelte für Verbindungen verpflichtet ist, die bei seinem Anschluss ankommen, dürfen ihm in dem für ihn bestimmten Einzelverbindungsnachweis die Nummern der Anschlüsse, von denen die Anrufe ausgingen, nur unter Kürzung um die letzten drei Ziffern mitgeteilt werden.

(5) Der Einzelverbindungsnachweis nach Absatz 1 Satz 1 darf nicht Verbindungen zu Anschlüssen erkennen lassen,

1. deren Inhaber Personen, Behörden oder Organisationen in sozialen oder kirchlichen Bereichen sind, die grundsätzlich anonym bleibenden Endnutzern ganz oder überwiegend telefonische Beratung in seelischen oder sozialen Notlagen anbieten und die selbst oder deren Mitarbeiter insoweit besonderen Verpflichtungen zur Verschwiegenheit unterliegen, und
2. die die Bundesnetzagentur für Elektrizität, Gas, Telekommunikation, Post und Eisenbahnen (Bundesnetzagentur) in eine Liste aufgenommen hat.

(6) [1]Der Beratung im Sinne des Absatzes 5 Nummer 1 dienen neben den in § 203 Absatz 1 Nummer 4 und 5 des Strafgesetzbuches genannten Personengruppen insbesondere die Telefonseelsorge und die Gesundheitsberatung. [2]Die Bundesnetzagentur nimmt die Inhaber der Anschlüsse auf Antrag in die Liste auf, wenn sie die Aufgabenbestimmung nach Absatz 5 Nummer 1 durch Bescheinigung einer Behörde oder Körperschaft, Anstalt oder Stiftung des öffentlichen Rechts nachgewiesen haben. [3]Die Liste wird zum Abruf im automatisierten Verfahren bereitgestellt. [4]Die Verpflichteten nach § 3 Absatz 2 Satz 1, die Einzelverbindungsnachweise erstellen, haben die Liste quartalsweise abzufragen und Änderungen unverzüglich in ihren Abrechnungsverfahren anzuwenden.

§ 12 Störungen von Telekommunikationsanlagen und Missbrauch von Telekommunikationsdiensten

(1) [1]Soweit erforderlich, dürfen Verpflichtete nach § 3 Absatz 2 Satz 1 Verkehrsdaten der Endnutzer sowie die Steuerdaten eines informationstechnischen Protokolls zur Datenübertragung, die unabhängig vom Inhalt eines Kommunikationsvorgangs übertragen oder auf den am Kommunikationsvorgang beteiligten Servern gespeichert werden und zur Gewährleistung der Kommunikation zwischen Empfänger und Sender notwendig sind, verarbeiten, um Störungen oder Fehler an Telekommunikationsanlagen zu erkennen, einzugrenzen oder zu beseitigen. [2]Dies gilt auch für Störungen, die zu einer Einschränkung der Verfügbarkeit von Informations- und Telekommunikationsdiensten oder zu einem unerlaubten Zugriff auf Telekommunikations- und Datenverarbeitungssysteme der Nutzer führen können. [3]Eine Verarbeitung der Verkehrsdaten und Steuerdaten zu anderen Zwecken ist unzulässig. [4]Soweit die Verkehrsdaten nicht automatisiert erhoben und verwendet werden, muss der Datenschutzbeauftragte des Verpflichteten nach § 3 Absatz 2 Satz 1 unverzüglich über die Verfahren und Umstände der Maßnahme informiert werden. [5]Betroffene Endnutzer sind von dem nach § 3 Absatz 2 Satz 1 Verpflichteten zu benachrichtigen, sofern sie ermittelt werden können.

(2) Die Verkehrsdaten und Steuerdaten sind unverzüglich zu löschen, sobald sie für die Beseitigung der Störung nicht mehr erforderlich sind.

(3) [1]Zur Durchführung von Umschaltungen sowie zum Erkennen und Eingrenzen von Störungen im Netz ist dem Betreiber von Telekommunikationsnetzen oder seinem Beauftragten das Aufschalten auf bestehende Verbindungen erlaubt, soweit dies betrieblich erforderlich ist. [2]Eventuelle bei der Aufschaltung erstellte Aufzeichnungen sind unverzüglich zu löschen. [3]Das Aufschalten muss den betroffenen Kommunikationsteilnehmern durch ein akustisches oder sonstiges Signal zeitgleich angezeigt und ausdrücklich mitgeteilt werden. [4]Sofern dies technisch nicht möglich ist, muss der betriebliche Datenschutzbeauftragte des Betreibers des Telekommunikationsnetzes unverzüglich detailliert über die Verfahren und Umstände der Maßnahme informiert werden. [5]Diese Informationen hat der betriebliche Datenschutzbeauftragte für zwei Jahre aufzubewahren.

(4) [1]Wenn tatsächliche Anhaltspunkte für die rechtswidrige Inanspruchnahme eines Telekommunikationsnetzes oder Telekommunikationsdienstes vorliegen, insbesondere für eine Leistungserschleichung oder einen Betrug oder eine unzumutbare Belästigung nach § 7 des Gesetzes gegen den unlauteren Wettbewerb, darf der Verpflichtete nach § 3 Absatz 2 Satz 1 zur Sicherung seines Entgeltanspruchs sowie zum Schutz der Endnutzer vor der rechtswidrigen Inanspruchnahme des Telekommunikationsdienstes oder des Telekommunikationsnetzes Verkehrsdaten verarbeiten, die erforderlich sind, um die rechtswidrige Inanspruchnahme des Telekommunikationsnetzes oder Telekommunikationsdienstes aufzudecken und zu unterbinden. [2]Die Anhaltspunkte für die rechtwidrige Inanspruchnahme des Telekommunikationsnetzes oder Telekommunikationsdienstes hat der nach § 3 Absatz 2 Satz 1 Verpflichtete zu dokumentieren. [3]Der nach § 3 Absatz 2 Satz 1 Verpflichtete darf aus den Verkehrsdaten nach Satz 1 einen pseudonymisierten Gesamtdatenbestand bilden, der Aufschluss über die von einzelnen Endnutzern erzielten Umsätze gibt und unter Zugrundelegung geeigneter Kriterien das Auffinden solcher Verbindungen des Netzes ermöglicht, bei denen der Verdacht

einer rechtswidrigen Inanspruchnahme besteht. [4]Die Verkehrsdaten anderer Verbindungen sind unverzüglich zu löschen. [5]Die Aufsichtsbehörde ist über Einführung und Änderung eines Verfahrens nach Satz 1 unverzüglich in Kenntnis zu setzen.

§ 13 Standortdaten

(1) [1]Standortdaten, die in Bezug auf die Nutzer von öffentlichen Telekommunikationsnetzen oder Telekommunikationsdiensten verarbeitet werden, dürfen nur in dem zur Bereitstellung von Diensten mit Zusatznutzen erforderlichen Umfang und innerhalb des dafür erforderlichen Zeitraums verarbeitet werden, wenn sie anonymisiert wurden oder wenn der Nutzer vom Anbieter des Dienstes mit Zusatznutzen gemäß der Verordnung (EU) 2016/679 informiert wurde und eingewilligt hat. [2]Der Anbieter des Dienstes mit Zusatznutzen hat bei jeder Feststellung des Standortes des Mobilfunkendgerätes den Endnutzer durch eine Textmitteilung an das Endgerät, dessen Standortdaten ermittelt wurden, über die Feststellung des Standortes zu informieren. [3]Dies gilt nicht, wenn der Standort nur auf dem Endgerät angezeigt wird, dessen Standortdaten ermittelt wurden. [4]Werden die Standortdaten für einen Dienst mit Zusatznutzen verarbeitet, der die Übermittlung von Standortdaten eines Mobilfunkendgerätes an einen anderen Nutzer oder Dritte, die nicht Anbieter des Dienstes mit Zusatznutzen sind, zum Gegenstand hat, muss der Nutzer seine Einwilligung ausdrücklich, gesondert und schriftlich gegenüber dem Anbieter des Dienstes mit Zusatznutzen erteilen. [5]In diesem Fall gilt die Verpflichtung nach Satz 2 entsprechend für den Anbieter des Dienstes mit Zusatznutzen. [6]Der Anschlussinhaber muss weitere Nutzer seines Mobilfunkanschlusses über eine erteilte Einwilligung unterrichten.

(2) Haben die Nutzer ihre Einwilligung zur Verarbeitung von Standortdaten gegeben, müssen sie auch weiterhin die Möglichkeit haben, die Verarbeitung dieser Daten für jede Verbindung zum Netz oder für jede Übertragung einer Nachricht auf einfache Weise und unentgeltlich zeitweise zu untersagen.

(3) Bei Verbindungen zu Anschlüssen, die unter den Notrufnummern 112 oder 110 oder den Rufnummern 124 124 oder 116 117 erreicht werden, haben der Anbieter und mitwirkende Personen nach § 3 Absatz 2 Satz 1 Nummer 1 und 2 sicherzustellen, dass nicht im Einzelfall oder dauernd die Übermittlung von Standortdaten ausgeschlossen wird.

(4) Die Verarbeitung von Standortdaten nach den Absätzen 1 und 2 muss auf das für die Bereitstellung des Dienstes mit Zusatznutzen erforderliche Maß sowie auf Personen beschränkt werden, die im Auftrag des Betreibers des Telekommunikationsnetzes oder des Anbieters des Telekommunikationsdienstes oder des Dritten, der den Dienst mit Zusatznutzen anbietet, handeln.

Kapitel 3: Mitteilen ankommender Verbindungen, Rufnummernanzeige und -unterdrückung, automatische Anrufweiterschaltung

§ 14 Mitteilen ankommender Verbindungen

(1) [1]Trägt ein Anschlussinhaber in einem Verfahren schlüssig vor, dass bei seinem Anschluss bedrohende oder belästigende Anrufe ankommen, hat der Anbieter des Telekommunikationsdienstes auf schriftlichen Antrag auch netzübergreifend Auskunft über die Inhaber der Anschlusskennungen zu erteilen, von denen die Verbindungen ausgehen; das Verfahren ist zu dokumentieren. [2]Die Auskunft darf sich nur auf Verbindungen und Verbindungsversuche beziehen, die nach Stellung des Antrags stattgefunden haben. [3]Der Anbieter des Telekommunikationsdienstes darf die Anschlusskennungen, Namen und Anschriften der Inhaber dieser Anschlusskennungen sowie Datum und Uhrzeit des Beginns der Verbindungen und der Verbindungsversuche verarbeiten sowie diese Daten dem betroffenen Anschlussinhaber mitteilen.

(2) Die Bekanntgabe nach Absatz 1 Satz 3 darf nur erfolgen, wenn der betroffene Anschlussinhaber des betroffenen Anschlusses zuvor die Verbindungen nach Datum, Uhrzeit oder anderen geeigneten Kriterien eingrenzt, soweit ein Missbrauch dieses Verfahrens nicht auf andere Weise ausgeschlossen werden kann.

(3) Im Fall einer netzübergreifenden Auskunft sind die an der Verbindung mitwirkenden anderen Anbieter und Betreiber nach § 3 Absatz 2 Satz 1 verpflichtet, dem Anbieter des Telekommunikationsdienstes des bedrohten oder belästigten Anschlussinhabers die erforderlichen Auskünfte zu erteilen, sofern sie über diese Daten verfügen.

(4) [1]Der Inhaber der Anschlusskennung, von der die festgestellten Verbindungen ausgegangen sind, ist darüber zu unterrichten, dass über diese Verbindungen Auskunft erteilt wurde. [2]Davon kann abgesehen werden, wenn der Antragsteller schriftlich schlüssig vorgetragen hat, dass ihm aus dieser Mitteilung wesentliche Nachteile entstehen können, und diese Nachteile bei Abwägung mit den schutzwürdigen Interessen der Anrufenden als wesentlich schwerwiegender erscheinen. [3]Erhält der Inhaber der Anschlusskennung, von der die als bedrohend oder belästigend bezeichneten Anrufe ausgegangen sind, auf andere Weise Kenntnis von der Auskunftserteilung nach Absatz 1 Satz 3, so ist er auf Verlangen über die Auskunftserteilung zu unterrichten.

(5) Die Aufsichtsbehörde ist über die Einführung und Änderungen des Verfahrens zur Einhaltung der Anforderungen der Absätze 1 bis 4 unverzüglich in Kenntnis zu setzen.

§ 15 Rufnummernanzeige und -unterdrückung

(1) [1]Bietet der Anbieter eines Sprachkommunikationsdienstes bei Anrufen die Anzeige der Rufnummer der anrufenden Endnutzer an, so müssen anrufende und angerufene Endnutzer die Möglichkeit haben, die Rufnummernanzeige dauernd oder für jeden Anruf einzeln auf einfache Weise und unentgeltlich zu unterdrücken. [2]Angerufene Endnutzer müssen die Möglichkeit haben, eingehende Anrufe, bei denen die Rufnummernanzeige durch den anrufenden Endnutzer unterdrückt wurde, auf einfache Weise und unentgeltlich abzuweisen. [3]Wird die Anzeige der Rufnummer von angerufenen Endnutzern angeboten, so müssen angerufene Endnutzer die Möglichkeit haben, die Anzeige ihrer Rufnummer beim anrufenden Endnutzer auf einfache Weise und unentgeltlich zu

unterdrücken. [4]Die Anzeige von Rufnummern von anrufenden Endnutzern darf bei den Notrufnummern 112 und 110 sowie den Rufnummern 124 124 und 116 117 nicht ausgeschlossen werden.

(2) Bei Anrufen zum Zweck der Werbung dürfen anrufende Nutzer weder die Rufnummernanzeige unterdrücken noch bei dem Anbieter des Telekommunikationsdienstes veranlassen, dass diese unterdrückt wird; der anrufende Nutzer hat sicherzustellen, dass dem Angerufenen die dem anrufenden Nutzer zugeteilte Rufnummer übermittelt wird.

(3) [1]Sofern Anschlussinhaber es beantragen, müssen Anbieter von Sprachkommunikationsdiensten einen Anschluss bereitstellen, bei dem die Übermittlung der Rufnummer unentgeltlich ausgeschlossen ist. [2]Auf Antrag des Anschlussinhabers sind solche Anschlüsse im Endnutzerverzeichnis (§ 17) zu kennzeichnen. [3]Ist eine Kennzeichnung nach Satz 2 erfolgt, so darf an den gekennzeichneten Anschluss eine Übermittlung der Rufnummer des Anschlusses, von dem der Anruf ausgeht, erst dann erfolgen, wenn die Kennzeichnung in der aktualisierten Fassung des Endnutzerverzeichnisses nicht mehr enthalten ist.

(4) Hat der Anschlussinhaber die Eintragung in das Endnutzerverzeichnis nicht nach § 17 beantragt, unterbleibt die Anzeige seiner Rufnummer bei dem angerufenen Anschluss, es sei denn, dass der Anschlussinhaber die Übermittlung seiner Rufnummer ausdrücklich wünscht.

(5) Die Absätze 1 bis 4 gelten auch für Anrufe in das Ausland und für aus dem Ausland kommende Anrufe, soweit sie Anrufende oder Angerufene im Inland betreffen.

§ 16 Automatische Anrufweiterschaltung

Anbieter von Sprachkommunikationsdiensten sind verpflichtet, ihren Endnutzern die Möglichkeit einzuräumen, eine von einem Dritten veranlasste automatische Weiterschaltung auf das Endgerät des Endnutzers auf einfache Weise und unentgeltlich abzustellen, soweit dies technisch möglich ist.

Kapitel 4: Endnutzerverzeichnisse, Bereitstellen von Endnutzerdaten

§ 17 Endnutzerverzeichnisse

(1) [1]Anschlussinhaber können mit ihrer Rufnummer, ihrem Namen und ihrer Anschrift in gedruckte oder elektronische Endnutzerverzeichnisse, die der Öffentlichkeit unmittelbar oder über Auskunftsdienste zugänglich sind, eingetragen werden, soweit sie dies beantragen. [2]Vor ihrem Antrag sind die Anschlussinhaber über weitere Nutzungsmöglichkeiten aufgrund der in elektronischen Fassungen der Verzeichnisse eingebetteten Suchfunktionen zu informieren. [3]Auf Antrag können zusätzliche Angaben wie Beruf und Branche eingetragen werden. [4]Dabei können die Antragsteller bestimmen, welche Angaben in den Verzeichnissen veröffentlicht werden sollen. [5]Auf Verlangen des Antragstellers dürfen weitere Nutzer des Anschlusses mit Namen und Vornamen eingetragen werden, soweit diese damit einverstanden sind. [6]Für die Einträge nach Satz 1 darf ein Entgelt nicht erhoben werden.

(2) Der Anbieter eines nummerngebundenen interpersonellen Telekommunikationsdienstes hat Anschlussinhaber bei der Begründung des Vertragsverhältnisses über die Möglichkeit zu informieren, ihre Rufnummer, ihren Namen, ihren Vornamen und ihre Anschrift in Endnutzerverzeichnisse nach Absatz 1 Satz 1 aufzunehmen.

(3) Der Anschlussinhaber kann von seinem Anbieter des nummerngebundenen interpersonellen Telekommunikationsdienstes jederzeit verlangen, dass seine Rufnummer, sein Name, sein Vorname und seine Anschrift in Auskunfts- und Verzeichnismedien unentgeltlich eingetragen, gespeichert, berichtigt oder gelöscht werden.

(4) Anbieter von Auskunfts- und Verzeichnismedien sind verpflichtet, die gemäß § 18 Absatz 1 übermittelten Daten zu veröffentlichen sowie unrichtige oder gelöschte Daten aus den Verzeichnissen zu entfernen und Berichtigungen vorzunehmen.

§ 18 Bereitstellen von Endnutzerdaten

(1) Jeder Anbieter eines nummerngebundenen interpersonellen Telekommunikationsdienstes hat unter Beachtung der anzuwendenden datenschutzrechtlichen Regelungen jedem Unternehmen Endnutzerdaten nach § 17 Absatz 1 auf Antrag zum Zweck der Bereitstellung von öffentlich zugänglichen Auskunftsdiensten, Diensten zur Unterrichtung über einen individuellen Gesprächswunsch eines anderen Nutzers und von Endnutzerverzeichnissen bereitzustellen.

(2) [1]Für die Bereitstellung der Daten kann ein Entgelt verlangt werden. [2]Das Entgelt unterliegt in der Regel einer nachträglichen Missbrauchsprüfung durch die Bundesnetzagentur nach Maßgabe der Bestimmungen des Telekommunikationsgesetzes zur Missbrauchsprüfung von Entgelten. [3]Ein Entgelt kann nur dann der Entgeltgenehmigungspflicht nach dem Telekommunikationsgesetz unterworfen werden, wenn das Unternehmen, von dem die Endnutzerdaten bereitgestellt werden, auf dem Markt für Endnutzerdaten über eine beträchtliche Marktmacht verfügt.

(3) Die Bereitstellung der Daten nach Absatz 1 hat unverzüglich nach einem Antrag nach Absatz 1 und in nichtdiskriminierender Weise zu erfolgen.

(4) Die nach Absatz 1 bereitgestellten Daten müssen vollständig sein und inhaltlich sowie technisch so aufbereitet sein, dass sie nach dem jeweiligen Stand der Technik ohne Schwierigkeiten in ein kundenfreundlich gestaltetes Endnutzerverzeichnis oder in eine entsprechende Auskunftsdienste-Datenbank aufgenommen werden können.

Teil 3: Telemediendatenschutz, Endeinrichtungen

Kapitel 1: Technische und organisatorische Vorkehrungen, Verarbeitung von Daten zum Zweck des Jugendschutzes und zur Auskunftserteilung

§ 19 Technische und organisatorische Vorkehrungen

(1) Anbieter von Telemedien haben durch technische und organisatorische Vorkehrungen sicherzustellen, dass der Nutzer von Telemedien die Nutzung des Dienstes jederzeit beenden kann und er Telemedien gegen Kenntnisnahme Dritter geschützt in Anspruch nehmen kann.

(2) [1]Anbieter von Telemedien haben die Nutzung von Telemedien und ihre Bezahlung anonym oder unter Pseudonym zu ermöglichen, soweit dies technisch möglich und zumutbar ist. [2]Der Nutzer von Telemedien ist über diese Möglichkeit zu informieren.

(3) Die Weitervermittlung zu einem anderen Anbieter von Telemedien ist dem Nutzer anzuzeigen.

(4) [1]Anbieter von Telemedien haben, soweit dies technisch möglich und wirtschaftlich zumutbar ist, im Rahmen ihrer jeweiligen Verantwortlichkeit für geschäftsmäßig angebotene Telemedien durch technische und organisatorische Vorkehrungen sicherzustellen, dass

1. kein unerlaubter Zugriff auf die für ihre Telemedienangebote genutzten technischen Einrichtungen möglich ist und
2. diese gesichert sind gegen Störungen, auch soweit sie durch äußere Angriffe bedingt sind.

[2]Vorkehrungen nach Satz 1 müssen den Stand der Technik berücksichtigen. [3]Eine Vorkehrung nach Satz 1 ist insbesondere die Anwendung eines als sicher anerkannten Verschlüsselungsverfahrens. [4]Anordnungen des Bundesamtes für Sicherheit in der Informationstechnik nach § 7d Satz 1 BSI-Gesetz bleiben unberührt.

§ 20 Verarbeitung personenbezogener Daten Minderjähriger

Hat ein Telemedienanbieter zur Wahrung des Jugendschutzes personenbezogene Daten von Minderjährigen erhoben, etwa durch Mittel zur Altersverifikation oder andere technische Maßnahmen, oder anderweitig gewonnen, so darf er diese Daten nicht für kommerzielle Zwecke verarbeiten.

§ 21 Bestandsdaten

(1) Auf Anordnung der zuständigen Stellen dürfen Anbieter von Telemedien im Einzelfall Auskunft über Bestandsdaten erteilen, soweit dies zur Durchsetzung der Rechte am geistigen Eigentum erforderlich ist.

(2) [1]Der Anbieter von Telemedien darf darüber hinaus im Einzelfall Auskunft über bei ihm vorhandene Bestandsdaten erteilen, soweit dies zur Durchsetzung zivilrechtlicher Ansprüche wegen der Verletzung absolut geschützter Rechte aufgrund rechtswidriger Inhalte, die von § 10a Absatz 1 des Telemediengesetzes oder § 1 Absatz 3 des Netzwerkdurchsetzungsgesetzes erfasst werden, erforderlich ist. [2]In diesem Umfang ist er gegenüber dem Verletzten zur Auskunft verpflichtet.

(3) [1]Für die Erteilung der Auskunft nach Absatz 2 ist eine vorherige gerichtliche Anordnung über die Zulässigkeit der Auskunftserteilung erforderlich, die vom Verletzten zu beantragen ist. [2]Das Gericht entscheidet zugleich über die Verpflichtung zur Auskunftserteilung, sofern der Antrag nicht ausdrücklich auf die Anordnung der Zulässigkeit der Auskunftserteilung beschränkt ist. [3]Für den Erlass dieser Anordnung ist das Landgericht ohne Rücksicht auf den Streitwert zuständig. [4]Örtlich zuständig ist das Gericht, in dessen Bezirk der Verletzte seinen Wohnsitz, seinen Sitz oder eine Niederlassung hat. [5]Die Entscheidung trifft die Zivilkammer. [6]Für das Verfahren gelten die Vorschriften des Gesetzes über das Verfahren in Familiensachen und in den Angelegenheiten der freiwilligen Gerichtsbarkeit entsprechend. [7]Die Kosten der richterlichen Anordnung trägt der Verletzte. [8]Gegen die Entscheidung des Landgerichts ist die Beschwerde statthaft.

(4) [1]Der Anbieter von Telemedien ist als Beteiligter zu dem Verfahren nach Absatz 3 hinzuzuziehen. [2]Er darf den Nutzer über die Einleitung des Verfahrens unterrichten.

§ 22 Auskunftsverfahren bei Bestandsdaten

(1) [1]Wer geschäftsmäßig Telemediendienste erbringt, daran mitwirkt oder den Zugang zur Nutzung daran vermittelt, darf die Bestandsdaten nach Maßgabe dieser Vorschrift zur Erfüllung von Auskunftspflichten gegenüber den in Absatz 3 genannten Stellen verwenden. [2]Dies gilt nicht für Passwörter oder andere Daten, mittels derer der Zugriff auf Endgeräte oder auf Speichereinrichtungen, die in diesen Endgeräten oder hiervon räumlich getrennt eingesetzt werden, geschützt wird. [3]Die in eine Auskunft aufzunehmenden Bestandsdaten dürfen auch anhand einer zu einem bestimmten Zeitpunkt zugewiesenen Internetprotokoll-Adresse bestimmt werden; hierfür dürfen Nutzungsdaten auch automatisiert ausgewertet werden. [4]Für die Auskunftserteilung sind sämtliche unternehmensinternen Datenquellen zu berücksichtigen.

(2) [1]Die Auskunft darf nur erteilt werden nach Maßgabe der nachfolgenden Absätze und soweit die um die Auskunft ersuchende Stelle dies im Einzelfall unter Angabe einer gesetzlichen Bestimmung verlangt, die ihr eine Erhebung der in Absatz 1 in Bezug genommenen Daten erlaubt. [2]Das Auskunftsverlangen ist schriftlich oder elektronisch zu stellen. [3]Bei Gefahr im Verzug darf die Auskunft auch erteilt werden, wenn das Verlangen in anderer Form gestellt wird. [4]In diesem Fall ist das Verlangen unverzüglich nachträglich schriftlich oder elektronisch zu bestätigen. [5]Die Verantwortung für die Zulässigkeit der Auskunft tragen die um Auskunft ersuchenden Stellen.

(3) Die Auskunft nach Absatz 1 Satz 1 darf nur erteilt werden an

1. die für die Verfolgung von Straftaten und Ordnungswidrigkeiten zuständigen Behörden, soweit zureichende tatsächliche Anhaltspunkte für eine Straftat oder Ordnungswidrigkeit, die gegenüber einer natürlichen Person mit Geldbuße im Höchstmaß

von mehr als fünfzehntausend Euro bedroht ist, vorliegen und die in die Auskunft aufzunehmenden Daten erforderlich sind, um den Sachverhalt zu erforschen, den Aufenthaltsort eines Beschuldigten oder Betroffenen zu ermitteln oder eine Strafe zu vollstrecken,

2. die für die Abwehr von Gefahren für die öffentliche Sicherheit oder Ordnung zuständigen Behörden, soweit die in die Auskunft aufzunehmenden Daten im Einzelfall erforderlich sind,
   a) zur Abwehr einer Gefahr für die öffentliche Sicherheit, oder
   b) zum Schutz von Leib, Leben, Freiheit der Person, sexueller Selbstbestimmung, dem Bestand und der Sicherheit des Bundes oder eines Landes, der freiheitlich demokratischen Grundordnung, Gütern der Allgemeinheit, deren Bedrohung die Grundlagen der Existenz der Menschen berührt, sowie nicht unerheblichen Sachwerten, wenn Tatsachen den Schluss auf ein wenigstens seiner Art nach konkretisiertes sowie zeitlich absehbares Geschehen zulassen, an dem bestimmte Personen beteiligt sein werden, oder
   c) zum Schutz von Leib, Leben, Freiheit der Person, sexueller Selbstbestimmung, dem Bestand und der Sicherheit des Bundes oder eines Landes, der freiheitlich demokratischen Grundordnung sowie Gütern der Allgemeinheit, deren Bedrohung die Grundlagen der Existenz der Menschen berührt, wenn das individuelle Verhalten einer Person die konkrete Wahrscheinlichkeit begründet, dass sie in einem übersehbaren Zeitraum eine gegen ein solches Rechtsgut gerichtete Straftat begehen wird, oder
   d) zur Verhütung einer Straftat von erheblicher Bedeutung, sofern Tatsachen die Annahme rechtfertigen, dass eine Person innerhalb eines übersehbaren Zeitraums auf eine ihrer Art nach konkretisierte Weise als Täter oder Teilnehmer an der Begehung einer Tat beteiligt ist, oder
   e) zur Verhütung einer schweren Straftat im Sinne von § 100a Absatz 2 der Strafprozessordnung, sofern das individuelle Verhalten einer Person die konkrete Wahrscheinlichkeit begründet, dass die Person innerhalb eines übersehbaren Zeitraums die Tat begehen wird,
3. das Bundeskriminalamt als Zentralstelle nach § 2 des Bundeskriminalamtgesetzes, sofern
   a) zureichende tatsächliche Anhaltspunkte für eine Straftat im Sinne des § 2 Absatz 1 des Bundeskriminalamtgesetzes vorliegen und die in die Auskunft aufzunehmenden Daten erforderlich sind, um
      aa) die zuständige Strafverfolgungsbehörde zu ermitteln oder
      bb) ein Auskunftsersuchen einer ausländischen Strafverfolgungsbehörde im Rahmen des internationalen polizeilichen Dienstverkehrs, das nach Maßgabe der Vorschriften über die internationale Rechtshilfe in Strafsachen bearbeitet wird, zu erledigen, oder
   b) die in die Auskunft aufzunehmenden Daten im Rahmen der Strafvollstreckung erforderlich sind, um ein Auskunftsersuchen einer ausländischen Strafverfolgungsbehörde im Rahmen des polizeilichen Dienstverkehrs, das nach Maßgabe der Vorschriften über die internationale Rechtshilfe in Strafsachen bearbeitet wird, zu erledigen, oder
   c) die Gefahr besteht, dass eine Person an der Begehung einer Straftat im Sinne des § 2 Absatz 1 des Bundeskriminalamtgesetzes beteiligt sein wird, und die in die Auskunft aufzunehmenden Daten erforderlich sind, um
      aa) die für die Verhütung der Straftat zuständige Polizeibehörde zu ermitteln oder
      bb) ein Auskunftsersuchen einer ausländischen Polizeibehörde im Rahmen des polizeilichen Dienstverkehrs zur Verhütung der Straftat zu erledigen, oder
   d) Tatsachen die Annahme rechtfertigen, dass eine Person innerhalb eines übersehbaren Zeitraums auf eine zumindest ihrer Art nach konkretisierte Weise an einer Straftat von erheblicher Bedeutung beteiligt sein wird und die in die Auskunft aufzunehmenden Daten erforderlich sind, um
      aa) die für die Verhütung der Straftat zuständige Polizeibehörde zu ermitteln oder
      bb) ein Auskunftsersuchen einer ausländischen Polizeibehörde im Rahmen des polizeilichen Dienstverkehrs zur Verhütung der Straftat zu erledigen, oder
   e) das individuelle Verhalten einer Person die konkrete Wahrscheinlichkeit begründet, dass sie innerhalb eines übersehbaren Zeitraums eine schwere Straftat nach § 100a Absatz 2 der Strafprozessordnung begehen wird, und die in die Auskunft aufzunehmenden Daten erforderlich sind, um
      aa) die für die Verhütung der Straftat zuständige Polizeibehörde zu ermitteln oder
      bb) ein Auskunftsersuchen einer ausländischen Polizeibehörde im Rahmen des polizeilichen Dienstverkehrs zur Verhütung der Straftat zu erledigen,
4. das Zollkriminalamt als Zentralstelle nach § 3 des Zollfahndungsdienstgesetzes, sofern
   a) im Einzelfall zureichende tatsächliche Anhaltspunkte für eine Straftat vorliegen und die in die Auskunft aufzunehmenden Daten erforderlich sind, um
      aa) die zuständige Strafverfolgungsbehörde zu ermitteln oder
      bb) ein Auskunftsersuchen einer ausländischen Strafverfolgungsbehörde im Rahmen des internationalen polizeilichen Dienstverkehrs, das nach Maßgabe der Vorschriften über die internationale Rechtshilfe in Strafsachen bearbeitet wird, auch im Rahmen der Strafvollstreckung, zu erledigen, oder
   b) dies im Einzelfall erforderlich ist
      aa) zur Abwehr einer Gefahr für die öffentliche Sicherheit, oder
      bb) zum Schutz von Leib, Leben, Freiheit der Person, sexueller Selbstbestimmung, dem Bestand und der Sicherheit des

Bundes oder eines Landes, der freiheitlich demokratischen Grundordnung, Gütern der Allgemeinheit, deren Bedrohung die Grundlagen der Existenz der Menschen berührt, sowie nicht unerheblichen Sachwerten, wenn Tatsachen den Schluss auf ein wenigstens seiner Art nach konkretisiertes und zeitlich absehbares Geschehen zulassen, an dem bestimmte Personen beteiligt sein werden, oder

cc) zum Schutz von Leib, Leben, Freiheit der Person, sexueller Selbstbestimmung, dem Bestand und der Sicherheit des Bundes oder eines Landes, der freiheitlich demokratischen Grundordnung sowie Gütern der Allgemeinheit, deren Bedrohung die Grundlagen der Existenz der Menschen berührt, wenn das individuelle Verhalten einer Person die konkrete Wahrscheinlichkeit begründet, dass die Gefährdung eines solchen Rechtsgutes in einem übersehbaren Zeitraum eintreten wird, oder

dd) zur Erledigung eines Auskunftsersuchens einer ausländischen Polizeibehörde im Rahmen des polizeilichen Dienstverkehrs zur Verhütung einer Straftat, oder

ee) zur Verhütung einer Straftat von erheblicher Bedeutung, sofern Tatsachen die Annahme rechtfertigen, dass eine Person innerhalb eines übersehbaren Zeitraums auf eine ihrer Art nach konkretisierte Weise als Täter oder Teilnehmer an der Begehung der Tat beteiligt ist, oder

ff) zur Verhütung einer schweren Straftat nach § 100a Absatz 2 der Strafprozessordnung, sofern das individuelle Verhalten einer Person die konkrete Wahrscheinlichkeit begründet, dass die Person innerhalb eines übersehbaren Zeitraums die Tat begehen wird,

5. die Behörden der Zollverwaltung und die nach Landesrecht zuständigen Behörden, sofern im Einzelfall bei der Veröffentlichung von Angeboten oder Werbemaßnahmen ohne Angabe von Name und Anschrift tatsächliche Anhaltspunkte für Schwarzarbeit oder illegale Beschäftigung nach § 1 des Schwarzarbeitsbekämpfungsgesetzes vorliegen und die in die Auskunft aufzunehmenden Daten zur Identifizierung des Auftraggebers erforderlich sind, um Schwarzarbeit oder illegale Beschäftigung aufzudecken,
6. die Verfassungsschutzbehörden des Bundes und der Länder, soweit dies aufgrund tatsächlicher Anhaltspunkte im Einzelfall erforderlich ist zur Aufklärung bestimmter Bestrebungen oder Tätigkeiten nach
   a) § 3 Absatz 1 des Bundesverfassungsschutzgesetzes oder
   b) einem zum Verfassungsschutz (§ 1 Absatz 1 des Bundesverfassungsschutzgesetzes) landesgesetzlich begründeten Beobachtungsauftrag der Landesbehörde, insbesondere zum Schutz der verfassungsmäßigen Ordnung vor Bestrebungen und Tätigkeiten der organisierten Kriminalität,
7. den Militärischen Abschirmdienst, soweit dies aufgrund tatsächlicher Anhaltspunkte im Einzelfall zur Aufklärung bestimmter Bestrebungen oder Tätigkeiten nach § 1 Absatz 1 des MAD-Gesetzes oder zur Sicherung der Einsatzbereitschaft der Truppe oder zum Schutz der Angehörigen, der Dienststellen und Einrichtungen des Geschäftsbereichs des Bundesministeriums der Verteidigung nach § 14 Absatz 1 des MAD-Gesetzes erforderlich ist,
8. den Bundesnachrichtendienst, soweit dies erforderlich ist
   a) zur politischen Unterrichtung der Bundesregierung, wenn im Einzelfall tatsächliche Anhaltspunkte dafür vorliegen, dass durch die Auskunft Informationen über das Ausland gewonnen werden können, die von außen- und sicherheitspolitischer Bedeutung für die Bundesrepublik Deutschland sind und zu deren Aufklärung das Bundeskanzleramt den Bundesnachrichtendienst beauftragt hat, oder
   b) zur Früherkennung von aus dem Ausland drohenden Gefahren von internationaler Bedeutung, wenn im Einzelfall tatsächliche Anhaltspunkte dafür vorliegen, dass durch die Auskunft Erkenntnisse gewonnen werden können mit Bezug zu den in § 4 Absatz 3 Nummer 1 des BND-Gesetzes genannten Gefahrenbereichen oder zum Schutz der in § 4 Absatz 3 Nummer 2 und 3 des BND-Gesetzes genannten Rechtsgüter.

(4) Die Auskunft nach Absatz 1 Satz 3 darf nur erteilt werden an

1. die für die Verfolgung von Straftaten zuständigen Behörden, soweit zureichende tatsächliche Anhaltspunkte für eine Straftat vorliegen und die in die Auskunft aufzunehmenden Daten erforderlich sind, um den Sachverhalt zu erforschen, den Aufenthaltsort eines Beschuldigten zu ermitteln oder eine Strafe zu vollstrecken,
2. die für die Abwehr von Gefahren für die öffentliche Sicherheit oder Ordnung zuständigen Behörden, wenn die in die Auskunft aufzunehmenden Daten im Einzelfall erforderlich sind
   a) zum Schutz von Leib, Leben, Freiheit der Person, sexueller Selbstbestimmung, dem Bestand und der Sicherheit des Bundes oder eines Landes, der freiheitlich demokratischen Grundordnung, Gütern der Allgemeinheit, deren Bedrohung die Grundlagen der Existenz der Menschen berührt, sowie nicht unerheblicher Sachwerte oder zur Verhütung einer Straftat oder
   b) zum Schutz von Leib, Leben, Freiheit der Person, sexueller Selbstbestimmung, dem Bestand und der Sicherheit des Bundes oder eines Landes, der freiheitlich demokratischen Grundordnung sowie Gütern der Allgemeinheit, deren Bedrohung die Grundlagen der Existenz der Menschen berührt, sowie nicht unerheblicher Sachwerte, wenn Tatsachen den Schluss auf ein wenigstens seiner Art nach konkretisiertes sowie zeitlich absehbares Geschehen zulassen, an dem bestimmte Personen beteiligt sein werden, oder
   c) zum Schutz von Leib, Leben, Freiheit der Person, sexueller Selbstbestimmung, dem Bestand und der Sicherheit des Bundes oder eines Landes, der freiheitlich demokratischen Grundordnung sowie Gütern der Allgemeinheit, deren Bedrohung die Grundlagen der Existenz der Menschen berührt, wenn das individuelle Verhalten einer Person die konkrete Wahrscheinlichkeit begründet, dass sie in einem übersehbaren Zeitraum eine gegen ein solches Rechtsgut gerichtete Straftat begehen wird, oder

d) zur Verhütung einer schweren Straftat nach § 100a Absatz 2 der Strafprozessordnung, sofern Tatsachen die Annahme rechtfertigen, dass eine Person innerhalb eines übersehbaren Zeitraums auf eine ihrer Art nach konkretisierten Weise als Täter oder Teilnehmer an der Begehung einer Tat beteiligt ist, oder
e) zur Verhütung einer schweren Straftat nach § 100a Absatz 2 der Strafprozessordnung, sofern das individuelle Verhalten einer Person die konkrete Wahrscheinlichkeit begründet, dass die Person innerhalb eines übersehbaren Zeitraums die Tat begehen wird,

3. das Bundeskriminalamt als Zentralstelle nach § 2 des Bundeskriminalamtgesetzes, sofern
   a) zureichende tatsächliche Anhaltspunkte für eine Straftat im Sinne des § 2 Absatz 1 des Bundeskriminalamtgesetzes vorliegen und die in die Auskunft aufzunehmenden Daten erforderlich sind, um
      aa) die zuständige Strafverfolgungsbehörde zu ermitteln, oder
      bb) ein Auskunftsersuchen einer ausländischen Strafverfolgungsbehörde im Rahmen des internationalen polizeilichen Dienstverkehrs, das nach Maßgabe der Vorschriften über die internationale Rechtshilfe in Strafsachen bearbeitet wird, zu erledigen, oder
   b) die in die Auskunft aufzunehmenden Daten im Rahmen der Strafvollstreckung erforderlich sind, um ein Auskunftsersuchen einer ausländischen Strafverfolgungsbehörde im Rahmen des polizeilichen Dienstverkehrs, das nach Maßgabe der Vorschriften über die internationale Rechtshilfe in Strafsachen bearbeitet wird, zu erledigen,
   c) die Gefahr besteht, dass eine Person an der Begehung einer Straftat im Sinne des § 2 Absatz 1 des Bundeskriminalamtgesetzes beteiligt sein wird und die in die Auskunft aufzunehmenden Daten erforderlich sind, um
      aa) die für die Verhütung der Straftat zuständige Polizeibehörde zu ermitteln, oder
      bb) ein Auskunftsersuchen einer ausländischen Polizeibehörde im Rahmen des polizeilichen Dienstverkehrs zur Verhütung der Straftat zu erledigen, oder
   d) Tatsachen die Annahme rechtfertigen, dass eine Person innerhalb eines übersehbaren Zeitraums auf eine zumindest ihrer Art nach konkretisierte Weise an einer schweren Straftat nach § 100a Absatz 2 der Strafprozessordnung beteiligt sein wird, und die in die Auskunft aufzunehmenden Daten erforderlich sind, um
      aa) die für die Verhütung der Straftat zuständige Polizeibehörde zu ermitteln, oder
      bb) ein Auskunftsersuchen einer ausländischen Polizeibehörde im Rahmen des polizeilichen Dienstverkehrs zur Verhütung der Straftat zu erledigen, oder
   e) das individuelle Verhalten einer Person die konkrete Wahrscheinlichkeit begründet, dass sie innerhalb eines übersehbaren Zeitraums eine schwere Straftat nach § 100a Absatz 2 der Strafprozessordnung begehen wird, und die in die Auskunft aufzunehmenden Daten erforderlich sind, um
      aa) die für die Verhütung der Straftat zuständige Polizeibehörde zu ermitteln, oder
      bb) ein Auskunftsersuchen einer ausländischen Polizeibehörde im Rahmen des polizeilichen Dienstverkehrs zur Verhütung der Straftat zu erledigen,
4. das Zollkriminalamt als Zentralstelle nach § 3 des Zollfahndungsdienstgesetzes, sofern
   a) im Einzelfall zureichende tatsächliche Anhaltspunkte für eine Straftat vorliegen, und die in die Auskunft aufzunehmenden Daten erforderlich sind, um
      aa) die zuständige Strafverfolgungsbehörde zu ermitteln, oder
      bb) ein Auskunftsersuchen einer ausländischen Strafverfolgungsbehörde im Rahmen des internationalen polizeilichen Dienstverkehrs, das nach Maßgabe der Vorschriften über die internationale Rechtshilfe in Strafsachen bearbeitet wird, auch im Rahmen der Strafvollstreckung, zu erledigen, oder
   b) dies im Einzelfall erforderlich ist
      aa) zum Schutz von Leib, Leben, Freiheit der Person, sexueller Selbstbestimmung, dem Bestand und der Sicherheit des Bundes oder eines Landes, der freiheitlich demokratischen Grundordnung, Gütern der Allgemeinheit, deren Bedrohung die Grundlagen der Existenz der Menschen berührt, sowie nicht unerheblicher Sachwerte oder zur Verhütung einer Straftat, oder
      bb) zum Schutz von Leib, Leben, Freiheit der Person, sexueller Selbstbestimmung, dem Bestand und der Sicherheit des Bundes oder eines Landes, der freiheitlich demokratischen Grundordnung sowie Gütern der Allgemeinheit, deren Bedrohung die Grundlagen der Existenz der Menschen berührt, wenn Tatsachen den Schluss auf ein wenigstens seiner Art nach konkretisiertes und zeitlich absehbares Geschehen zulassen, an dem bestimmte Personen beteiligt sein werden, oder
      cc) zum Schutz von Leib, Leben, Freiheit der Person, sexueller Selbstbestimmung, dem Bestand und der Sicherheit des Bundes oder eines Landes, der freiheitlich demokratischen Grundordnung sowie Gütern der Allgemeinheit, deren Bedrohung die Grundlagen der Existenz der Menschen berührt, wenn das individuelle Verhalten einer Person die konkrete Wahrscheinlichkeit begründet, dass die Gefährdung eines solchen Rechtsgutes in einem übersehbaren Zeitraum eintreten wird, oder
      dd) zur Erledigung eines Auskunftsersuchens einer ausländischen Polizeibehörde im Rahmen des polizeilichen Dienstverkehrs zur Verhütung einer schweren Straftat nach § 100a Absatz 2 der Strafprozessordnung, oder
      ee) zur Verhütung einer schweren Straftat nach § 100a Absatz 2 der Strafprozessordnung, sofern Tatsachen die Annahme rechtfertigen, dass eine Person innerhalb eines übersehbaren Zeitraums auf eine ihrer Art nach konkretisierte Weise als Täter oder Teilnehmer an der Begehung der Tat beteiligt ist, oder

ff) zur Verhütung einer schweren Straftat nach § 100a Absatz 2 der Strafprozessordnung, sofern das individuelle Verhalten einer Person die konkrete Wahrscheinlichkeit begründet, dass die Person innerhalb eines übersehbaren Zeitraums die Tat begehen wird,

5. die Behörden der Zollverwaltung und die nach Landesrecht zuständigen Behörden zur Verhütung einer Straftat nach den §§ 10, 10a oder 11 des Schwarzarbeitsbekämpfungsgesetzes oder § 266a des Strafgesetzbuches,
6. die Verfassungsschutzbehörden des Bundes und der Länder, soweit dies aufgrund tatsächlicher Anhaltspunkte im Einzelfall erforderlich ist zur Aufklärung bestimmter Bestrebungen oder Tätigkeiten nach
   a) § 3 Absatz 1 des Bundesverfassungsschutzgesetzes, oder
   b) einem zum Verfassungsschutz (§ 1 Absatz 1 des Bundesverfassungsschutzgesetzes) landesgesetzlich begründeten Beobachtungsauftrag der Landesbehörde, insbesondere zum Schutz der verfassungsmäßigen Ordnung vor Bestrebungen und Tätigkeiten der organisierten Kriminalität,
7. den Militärischen Abschirmdienst, soweit dies aufgrund tatsächlicher Anhaltspunkte im Einzelfall zur Aufklärung bestimmter Bestrebungen oder Tätigkeiten nach § 1 Absatz 1 des MAD-Gesetzes oder zur Sicherung der Einsatzbereitschaft der Truppe oder zum Schutz der Angehörigen, der Dienststellen und Einrichtungen des Geschäftsbereichs des Bundesministeriums der Verteidigung nach § 14 Absatz 1 des MAD-Gesetzes erforderlich ist,
8. den Bundesnachrichtendienst, soweit dies erforderlich ist
   a) zur politischen Unterrichtung der Bundesregierung, wenn im Einzelfall tatsächliche Anhaltspunkte dafür vorliegen, dass durch die Auskunft Informationen über das Ausland gewonnen werden können, die von außen- und sicherheitspolitischer Bedeutung für die Bundesrepublik Deutschland sind und zu deren Aufklärung das Bundeskanzleramt den Bundesnachrichtendienst beauftragt hat, oder
   b) zur Früherkennung von aus dem Ausland drohenden Gefahren von internationaler Bedeutung, wenn im Einzelfall tatsächliche Anhaltspunkte dafür vorliegen, dass durch die Auskunft Erkenntnisse gewonnen werden können mit Bezug zu den in § 4 Absatz 3 Nummer 1 des BND-Gesetzes genannten Gefahrenbereichen oder zum Schutz der in § 4 Absatz 3 Nummer 2 und 3 des BND-Gesetzes genannten Rechtsgüter.

(5) [1]Derjenige, der geschäftsmäßig Telemediendienste erbringt, daran mitwirkt oder den Zugang zur Nutzung daran vermittelt, hat die zu beauskunftenden Daten unverzüglich und vollständig zu übermitteln. [2]Eine Verschlüsselung der Daten bleibt unberührt. [3]Über das Auskunftsersuchen und die Auskunftserteilung haben die Verpflichteten gegenüber den Betroffenen sowie Dritten Stillschweigen zu wahren.

(6) [1]Wer geschäftsmäßig Telemediendienste erbringt oder daran mitwirkt, hat die in seinem Verantwortungsbereich für die Auskunftserteilung erforderlichen Vorkehrungen auf seine Kosten zu treffen. [2]Jedes Auskunftsverlangen ist durch eine verantwortliche Fachkraft auf Einhaltung der in Absatz 2 genannten formalen Voraussetzungen zu prüfen. [3]Die weitere Bearbeitung des Auskunftsverlangens darf erst nach einem positiven Prüfergebnis freigegeben werden.

§ 23 Auskunftsverfahren bei Passwörtern und anderen Zugangsdaten

(1) [1]Abweichend von § 22 darf derjenige, der geschäftsmäßig Telemediendienste erbringt, daran mitwirkt oder den Zugang zur Nutzung daran vermittelt, die als Bestandsdaten erhobenen Passwörter oder andere Daten, mittels derer der Zugriff auf Endgeräte oder auf Speichereinrichtungen, die in diesen Endgeräten oder hiervon räumlich getrennt eingesetzt werden, geschützt wird, nach Maßgabe dieser Vorschrift zur Erfüllung von Auskunftspflichten gegenüber den in Absatz 2 genannten Stellen verwenden. [2]Für die Auskunftserteilung sind sämtliche unternehmensinternen Datenquellen zu berücksichtigen.

(2) [1]Die Auskunft nach Absatz 1 Satz 1 darf nur erteilt werden an

1. zur Verfolgung von Straftaten zuständige Behörden, soweit diese im Einzelfall die Übermittlung unter Angabe einer gesetzlichen Bestimmung, die ihnen eine Erhebung und Nutzung der in Absatz 1 genannten Daten zur Verfolgung besonders schwerer Straftaten nach § 100b Absatz 2 Nummer 1 Buchstabe a, c, e, f, g, h oder m, Nummer 3 Buchstabe b erste Alternative, Nummer 5, 6, 9 oder 10 der Strafprozessordnung erlauben, nach Anordnung durch ein Gericht verlangen, oder
2. für die Abwehr von Gefahren für die öffentliche Sicherheit oder Ordnung zuständige Behörden, soweit diese im Einzelfall die Übermittlung unter Angabe einer gesetzlichen Bestimmung, die ihnen eine Erhebung und Nutzung der in Absatz 1 genannten Daten zur Abwehr einer konkreten Gefahr für Leib, Leben oder Freiheit der Person, für die sexuelle Selbstbestimmung, für den Bestand des Bundes oder eines Landes, die freiheitlich demokratische Grundordnung sowie Güter der Allgemeinheit, deren Bedrohung die Grundlagen der Existenz der Menschen berührt, erlauben, nach Anordnung durch ein Gericht verlangen.

[2]An andere öffentliche und nichtöffentliche Stellen dürfen Daten nach Absatz 1 nicht übermittelt werden. [3]Die Verantwortung für die Zulässigkeit der Auskunft tragen die um Auskunft ersuchenden Stellen.

(3) [1]Derjenige, der geschäftsmäßig Telemediendienste erbringt, daran mitwirkt oder den Zugang zur Nutzung daran vermittelt, hat die zu beauskunftenden Daten unverzüglich und vollständig zu übermitteln. [2]Eine Verschlüsselung der Daten bleibt unberührt. [3]Über das Auskunftsersuchen und die Auskunftserteilung haben die Verpflichteten gegenüber den Betroffenen sowie Dritten Stillschweigen zu wahren.

(4) [1]Wer geschäftsmäßig Telemediendienste erbringt oder daran mitwirkt, hat die in seinem Verantwortungsbereich für die Auskunftserteilung erforderlichen Vorkehrungen auf seine Kosten zu treffen. [2]Jedes Auskunftsverlangen ist durch eine verantwortliche Fachkraft auf Einhaltung der in Absatz 2 genannten formalen Voraussetzungen zu prüfen. [3]Die weitere Bearbeitung des Auskunftsverlangens darf erst nach einem positiven Prüfergebnis freigegeben werden.

§ 24 Auskunftsverfahren bei Nutzungsdaten

(1) [1]Wer geschäftsmäßig Telemediendienste erbringt, daran mitwirkt oder den Zugang zur Nutzung daran vermittelt, darf die Nutzungsdaten nach Maßgabe dieser Vorschrift zur Erfüllung von Auskunftspflichten gegenüber den in Absatz 3 genannten Stellen verwenden. [2]Für die Auskunftserteilung sind sämtliche unternehmensinternen Datenquellen zu berücksichtigen.

(2) [1]Die Auskunft darf nur erteilt werden nach Maßgabe der nachfolgenden Absätze und soweit die um die Auskunft ersuchende Stelle dies im Einzelfall unter Angabe einer gesetzlichen Bestimmung verlangt, die ihr eine Erhebung der in Absatz 1 in Bezug genommenen Daten erlaubt. [2]Das Auskunftsverlangen ist schriftlich oder elektronisch zu stellen. [3]Bei Gefahr im Verzug darf die Auskunft auch erteilt werden, wenn das Verlangen in anderer Form gestellt wird. [4]In diesem Fall ist das Verlangen unverzüglich nachträglich schriftlich oder elektronisch zu bestätigen. [5]Die Verantwortung für die Zulässigkeit der Auskunft tragen die um Auskunft ersuchenden Stellen.

(3) Die Auskunft nach Absatz 1 Satz 1 darf nur erteilt werden an

1. die für die Verfolgung von Straftaten zuständigen Behörden, soweit zureichende tatsächliche Anhaltspunkte für eine Straftat vorliegen und die zu erhebenden Daten erforderlich sind, um den Sachverhalt zu erforschen, den Aufenthaltsort eines Beschuldigten zu ermitteln,
2. die für die Abwehr von Gefahren für die öffentliche Sicherheit oder Ordnung zuständigen Behörden, soweit dies im Einzelfall erforderlich ist,
   a) zur Abwehr einer Gefahr für
      aa) die öffentliche Sicherheit, wobei die Auskunft auf Nutzungsdaten nach § 2 Absatz 2 Nummer 3 Buchstabe a beschränkt ist, oder
      bb) Leib, Leben, Freiheit der Person, die sexuelle Selbstbestimmung, den Bestand und die Sicherheit des Bundes oder eines Landes, die freiheitlich demokratische Grundordnung, Güter der Allgemeinheit, deren Bedrohung die Grundlagen der Existenz der Menschen berührt, sowie nicht unerhebliche Sachwerte, oder
   b) zum Schutz von Leib, Leben, Freiheit der Person, sexueller Selbstbestimmung, dem Bestand und der Sicherheit des Bundes oder eines Landes, der freiheitlich demokratischen Grundordnung, Gütern der Allgemeinheit, deren Bedrohung die Grundlagen der Existenz der Menschen berührt, sowie nicht unerheblichen Sachwerten, wenn Tatsachen den Schluss auf ein wenigstens seiner Art nach konkretisiertes sowie zeitlich absehbares Geschehen zulassen, an dem bestimmte Personen beteiligt sein werden, oder
   c) zum Schutz von Leib, Leben Freiheit der Person, sexueller Selbstbestimmung, dem Bestand und der Sicherheit des Bundes oder eines Landes, der freiheitlich demokratischen Grundordnung sowie Gütern der Allgemeinheit, deren Bedrohung die Grundlagen der Existenz der Menschen berührt, wenn das individuelle Verhalten einer Person die konkrete Wahrscheinlichkeit begründet, dass sie in einem übersehbaren Zeitraum eine gegen ein solches Rechtsgut gerichtete Straftat begehen wird, oder
   d) zur Verhütung einer Straftat von erheblicher Bedeutung, sofern Tatsachen die Annahme rechtfertigen, dass eine Person innerhalb eines übersehbaren Zeitraums auf eine ihrer Art nach konkretisierten Weise als Täter oder Teilnehmer an der Begehung einer Tat beteiligt ist, oder
   e) zur Verhütung einer schweren Straftat nach § 100a Absatz 2 der Strafprozessordnung, sofern das individuelle Verhalten einer Person die konkrete Wahrscheinlichkeit begründet, dass die Person innerhalb eines übersehbaren Zeitraums die Tat begehen wird,
3. das Bundeskriminalamt als Zentralstelle nach § 2 des Bundeskriminalamtgesetzes, sofern im Einzelfall eine erhebliche Gefahr für die öffentliche Sicherheit vorliegt oder zureichende tatsächliche Anhaltspunkte für eine Straftat im Sinne des § 2 Absatz 1 des Bundeskriminalamtgesetzes vorliegen und die Daten erforderlich sind, um die zuständige Strafverfolgungsbehörde oder zuständige Polizeibehörde zu ermitteln, wobei die Auskunft auf Nutzungsdaten nach § 2 Absatz 2 Nummer 3 Buchstabe a beschränkt ist,
4. das Zollkriminalamt, soweit dies im Einzelfall erforderlich ist zum Schutz der in § 4 Absatz 1, auch in Verbindung mit Absatz 2, des Außenwirtschaftsgesetzes genannten Rechtsgüter, wenn
   a) Tatsachen den Schluss auf ein wenigstens seiner Art nach konkretisiertes sowie zeitlich absehbares Geschehen zulassen, an dem bestimmte Personen beteiligt sein werden, oder
   b) das individuelle Verhalten einer Person die konkrete Wahrscheinlichkeit begründet, dass sie in einem übersehbaren Zeitraum eine gegen ein solches Rechtsgut gerichtete Straftat begehen wird,
5. die Verfassungsschutzbehörden des Bundes und der Länder, soweit dies aufgrund tatsächlicher Anhaltspunkte im Einzelfall erforderlich ist zur Aufklärung bestimmter Bestrebungen oder Tätigkeiten nach
   a) § 3 Absatz 1 des Bundesverfassungsschutzgesetzes oder
   b) einem zum Verfassungsschutz (§ 1 Absatz 1 des Bundesverfassungsschutzgesetzes) landesgesetzlich begründeten Beobachtungsauftrag der Landesbehörde, insbesondere zum Schutz der verfassungsmäßigen Ordnung vor Bestrebungen und Tätigkeiten der organisierten Kriminalität,
6. den Militärischen Abschirmdienst, soweit dies aufgrund tatsächlicher Anhaltspunkte im Einzelfall zur Aufklärung bestimmter Bestrebungen oder Tätigkeiten nach § 1 Absatz 1 des MAD-Gesetzes oder zur Sicherung der Einsatzbereitschaft der Truppe oder zum Schutz der Angehörigen, der Dienststellen und Einrichtungen des Geschäftsbereichs des Bundesministeriums der Verteidigung nach § 14 Absatz 1 des MAD-Gesetzes erforderlich ist,

7. den Bundesnachrichtendienst zur Gewinnung von Erkenntnissen über das Ausland von außen- und sicherheitspolitischer Bedeutung für die Bundesrepublik Deutschland, sofern
   a) tatsächliche Anhaltspunkte dafür vorliegen, dass ein wenigstens seiner Art nach konkretisiertes sowie zeitlich absehbares Geschehen besteht, an dem bestimmte Personen beteiligt sein werden, und das
      aa) einem der in § 4 Absatz 3 Nummer 1 des BND-Gesetzes genannten Gefahrenbereiche unterfällt, oder
      bb) eines der in § 4 Absatz 3 Nummer 2 und 3 des BND-Gesetzes genannten Rechtsgüter beeinträchtigen wird, oder
   b) eine Auskunftserteilung über bestimmte Nutzungsdaten im Sinne von § 2 Absatz 2 Nummer 3 Buchstabe a erforderlich ist, um einen Nutzer zu identifizieren, von dem ein bestimmter, dem Bundesnachrichtendienst bereits bekannter Inhalt der Nutzung des Telemediendienstes herrührt, zum Zweck
      aa) der politischen Unterrichtung der Bundesregierung, wenn im Einzelfall tatsächliche Anhaltspunkte für bestimmte Vorgänge im Ausland vorliegen, die von außen- und sicherheitspolitischer Bedeutung für die Bundesrepublik Deutschland sind und zu deren Aufklärung das Bundeskanzleramt den Bundesnachrichtendienst beauftragt hat, oder
      bb) der Früherkennung von aus dem Ausland drohenden Gefahren von internationaler Bedeutung, wenn im Einzelfall tatsächliche Anhaltspunkte für Vorgänge im Ausland bestehen, die einen Bezug zu den in § 4 Absatz 3 Nummer 1 des BND-Gesetzes genannten Gefahrenbereichen aufweisen oder darauf abzielen oder geeignet sind, die in § 4 Absatz 3 Nummer 2 und 3 des BND-Gesetzes genannten Rechtsgüter zu schädigen.

(4) [1]Derjenige, der geschäftsmäßig Telemediendienste erbringt, daran mitwirkt oder den Zugang zur Nutzung daran vermittelt, hat die zu beauskunftenden Daten unverzüglich und vollständig zu übermitteln. [2]Eine Verschlüsselung der Daten bleibt unberührt. [3]Über das Auskunftsersuchen und die Auskunftserteilung haben die Verpflichteten gegenüber den Betroffenen sowie Dritten Stillschweigen zu wahren.

(5) [1]Wer geschäftsmäßig Telemediendienste erbringt oder daran mitwirkt, hat die in seinem Verantwortungsbereich für die Auskunftserteilung erforderlichen Vorkehrungen auf seine Kosten zu treffen. [2]Jedes Auskunftsverlangen ist durch eine verantwortliche Fachkraft auf Einhaltung der in Absatz 2 genannten formalen Voraussetzungen zu prüfen. [3]Die weitere Bearbeitung des Auskunftsverlangens darf erst nach einem positiven Prüfergebnis freigegeben werden.

Kapitel 2: Endeinrichtungen

§ 25 Schutz der Privatsphäre bei Endeinrichtungen

(1) [1]Die Speicherung von Informationen in der Endeinrichtung des Endnutzers oder der Zugriff auf Informationen, die bereits in der Endeinrichtung gespeichert sind, sind nur zulässig, wenn der Endnutzer auf der Grundlage von klaren und umfassenden Informationen eingewilligt hat. [2]Die Information des Endnutzers und die Einwilligung haben gemäß der Verordnung (EU) 2016/679 zu erfolgen.

(2) Die Einwilligung nach Absatz 1 ist nicht erforderlich,

1. wenn der alleinige Zweck der Speicherung von Informationen in der Endeinrichtung des Endnutzers oder der alleinige Zweck des Zugriffs auf bereits in der Endeinrichtung des Endnutzers gespeicherte Informationen die Durchführung der Übertragung einer Nachricht über ein öffentliches Telekommunikationsnetz ist oder
2. wenn die Speicherung von Informationen in der Endeinrichtung des Endnutzers oder der Zugriff auf bereits in der Endeinrichtung des Endnutzers gespeicherte Informationen unbedingt erforderlich ist, damit der Anbieter eines Telemediendienstes einen vom Nutzer ausdrücklich gewünschten Telemediendienst zur Verfügung stellen kann.

§ 26 Anerkannte Dienste zur Einwilligungsverwaltung, Endnutzereinstellungen

(1) Dienste zur Verwaltung von nach § 25 Absatz 1 erteilten Einwilligungen, die

1. nutzerfreundliche und wettbewerbskonforme Verfahren und technische Anwendungen zur Einholung und Verwaltung der Einwilligung haben,
2. kein wirtschaftliches Eigeninteresse an der Erteilung der Einwilligung und an den verwalteten Daten haben und unabhängig von Unternehmen sind, die ein solches Interesse haben können,
3. die personenbezogenen Daten und die Informationen über die Einwilligungsentscheidungen für keine anderen Zwecke als die Einwilligungsverwaltung verarbeiten und
4. ein Sicherheitskonzept vorlegen, das eine Bewertung der Qualität und Zuverlässigkeit des Dienstes und der technischen Anwendungen ermöglicht und aus dem sich ergibt, dass der Dienst sowohl technisch als auch organisatorisch die rechtlichen Anforderungen an den Datenschutz und die Datensicherheit, die sich insbesondere aus der Verordnung (EU) 2016/679 ergeben, erfüllt,

können von einer unabhängigen Stelle nach Maßgabe der Rechtsverordnung nach Absatz 2 anerkannt werden.

(2) Die Bundesregierung bestimmt durch Rechtsverordnung mit Zustimmung des Bundestages und des Bundesrates die Anforderungen

1. an das nutzerfreundliche und wettbewerbskonforme Verfahren und technische Anwendungen nach Absatz 1 Nummer 1 und
2. an das Verfahren der Anerkennung, insbesondere
   a) den erforderlichen Inhalt des Antrags auf Anerkennung,
   b) den Inhalt des Sicherheitskonzepts nach Absatz 1 Nummer 4 und
   c) die für die Anerkennung zuständige unabhängige Stelle, und
3. die technischen und organisatorischen Maßnahmen, dass

a) Software zum Abrufen und Darstellen von Informationen aus dem Internet,
   aa) Einstellungen der Endnutzer hinsichtlich der Einwilligung nach § 25 Absatz 1 befolgt und
   bb) die Einbindung von anerkannten Diensten zur Einwilligungsverwaltung berücksichtigt und
b) Anbieter von Telemedien bei der Verwaltung der von Endnutzern erteilten Einwilligung die Einbindung von anerkannten Diensten zur Einwilligungsverwaltung und Einstellungen durch die Endnutzer berücksichtigen.

(3) Die Bundesregierung bewertet innerhalb von zwei Jahren nach Inkrafttreten einer Rechtsverordnung nach Absatz 1 die Wirksamkeit der getroffenen Maßnahmen im Hinblick auf die Errichtung nutzerfreundlicher und wettbewerbskonformer Einwilligungsverfahren und legt dazu einen Bericht an den Bundestag und den Bundesrat vor.

Teil 4: Straf- und Bußgeldvorschriften und Aufsicht

§ 27 Strafvorschriften

(1) Mit Freiheitsstrafe bis zu zwei Jahren oder mit Geldstrafe wird bestraft, wer

1. entgegen § 5 Absatz 1 eine Nachricht abhört oder in vergleichbarer Weise zur Kenntnis nimmt,
2. entgegen § 5 Absatz 2 Satz 1 eine Mitteilung macht oder
3. entgegen § 8 Absatz 1 eine dort genannte Telekommunikationsanlage herstellt oder auf dem Markt bereitstellt.

(2) Handelt der Täter in den Fällen des Absatzes 1 Nummer 3 fahrlässig, so ist die Strafe Freiheitsstrafe bis zu einem Jahr oder Geldstrafe.

§ 28 Bußgeldvorschriften

(1) Ordnungswidrig handelt, wer vorsätzlich oder fahrlässig

1. entgegen § 8 Absatz 6 für eine Telekommunikationsanlage wirbt,
2. entgegen § 9 Absatz 1 Satz 1 oder Absatz 2 Satz 1 Verkehrsdaten verarbeitet,
3. entgegen § 10 Absatz 2 Satz 3 dort genannte Daten nicht oder nicht rechtzeitig löscht,
4. entgegen § 12 Absatz 1 Satz 3 Verkehrsdaten verarbeitet,
5. entgegen § 12 Absatz 2 Verkehrsdaten nicht oder nicht rechtzeitig löscht,
6. entgegen § 12 Absatz 3 Satz 2 eine dort genannte Aufzeichnung nicht oder nicht rechtzeitig löscht,
7. entgegen § 12 Absatz 4 Satz 5 oder § 14 Absatz 5 die Aufsichtsbehörde nicht oder nicht rechtzeitig in Kenntnis setzt,
8. entgegen § 13 Absatz 1 Satz 2 den Endnutzer nicht, nicht richtig oder nicht rechtzeitig informiert,
9. entgegen § 15 Absatz 2 erster Halbsatz die Rufnummernanzeige unterdrückt oder veranlasst, dass diese unterdrückt wird,
10. entgegen § 19 Absatz 1 nicht sicherstellt, dass der Nutzer einen dort genannten Dienst beenden oder in Anspruch nehmen kann,
11. entgegen § 20 personenbezogene Daten verarbeitet,
12. entgegen § 22 Absatz 5 Satz 1, § 23 Absatz 3 Satz 1 oder § 24 Absatz 4 Satz 1 die dort genannten Daten nicht, nicht richtig, nicht vollständig oder nicht rechtzeitig übermittelt oder
13. entgegen § 25 Absatz 1 Satz 1 eine Information speichert oder auf eine Information zugreift.

(2) Die Ordnungswidrigkeit kann in den Fällen des Absatzes 1 Nummer 2, 3, 9, 11, 12 und 13 mit einer Geldbuße bis zu dreihunderttausend Euro, in den Fällen des Absatzes 1 Nummer 4 und 5 mit einer Geldbuße bis zu hunderttausend Euro, in den Fällen des Absatzes 1 Nummer 8 mit einer Geldbuße bis zu fünfzigtausend Euro und in den übrigen Fällen mit einer Geldbuße bis zu zehntausend Euro geahndet werden.

(3) Verwaltungsbehörde im Sinne des § 36 Absatz 1 Nummer 1 des Gesetzes über Ordnungswidrigkeiten ist

1. die Bundesnetzagentur in den Fällen des Absatzes 1 Nummer 1 und 9,
2. der Bundesbeauftragte oder die Bundesbeauftragte für den Datenschutz und die Informationsfreiheit in den Fällen des Absatzes 1 Nummer 2 bis 8 und im Fall des Absatzes 1 Nummer 13, soweit die Speicherung von oder der Zugriff auf Informationen durch Anbieter von Telekommunikationsdiensten oder durch Bundesbehörden erfolgt.

(4) Gegen Behörden und sonstige öffentliche Stellen im Sinne des § 2 Absatz 1 oder Absatz 2 des Bundesdatenschutzgesetzes werden keine Geldbußen verhängt.

§ 29 Zuständigkeit, Aufgaben und Befugnisse der oder des Bundesbeauftragten für den Datenschutz und die Informationsfreiheit

(1) Soweit für die geschäftsmäßige Erbringung von Telekommunikationsdiensten Daten von natürlichen oder juristischen Personen verarbeitet werden, ist der oder die Bundesbeauftragte für den Datenschutz und die Informationsfreiheit die zuständige Aufsichtsbehörde.

(2) Erfolgt die Speicherung von Informationen in der Endeinrichtung des Endnutzers oder der Zugriff auf Informationen, die bereits in der Endeinrichtung gespeichert sind, durch Anbieter von Telekommunikationsdiensten oder durch öffentliche Stellen des Bundes, ist der oder die Bundesbeauftragte für den Datenschutz und die Informationsfreiheit zuständige Aufsichtsbehörde für die Einhaltung des § 25.

(3) Im Hinblick auf die Befugnisse des oder der Bundesbeauftragten für den Datenschutz und die Informationsfreiheit im Rahmen seiner oder ihrer Aufsichtstätigkeit über die Einhaltung der Bestimmungen nach diesem Gesetz findet Artikel 58 der Verordnung (EU) 2016/679 entsprechende Anwendung.

(4) Das Fernmeldegeheimnis des Artikels 10 des Grundgesetzes wird eingeschränkt, soweit die Wahrnehmung der Befugnisse nach Absatz 3 dies erfordert.

§ 30 Zuständigkeit, Aufgaben und Befugnisse der Bundesnetzagentur

(1) Die Bundesnetzagentur ist zuständige Aufsichtsbehörde für die Einhaltung der Vorschriften in Teil 2, soweit nicht gemäß § 29 die Zuständigkeit des oder der Bundesbeauftragten für den Datenschutz und die Informationsfreiheit gegeben ist.

(2) [1]Die Bundesnetzagentur kann Anordnungen und andere Maßnahmen treffen, um die Einhaltung der Vorschriften des Teils 2 sicherzustellen. [2]Der nach den Vorschriften des Teils 2 Verpflichtete muss auf Anforderung der Bundesnetzagentur die hierzu erforderlichen Auskünfte erteilen. [3]Die Bundesnetzagentur ist zur Überprüfung der Einhaltung der Verpflichtungen befugt, die Geschäfts- und Betriebsräume während der üblichen Betriebs- oder Geschäftszeiten zu betreten und zu besichtigen.

(3) Über die Befugnis zu Anordnungen nach Absatz 2 hinaus kann die Bundesnetzagentur bei Nichterfüllung von Verpflichtungen des Teils 2 den Betrieb von betroffenen Telekommunikationsanlagen oder das Erbringen des betreffenden Telekommunikationsdienstes ganz oder teilweise untersagen, wenn mildere Eingriffe zur Durchsetzung rechtmäßigen Verhaltens nicht ausreichen.

(4) Zur Durchsetzung von Maßnahmen und Anordnungen nach den Absätzen 2 und 3 kann nach Maßgabe des Verwaltungsvollstreckungsgesetzes ein Zwangsgeld bis zu 1 Million Euro festgesetzt werden.

(5) Das Fernmeldegeheimnis des Artikels 10 des Grundgesetzes wird eingeschränkt, soweit die Wahrnehmung der Befugnisse nach Absatz 2 Satz 1 und 3 dies erfordert.

Telekommunikations-Überwachungsverordnung (TKÜV)

Verordnung über die technische und organisatorische Umsetzung von Maßnahmen zur Überwachung der Telekommunikation

Rechtsstand: Januar 2024. Letzte Änderung: 01.01.2022 (BGBl. I S. 771).

Teil 1: Allgemeine Vorschriften

§ 1 Gegenstand der Verordnung

Diese Verordnung regelt

1. die grundlegenden Anforderungen an die Gestaltung der technischen Einrichtungen, die für die Umsetzung der
   a) in § 100a Absatz 1 Satz 1 der Strafprozessordnung,
   b) in den §§ 3, 5 und 8 des Artikel 10-Gesetzes,
   c) in § 72 Absatz 1, 2 und 4 des Zollfahndungsdienstgesetzes,
   d) in § 51 des Bundeskriminalamtgesetzes,
   e) in den §§ 19, 24 und 26 des BND-Gesetzes sowie
   f) im Landesrecht

   vorgesehenen Maßnahmen zur Überwachung der Telekommunikation erforderlich sind, sowie organisatorische Eckpunkte für die Umsetzung derartiger Maßnahmen mittels dieser Einrichtungen,
2. den Rahmen für die Technische Richtlinie nach § 170 Absatz 6 des Telekommunikationsgesetzes,
3. das Verfahren für den Nachweis nach § 170 Absatz 1 Satz 1 Nummer 4 und 5 des Telekommunikationsgesetzes,
4. die Ausgestaltung der Verpflichtungen zur Duldung der Aufstellung von technischen Einrichtungen für Maßnahmen der strategischen Kontrolle nach § 5 oder § 8 des Artikel 10-Gesetzes oder nach den §§ 19, 24 oder 26 des BND-Gesetzes sowie des Zugangs zu diesen Einrichtungen,
5. bei welchen Telekommunikationsanlagen dauerhaft oder vorübergehend keine technischen Einrichtungen zur Umsetzung von Anordnungen zur Überwachung der Telekommunikation vorgehalten oder keine organisatorischen Vorkehrungen getroffen werden müssen,
6. welche Ausnahmen von der Erfüllung einzelner technischer Anforderungen die Bundesnetzagentur zulassen kann,
7. die Anforderungen an die Aufzeichnungsanschlüsse, an die die Aufzeichnungs- und Auswertungseinrichtungen angeschlossen werden, sowie
8. die Anforderungen an das Übermittlungsverfahren und das Datenformat für Auskunftsersuchen über Verkehrsdaten und der zugehörigen Ergebnisse.

§ 2 Begriffsbestimmungen

Im Sinne dieser Verordnung ist

1. Anordnung
   a) im Sinne der Teile 2 und 3 die Anordnung zur Überwachung der Telekommunikation nach § 100e der Strafprozessordnung, § 10 des Artikel 10-Gesetzes, § 74 des Zollfahndungsdienstgesetzes, § 51 des Bundeskriminalamtgesetzes, § 25 Absatz 1 Satz 1 des BND-Gesetzes oder nach Landesrecht und
   b) im Sinne des Teils 4 die Anordnung zur Erteilung von Auskünften über Verkehrsdaten nach § 100g in Verbindung mit § 101a Absatz 1 der Strafprozessordnung, § 8a Absatz 1 Satz 1 Nummer 4 des Bundesverfassungsschutzgesetzes, auch in Verbindung mit § 4a des MAD-Gesetzes oder § 3 des BND-Gesetzes, § 52 des Bundeskriminalamtgesetzes, § 77 des Zollfahndungsdienstgesetzes oder nach Landesrecht;
2. Aufzeichnungsanschluss

   der Telekommunikationsanschluss einer berechtigten Stelle, an den deren Aufzeichnungs- und Auswertungseinrichtungen angeschlossen werden (Netzabschlusspunkt im Sinne von § 170 Absatz 9 des Telekommunikationsgesetzes);

2a. Aufzeichnungs- und Auswertungseinrichtung

   die technische Einrichtung einer berechtigten Stelle, die an Aufzeichnungsanschlüsse angeschlossen wird und der Aufzeichnung, technischen Aufbereitung und Auswertung der Überwachungskopie dient;

3. berechtigte Stelle
   a) im Sinne der Teile 2 und 3 die nach § 100a Absatz 4 Satz 1 der Strafprozessordnung, § 1 Absatz 1 Nummer 1 des Artikel 10-Gesetzes, § 72 Absatz 1 des Zollfahndungsdienstgesetzes, § 51 Absatz 6 Satz 1 des Bundeskriminalamtgesetzes, den §§ 19, 24 oder 26 des BND-Gesetzes oder nach Landesrecht auf Grund der jeweiligen Anordnung zur Überwachung und Aufzeichnung der Telekommunikation berechtigte Stelle und
   b) im Sinne des Teils 4 die Stelle,
      aa) die nach § 101a Absatz 1 in Verbindung mit § 100a Absatz 4 Satz 1 der Strafprozessordnung, § 8a Absatz 1 Satz 1 Nummer 4 des Bundesverfassungsschutzgesetzes, auch in Verbindung mit § 4a des MAD-Gesetzes oder § 3 des BND-Gesetzes, § 52 des Bundeskriminalamtgesetzes, § 77 des Zollfahndungsdienstgesetzes oder nach Landesrecht auf Grund der jeweiligen Anordnung berechtigt ist, Auskunftsverlangen über nach den §§ 9 und 12 des Telekommunikation-Telemedien-Datenschutz-Gesetzes erhobene Verkehrsdaten zu stellen, oder

bb) der nach § 177 Absatz 1 Nummer 1 oder 2 des Telekommunikationsgesetzes Auskünfte über nach § 176 des Telekommunikationsgesetzes gespeicherte Verkehrsdaten erteilt werden dürfen;

4. Betreiber einer Telekommunikationsanlage
das Unternehmen, das die tatsächliche Kontrolle über die Funktionen einer Telekommunikationsanlage ausübt;
5. (weggefallen)
6. Endgerät
die technische Einrichtung, mittels derer ein Nutzer einen Telekommunikationsanschluss zur Abwicklung seiner Telekommunikation nutzt;
7. Pufferung
die kurzzeitige Zwischenspeicherung von Informationen zur Vermeidung von Informationsverlusten während systembedingter Wartezeiten;
8. Referenznummer
die von der berechtigten Stelle vorgegebene eindeutige, auch nichtnumerische Bezeichnung der Überwachungsmaßnahme oder des Auskunftsverlangens, die auch die Bezeichnung der berechtigten Stelle enthält;
9. Speichereinrichtung
eine netzseitige Einrichtung zur Speicherung von Telekommunikation, die einem Nutzer zugeordnet ist;
10. Telekommunikationsanschluss
der durch eine Rufnummer oder andere Adressierungsangabe eindeutig bezeichnete Zugang zu einer Telekommunikationsanlage, der es einem Nutzer ermöglicht, Telekommunikationsdienste zu nutzen;
11. Übergabepunkt
der Punkt der technischen Einrichtungen des Verpflichteten, an dem er die Überwachungskopie bereitstellt; der Übergabepunkt kann als systeminterner Übergabepunkt gestaltet sein, der am Ort der Telekommunikationsanlage nicht physikalisch dargestellt ist;
12. Übertragungsweg, der dem unmittelbaren nutzerbezogenen Zugang zum Internet dient
die Verbindung zwischen dem Endgerät eines Internet-Nutzers und dem Netzknoten, der den Koppelpunkt zum Internet enthält, soweit nicht die Vermittlungsfunktion eines Netzknotens genutzt wird, der dem Zugang zum Sprachkommunikationsdienst dient;
13. Überwachungseinrichtung
die für die technische Umsetzung von Anordnungen erforderlichen technischen Einrichtungen des Betreibers einer Telekommunikationsanlage einschließlich der zugehörigen Programme und Daten;
14. Überwachungskopie
das vom Verpflichteten auf Grund einer Anordnung auszuleitende und an die Aufzeichnungs- und Auswertungseinrichtung zu übermittelnde Doppel der zu überwachenden Telekommunikation;
15. Überwachungsmaßnahme
eine Maßnahme zur Überwachung der Telekommunikation nach § 100a Absatz 1 Satz 1 der Strafprozessordnung, den §§ 3, 5 oder 8 des Artikel 10-Gesetzes, § 72 Absatz 1, 2 und 4 des Zollfahndungsdienstgesetzes, § 51 Absatz 1 des Bundeskriminalamtgesetzes, den §§ 19, 24 oder 26 des BND-Gesetzes oder nach Landesrecht;
16. Verpflichteter
wer nach dieser Verordnung technische oder organisatorische Vorkehrungen zur Umsetzung von Anordnungen zu treffen hat;
17. zu überwachende Kennung
   a) das technische Merkmal, durch das die zu überwachende Telekommunikation in der Telekommunikationsanlage des Verpflichteten gekennzeichnet ist,
   b) im Falle von Übertragungswegen, die dem unmittelbaren nutzerbezogenen Zugang zum Internet dienen, oder im Falle des § 5 oder des § 8 des Artikel 10-Gesetzes die Bezeichnung des Übertragungswegs, oder
   c) im Falle der §§ 19, 24 oder 26 des BND-Gesetzes die Bezeichnung des Telekommunikationsnetzes einschließlich der für die Umsetzung der Anordnung erforderlichen, in der Technischen Richtlinie nach § 170 Absatz 6 des Telekommunikationsgesetzes festgelegten technischen Parameter;
18. Zuordnungsnummer
das vom Verpflichteten zu vergebende eindeutige, auch nichtnumerische Zuordnungsmerkmal, auf Grund dessen Teile der Überwachungskopie und die zugehörigen Daten einander zweifelsfrei zugeordnet werden können.

Teil 2: Maßnahmen nach § 100a Absatz 1 Satz 1 der Strafprozessordnung, § 3 des Artikel 10-Gesetzes, § 72 Absatz 1, 2 und 4 des Zollfahndungsdienstgesetzes, § 51 Absatz 1 des Bundeskriminalamtgesetzes oder nach Landesrecht

Abschnitt 1: Kreis der Verpflichteten, Grundsätze

§ 3 Kreis der Verpflichteten

(1) [1]Die Vorschriften dieses Teils gelten für die Betreiber von Telekommunikationsanlagen, mit denen öffentlich zugängliche Telekommunikationsdienste erbracht werden. [2]Werden mit einer Telekommunikationsanlage sowohl öffentlich zugängliche Telekommunikationsdienste als auch andere Telekommunikationsdienste erbracht, gelten die Vorschriften nur für den Teil der Telekommunikationsanlage, der der Erbringung von öffentlich zugänglichen Telekommunikationsdiensten dient.

(2) [1]Für Telekommunikationsanlagen im Sinne von Absatz 1 müssen keine Vorkehrungen getroffen werden, soweit
1. es sich um ein Telekommunikationsnetz handelt, das Telekommunikationsnetze miteinander verbindet und keine Telekommunikationsanschlüsse aufweist,
2. sie Netzknoten sind, die der Zusammenschaltung mit dem Internet dienen,
3. sie aus Übertragungswegen gebildet werden, es sei denn, dass diese dem unmittelbaren nutzerbezogenen Zugang zum Internet dienen,
4. sie ausschließlich der Verteilung von Rundfunk oder anderen für die Öffentlichkeit bestimmten Diensten, dem Abruf von allgemein zugänglichen Informationen oder der Übermittlung von Messwerten, nicht individualisierten Daten, Notrufen oder Informationen für die Sicherheit und Leichtigkeit des See- oder Luftverkehrs dienen,
5. an sie nicht mehr als 10.000 Nutzer angeschlossen sind oder
6. mit ihnen ausschließlich nummernunabhängige interpersonelle Telekommunikationsdienste oder ausschließlich nichtkennungsbezogene Internetzugangsdienste über ein drahtloses lokales Netzwerk erbracht werden und an sie nicht mehr als 100.000 Nutzer angeschlossen sind.

[2]Satz 1 Nr. 1 und 5 gilt nicht für Netzknoten, die der Vermittlung eines öffentlich zugänglichen Sprachkommunikationsdienstes ins Ausland dienen. [3]Satz 1 Nr. 1 und 2 gilt nicht im Hinblick auf Vorkehrungen zur Erfüllung der Verpflichtung aus § 170 Absatz 1 Satz 1 Nummer 2 des Telekommunikationsgesetzes.

(3) § 100a Absatz 4 Satz 1 der Strafprozessordnung, § 2 Absatz 1a Satz 1 Nummer 1 bis 3 des Artikel 10-Gesetzes, § 72 Absatz 7 des Zollfahndungsdienstgesetzes, § 51 Absatz 6 Satz 1 des Bundeskriminalamtgesetzes sowie die Vorschriften des Landesrechts über Maßnahmen zur Überwachung der Telekommunikation bleiben von den Absätzen 1 und 2 unberührt.

§ 4 Grenzen des Anwendungsbereichs

(1) [1]Telekommunikation, bei der die Telekommunikationsanlage im Rahmen der üblichen Betriebsverfahren erkennt, dass sich das Endgerät, das die zu überwachende Kennung nutzt, im Ausland befindet, ist nicht zu erfassen, es sei denn, die zu überwachende Telekommunikation
1. wird an einen im Inland gelegenen Telekommunikationsanschluss gerichtet,
2. geht von einem im Inland gelegenen Telekommunikationsanschluss aus oder
3. wird an eine im Inland befindliche Speichereinrichtung um- oder weitergeleitet.

(2) [1]Die Telekommunikation ist jedoch in den Fällen zu erfassen, in denen sie
1. von einem den berechtigten Stellen nicht bekannten Telekommunikationsanschluss im Inland herrührt und für eine in der Anordnung angegebene ausländische Rufnummer bestimmt ist oder
2. von einem in der Anordnung angegebenen Telekommunikationsanschluss im Ausland herrührt und für eine den berechtigten Stellen nicht bekannte Rufnummer im Inland bestimmt ist.

[2]Die technische Umsetzung derartiger Anordnungen ist vom Verpflichteten in Abstimmung mit der Bundesnetzagentur zu regeln, wobei hinsichtlich der Gestaltung der Überwachungseinrichtung, des Übergabepunktes und der zu treffenden organisatorischen Vorkehrungen von § 5 Absatz 1 Nummer 1, § 6 Absatz 3 und 4, § 7 Absatz 1 Satz 1 Nummer 2, 4 und 7 und Absatz 2 bis 4 abgewichen werden kann. [3]§ 22 ist im Rahmen von Überwachungsmaßnahmen nach Satz 1 nicht anzuwenden.

§ 5 Grundsätze

(1) Die zu überwachende Telekommunikation umfasst bei Überwachungsmaßnahmen nach § 100a Absatz 1 Satz 1 der Strafprozessordnung, dem § 3 des Artikel 10-Gesetzes, dem § 72 Absatz 1, 2 und 4 des Zollfahndungsdienstgesetzes, § 51 Absatz 1 des Bundeskriminalamtgesetzes oder nach Landesrecht die Telekommunikation, die
1. von der zu überwachenden Kennung ausgeht,
2. für die zu überwachende Kennung bestimmt ist,
3. in eine Speichereinrichtung, die der zu überwachenden Kennung zugeordnet ist, eingestellt oder aus dieser abgerufen wird oder
4. (weggefallen)
5. zu einer der zu überwachenden Kennung aktuell zugeordneten anderen Zieladresse um- oder weitergeleitet wird,

und besteht aus dem Inhalt und den Daten über die näheren Umstände der Telekommunikation.

(2) [1]Zur technischen Umsetzung einer Anordnung hat der Verpflichtete der berechtigten Stelle am Übergabepunkt eine vollständige Kopie der durch die zu überwachende Kennung bezeichneten Telekommunikation bereitzustellen, die über seine Telekommunikationsanlage abgewickelt wird. [2]Dabei hat er sicherzustellen, dass die bereitgestellten Daten ausschließlich die durch die Anordnung bezeichnete Telekommunikation enthalten. [3]Bei Zusammenschaltungen mit Telekommunikationsnetzen anderer Betreiber hat er sicherzustellen, dass die Daten nach § 7 Absatz 1 Satz 1 Nummer 3 im Rahmen der technischen Möglichkeiten übergeben werden. [4]Satz 1 gilt nicht für Telekommunikation, die in rundfunkähnlicher Weise für alle Nutzer gleichermaßen und unverändert übermittelt und vom Verpflichteten selbst eingespeist wird.

(3) [1]Der Verpflichtete hat sicherzustellen, dass er die Umsetzung einer Anordnung eigenverantwortlich vornehmen kann. [2]In diesem Rahmen ist die Wahrnehmung der im Überwachungsfall erforderlichen Tätigkeiten durch einen Erfüllungsgehilfen zulässig, der jedoch nicht der berechtigten Stelle angehören darf.

(4) [1]Der Verpflichtete hat sicherzustellen, dass die technische Umsetzung einer Anordnung weder von den an der Telekommunikation Beteiligten noch von Dritten feststellbar ist. [2]Insbesondere dürfen die Betriebsmöglichkeiten des Telekommunikationsanschlusses, der durch die zu überwachende Kennung genutzt wird, durch die technische Umsetzung einer Anordnung nicht verändert werden.

(5) [1]Der Verpflichtete hat der berechtigten Stelle unmittelbar nach Abschluss der für die technische Umsetzung einer Anordnung erforderlichen Tätigkeiten den tatsächlichen Einrichtungszeitpunkt sowie die tatsächlich betroffene Kennung mitzuteilen. [2]Dies gilt entsprechend für die Übermittlung einer Information zum Zeitpunkt der Beendigung einer Überwachungsmaßnahme.

(6) Der Verpflichtete hat Engpässe, die bei gleichzeitiger Durchführung mehrerer Überwachungsmaßnahmen auftreten, unverzüglich zu beseitigen.

Abschnitt 2: Technische Anforderungen

§ 6 Grundlegende Anforderungen an die technischen Einrichtungen

(1) Der Verpflichtete hat seine Überwachungseinrichtungen so zu gestalten, dass er eine Anordnung unverzüglich umsetzen kann; dies gilt für eine von der berechtigten Stelle verlangte vorfristige Abschaltung einer Überwachungsmaßnahme entsprechend.

(2) Der Verpflichtete hat sicherzustellen, dass die Verfügbarkeit seiner Überwachungseinrichtungen der Verfügbarkeit seiner Telekommunikationsanlage entspricht, soweit dies mit vertretbarem Aufwand realisierbar ist.

(3) [1]Der Verpflichtete hat seine Überwachungseinrichtungen so zu gestalten, dass er die Überwachung neben der in seiner Telekommunikationsanlage verwendeten Ursprungs- oder Zieladresse auf Grund jeder in der Technischen Richtlinie nach § 36 bereichsspezifisch festgelegten Kennungsart ermöglichen kann, die er für die technische Abwicklung der Telekommunikation in seiner Telekommunikationsanlage erhebt. [2]Soweit die zu überwachende Kennung des Telekommunikationsanschlusses in Fällen abgehender Telekommunikation durch die Telekommunikationsanlage des Verpflichteten nicht ausgewertet wird, hat der Verpflichtete die Überwachungskopie nach Maßgabe der Technischen Richtlinie auf der Basis der zugehörigen Benutzerkennung bereitzustellen.

(4) Der Verpflichtete muss sicherstellen, dass er die Überwachung derselben zu überwachenden Kennung gleichzeitig für mehr als eine berechtigte Stelle ermöglichen kann.

§ 7 Bereitzustellende Daten

(1) [1]Der Verpflichtete hat der berechtigten Stelle als Teil der Überwachungskopie auch die folgenden bei ihm vorhandenen Daten bereitzustellen, auch wenn die Übermittlung von Telekommunikationsinhalten nicht zustande kommt:

1. die zu überwachende Kennung;
2. in Fällen, in denen die Telekommunikation von der zu überwachenden Kennung ausgeht,
   a) die jeweils gewählte Rufnummer oder andere Adressierungsangabe, auch wenn diese bei vorzeitiger Beendigung eines im Telekommunikationsnetz begonnenen Telekommunikationsversuches unvollständig bleibt und
   b) sofern die zu überwachende Telekommunikation an ein anderes als das von dem Nutzer der zu überwachenden Kennung gewählte Ziel um- oder weitergeleitet wird, auch die Rufnummer oder andere Adressierungsangabe des Um- oder Weiterleitungsziels, bei mehrfach gestaffelten Um- oder Weiterleitungen die Rufnummern oder anderen Adressierungsangaben der einzelnen Um- oder Weiterleitungsziele;
3. in Fällen, in denen die zu überwachende Kennung Ziel der Telekommunikation ist, die Rufnummer oder andere Adressierungsangabe, von der die zu überwachende Telekommunikation ausgeht, auch wenn die Telekommunikation an eine andere, der zu überwachenden Kennung aktuell zugeordnete Zieladresse um- oder weitergeleitet wird oder das Ziel eine der zu überwachenden Kennung zugeordnete Speichereinrichtung ist;
4. in Fällen, in denen die zu überwachende Kennung zeitweise einem beliebigen Telekommunikationsanschluss zugeordnet ist, auch die diesem Anschluss fest zugeordnete Rufnummer oder andere Adressierungsangabe;
5. in Fällen, in denen der Nutzer für eine bestimmte Telekommunikation ein Dienstmerkmal in Anspruch nimmt, die Angabe dieses Dienstmerkmals einschließlich dessen Kenngrößen, soweit diese Angaben in dem Netzknoten vorhanden sind, in dem die Anordnung umgesetzt wird;
6. Angaben über die technische Ursache für die Beendigung der zu überwachenden Telekommunikation oder für das Nichtzustandekommen einer von der zu überwachenden Kennung veranlassten Telekommunikation, soweit diese Angaben in dem Netzknoten vorhanden sind, in dem die Anordnung umgesetzt wird;
7. bei einer zu überwachenden Kennung, deren Nutzung nicht ortsgebunden ist, Angaben zum Standort des Endgerätes mit der größtmöglichen Genauigkeit, die in dem das Endgerät versorgenden Netz für diesen Standort üblicherweise zur Verfügung steht; zur Umsetzung von Anordnungen, durch die Angaben zum Standort des empfangsbereiten, der zu überwachenden Kennung zugeordneten Endgerätes verlangt werden, hat der Verpflichtete seine Überwachungseinrichtungen so zu gestalten, dass sie diese Angaben automatisch erfassen und an die berechtigte Stelle weiterleiten;
8. Angaben zur Zeit (auf der Grundlage der amtlichen Zeit), zu der die zu überwachende Telekommunikation stattgefunden hat,
   a) in Fällen, in denen die zu überwachende Telekommunikation über physikalische oder logische Kanäle übermittelt wird (verbindungsorientierte Telekommunikation), mindestens zwei der folgenden Angaben:
      aa) Datum und Uhrzeit des Beginns der Telekommunikation oder des Telekommunikationsversuchs,
      bb) Datum und Uhrzeit des Endes der Telekommunikation,

cc) Dauer der Telekommunikation,

b) in Fällen, in denen die zu überwachende Telekommunikation nicht über physikalische oder logische Kanäle übermittelt wird (verbindungslose Telekommunikation), die Zeitpunkte mit Datum und Uhrzeit, zu denen die einzelnen Bestandteile der zu überwachenden Telekommunikation an die zu überwachende Kennung oder von der zu überwachenden Kennung gesendet werden;

9. die der Telekommunikationsanlage des Verpflichteten bekannten öffentlichen Internetprotokoll-Adressen der beteiligten Nutzer;
10. die der Telekommunikationsanlage des Verpflichteten bekannten Kodierungen, die bei der Übermittlung der überwachten Telekommunikation verwendet werden.

[2]Daten zur Anzeige des Entgelts, das für die von der zu überwachenden Kennung geführte Telekommunikation anfällt, sind nicht an die berechtigte Stelle zu übermitteln, auch wenn diese Daten an das von der zu überwachenden Kennung genutzte Endgerät übermittelt werden. [3]Auf die wiederholte Übermittlung von Ansagen oder vergleichbaren Daten kann verzichtet werden, solange diese Daten unverändert bleiben.

(2) [1]Der Verpflichtete hat jede bereitgestellte Überwachungskopie und die Daten nach Absatz 1 Satz 1 durch die von der berechtigten Stelle vorgegebene Referenznummer der jeweiligen Überwachungsmaßnahme zu bezeichnen. [2]Der Verpflichtete hat jeden Teil der Überwachungskopie und die zugehörigen Daten nach Absatz 1 Satz 1 zusätzlich durch eine Zuordnungsnummer zu kennzeichnen.

(3) In Fällen, in denen die Überwachungseinrichtungen so gestaltet sind, dass die Kopie des Inhalts der zu überwachenden Telekommunikation getrennt von den durch die Referenznummer gekennzeichneten Daten nach Absatz 1 Satz 1 bereitgestellt werden, sind der berechtigten Stelle ausschließlich diese Daten zu übermitteln, sofern dies im Einzelfall in der Anordnung ausdrücklich bestimmt wird.

(4) Die Absätze 1 bis 3 gelten auch für die Überwachung der Telekommunikation,

1. solange die zu überwachende Kennung an einer Telekommunikation mit mehr als einer Gegenstelle beteiligt ist,
2. wenn unter der zu überwachenden Kennung gleichzeitig mehrere Telekommunikationen stattfinden.

(5) [1]Die Anforderungen nach den Absätzen 1 bis 4 gelten unabhängig von der der jeweiligen Telekommunikationsanlage zu Grunde liegenden Technologie. [2]Die Gestaltung hat der Verpflichtete entsprechend seiner Telekommunikationsanlage festzulegen.

§ 8 Übergabepunkt

(1) Der Verpflichtete hat seine Überwachungseinrichtungen so zu gestalten, dass die Überwachungskopie an einem Übergabepunkt bereitgestellt wird, der den Vorschriften dieser Verordnung und den Vorgaben der Technischen Richtlinie nach § 36 entspricht.

(2) [1]Der Verpflichtete hat den Übergabepunkt so zu gestalten, dass

1. dieser ausschließlich von dem Verpflichteten oder seinem Erfüllungsgehilfen gesteuert werden kann; in Fällen, in denen der Übergabepunkt mittels Fernzugriffs gesteuert werden soll, muss sichergestellt sein, dass der Fernzugriff ausschließlich über die Überwachungseinrichtungen des Verpflichteten erfolgen kann;
2. an diesem ausschließlich die Überwachungskopie bereitgestellt wird;
3. der berechtigten Stelle die Überwachungskopie grundsätzlich in dem Format bereitgestellt wird, in dem dem Verpflichteten die zu überwachende Telekommunikation vorliegt; Absatz 3 Satz 1 und 2 bleibt unberührt;
4. die Qualität der an dem Übergabepunkt bereitgestellten Überwachungskopie grundsätzlich nicht schlechter ist als die der zu überwachenden Telekommunikation;
5. die Überwachungskopie so bereitgestellt wird, dass der Telekommunikationsinhalt grundsätzlich getrennt nach Sende- und Empfangsrichtung des Endgerätes, das für die durch die zu überwachende Kennung bezeichnete Telekommunikation genutzt wird, an die Aufzeichnungsanschlüsse übermittelt wird; dies gilt auch, wenn die zu überwachende Kennung an einer Telekommunikation mit mehr als einer Gegenstelle beteiligt ist;
6. die Zugänge zu dem Telekommunikationsnetz, das für die Übermittlung der Überwachungskopie benutzt wird, Bestandteile des Übergabepunktes sind und
7. hinsichtlich der Fähigkeit zur Übermittlung der Überwachungskopie folgende Anforderungen erfüllt werden:
   a) die Übermittlung der Überwachungskopie an die Aufzeichnungsanschlüsse erfolgt grundsätzlich über geeignete öffentliche Telekommunikationsnetze oder über genormte, allgemein verfügbare Übertragungswege und Übertragungsprotokolle,
   b) die Übermittlung der Überwachungskopie an die Aufzeichnungsanschlüsse wird ausschließlich von den Überwachungseinrichtungen jeweils unmittelbar nach dem Erkennen einer zu überwachenden Telekommunikation eingeleitet und
   c) die Schutzanforderungen gemäß § 14 Absatz 2 werden unterstützt.

[2]Wird in begründeten Ausnahmefällen bei bestimmten Telekommunikationsanlagen von dem Grundsatz nach Satz 1 Nummer 3 abgewichen, hat der Verpflichtete dies in den der Bundesnetzagentur nach § 19 Absatz 2 einzureichenden Unterlagen darzulegen; die Bundesnetzagentur entscheidet abschließend, ob und für welchen Zeitraum Abweichungen geduldet werden. [3]Auf die Richtungstrennung nach Satz 1 Nummer 5 kann in Fällen verzichtet werden, in denen es sich bei der zu überwachenden Telekommunikation um einseitig gerichtete Telekommunikation oder um nicht vollduplexfähige Telekommunikation handelt.

(3) [1]Wenn der Verpflichtete die ihm zur Übermittlung anvertraute Telekommunikation netzseitig durch technische Maßnahmen gegen unbefugte Kenntnisnahme schützt oder er bei der Erzeugung oder dem Austausch von Schlüsseln mitwirkt und ihm dadurch

die Entschlüsselung der Telekommunikation möglich ist, hat er die für diese Telekommunikation angewendeten Schutzvorkehrungen bei der an dem Übergabepunkt bereitzustellenden Überwachungskopie aufzuheben. [2]Satz 1 gilt entsprechend bei der Anwendung von Komprimierungsverfahren. [3]§ 14 Absatz 2 bleibt unberührt.

§ 9 Übermittlung der Überwachungskopie

(1) [1]Die Übermittlung der Überwachungskopie einschließlich der Daten nach § 7 Absatz 1 Satz 1 sowie der Referenznummern und Zuordnungsnummern nach § 7 Absatz 2 vom Übergabepunkt an die berechtigte Stelle soll über öffentliche Telekommunikationsnetze erfolgen. [2]Dem Verpflichteten werden hierzu von der berechtigten Stelle für jede zu überwachende Kennung die Aufzeichnungsanschlüsse benannt, an die die Überwachungskopie zu übermitteln ist und die so gestaltet sind, dass sie Überwachungskopien mehrerer gleichzeitig stattfindender zu überwachender Telekommunikationen einer zu überwachenden Kennung entgegennehmen können. [3]Die Rufnummern oder anderen Adressierungsangaben der Aufzeichnungsanschlüsse können voneinander abweichen, wenn die Kopie der zu überwachenden Telekommunikationsinhalte und die zugehörigen Daten nach § 7 Absatz 1 Satz 1 einschließlich der Referenznummern und Zuordnungsnummern nach § 7 Absatz 2 über voneinander getrennte Wege oder über Netze mit unterschiedlicher Technologie übermittelt werden. [4]Die Inanspruchnahme der öffentlichen Telekommunikationsnetze für die Übermittlung der Überwachungskopie ist auf die hierfür erforderliche Zeitdauer zu begrenzen.

(2) (weggefallen)

(3) Maßnahmen zum Schutz der zu übermittelnden Überwachungskopie richten sich nach § 14.

§ 10 Zeitweilige Übermittlungshindernisse

[1]Der Verpflichtete hat seine Überwachungseinrichtungen so zu gestalten, dass die Daten nach § 7 Absatz 1 Satz 1 einschließlich der Referenznummern und Zuordnungsnummern nach § 7 Absatz 2 in Fällen, in denen die Übermittlung der Überwachungskopie an den Aufzeichnungsanschluss ausnahmsweise nicht möglich ist, unverzüglich nachträglich übermittelt werden. [2]Eine Verhinderung oder Verzögerung der zu überwachenden Telekommunikation oder eine Speicherung des Inhalts der Überwachungskopie aus diesen Gründen ist nicht zulässig. [3]Eine für den ungestörten Funktionsablauf aus technischen, insbesondere übermittlungstechnischen Gründen erforderliche Pufferung der Überwachungskopie bleibt von Satz 2 unberührt.

§ 11 (weggefallen)

Abschnitt 3: Organisatorische Anforderungen, Schutzanforderungen

§ 12 Entgegennahme der Anordnung, Rückfragen

(1) [1]Der Verpflichtete hat sicherzustellen, dass er jederzeit telefonisch über das Vorliegen einer Anordnung und die Dringlichkeit ihrer Umsetzung benachrichtigt werden kann. [2]Der Verpflichtete hat sicherzustellen, dass er eine Anordnung innerhalb seiner üblichen Geschäftszeiten jederzeit entgegennehmen kann. [3]Außerhalb seiner üblichen Geschäftszeiten muss er eine unverzügliche Entgegennahme der Anordnung sicherstellen, spätestens jedoch nach sechs Stunden nach der Benachrichtigung. [4]Soweit in der Anordnung eine kürzere Zeitspanne festgelegt ist, sind die dazu erforderlichen Schritte mit der berechtigten Stelle im Einzelfall abzustimmen. [5]Für die Benachrichtigung und für die Entgegennahme der Anordnung hat der Verpflichtete der Bundesnetzagentur eine im Inland gelegene Stelle sowie deren übliche Geschäftszeiten anzugeben; Änderungen sind unverzüglich mitzuteilen. [6]Die Stelle des Verpflichteten muss für die berechtigten Stellen zu dem gewöhnlichen Entgelt für eine einfache Telekommunikationsverbindung erreichbar sein.

(2) [1]Der Verpflichtete hat die zur Umsetzung einer Anordnung erforderlichen Schritte auch auf Grund einer ihm auf gesichertem elektronischem Weg oder vorab per Telefax übermittelten Kopie der Anordnung einzuleiten. [2]Eine auf Grund eines Telefax eingeleitete Überwachungsmaßnahme hat der Verpflichtete wieder abzuschalten, sofern ihm das Original oder eine beglaubigte Abschrift der Anordnung nicht binnen einer Woche nach Übermittlung der Kopie vorgelegt wird. [3]Bei Übermittlung der Anordnung auf gesichertem elektronischen Weg hat der Verpflichtete sicherzustellen, dass

1. die Anordnung und die zugehörigen Daten in seinem Verantwortungsbereich nicht verändert und
2. die für die technische Umsetzung erforderlichen Arbeitsschritte in keinem Fall ohne Mitwirkung seines Personals eingeleitet werden können.

(3) [1]Der Verpflichtete hat sicherzustellen, dass er telefonische Rückfragen der berechtigten Stellen zur technischen Umsetzung einzelner noch nicht abgeschlossener Überwachungsmaßnahmen jederzeit durch sachkundiges Personal entgegennehmen kann. [2]Ist eine sofortige Klärung nicht möglich, hat der Verpflichtete den Sachverhalt während der üblichen Geschäftszeiten unverzüglich, außerhalb der üblichen Geschäftszeiten innerhalb von sechs Stunden, einer Klärung zuzuführen und die anfragende Stelle über den Sachstand der Klärung zu benachrichtigen. [3]Andere Rechtsvorschriften, nach denen die berechtigten Stellen im Einzelfall eine frühere Beantwortung ihrer Rückfragen fordern können, bleiben unberührt. [4]Für die Angabe und Erreichbarkeit der die Rückfragen entgegennehmenden Stelle des Verpflichteten gilt Absatz 1 Satz 5 entsprechend.

§ 13 Störung und Unterbrechung

[1]Während einer Überwachungsmaßnahme hat der Verpflichtete die betroffenen berechtigten Stellen unverzüglich über Störungen seiner Überwachungseinrichtungen und Unterbrechungen einer Überwachungsmaßnahme zu verständigen. [2]Dabei sind anzugeben:

1. die Art der Störung oder der Grund der Unterbrechung und deren Auswirkungen auf die laufenden Überwachungsmaßnahmen sowie
2. der Beginn und die voraussichtliche Dauer der Störung oder Unterbrechung.

[3]Nach Behebung der Störung oder Beendigung der Unterbrechung sind die betroffenen berechtigten Stellen unverzüglich über den Zeitpunkt zu verständigen, ab dem die Überwachungseinrichtungen wieder ordnungsgemäß zur Verfügung stehen. [4]Der Verpflichtete hat seine Überwachungseinrichtungen unverzüglich und vorrangig vor Telekommunikationsanschlüssen anderer Nutzer zu entstören. [5]In Mobilfunknetzen sind die Angaben über Störungen, die sich nur in regional begrenzten Bereichen des Netzes auswirken, nur auf Nachfrage der berechtigten Stelle zu machen.

§ 14 Schutzanforderungen

(1) Der Verpflichtete hat die von ihm zu treffenden Vorkehrungen zur technischen und organisatorischen Umsetzung von Anordnungen, insbesondere die technischen Einrichtungen zur Steuerung der Überwachungsfunktionen und des Übergabepunktes nach § 8 einschließlich der zwischen diesen befindlichen Übertragungsstrecken, nach dem Stand der Technik gegen unbefugte Inanspruchnahme zu schützen; die technischen Einrichtungen zur Steuerung der Überwachungsfunktionen und des Übergabepunktes nach § 8 sind im Inland zu betreiben.

(2) [1]Die Überwachungskopie ist durch angemessene Verfahren gegen eine Kenntnisnahme durch unbefugte Dritte zu schützen. [2]Für die Übermittlung der Überwachungskopie an die Aufzeichnungsanschlüsse, die durch angemessene technische Maßnahmen vor einer unbefugten Belegung geschützt sind, sind Verfahren anzuwenden, die einen angemessenen Schutz vor einer Übermittlung an Nichtberechtigte gewährleisten. [3]Die zur Erreichung der Ziele nach den Sätzen 1 und 2 erforderlichen Verfahren sind in der Technischen Richtlinie nach § 36 festzulegen. [4]Sollen die Schutzziele nach Satz 2 im Rahmen einer Geschlossenen Benutzergruppe erreicht werden, darf hierfür ausschließlich eine eigens für diesen Zweck eingerichtete Geschlossene Benutzergruppe genutzt werden, die durch die Bundesnetzagentur verwaltet wird. [5]Die Schutzanforderung nach Satz 1 gilt bei der Übermittlung der Überwachungskopie an die Aufzeichnungsanschlüsse über festgeschaltete Übertragungswege oder über Telekommunikationsnetze mit leitungsvermittelnder Technik auf Grund der diesen Übertragungsmedien zu Grunde liegenden Gestaltungsgrundsätze als erfüllt. [6]In den übrigen Fällen sind die zur Erfüllung dieser Schutzanforderung erforderlichen technischen Schutzvorkehrungen auf der Seite der Telekommunikationsanlage des Verpflichteten Bestandteil der Überwachungseinrichtungen und auf der Seite der berechtigten Stelle Bestandteil der Aufzeichnungs- und Auswertungseinrichtungen.

(3) [1]Im Übrigen erfolgt die Umsetzung von Anordnungen unter Beachtung der beim Betreiben von Telekommunikationsanlagen oder Erbringen von Telekommunikationsdiensten üblichen Sorgfalt. [2]Dies gilt insbesondere hinsichtlich der Sicherheit und Verfügbarkeit zentralisierter oder teilzentralisierter Einrichtungen, sofern Überwachungsmaßnahmen mittels solcher Einrichtungen eingerichtet und verwaltet werden. [3]Die Verpflichteten haben dafür zu sorgen, dass die mit der Umsetzung von Überwachungsmaßnahmen betrauten Personen die damit zusammenhängenden Tätigkeiten nur in sich beim Verpflichteten oder dessen Erfüllungsgehilfen befindlichen Räumen ausführen, in denen Unbefugte keine Kenntnis von der Anordnung oder den darauf beruhenden Tätigkeiten erhalten können. [4]Satz 3 gilt nicht für die Entgegennahme der Benachrichtigung über das Vorliegen einer Anordnung gemäß § 12 Absatz 1 Satz 1.

Der Verpflichtete hat die Anordnungsdaten, die bei der technischen Umsetzung einer Anordnung aus technischen Gründen in einer Telekommunikationsanlage gespeichert oder hinterlegt werden müssen, nach Vorgaben des Telekommunikationsgesetzes sowie der Technischen Richtlinie nach § 170 Absatz 6 des Telekommunikationsgesetzes gegen unbefugte Kenntnisnahme zu schützen.

§ 15 Verschwiegenheit

(1) Der Verpflichtete darf Informationen über die Art und Weise, wie Anordnungen in seiner Telekommunikationsanlage umgesetzt werden, Unbefugten nicht zugänglich machen.

(2) [1]Der Verpflichtete hat den Schutz der im Zusammenhang mit Überwachungsmaßnahmen stehenden Informationen sicherzustellen. [2]Dies gilt insbesondere hinsichtlich unbefugter Kenntnisnahme von Informationen über zu überwachende Kennungen und die Anzahl gegenwärtig oder in der Vergangenheit überwachter Kennungen sowie die Zeiträume, in denen Überwachungsmaßnahmen durchgeführt worden sind. [3]Für unternehmensinterne Prüfungen, die in keinem unmittelbaren Zusammenhang mit der Umsetzung von Anordnungen stehen, darf jedoch die Anzahl der in einem zurückliegenden Zeitraum betroffenen zu überwachenden Kennungen mitgeteilt werden, sofern sichergestellt ist, dass keine Rückschlüsse auf die betroffenen Kennungen oder auf die die Überwachung durchführenden Stellen möglich sind.

(3) In Fällen, in denen dem Verpflichteten bekannt wird oder er einen begründeten Verdacht hat, dass ein Unbefugter entgegen Absatz 2 Kenntnis von einer Überwachungsmaßnahme erlangt hat, hat der Verpflichtete die betroffene berechtigte Stelle und die Bundesnetzagentur unverzüglich und umfassend über das Vorkommnis zu informieren.

§ 16 Protokollierung

(1) [1]Der Verpflichtete hat sicherzustellen, dass jede Anwendung seiner Überwachungseinrichtungen, die als integraler Bestandteil der Telekommunikationsanlage gestaltet sind, bei der Eingabe der für die technische Umsetzung erforderlichen Daten automatisch lückenlos protokolliert wird. [2]Unter Satz 1 fallen auch Anwendungen für unternehmensinterne Testzwecke, für Zwecke des Nachweises (§ 19 Absatz 5), für Prüfungen im Falle von Änderungen der Telekommunikationsanlage oder nachträglich festgestellten Mängeln (§ 20) und für probeweise Anwendungen der Überwachungsfunktionen (§ 23) sowie solche Anwendungen,

die durch fehlerhafte oder missbräuchliche Eingabe, Bedienung oder Schaltung verursacht wurden. [3]Es sind zu protokollieren:
1. die Referenznummer oder eine unternehmensinterne Bezeichnung der Überwachungsmaßnahme,
2. die tatsächlich eingegebene Kennung, auf Grund derer die Überwachungseinrichtungen die Überwachungskopie bereitstellen,
3. die Zeitpunkte (Datum und Uhrzeit auf der Grundlage der amtlichen Zeit), zwischen denen die Überwachungseinrichtungen die Telekommunikation in Bezug auf die Kennung nach Nummer 2 erfassen,
4. die Rufnummer oder andere Adressierungsangabe des Anschlusses, an den die Überwachungskopie übermittelt wird,
5. ein Merkmal zur Erkennbarkeit der Person, die die Daten nach den Nummern 1 bis 4 eingibt,
6. Datum und Uhrzeit der Eingabe.

[4]Die Angaben nach Satz 3 Nummer 5 dürfen ausschließlich bei auf tatsächlichen Anhaltspunkten beruhenden Untersuchungen zur Aufklärung von Missbrauchs- oder Fehlerfällen verwendet werden.

(2) Der Verpflichtete hat sicherzustellen, dass durch die technische Gestaltung der Zugriffsrechte und Löschfunktionen folgende Anforderungen eingehalten werden:
1. das Personal, das mit der technischen Umsetzung von Anordnungen betraut ist, darf keinen Zugriff auf die Protokolldaten, die Löschfunktionen und die Funktionen zur Erteilung von Zugriffsrechten haben;
2. die Funktionen zur Löschung von Protokolldaten dürfen ausschließlich dem für die Prüfung dieser Daten verantwortlichen Personal des Verpflichteten verfügbar sein;
3. jede Nutzung der Löschfunktionen nach Nummer 2 ist unter Angabe des Zeitpunktes und eines Merkmals zur Erkennbarkeit der die Funktion jeweils nutzenden Person in einem Datensatz zu protokollieren, der frühestens nach zwei Jahren gelöscht oder überschrieben werden darf;
4. die Berechtigungen zum Zugriff auf die Funktionen von Datenverarbeitungsanlagen oder auf die Datenbestände, die für die Prüfung der Protokolldaten oder die Erteilung von Zugriffsrechten erforderlich sind, dürfen nicht ohne Nachweis eingerichtet, geändert oder gelöscht werden können; jede Erteilung, Änderung oder Aufhebung einer Berechtigung ist einschließlich ihres Zeitpunktes bis zum Ende des zweiten auf die Erteilung, Änderung oder Aufhebung folgenden Kalenderjahres so zu dokumentieren, dass die Daten, einschließlich aller bestehenden Berechtigungen, im Rahmen der üblichen Geschäftszeiten jederzeit für Prüfungen abrufbar sind.

§ 17 Prüfung und Löschung der Protokolldaten, Vernichtung von Unterlagen

(1) [1]Der Verpflichtete hat einen angemessenen Anteil der für die Aktivierung, Änderung oder Abschaltung der Überwachungsfunktionalität nach § 16 protokollierten Eingaben auf Übereinstimmung mit den ihm vorliegenden Unterlagen zu prüfen. [2]Die Prüfung hat mindestens quartalsweise zu erfolgen, die unternehmensinterne Festlegung kürzerer Prüfzeiträume ist zulässig. [3]Die Überprüfung muss sich auf mindestens 20 vom Hundert der im Prüfzeitraum angeordneten Überwachungsmaßnahmen beziehen, jedoch nicht mehr als 200 Maßnahmen je Kalendervierteljahr umfassen. [4]Darüber hinaus sind die Protokolldaten in allen Fällen zu prüfen,
1. die in § 23 genannt sind, oder
2. in denen Tatsachen den Verdacht einer Unregelmäßigkeit begründen.

[5]In den geheimschutzbetreuten Unternehmen obliegen die Aufgaben nach den Sätzen 1 und 4 dem Sicherheitsbevollmächtigten. [6]Das mit der Prüfung betraute Personal kann zur Klärung von Zweifelsfällen das mit der technischen Umsetzung der Anordnungen betraute Personal hinzuziehen. [7]Der Verpflichtete hat die Ergebnisse der Prüfungen schriftlich festzuhalten. [8]Sind keine Beanstandungen aufgetreten, darf in den Prüfergebnissen die nach § 16 Absatz 1 Satz 3 Nummer 2 protokollierte Kennung nicht mehr vermerkt sein und kann auf die übrigen Angaben gemäß § 16 Absatz 1 Satz 3 verzichtet werden. [9]Der Verpflichtete hat der Bundesnetzagentur spätestens zum Ende eines jeden Kalendervierteljahres eine Kopie der Prüfergebnisse zu übersenden. [10]Die Bundesnetzagentur bewahrt diese Unterlagen bis zum Ende des folgenden Kalenderjahres auf; sie kann sie bei der Einsichtnahme nach Absatz 4 verwenden.

(2) [1]Der Verpflichtete hat die Protokolldaten vorbehaltlich Satz 2 und Absatz 3 Satz 6 nach Ablauf von zwölf Monaten nach Versendung der Prüfergebnisse an die Bundesnetzagentur unverzüglich zu löschen und die entsprechenden Anordnungen und alle zugehörigen Unterlagen einschließlich der für die jeweilige Überwachungsmaßnahme angefertigten unternehmensinternen Hilfsmittel zu vernichten, es sei denn, dass die Überwachungsmaßnahme zu diesem Zeitpunkt noch nicht beendet ist. [2]Andere Rechtsvorschriften, die eine über Satz 1 hinausgehende Aufbewahrungszeit für Unterlagen vorschreiben, bleiben unberührt; dies gilt entsprechend auch für unternehmensinterne Vorgaben zur Aufbewahrung von Abrechnungsunterlagen.

(3) [1]Bei Beanstandungen, insbesondere auf Grund unzulässiger Eingaben oder unzureichender Angaben, hat der Verpflichtete unverzüglich eine Untersuchung der Angelegenheit einzuleiten und die Bundesnetzagentur unter Angabe der wesentlichen Einzelheiten schriftlich darüber zu unterrichten. [2]Steht die Beanstandung im Zusammenhang mit einer Überwachungsmaßnahme, hat der Verpflichtete zusätzlich unverzüglich die betroffene berechtigte Stelle zu informieren. [3]Die Pflicht zur Untersuchung und Unterrichtung nach den Sätzen 1 und 2 besteht auch für Fälle, in denen der Verpflichtete unabhängig von der Prüfung der Protokolldaten Kenntnis über einen zu beanstandenden Sachverhalt erhält. [4]Das Ergebnis der Untersuchung ist schriftlich festzuhalten. [5]Der Verpflichtete hat eine Kopie des Untersuchungsergebnisses an die Bundesnetzagentur zu übersenden, die sie bis zum Ende des folgenden Kalenderjahres aufbewahrt. [6]Für die Löschung der beanstandeten Protokolldaten und die Vernichtung der zugehörigen Unterlagen nach Abschluss der gemäß Satz 1 oder Satz 3 durchzuführenden Untersuchungen gilt Absatz 2 vorbehaltlich anderer Rechtsvorschriften entsprechend mit der Maßgabe, dass an die Stelle des dort genannten Zeitpunktes der Dezember des Kalenderjahres tritt, das auf den Abschluss der Untersuchung folgt.

(4) [1]Die Bundesnetzagentur ist befugt, Einsicht in die Protokolldaten, Anordnungen und die zugehörigen Unterlagen sowie in die Datensätze nach § 16 Absatz 2 Nummer 3 und 4 zu nehmen. [2]Die Befugnisse der für die Kontrolle der Einhaltung der Vorschriften über den Schutz personenbezogener Daten zuständigen Behörden werden durch die Absätze 1 bis 3 nicht berührt. [3]Für die gemäß § 16 erstellten Protokolldaten muss für die Kontrollen nach den Sätzen 1 und 2 die Möglichkeit bestehen, diese sowohl nach ihrer Entstehungszeit als auch nach den betroffenen Kennungen sortiert auszugeben.

Abschnitt 4: Verfahren zum Nachweis nach § 170 Absatz 1 Satz 1 Nummer 4 des Telekommunikationsgesetzes

§ 18 (weggefallen)

§ 19 Nachweis

(1) [1]Für den nach § 170 Absatz 1 Satz 1 Nummer 4 des Telekommunikationsgesetzes zu erbringenden Nachweis der Übereinstimmung der von dem Verpflichteten getroffenen Vorkehrungen mit den Vorschriften dieser Verordnung und der Technischen Richtlinie (§ 36) hat der Verpflichtete der Bundesnetzagentur die zur Prüfung erforderlichen Unterlagen einzureichen und ihr die erforderlichen Prüfungen der Überwachungseinrichtungen und der organisatorischen Vorkehrungen vor Ort zu ermöglichen. [2]Den Nachweis für baugleiche Einrichtungen hat der Verpflichtete nur einmal zu erbringen; die Bundesnetzagentur kann jedoch in begründeten Fällen einen weiteren Nachweis an einer baugleichen Einrichtung verlangen.

(2) [1]Die von dem Verpflichteten vorzulegenden Unterlagen, zu deren Form die Bundesnetzagentur Vorgaben machen kann, müssen die zur Beurteilung des Sachverhalts erforderlichen Angaben enthalten. [2]Dazu gehören insbesondere Angaben zu Name und Sitz des Verpflichteten sowie die Namen der Personen, die für die Vorhaltung der Überwachungseinrichtungen verantwortlich sind, sowie Beschreibungen über:

1. die technische Gestaltung der Telekommunikationsanlage einschließlich der mit ihr erbrachten oder geplanten Telekommunikationsdienste und der zugehörigen Dienstmerkmale,
2. die Arten der Kennungen, die bei den erbrachten oder geplanten Telekommunikationsdiensten ausgewertet werden können,
3. die Überwachungseinrichtungen, insbesondere hinsichtlich der Anforderungen nach § 7 Absatz 1 bis 4 sowie § 10,
4. den Übergabepunkt gemäß § 8 und die Bereitstellung der Überwachungskopie gemäß § 9 sowie
5. die technischen Einrichtungen und die organisatorischen Vorkehrungen zur Umsetzung der §§ 4, 5, 6, 12 und 13 Satz 4, des § 14 Absatz 1, 2 Satz 1 bis 4 und Absatz 3 sowie der §§ 16 und 17 Absatz 1 Satz 1 bis 4 sowie
6. die technische Gestaltung des Zusammenwirkens der Überwachungseinrichtungen mit den Telekommunikationsanlagen anderer Betreiber.

[3]Unterlagen, die Geschäfts- oder Betriebsgeheimnisse enthalten, sind entsprechend zu kennzeichnen. [4]Soweit für die Überwachungseinrichtungen auf Antrag des Herstellers oder Vertreibers dieser Einrichtungen eine Typmusterprüfung nach § 170 Absatz 7 des Telekommunikationsgesetzes durchgeführt wurde, kann der Verpflichtete zur Vereinfachung auf die Ergebnisse dieser Typmusterprüfung verweisen.

(3) [1]Die Bundesnetzagentur bestätigt dem Verpflichteten den Eingang der Unterlagen. [2]Sie prüft die Unterlagen darauf, ob die Überwachungseinrichtungen und die organisatorischen Vorkehrungen den Anforderungen der §§ 4, 5, 6 und 7 Absatz 1 bis 4, der §§ 8 bis 10, 12 und 13 Satz 4, des § 14 Absatz 1, 2 Satz 1 bis 4 und Absatz 3, der §§ 16 und 17 Absatz 1 Satz 1 bis 4 sowie den Anforderungen der Technischen Richtlinie nach § 36 entsprechen; dabei berücksichtigt sie die Zulässigkeit von älteren technischen Vorschriften nach § 36 Satz 4 und von Abweichungen gemäß § 22. [3]Nach Prüfung der schriftlichen Unterlagen vereinbart die Bundesnetzagentur mit dem Verpflichteten einen Termin für eine technische Prüfung der Überwachungseinrichtungen und eine Prüfung der organisatorischen Vorkehrungen.

(4) [1]Die Bundesnetzagentur stellt die prüffähigen Unterlagen unverzüglich dem Generalbundesanwalt beim Bundesgerichtshof, dem Zollkriminalamt, dem Bundesamt für Verfassungsschutz als Koordinierungsstelle für die Nachrichtendienste und dem Bundeskriminalamt als Zentralstelle zur Stellungnahme innerhalb einer gesetzten angemessenen Frist zur Verfügung. [2]Die rechtzeitig eingegangenen Stellungnahmen hat die Bundesnetzagentur bei ihrer Entscheidung über die vorübergehende Duldung von Abweichungen mit zu berücksichtigen.

(5) [1]Die Bundesnetzagentur kann von dem Verpflichteten verlangen, dass er unentgeltlich

1. ihren Bediensteten die Durchführung der erforderlichen Prüfungen bezüglich der Einhaltung der in Absatz 3 genannten Anforderungen ermöglicht,
2. bei Prüfungen nach Nummer 1 im erforderlichen Umfang mitwirkt und
3. die für die Prüfungen nach Nummer 1 erforderlichen Telekommunikationsanschlüsse seiner Telekommunikationsanlage sowie die notwendigen Endgeräte bereitstellt und die für die Prüfung notwendige Telekommunikation an geeignete Testanschlüsse übermittelt.

[2]Für die Zwecke der Prüfung der Protokolldaten nach § 17 bestätigt die Bundesnetzagentur dem Verpflichteten den Zeitraum der Prüfung, die Kennungen der für die Prüfung verwendeten Telekommunikationsanschlüsse sowie die Rufnummern oder anderen Adressierungsangaben der Anschlüsse, an die die Kopie der Telekommunikation übermittelt wurde. [3]Die Bundesnetzagentur kann zu den Prüfungen nach Satz 1 auch Vertreter der in Absatz 4 genannten Stellen hinzuziehen. [4]Für Prüfungen, die die Bundesnetzagentur nach § 170 Absatz 1 Satz 1 Nummer 5 des Telekommunikationsgesetzes zur Beseitigung von Fehlfunktionen durchführt, gelten die Sätze 1 bis 3 entsprechend.

(6) [1]Entsprechen die von dem Verpflichteten vorgehaltenen Überwachungseinrichtungen und die von ihm getroffenen organisatorischen Vorkehrungen den Vorschriften dieser Verordnung und der Technischen Richtlinie nach § 36, erteilt die Bundesnetzagentur dem Verpflichteten innerhalb von vier Wochen nach Abschluss der Prüfungen nach Absatz 5 einen entsprechenden Nachweisbescheid. [2]Weichen die vorgehaltenen Überwachungseinrichtungen oder die getroffenen organisatorischen Vorkehrungen von den Vorschriften ab, hat die Bundesnetzagentur dem Verpflichteten aufzuerlegen, die Abweichung innerhalb einer angemessenen Frist zu beseitigen. [3]Eine dauerhafte Abweichung kann nur geduldet werden, wenn zu erwarten ist, dass die Durchführung von Überwachungsmaßnahmen nicht beeinträchtigt wird und keine Änderungen bei den Aufzeichnungs- und Auswertungseinrichtungen erforderlich sind; in diesem Fall sind die geduldeten Abweichungen im Nachweisbescheid zu bezeichnen. [4]Bei Abweichungen, die eine Verletzung des Fernmeldegeheimnisses oder wesentliche Mängel bei der Überwachung zur Folge haben, hat die Bundesnetzagentur in dem Nachweisbescheid darzustellen, dass der Nachweis für diejenigen Dienste oder Dienstmerkmale nicht erbracht ist, bei denen sich diese Abweichungen auswirken.

(7) Gehen die Unterlagen nach Absatz 2 erst so spät bei der Bundesnetzagentur ein, dass von ihr angeforderte Ergänzungen nicht mehr fristgerecht erfolgen können, soll sie vor Einleiten von Zwangsmitteln nach § 183 Absatz 4 oder 5 des Telekommunikationsgesetzes eine Nachbesserungsfrist einräumen, die einen Monat nicht übersteigen darf.

(8) Im Falle der Fortschreibung der Unterlagen, insbesondere im Zusammenhang mit Änderungen wie nach § 20, hat der Verpflichtete der Bundesnetzagentur entsprechend geänderte Unterlagen zusammen mit einer Liste der jeweils insgesamt gültigen Dokumente vorzulegen; die Absätze 1 bis 7 gelten entsprechend.

§ 20 Änderungen der Telekommunikationsanlage oder der Überwachungseinrichtung

[1]§ 19 gilt entsprechend bei jeder Änderung der Telekommunikationsanlage, eines mittels dieser Telekommunikationsanlage angebotenen Telekommunikationsdienstes oder der Überwachungseinrichtung, sofern diese Änderung Einfluss auf die Überwachungsfunktionen hat. [2]Änderungen, die Auswirkungen auf die Aufzeichnungs- oder Auswertungseinrichtungen haben, dürfen erst nach Abstimmung mit der Bundesnetzagentur vorgenommen werden.

Abschnitt 5: Abweichungen

§ 21 (weggefallen)

§ 22 Abweichungen, Feldversuche, Probebetriebe

(1) [1]Die Bundesnetzagentur kann im Rahmen des Nachweises nach § 19 im Benehmen mit den in § 19 Absatz 4 genannten Stellen auf Antrag des Verpflichteten bei einzelnen Telekommunikationsanlagen hinsichtlich der Gestaltung der Überwachungseinrichtungen Abweichungen von einzelnen Anforderungen der Technischen Richtlinie nach § 36 dulden, sofern

1. die Überwachbarkeit sichergestellt ist und die Durchführung von Überwachungsmaßnahmen nicht grundlegend beeinträchtigt wird und
2. ein hierdurch bedingter Änderungsbedarf bei den Aufzeichnungs- und Auswertungseinrichtungen nicht unverhältnismäßig hoch ist.

[2]Der Verpflichtete hat der Bundesnetzagentur die Gründe für Abweichungen nach Satz 1, die genaue Beschreibung des Übergabepunktes mit Hinweisen auf die Abweichungen von den Vorschriften sowie die Folgen dieser Abweichungen mitzuteilen. [3]Die Bundesnetzagentur ist unbeschadet möglicher Schutzrechtsvermerke des Verpflichteten befugt, Mitteilungen nach Satz 2 an die in § 19 Absatz 4 genannten Stellen zu übermitteln, damit die vorhandenen Aufzeichnungs- und Auswertungseinrichtungen gegebenenfalls angepasst werden können. [4]Der Nachweisbescheid kann mit Auflagen verbunden werden. [5]In der Technischen Richtlinie nach § 36 können für bestimmte Telekommunikationsanlagen oder Telekommunikationsdienste technische Voraussetzungen festgelegt werden, bei deren Einhaltung Abweichungen allgemein zulässig sind.

(2) [1]Die Bundesnetzagentur kann für die Überwachungseinrichtungen in Teilen von Telekommunikationsanlagen, die Versuchs- oder Probezwecken oder im Rahmen von Feldversuchen der Ermittlung der Funktionsfähigkeit der Telekommunikationsanlage unter tatsächlichen Betriebsbedingungen oder der bedarfsgerechten Ausgestaltung von am Telekommunikationsmarkt nachgefragten Telekommunikationsdiensten dienen, den Nachweis im Hinblick auf den befristet betriebenen Teil der Telekommunikationsanlage oder den befristet oder einem begrenzten Nutzerkreis angebotenen Telekommunikationsdienst nach einem vereinfachten Verfahren annehmen; Wiederholungen sind zulässig. [2]Sie kann dabei nach pflichtgemäßem Ermessen im Einzelfall vorübergehend auf die Einhaltung einzelner technischer Vorschriften dieser Verordnung oder einzelner Anforderungen der Technischen Richtlinie nach § 36 verzichten, sofern

1. der Versuchs- oder Probebetrieb oder der Feldversuch des Teils der Telekommunikationsanlage für nicht länger als zwölf Monate vorgesehen ist,
2. nicht mehr als 10.000 Nutzer oder sonstige Nutzungsberechtigte, die nicht zu dem Personal des Verpflichteten zählen, in den Versuchs- oder Probebetrieb oder in den Feldversuch einbezogen werden und
3. sichergestellt ist, dass eine Überwachung der Telekommunikation möglich ist.

[3]Absatz 1 Satz 2 bis 4 gilt entsprechend.

Abschnitt 6: Sonstige Vorschriften

§ 23 Probeweise Anwendung der Überwachungsfunktionen

(1) [1]Die probeweise Anwendung der Überwachungsfunktionen ist auf das unabdingbare Maß zu begrenzen und nur zulässig

1. zur Durchführung des Nachweises nach § 19 oder einer insbesondere zur Beseitigung von Fehlfunktionen von der Bundesnetzagentur verlangten Prüfung nach § 170 Absatz 1 Nummer 5 des Telekommunikationsgesetzes,
2. zur Funktionsprüfung der Überwachungseinrichtungen durch den Betreiber oder zur Schulung von Personal des Verpflichteten unter Verwendung von ausschließlich zu diesem Zweck eingerichteten Anschlüssen oder
3. zur Funktionsprüfung der Aufzeichnungs- und Auswertungseinrichtungen; Aus- oder Fortbildungsmaßnahmen der berechtigten Stellen stehen solchen Funktionsprüfungen gleich.

[2]Für eine insbesondere zur Beseitigung von Fehlfunktionen von der Bundesnetzagentur verlangte Prüfung nach § 170 Absatz 1 Nummer 5 des Telekommunikationsgesetzes kann sie vom Verpflichteten auch verlangen, dass für automatisch durchzuführende Prüfungen gleichzeitig mehrere Testanschlüsse und Endgeräte bereitgestellt werden sowie eine von der Bundesnetzagentur bereitgestellte Anwendung auf diesen Endgeräten installiert wird. [3]Bei der probeweisen Anwendung ist sicherzustellen, dass die Anschlüsse, auf die die Überwachungsfunktionen angewendet werden, ausschließlich zu Prüfzwecken genutzt werden und die Personen, die für die probeweise erzeugte Telekommunikation verantwortlich sind, diese ohne Beteiligung Dritter durchführen. [4]Der Zeitraum der probeweisen Anwendung nach Satz 1 Nummer 3 darf sechs Monate nicht überschreiten; Verlängerungen sind zulässig. [5]Der Verpflichtete hat der Bundesnetzagentur die von ihm für die Fälle nach Satz 1 Nummer 2 vorgesehenen Anschlüsse vor der erstmaligen Durchführung von Funktionsprüfungen seiner Überwachungseinrichtungen schriftlich anzuzeigen. [6]Die Bundesnetzagentur führt über diese Anschlüsse eine Liste und bestätigt dem Verpflichteten den Eintrag der von ihm benannten Anschlüsse. [7]Nach Eingang dieser Bestätigung kann der Verpflichtete Funktionsprüfungen unter ausschließlicher Einbeziehung dieser Anschlüsse jederzeit eigenverantwortlich nach Bedarf durchführen. [8]In den Fällen des Satzes 1 Nummer 3 bedarf die probeweise Anwendung der vorherigen Anmeldung durch die berechtigte Stelle bei der Bundesnetzagentur. [9]In der Anmeldung sind der Grund für die probeweise Anwendung, der Zeitraum der Erprobung, die Kennungen, die bei der Erprobung an Stelle einer zu überwachenden Kennung verwendet werden, sowie die Rufnummern oder anderen Adressierungsangaben der Anschlüsse anzugeben, an die die Kopie der Telekommunikation übermittelt wird. [10]Die Bundesnetzagentur bestätigt die Anmeldung mit den in Satz 8 genannten Angaben schriftlich oder durch eine gesicherte elektronische Übermittlung sowohl der berechtigten Stelle als auch dem Verpflichteten. [11]In Fällen einer dringenden Störungsbeseitigung ist eine nachträgliche Anzeige oder Anmeldung zulässig. [12]Für die Behandlung der Bestätigung beim Verpflichteten gilt § 17 entsprechend. [13]Form und Übermittlungsverfahren für die Anzeige, die Anmeldung und die Bestätigung sowie Vorgaben für die in diesen Fällen zu verwendende Referenznummer können in der Technischen Richtlinie nach § 36 festgelegt werden.

(2) Zur Durchführung der in Absatz 1 Satz 1 Nummer 3 genannten Aufgaben hat der Verpflichtete der berechtigten Stelle auf Verlangen Telekommunikationsanschlüsse seiner Telekommunikationsanlage zu den üblichen Geschäftsbedingungen an den von dieser benannten Orten einzurichten und zu überlassen und Telekommunikationsdienste bereitzustellen sowie die Überwachungsfunktion bei diesen Anschlüssen nach den zeitlichen Vorgaben der berechtigten Stelle einzurichten.

§ 24 Anforderungen an Aufzeichnungsanschlüsse

(1) [1]Der nach § 170 Absatz 9 des Telekommunikationsgesetzes verpflichtete Betreiber hat der berechtigten Stelle auf Antrag die von ihr benötigten Aufzeichnungsanschlüsse unverzüglich und in dringenden Fällen vorrangig bereitzustellen. [2]Zur Sicherstellung der Erreichbarkeit dieser Anschlüsse und zum Schutz vor falschen Übermittlungen sind geeignete technische Maßnahmen gemäß § 14 Abs. 2 vorzusehen.

(2) Der nach § 170 Absatz 9 des Telekommunikationsgesetzes verpflichtete Betreiber hat im Störungsfall die unverzügliche und vorrangige Entstörung der Anschlüsse nach Absatz 1 sicherzustellen.

§ 25 (weggefallen)

Teil 3: Maßnahmen nach den §§ 5 und 8 des Artikel 10-Gesetzes und den §§ 19, 24 und 26 des BND-Gesetzes

§ 26 Kreis der Verpflichteten

(1) Die Vorschriften dieses Teils gelten für Betreiber von Telekommunikationsanlagen, die

1. der Bereitstellung von internationalen leitungsgebundenen Telekommunikationsbeziehungen dienen, soweit eine gebündelte Übertragung erfolgt oder
2. der Bereitstellung von internationalen Telekommunikationsbeziehungen dienen, über die Telekommunikation von Ausländern im Ausland erfolgt und

für öffentlich zugängliche Telekommunikationsdienste genutzt werden.

(2) [1]Die Bundesnetzagentur kann im Einvernehmen mit dem Bundesnachrichtendienst Betreiber nach Absatz 1 auf deren Antrag für einen bestimmten Zeitraum, der drei Jahre nicht übersteigen darf, von den Verpflichtungen befreien, die sich aus den §§ 27 und 28 ergeben; wiederholte Befreiungen sind zulässig. [2]Für die rechtzeitige Antragstellung gilt die in § 170 Absatz 1 Nummer 4 zweiter Halbsatz des Telekommunikationsgesetzes genannte Frist entsprechend. [3]Anträge auf eine wiederholte Befreiung kann der Verpflichtete frühestens drei Monate und spätestens sechs Wochen vor Ablauf der laufenden Frist stellen. [4]Die Bundesnetzagentur soll über die Anträge innerhalb von sechs Wochen entscheiden. [5]Im Falle einer Beendigung der Befreiung hat der Verpflichtete die nach den §§ 27 und 28 erforderlichen technischen und organisatorischen Vorkehrungen innerhalb von sechs Monaten nach Ablauf der bisherigen Befreiungsfrist zu treffen.

§ 27 Grundsätze, technische und organisatorische Umsetzung von Anordnungen, Verschwiegenheit

(1) [1]Die zu überwachende Telekommunikation umfasst bei Überwachungsmaßnahmen nach § 5 oder § 8 des Artikel 10-Gesetzes die Telekommunikation, die auf dem in der Anordnung bezeichneten Übertragungsweg übertragen wird, einschließlich der auf diesem Übertragungsweg übermittelten, für den Auf- oder Abbau von Telekommunikationsverbindungen notwendigen vermittlungstechnischen Steuerzeichen und bei Überwachungsmaßnahmen nach den §§ 19, 24 oder 26 des BND-Gesetzes die Telekommunikation, die in der Anordnung nach § 25 Absatz 1 Satz 1 des BND-Gesetzes bezeichnet wird, einschließlich der in dieser Telekommunikation übermittelten, für den Auf- oder Abbau von Telekommunikationsverbindungen notwendigen vermittlungstechnischen Steuerzeichen. [2]§ 5 gilt mit Ausnahme von seinem Absatz 1, 2 Satz 3 und Absatz 4 Satz 2 entsprechend.

(2) Der Verpflichtete hat dem Bundesnachrichtendienst an einem Übergabepunkt im Inland eine vollständige Kopie der Telekommunikation bereitzustellen, die über die in der Anordnung bezeichneten Übertragungswege oder Telekommunikationsnetze übertragen wird.

(3) Der Verpflichtete hat in seinen Räumen die Aufstellung und den Betrieb von Geräten des Bundesnachrichtendienstes zu dulden, die nur von hierzu besonders ermächtigten Bediensteten des Bundesnachrichtendienstes eingestellt und gewartet werden dürfen und die folgende Anforderungen erfüllen:

1. die nach Absatz 2 bereitgestellte Kopie wird bei Überwachungsmaßnahmen nach den §§ 5 oder 8 des Artikel 10-Gesetzes in der Weise bearbeitet, dass die Festlegung nach § 10 Absatz 4 Satz 3 des Artikel 10- Gesetzes eingehalten und die danach verbleibende Kopie an den Bundesnachrichtendienst nur insoweit übermittelt wird, als sie Telekommunikation mit dem in der Anordnung nach § 10 Absatz 4 Satz 2 des Artikel 10-Gesetzes bezeichneten Gebiet enthält; im Übrigen wird die Kopie gelöscht;
2. ein unbefugter Fernzugriff auf die Geräte ist ausgeschlossen;
3. die Geräte verfügen über eine dem Stand der Technik entsprechende Zugriffskontrolle und über eine automatische lückenlose Protokollierung aller Zugriffe;
4. die Einhaltung der Anforderungen nach den Nummern 1 bis 3 ist durch das Bundesamt für Sicherheit in der Informationstechnik zertifiziert.

(4) [1]Der Verpflichtete hat während seiner üblichen Geschäftszeiten folgenden Personen nach Anmeldung Zutritt zu den in Absatz 3 bezeichneten Geräten zu gewähren:

1. den Bediensteten des Bundesnachrichtendienstes zur Einstellung und Wartung der Geräte,
2. bei Überwachungsmaßnahmen nach den §§ 5 oder 8 des Artikel 10-Gesetzes zusätzlich den Mitgliedern und Mitarbeitern der G 10-Kommission (§ 1 Absatz 2 des Artikel 10-Gesetzes) zur Kontrolle der Geräte und ihrer Datenverarbeitungsprogramme sowie der Protokolle nach Absatz 3 Nummer 3.

[2]Der Verpflichtete hat sicherzustellen, dass eine unbeaufsichtigte Tätigkeit der nach Satz 1 Zutrittsberechtigten auf die in Absatz 3 bezeichneten Geräte begrenzt bleibt.

(5) Im Einzelfall erforderlich werdende ergänzende Einzelheiten hinsichtlich der Aufstellung der in Absatz 3 bezeichneten Geräte und des Zugangs zu diesen Geräten sind in einer Vereinbarung zwischen dem Verpflichteten und dem Bundesnachrichtendienst zu regeln.

(6) Der Verpflichtete hat seine Überwachungseinrichtungen so zu gestalten und die organisatorischen Vorkehrungen so zu treffen, dass er eine Anordnung unverzüglich umsetzen kann.

(7) [1]Für die Gestaltung des Übergabepunktes gilt § 8 Absatz 2 Satz 1 Nummer 1 bis 4 entsprechend. [2]Technische Einzelheiten zum Übergabepunkt können in der Technischen Richtlinie nach § 36 festgelegt werden, sie können jedoch auch in Abstimmung mit der Bundesnetzagentur und den betroffenen Interessenvertretern festgelegt werden.

(8) [1]Für die Entstörung und Störungsmeldung, für die Schutzanforderungen, für die Pflicht zur Verschwiegenheit, für die Entgegennahme der Information über das Vorliegen einer Anordnung und die Entgegennahme einer Anordnung sowie für Rückfragen gelten § 12 Abs. 1 Satz 5 und Abs. 3, §§ 13, 14 Abs. 1 und 3 sowie § 15 entsprechend mit der von § 12 Abs. 1 Satz 1 bis 3 und Abs. 3 Satz 1 abweichenden Maßgabe, dass der Verpflichtete innerhalb seiner üblichen Geschäftszeiten jederzeit über das Vorliegen einer Anordnung und die Dringlichkeit ihrer Umsetzung benachrichtigt werden kann, er eine Anordnung entgegennehmen und Rückfragen zu einzelnen noch nicht abgeschlossenen Überwachungsmaßnahmen entgegennehmen kann. [2]Für Funktionsprüfungen der Aufzeichnungs- und Auswertungseinrichtungen des Bundesnachrichtendienstes gilt § 23 Absatz 1 Satz 1 Nummer 3 entsprechend; für derartige Funktionsprüfungen ist abweichend von § 23 Absatz 1 Satz 8 bis 13 für Maßnahmen nach den §§ 5 oder 8 des Artikel 10-Gesetzes eine Anordnung nach den §§ 5 oder 8 des Artikel 10-Gesetzes und für Maßnahmen nach den §§ 19, 24 oder 26 des BND-Gesetzes eine Anordnung nach § 25 Absatz 1 Satz 1 des BND-Gesetzes erforderlich.

§ 28 Verfahren

(1) Sofern der Verpflichtete für die technische Umsetzung von Anordnungen nach § 5 oder § 8 des Artikel 10-Gesetzes oder Anordnungen für Maßnahmen nach den §§ 19, 24 oder 26 des BND-Gesetzes technische Einrichtungen oder Funktionen verwendet, die durch Eingaben in Steuerungssysteme bedient werden, die von diesen Einrichtungen abgesetzt sind, gelten die §§ 16 und 17 entsprechend.

(2) (weggefallen)

(3) Für den Nachweis der Übereinstimmung der getroffenen Vorkehrungen mit den Bestimmungen dieser Verordnung und der Technischen Richtlinie gilt § 19 entsprechend mit folgenden Maßgaben:

1. An die Stelle der in § 19 Absatz 4 genannten Stellen tritt der Bundesnachrichtendienst.
2. An die Stelle der in § 19 Absatz 5 geforderten Prüfungen tritt eine Prüfung entsprechend § 27 Absatz 2 und 6 bis 8.

(4) Für nachträgliche Änderungen an der Telekommunikationsanlage des Verpflichteten oder an den Überwachungseinrichtungen gilt § 20 entsprechend.

§ 29 Bereitstellung von Übertragungswegen zum Bundesnachrichtendienst

Für die Bereitstellung der Übertragungswege, die zur Übermittlung der gemäß § 27 Absatz 3 Nummer 1 aufbereiteten Kopie an den Bundesnachrichtendienst erforderlich sind, gilt § 24 Absatz 1 Satz 1 und Absatz 2 entsprechend.

Teil 4: Vorkehrungen für die Erteilung von Auskünften über Verkehrsdaten

§ 30 Kreis der Verpflichteten

[1]Die Vorschriften dieses Teils gelten für

1. die Betreiber von Telekommunikationsanlagen, mit denen öffentlich zugängliche Telekommunikationsdienste erbracht werden, sowie
2. die Anbieter von öffentlich zugänglichen Telekommunikationsdiensten

in dem Umfang, in dem diese ihre Dienste für Endnutzer erbringen. [2]§ 170 Absatz 2 des Telekommunikationsgesetzes gilt entsprechend für die nach Satz 1 Verpflichteten, die nur Teile von Telekommunikationsanlagen nach Satz 1 Nummer 1 betreiben oder die öffentlich zugängliche Telekommunikationsdienste erbringen, ohne hierfür Telekommunikationsanlagen zu betreiben.

§ 31 Grundsätze

(1) [1]Die nach § 30 Verpflichteten haben Auskunftsverlangen in einem digitalen Format zu beantworten. [2]Die Anforderungen nach § 14 Absatz 1 und 3 gelten entsprechend.

(2) [1]Die nach § 30 Verpflichteten haben sicherzustellen, dass sie Anordnungen zur Auskunftserteilung jederzeit elektronisch entgegennehmen sowie die zugehörigen Auskünfte auf gleichem Weg erteilen können; dabei haben diejenigen Verpflichteten, die zur Bereithaltung der Schnittstelle nach § 174 Absatz 7 Satz 2 erste Alternative des Telekommunikationsgesetzes verpflichtet sind, diese Schnittstelle auch für die Entgegennahme der Anordnungen zur Auskunftserteilung und für die Übermittlung der zugehörigen Auskünfte zu verwenden und Verpflichtete, die nicht zur Bereithaltung dieser Schnittstelle verpflichtet sind, mindestens das E-Mail-basierte Übermittlungsverfahren nach § 174 Absatz 7 Satz 3 bereitzuhalten. [2]Die nach § 30 Verpflichteten haben technisch sicherzustellen, dass sowohl die Anordnung als auch die Auskünfte bei der Übermittlung gegen Veränderungen und unbefugte Kenntnisnahme durch Dritte geschützt sind. [3]Die dafür zu beachtenden technischen Einzelheiten einschließlich der zugehörigen Formate und der zu verwendenden Verschlüsselungsverfahren für die Übermittlung der Anordnung und der Auskünfte legt die Bundesnetzagentur in der Technischen Richtlinie nach § 170 Absatz 6 des Telekommunikationsgesetzes fest. [4]Eine Übermittlung der Anordnung oder der Auskünfte per Telefax ist unzulässig. [5]Für die Benachrichtigung über das Vorliegen einer Anordnung und die Dringlichkeit ihrer Umsetzung, für die Entgegennahme der Anordnung, für den sicheren Umgang mit der Anordnung und deren Umsetzung, für den Schutz der für die Erteilung von Auskünften erforderlichen Funktionen und der dafür vorzuhaltenden technischen Einrichtungen sowie für Rückfragen zu erteilten Auskünften gilt im Übrigen § 12 Absatz 1 Satz 2 und 5, Absatz 2 sowie Absatz 3 entsprechend. [6]Für Rückfragen zu erteilten Auskünften gilt dies mit der Maßgabe, dass der Verpflichtete Rückfragen nur innerhalb seiner üblichen Geschäftszeiten durch sachkundiges Personal zu beantworten braucht.

(3) [1]Die nach § 30 Verpflichteten haben die technischen und organisatorischen Vorkehrungen so zu treffen, dass sie Auskunftsverlangen zu ihnen vorliegenden Verkehrsdaten unverzüglich beantworten können (§ 100a Absatz 4 Satz 1 der Strafprozessordnung); dies gilt auch, wenn für die Auskünfte über gespeicherte Verkehrsdaten zu Verbindungen, die zu einer bestimmten Zieladresse oder von einer bekannten Rufnummer zu unbekannten Zieladressen hergestellt wurden, die Suche in allen Datensätzen der abgehenden oder ankommenden Verbindungen eines Betreibers erforderlich ist (Zielwahlsuche). [2]Für Fälle der Zielwahlsuche gilt abweichend von Absatz 2 Satz 5 auch § 12 Absatz 1 Satz 1 und 3 entsprechend. [3]In der Technischen Richtlinie nach § 170 Absatz 6 des Telekommunikationsgesetzes können in Abhängigkeit von der jeweiligen Netzstruktur und der in dem Netz eingesetzten Technologie angemessene Zeitspannen festgelegt werden, die zwischen der Erhebung der Verkehrsdaten in den Netzelementen und deren Verfügbarkeit für den Abruf höchstens vergehen dürfen.

(4) Die nach § 30 Verpflichteten haben sicherzustellen, dass die Verfügbarkeit ihrer für die Auskunftserteilung erforderlichen technischen Einrichtungen der Verfügbarkeit ihrer Telekommunikationsanlagen entspricht.

(5) [1]Betreiber nach § 30 Satz 1 Nummer 1, mit deren Telekommunikationsanlagen Telekommunikationsdienste für nicht mehr als 100 000 Endnutzer erbracht werden und Anbieter nach § 30 Satz 1 Nummer 2, die ihre Dienste für nicht mehr als 100 000 Endnutzer erbringen, brauchen die Vorkehrungen nach den Absätzen 3 und 4 nicht zu treffen; sie dürfen der Verpflichtung nach Absatz 2 Satz 1 in der Weise nachkommen, dass sie erst nach Benachrichtigung durch die berechtigte Stelle über das Vorliegen einer Anordnung innerhalb ihrer üblichen Geschäftszeiten unverzüglich die Anordnung entgegennehmen und die zugehörigen Auskünfte erteilen. [2]Verpflichtungen nach § 101a Absatz 1 der Strafprozessordnung oder nach den anderen in § 2 Nummer 1 Buchstabe b genannten Vorschriften zur Erteilung von Auskünften über Verkehrsdaten bleiben unberührt.

(6) Für das Treffen der Vorkehrungen nach diesem Teil, die Umsetzung einer Anordnung zur Erteilung von Auskünften über Verkehrsdaten sowie für die Wahrnehmung dieser Aufgaben durch einen Erfüllungsgehilfen gilt § 5 Absatz 3 entsprechend.

(7) Das Übermittlungsverfahren nach Absatz 2 und die dafür vorgehaltenen technischen Einrichtungen dürfen auch genutzt werden für die Übermittlung von:

1. Anordnungen zur Überwachung der Telekommunikation,
2. Auskunftsverlangen zu Bestandsdaten nach § 174 des Telekommunikationsgesetzes,
3. Auskunftsverlangen zu Standortangaben sowie
4. Antworten zu den Auskunftsverlangen nach den Nummern 2 und 3.

§ 32 Auskünfte über zurückliegende Verkehrsdaten, zukünftige Verkehrsdaten, Verkehrsdaten in Echtzeit

(1) [1]Die nach § 30 Verpflichteten haben Auskünfte auf Grundlage der nach den Vorschriften des Telekommunikationsgesetzes gespeicherten und zum Zeitpunkt der Auskunftserteilung vorhandenen Daten zu erteilen. [2]Dabei haben sie stets alle dem Auskunftsverlangen zuzuordnenden Datensätze bereitzustellen, die ihnen zum Zeitpunkt der Auskunftserteilung vorliegen. [3]Datensätze, die erst nach einer technisch bedingten Wartezeit zur Verfügung stehen und einem bereits beauskunfteten Auskunftsverlangen zuzuordnen sind, sind unverzüglich nachträglich zu übermitteln. [4]Die berechtigte Stelle kann bereits bei der erstmaligen Übermittlung des Auskunftsverlangens Anforderungen zur nachträglichen Übermittlung von Datensätzen nach Satz 3 festlegen. [5]Macht sie von dieser Möglichkeit Gebrauch, sind diese Anforderungen maßgeblich für die nachträgliche Übermittlung nach Satz 3. [6]Die berechtigte Stelle kann im Einzelfall auch auf die nachträgliche Übermittlung verzichten.

(2) [1]In Fällen von Anordnungen zur Erteilung von Auskünften über Verkehrsdaten, die erst nach dem Zeitpunkt der Ausstellung der Anordnung anfallen (zukünftige Verkehrsdaten), haben die nach § 30 Verpflichteten der jeweiligen berechtigten Stelle zu jeder sich auf diese Anordnung stützenden Anforderung Auskünfte über die der Anordnung zuzuordnenden Datensätze zu erteilen, die ihnen zum Zeitpunkt der Auskunftserteilung vorliegen; dabei können sich in jeder aktuellen Auskunftserteilung auch Datensätze befinden, die zu vorhergehenden Anforderungen bereits mitgeteilt wurden. [2]Die Häufigkeit und der Zeitabstand der jeweiligen Anforderungen liegt im ausschließlichen Ermessen der berechtigten Stelle. [3]Im Rahmen von Anordnungen zur Erteilung von Auskünften über zukünftige Verkehrsdaten können auch Auskünfte über Verkehrsdaten verlangt werden, die nach den Vorschriften des Telekommunikationsgesetzes nicht gespeichert, aber im Rahmen des Telekommunikationsvorganges erhoben werden; besondere Vorkehrungen zur Erteilung von derartigen Auskünften müssen jedoch nicht getroffen werden.

(3) [1]Für die Umsetzung von Auskunftsverlangen über Verkehrsdaten in Echtzeit brauchen nur diejenigen Verpflichteten nach § 30 Vorkehrungen zu treffen, die auch nach § 3 verpflichtet sind, technische Vorkehrungen für die Umsetzung von Überwachungsmaßnahmen vorzuhalten. [2]Für die Umsetzung derartiger Auskunftsverlangen gilt abweichend von § 31 Absatz 2 Satz 5 auch § 12 Absatz 1 Satz 1 und 3 entsprechend. [3]Die nach Satz 1 Verpflichteten können zur Umsetzung derartiger Auskunftsverlangen ihre technischen Einrichtungen zur Umsetzung von Überwachungsmaßnahmen oder Einrichtungen, die in Bezug auf die bereitzustellenden Daten nach § 7 gleichwertig sind, mit der Maßgabe nutzen, dass

1. die an die auskunftsberechtigte Stelle übermittelten Daten keine Nachrichteninhalte enthalten,
2. Standortdaten auch für lediglich empfangsbereite Endgeräte erhoben und an die auskunftsberechtigte Stelle übermittelt werden und
3. die Übermittlung von Standortdaten nach Nummer 2 derart eingeschränkt werden kann, dass sie für die Strafverfolgungsbehörden nur nach Maßgabe des § 100g Absatz 1 der Strafprozessordnung oder für eine andere auskunftsberechtigte Stelle nur nach Maßgabe der für diese Stelle geltenden gesetzlichen Vorschriften erfolgt.

(4) § 6 Absatz 4 gilt entsprechend; in Fällen von zeitweiligen Übermittlungshindernissen, Störungen und Unterbrechungen gelten die §§ 10 und 13 entsprechend.

§ 33 Verschwiegenheit

Für die im Zusammenhang mit Auskunftsverlangen und den dazu erteilten Auskünften zu wahrende Verschwiegenheit gilt § 15 entsprechend.

§ 34 Nachweis, probeweise Anwendungen

(1) [1]Für den Nachweis der Übereinstimmung der getroffenen Vorkehrungen mit den Bestimmungen dieser Verordnung und der Technischen Richtlinie nach § 170 Absatz 6 des Telekommunikationsgesetzes gilt § 19 entsprechend. [2]Außerdem sind in den Unterlagen nach § 19 Absatz 2 auch die gespeicherten Datenarten, die jeweilige Speicherungsdauer und der voraussichtliche Zeitverzug zwischen Erhebung und Verfügbarkeit für deren Abruf zu nennen. [3]Bei nachträglichen Änderungen an den für die Auskunftserteilung vorgehaltenen technischen Einrichtungen gilt § 20 entsprechend.

(2) Für probeweise Anwendungen der technischen Einrichtungen der Verpflichteten nach den §§ 30, 31 und 32 gilt § 23 entsprechend.

§ 35 Protokollierung

[1]Der Verpflichtete hat sicherzustellen, dass die Zugriffe auf seine für die Erteilung von Auskünften vorgehaltenen technischen Einrichtungen automatisch lückenlos protokolliert werden. [2]Dies gilt unabhängig davon, ob die Zugriffe darauf abzielen, Verkehrsdaten zugänglich zu machen, die nach den Vorschriften des Telekommunikationsgesetzes gespeichert wurden, oder Verkehrsdatenübermittlungen in Echtzeit einzurichten. [3]Zu protokollieren sind:

1. die Referenznummer des Auskunftsverlangens, der probeweisen Anwendung nach § 34 Absatz 2 oder einer sonstigen Nutzung der technischen Einrichtungen,

2. die tatsächlich eingegebene Kennung, auf Grund derer die Verkehrsdatensätze ermittelt werden,
3. die weiteren für die Suche verwendeten Daten einschließlich der Zeitpunkte (Datum und Uhrzeit auf der Grundlage der amtlichen Zeit), zwischen denen die Verkehrsdatensätze in Bezug auf die Kennung nach Nummer 2 erfasst werden,
4. die Angabe der Rechtsvorschrift (§§ 9 oder 12 des Telekommunikation-Telemedien-Datenschutz-Gesetzes oder § 176 des Telekommunikationsgesetzes), auf deren Grundlage die beauskunfteten Verkehrsdaten gespeichert wurden,
5. die Adressierungsangabe des Anschlusses, an den die ermittelten Verkehrsdatensätze übermittelt werden,
6. ein Merkmal zur Erkennbarkeit der Personen, die die Daten nach den Nummern 1 bis 5 auf Seiten des Verpflichteten eingeben,
7. Datum und Uhrzeit der Eingabe.

[4]Die ermittelten Verkehrsdaten dürfen nicht protokolliert werden. [5]Satz 1 gilt nicht für betrieblich erforderliche Zugriffe auf Daten, die nach den §§ 9 oder 12 des Telekommunikation-Telemedien-Datenschutz-Gesetzes gespeichert werden. [6]Die Angaben nach Satz 3 Nummer 6 dürfen ausschließlich bei auf tatsächlichen Anhaltspunkten beruhenden Untersuchungen zur Aufklärung von Missbrauchs- oder Fehlerfällen verwendet werden. [7]Im Übrigen gelten für die Protokollierung sowie für die Prüfung und Löschung der dafür erzeugten Protokolldaten § 16 Absatz 2 und § 17 entsprechend mit der Maßgabe, dass abweichend von § 17 Absatz 1 Satz 3 fünf vom Hundert der gestellten Auskunftsverlangen einer Prüfung zu unterziehen sind.

Teil 5: Ergänzende technische Festlegungen, Übergangsvorschriften, Schlussbestimmungen

§ 36 Technische Richtlinie

[1]Die technischen Einzelheiten zu § 2 Nummer 8 und 17 Buchstabe c, § 4 Absatz 1 und 2, § 5 Absatz 1, 2, 4 Satz 1, Absatz 5 und 6, § 6 Absatz 3, § 7 Absatz 1, 2 und 4, § 8 Absatz 2, § 9 Absatz 1, § 10 Satz 1 und 3, § 12 Absatz 2 Satz 1 und 3, § 14 Absatz 1 und 2 Satz 1, 2, 4 und 5 sowie Absatz 3 Satz 2, § 22 Absatz 1 Satz 5, § 23 Absatz 1 Satz 9 und 12, die erforderlichen technischen Eigenschaften der Aufzeichnungsanschlüsse nach § 24 Absatz 1 Satz 2 sowie die Einzelheiten zur Übermittlung von Auskunftsverlangen und zugehörigen Auskünften nach den §§ 31, 32 und 34 und deren technischen Formate werden von der Bundesnetzagentur unter Beteiligung der Verbände der Verpflichteten, der berechtigten Stellen sowie der Hersteller der Überwachungseinrichtungen und der Aufzeichnungs- und Auswertungseinrichtungen in einer Technischen Richtlinie festgelegt. [2]Sofern erforderlich, können in der Technischen Richtlinie auch Einzelheiten nach § 27 Absatz 7 Satz 2 und zu § 170 Absatz 1 Nummer 2 des Telekommunikationsgesetzes, soweit sie für das Zusammenwirken von Telekommunikationsanlagen, die von verschiedenen Verpflichteten betrieben werden, notwendig sind, unter Beteiligung der betroffenen Interessenvertreter festgelegt werden. [3]Die Technische Richtlinie wird im gleichen Verfahren an den jeweiligen Stand der Technik angepasst. [4]In der Technischen Richtlinie ist zudem festzulegen, bis zu welchem Zeitpunkt bisherige technische Vorschriften noch angewendet werden dürfen. [5]Die Bundesnetzagentur informiert auf ihrer Internetseite über die anwendbaren Ausgabestände der internationalen technischen Standards, auf die in der Technischen Richtlinie Bezug genommen wird. [6]In der Technischen Richtlinie sind auch die Arten der Kennungen festzulegen, für die bei bestimmten Arten von Telekommunikationsanlagen neben den dort verwendeten Ziel- und Ursprungsadressen auf Grund der die Überwachung der Telekommunikation regelnden Gesetze zusätzliche Vorkehrungen für die technische Umsetzung von Anordnungen zu treffen sind. [7]In Fällen, in denen neue technische Entwicklungen nicht in der Technischen Richtlinie berücksichtigt sind, hat der Verpflichtete die Gestaltung seiner Überwachungseinrichtungen mit der Bundesnetzagentur abzustimmen.

§ 37 Übergangsvorschrift

Für Überwachungseinrichtungen, für die bereits eine Genehmigung nach § 19 der Telekommunikations-Überwachungsverordnung vom 22. Januar 2002 (BGBl. I S. 458), zuletzt geändert durch Artikel 3 Absatz 18 des Gesetzes vom 7. Juli 2005 (BGBl. I S. 1970), oder das Einvernehmen nach § 16 der Fernmeldeverkehr-Überwachungs-Verordnung vom 18. Mai 1995 (BGBl. I S. 722), geändert durch Artikel 4 des Gesetzes vom 26. Juni 2001 (BGBl. I S. 1254), erteilt wurde, ist kein Nachweis nach § 19 erforderlich, sofern die Auflagen aus der Genehmigung erfüllt werden; § 170 Absatz 8 des Telekommunikationsgesetzes bleibt unberührt.

Unterlassungsklagengesetz (UKlaG)

Gesetz über Unterlassungsklagen bei Verbraucherrechts- und anderen Verstößen

Auszug

Rechtsstand: Januar 2024. Letzte Änderung: 13.10.2023 (BGBl. 2023 I Nr. 272).

Abschnitt 1: Ansprüche bei Verbraucherrechts- und anderen Verstößen

§ 2 Ansprüche bei verbraucherschutzgesetzwidrigen Praktiken

(1) [1]Wer in anderer Weise als durch Verwendung oder Empfehlung von Allgemeinen Geschäftsbedingungen Vorschriften zuwiderhandelt, die dem Schutz der Verbraucher dienen (Verbraucherschutzgesetze), kann im Interesse des Verbraucherschutzes auf Unterlassung und Beseitigung in Anspruch genommen werden. [2]Werden die Zuwiderhandlungen in einem Unternehmen von einem Mitarbeiter oder Beauftragten begangen, so ist der Unterlassungsanspruch oder der Beseitigungsanspruch auch gegen den Inhaber des Unternehmens begründet. [3]Bei Zuwiderhandlungen gegen die in Absatz 2 Nummer 13 genannten Vorschriften richtet sich der Beseitigungsanspruch nach den entsprechenden datenschutzrechtlichen Vorschriften.

(2) Verbraucherschutzgesetze im Sinne dieser Vorschrift sind insbesondere

1. die Vorschriften des Bürgerlichen Rechts, die für folgende Verträge zwischen Unternehmern und Verbrauchern gelten:
   a) außerhalb von Geschäftsräumen geschlossene Verträge,
   b) Fernabsatzverträge,
   c) Verträge im elektronischen Geschäftsverkehr,
   d) Verbraucherverträge über digitale Produkte,
   e) Kaufverträge,
   f) Teilzeit-Wohnrechteverträge, Verträge über langfristige Urlaubsprodukte sowie Vermittlungsverträge und Tauschsystemverträge,
   g) Verbraucherdarlehensverträge, Finanzierungshilfen und Ratenlieferungsverträge,
   h) Bauverträge,
   i) Pauschalreiseverträge, Verträge über die Vermittlung von Reisen und verbundener Reiseleistungen,
   j) Darlehensvermittlungsverträge sowie
   k) Zahlungsdiensteverträge,
2. die Vorschriften des Fernunterrichtsschutzgesetzes,
3. diejenigen Vorschriften des Telemediengesetzes, die das Verhältnis zwischen Anbietern von elektronischen Informations- und Kommunikationsdiensten und Verbrauchern regeln, die §§ 8, 9, 70, 74 und 98 des Medienstaatsvertrags vom 14. bis 28. April 2020, die §§ 4, 5, 5a, 5b und 6 des Jugendmedienschutz-Staatsvertrags vom 10. bis 27. September 2002, die §§ 10 und 11 des Deutsche-Welle-Gesetzes und die §§ 2, 3, 3b und 3e des Netzwerkdurchsetzungsgesetzes,
4. diejenigen Vorschriften des Telekommunikation-Telemedien-Datenschutz-Gesetzes, die das Verhältnis zwischen Unternehmern und Verbrauchern regeln,
5. die Vorschriften des Arzneimittelgesetzes, die das Verhältnis zwischen Unternehmern und Verbrauchern regeln,
6. die §§ 3 bis 13 des Heilmittelwerbegesetzes,
7. diejenigen Vorschriften des Kapitalanlagegesetzbuchs, die das Verhältnis zwischen Kapitalverwaltungsgesellschaften und Verbrauchern regeln,
8. diejenigen Vorschriften des Abschnitts 11 des Wertpapierhandelsgesetzes, die das Verhältnis zwischen Wertpapierdienstleistungsunternehmen und Verbrauchern regeln,
9. die Vorschriften des Rechtsdienstleistungsgesetzes,
10. § 79 Absatz 2 und 3 sowie § 80 des Erneuerbare-Energien-Gesetzes,
11. die Vorschriften des Wohn- und Betreuungsvertragsgesetzes,
12. § 2 Absatz 2 sowie die §§ 36 und 37 des Verbraucherstreitbeilegungsgesetzes und Artikel 14 der Verordnung (EU) Nr. 524/2013 des Europäischen Parlaments und des Rates vom 21. Mai 2013 über die Online-Beilegung verbraucherrechtlicher Streitigkeiten und zur Änderung der Verordnung (EG) Nr. 2006/2004 und der Richtlinie 2009/22/EG (Verordnung über Online-Streitbeilegung in Verbraucherangelegenheiten) (ABl. L 165 vom 18.6.2013, S. 1),
13. die Vorschriften der Verordnung (EU) 2016/679 des Europäischen Parlaments und des Rates vom 27. April 2016 zum Schutz natürlicher Personen bei der Verarbeitung personenbezogener Daten, zum freien Datenverkehr und zur Aufhebung der Richtlinie 95/46/EG (Datenschutz-Grundverordnung) (ABl. L 119 vom 4.5.2016, S. 1; L 314 vom 22.11.2016, S. 72; L 127 vom 23.5.2018, S. 2; L 074 vom 4.3.2021, S. 35) in der jeweils geltenden Fassung, die für die Verarbeitung von Daten von Verbrauchern durch Unternehmer gelten,
14. § 31 des Bundesdatenschutzgesetzes,
15. diejenigen Vorschriften des Zahlungskontengesetzes, die das Verhältnis zwischen Zahlungsdienstleistern und Verbrauchern regeln,
16. diejenigen Vorschriften des Telekommunikationsgesetzes, die das Verhältnis zwischen Anbietern von öffentlich zugänglichen Telekommunikationsleistungen und Verbrauchern regeln,
17. die Vorschriften des Produkthaftungsgesetzes,

18. die Vorschriften der Verordnung (EG) Nr. 2027/97 des Rates vom 9. Oktober 1997 über die Haftung bei der Beförderung von Fluggästen und deren Gepäck im Luftverkehr (ABl. L 285 vom 17.10.1997, S. 1), die zuletzt durch die Verordnung (EG) Nr. 889/2002 (ABl. L 140 vom 30.5.2002, S. 2), geändert worden ist, in der jeweils geltenden Fassung,
19. die Vorschriften der Preisangabenverordnung,
20. die §§ 3 bis 7 des Produktsicherheitsgesetzes, § 7 des Gasgerätedurchführungsgesetzes, § 7 des PSA-Durchführungsgesetzes und die Vorschriften der Verordnung über elektrische Betriebsmittel, der Verordnung über die Sicherheit von Spielzeug, der Verordnung über einfache Druckbehälter, der Maschinenverordnung, der Verordnung über Sportboote und Wassermotorräder, der Explosionsschutzverordnung, der Aufzugsverordnung, der Aerosolpackungsverordnung sowie der Druckgeräteverordnung, soweit diese Pflichten von Unternehmern zum Schutz der Verbraucher regeln,
21. die Vorschriften der Verordnung (EG) Nr. 178/2002 des Europäischen Parlaments und des Rates vom 28. Januar 2002 zur Festlegung der allgemeinen Grundsätze und Anforderungen des Lebensmittelrechts, zur Errichtung der Europäischen Behörde für Lebensmittelsicherheit und zur Festlegung von Verfahren zur Lebensmittelsicherheit (ABl. L 31 vom 1.2.2002, S. 1), die zuletzt durch die Verordnung (EU) 2019/1381 (ABl. L 231 vom 6.9.2019, S. 1) geändert worden ist, in der jeweils geltenden Fassung, soweit sie das Verhältnis zwischen Unternehmern und Verbrauchern regeln,
22. die Vorschriften der Verordnung (EG) Nr. 261/2004 des Europäischen Parlaments und des Rates vom 11. Februar 2004 über die gemeinsame Regelung für Ausgleichs und Unterstützungsleistungen für Fluggäste im Fall der Nichtbeförderung und bei Annullierung oder großer Verspätung von Flügen und zur Aufhebung der Verordnung (EWG) Nr. 295/91 (ABl. L 46 vom 17.2.2004, S. 1; L 119 vom 7.5.2019, S. 202) in der jeweils geltenden Fassung,
23. die Vorschriften der Verordnung (EG) Nr. 1107/2006 des Europäischen Parlaments und des Rates vom 5. Juli 2006 über die Rechte von behinderten Flugreisenden und Flugreisenden mit eingeschränkter Mobilität (ABl. L 204 vom 26.7.2006, S. 1; L 26 vom 26.1.2013, S. 34), in der jeweils geltenden Fassung,
24. die Vorschriften der Verordnung (EU) 2021/782 des Europäischen Parlaments und des Rates vom 29. April 2021 über die Rechte und Pflichten der Fahrgäste im Eisenbahnverkehr (ABl. L 172 vom 17.5.2021, S. 1), in der jeweils geltenden Fassung,
25. Artikel 23 der Verordnung (EG) Nr. 1008/2008 des Europäischen Parlaments und des Rates vom 24. September 2008 über gemeinsame Vorschriften für die Durchführung von Luftverkehrsdiensten in der Gemeinschaft (ABl. L 293 vom 31.10.2008, S. 3), die zuletzt durch die Delegierte Verordnung (EU) 2020/2115 (ABl. L 426 vom 17.12.2020, S. 4) geändert worden ist, in der jeweils geltenden Fassung,
26. die Artikel 1 bis 35 der Verordnung (EG) Nr. 1272/2008 des Europäischen Parlaments und des Rates vom 16. Dezember 2008 über die Einstufung, Kennzeichnung und Verpackung von Stoffen und Gemischen, zur Änderung und Aufhebung der Richtlinien 67/548/EWG und 1999/45/EG und zur Änderung der Verordnung (EG) Nr. 1907/2006 (ABl. L 353 vom 31.12.2008, S. 1; L 16 vom 20.1.2011, S. 1; L 94 vom 10.4.2015, S. 9; L 349 vom 21.12.2016, S. 1; L 190 vom 27.7.2018, S. 20; L 55 vom 25.2.2019, S. 18; L 117 vom 3.5.2019, S. 8), die zuletzt durch die Delegierte Verordnung (EU) 2021/1962 (ABl. L 400 vom 12.11.2021, S. 16) geändert worden ist, in der jeweils geltenden Fassung,
27. die §§ 20a, 36, 40 bis 41, 41b, 42, 53a und 111a des Energiewirtschaftsgesetzes,
28. die Vorschriften des Zahlungsdiensteaufsichtsgesetzes, die das Verhältnis zwischen E-Geldinstituten und Verbrauchern regeln,
29. die §§ 4 und 5 des Energieverbrauchsrelevante-Produkte-Gesetzes,
30. die §§ 1a, 6a, 7 bis 9, 59 Absatz 1 Satz 2 und 3 und Absatz 4 Satz 2, die §§ 152, 154 und 155, auch in Verbindung mit den §§ 176 und 177 Absatz 1 des Versicherungsvertragsgesetzes,
31. die VVG-Informationspflichtenverordnung,
32. die Vorschriften der Verordnung (EG) Nr. 392/2009 des Europäischen Parlaments und des Rates vom 23. April 2009 über die Unfallhaftung von Beförderern von Reisenden auf See (ABl. L 131 vom 28.5.2009, S. 24), die zuletzt durch die Verordnung (EU) 2019/1243 (ABl. L 198 vom 25.7.2019, S. 241) geändert worden ist, in der jeweils geltenden Fassung,
33. die Vorschriften der Verordnung (EU) 2021/1230 des Europäischen Parlaments und des Rates vom 14. Juli 2021 über grenzüberschreitende Zahlungen in der Union (ABl. L 274 vom 30.7.2021, S. 20), in der jeweils geltenden Fassung,
34. die Artikel 4 bis 7 der Verordnung (EU) 2020/740 des Europäischen Parlaments und des Rates vom 25. Mai 2020 über die Kennzeichnung von Reifen in Bezug auf die Kraftstoffeffizienz und andere Parameter, zur Änderung der Verordnung (EU) 2017/1369 und zur Aufhebung der Verordnung (EG) Nr. 1222/2009 (ABl. L 177 vom 5.6.2020, S. 1; L 241 vom 27.7.2020, S. 46; L 147 vom 30.4.2021, S. 23; L 382 vom 28.10.2021, S. 52), in der jeweils geltenden Fassung,
35. die Artikel 3 bis 8 und die Artikel 19 bis 21 der Verordnung (EG) Nr. 1223/2009 des Europäischen Parlaments und des Rates vom 30. November 2009 über kosmetische Mittel (ABl. L 342 vom 22.12.2009, S. 59; L 318 vom 15.11.2012, S. 74; L 72 vom 15.3.2013, S. 16), die zuletzt durch die Verordnung (EU) 2022/135 (ABl. L 22 vom 1.2.2022, S. 2) geändert worden ist, in der jeweils geltenden Fassung,
36. die Artikel 9 und 10 der Verordnung (EG) Nr. 66/2010 des Europäischen Parlaments und des Rates vom 25. November 2009 über das EU-Umweltzeichen (ABl. L 27 vom 30.1.2010, S. 1), die zuletzt durch die Verordnung (EU) 2017/1941 (ABl. L 275 vom 25.10.2017, S. 9) geändert worden ist, in der jeweils geltenden Fassung,
37. die Vorschriften der Verordnung (EU) Nr. 1177/2010 des Europäischen Parlaments und des Rates vom 24. November 2010 über die Fahrgastrechte im See- und Binnenschiffsverkehr und zur Änderung der Verordnung (EG) Nr. 2006/2004 (ABl. L 334 vom 17.12.2010, S. 1), in der jeweils geltenden Fassung,

38. die Vorschriften der Verordnung (EU) Nr. 181/2011 des Europäischen Parlaments und des Rates vom 16. Februar 2011 über die Fahrgastrechte im Kraftomnibusverkehr und zur Änderung der Verordnung (EG) Nr. 2006/2004 (ABl. L 55 vom 28.2.2011, S. 1), in der jeweils geltenden Fassung,
39. die Vorschriften der Verordnung (EU) Nr. 1169/2011 des Europäischen Parlaments und des Rates vom 25. Oktober 2011 betreffend die Information der Verbraucher über Lebensmittel und zur Änderung der Verordnungen (EG) Nr. 1924/2006 und (EG) Nr. 1925/2006 des Europäischen Parlaments und des Rates und zur Aufhebung der Richtlinie 87/250/EWG der Kommission, der Richtlinie 90/496/EWG des Rates, der Richtlinie 1999/10/EG der Kommission, der Richtlinie 2000/13/EG des Europäischen Parlaments und des Rates, der Richtlinien 2002/67/EG und 2008/5/EG der Kommission und der Verordnung (EG) Nr. 608/2004 der Kommission (ABl. L 304 vom 22.11.2011, S. 18; L 331 vom 18.11.2014, S. 41; L 50 vom 21.2.2015, S. 48; L 266 vom 30.9.2016, S. 7), die zuletzt durch die Verordnung (EU) 2015/2283 (ABl. L 327 vom 11.12.2015, S. 1) geändert worden ist, in der jeweils geltenden Fassung,
40. die §§ 4 bis 11 der Verordnung über Heizkostenabrechnung, die §§ 3 bis 5 der Fernwärme- oder Fernkälte-Verbrauchserfassungs- und -Abrechnungsverordnung und die §§ 29 bis 32 des Messstellenbetriebsgesetzes,
41. die §§ 11 bis 18 der Gasgrundversorgungsverordnung,
42. die §§ 11 bis 18 der Stromgrundversorgungsverordnung,
43. die Vorschriften der Verordnung (EU) Nr. 260/2012 des Europäischen Parlaments und des Rates vom 14. März 2012 zur Festlegung der technischen Vorschriften und der Geschäftsanforderungen für Überweisungen und Lastschriften in Euro und zur Änderung der Verordnung (EG) Nr. 924/2009 (ABl. L 94 vom 30.3.2012, S. 22), die durch die Verordnung (EU) Nr. 248/2014 (ABl. L 84 vom 20.3.2014, S. 1) geändert worden ist, in der jeweils geltenden Fassung,
44. die Vorschriften der Verordnung (EU) Nr. 531/2012 des Europäischen Parlaments und des Rates vom 13. Juni 2012 über das Roaming in öffentlichen Mobilfunknetzen in der Union (ABl. L 172 vom 30.6.2012, S. 10), in der jeweils geltenden Fassung,
45. die Vorschriften des Mess- und Eichgesetzes sowie der Mess- und Eichverordnung, soweit sie das Verhältnis zwischen Unternehmern und Verbrauchern regeln,
46. die Vorschriften der Verordnung (EU) Nr. 1286/2014 des Europäischen Parlaments und des Rates vom 26. November 2014 über Basisinformationsblätter für verpackte Anlageprodukte für Kleinanleger und Versicherungsanlageprodukte (PRIIP) (ABl. L 352 vom 9.12.2014, S. 1; L 358 vom 13.12.2014, S. 50), die zuletzt durch die Verordnung (EU) 2021/2259 (ABl. L 455 vom 20.12.2021, S. 1) geändert worden ist, in der jeweils geltenden Fassung,
47. die Vorschriften der Verordnung (EU) 2015/760 des Europäischen Parlaments und des Rates vom 29. April 2015 über europäische langfristige Investmentfonds (ABl. L 123 vom 19.5.2015, S. 98), die durch die Delegierte Verordnung (EU) 2018/480 (ABl. L 81 vom 23.3.2018, S. 1) geändert worden ist, in der jeweils geltenden Fassung,
48. die Vorschriften der Verordnung (EU) 2015/2120 des Europäischen Parlaments und des Rates vom 25. November 2015 über Maßnahmen zum Zugang zum offenen Internet und zur Änderung der Richtlinie 2002/22/EG über den Universaldienst und Nutzerrechte bei elektronischen Kommunikationsnetzen und -diensten sowie der Verordnung (EU) Nr. 531/2012 über das Roaming in öffentlichen Mobilfunknetzen in der Union (ABl. L 310 vom 26.11.2015, S. 1), die zuletzt durch die Verordnung (EU) 2018/1971 (ABl. L 321 vom 17.12.2018, S. 1) geändert worden ist, in der jeweils geltenden Fassung,
49. die Vorschriften des Kapitels II der Verordnung (EU) 2017/745 des Europäischen Parlaments und des Rates vom 5. April 2017 über Medizinprodukte, zur Änderung der Richtlinie 2001/83/EG, der Verordnung (EG) Nr. 178/2002 und der Verordnung (EG) Nr. 1223/2009 und zur Aufhebung der Richtlinien 90/385/EWG und 93/42/EWG des Rates (ABl. L 117 vom 5.5.2017, S. 1; L 117 vom 3.5.2019, S. 9; L 334 vom 27.12.2019, S. 165; L 241 vom 8.7.2021, S. 7), die zuletzt durch die Verordnung (EU) 2020/561 (ABl. L 130 vom 24.4.2020, S. 18) geändert worden ist, in der jeweils geltenden Fassung,
50. die Vorschriften des Kapitels II der Verordnung (EU) 2017/746 des Europäischen Parlaments und des Rates vom 5. April 2017 über In-vitro-Diagnostika und zur Aufhebung der Richtlinie 98/79/EG und des Beschlusses 2010/227/EU der Kommission (ABl. L 117 vom 5.5.2017, S. 176; L 117 vom 3.5.2019, S. 11; L 334 vom 27.12.2019, S. 167; L 233 vom 1.7.2021, S. 9), die zuletzt durch die Verordnung (EU) 2022/112 (ABl. L 19 vom 28.1.2022, S. 3) geändert worden ist, in der jeweils geltenden Fassung,
51. die Vorschriften der Verordnung (EU) 2017/1128 des Europäischen Parlaments und des Rates vom 14. Juni 2017 zur grenzüberschreitenden Portabilität von Online-Inhaltediensten im Binnenmarkt (ABl. L 168 vom 30.6.2017, S. 1; L 198 vom 28.7.2017, S. 42), in der jeweils geltenden Fassung,
52. die Vorschriften der Verordnung (EU) 2017/1129 des Europäischen Parlaments und des Rates vom 14. Juni 2017 über den Prospekt, der beim öffentlichen Angebot von Wertpapieren oder bei deren Zulassung zum Handel an einem geregelten Markt zu veröffentlichen ist, und zur Aufhebung der Richtlinie 2003/71/EG (ABl. L 168 vom 30.6.2017, S. 12), die zuletzt durch die Delegierte Verordnung (EU) 2021/528 (ABl. L 106 vom 26.3.2021, S. 32) geändert worden ist, in der jeweils geltenden Fassung,
53. die Vorschriften der Verordnung (EU) 2017/1131 des Europäischen Parlaments und des Rates vom 14. Juni 2017 über Geldmarktfonds (ABl. L 169 vom 30.6.2017, S. 8), die zuletzt durch die Delegierte Verordnung (EU) 2018/990 (ABl. L 177 vom 13.7.2018, S. 1) geändert worden ist, in der jeweils geltenden Fassung,
54. die Artikel 3 bis 6 der Verordnung (EU) 2017/1369 des Europäischen Parlaments und des Rates vom 4. Juli 2017 zur Festlegung eines Rahmens für die Energieverbrauchskennzeichnung und zur Aufhebung der Richtlinie 2010/30/EU (ABl. L 198 vom 28.7.2017, S. 1), die zuletzt durch die Verordnung (EU) 2020/740 (ABl. L 177 vom 5.6.2020, S. 1) geändert worden ist, in der jeweils geltenden Fassung,

55. die Artikel 3 bis 5 der Verordnung (EU) 2018/302 des Europäischen Parlaments und des Rates vom 28. Februar 2018 über Maßnahmen gegen ungerechtfertigtes Geoblocking und andere Formen der Diskriminierung aufgrund der Staatsangehörigkeit, des Wohnsitzes oder des Ortes der Niederlassung des Kunden innerhalb des Binnenmarkts und zur Änderung der Verordnungen (EG) Nr. 2006/2004 und (EU) 2017/2394 sowie der Richtlinie 2009/22/EG (ABl. L 60 I vom 2.3.2018, S. 1; L 66 vom 8.3.2018, S. 1), in der jeweils geltenden Fassung,
56. die Vorschriften der Verordnung (EU) 2022/1925 des Europäischen Parlaments und des Rates vom 14. September 2022 über bestreitbare und faire Märkte im digitalen Sektor und zur Änderung der Richtlinien (EU) 2019/1937 und (EU) 2020/1828 (Gesetz über digitale Märkte) (ABl. L 265 vom 12.10.2022, S. 1), in der jeweils geltenden Fassung und
57. die Vorschriften der Verordnung (EU) 2022/2065 des Europäischen Parlaments und des Rates vom 19. Oktober 2022 über einen Binnenmarkt für digitale Dienste und zur Änderung der Richtlinie 2000/31/EG (Gesetz über digitale Dienste) (ABl. L 277 vom 27.10.2022, S. 1), in der jeweils geltenden Fassung.

Abschnitt 2: Anspruchsberechtigte Stellen

§ 3 Anspruchsberechtigte Stellen

(1) [1]Die in den §§ 1 bis 2a bezeichneten Ansprüche auf Unterlassung, auf Widerruf und auf Beseitigung stehen zu:

1. den qualifizierten Verbraucherverbänden, die in der Liste nach § 4 eingetragen sind, und den qualifizierten Einrichtungen aus anderen Mitgliedstaaten der Europäischen Union, die in dem Verzeichnis der Europäischen Kommission nach Artikel 5 Absatz 1 Satz 4 der Richtlinie (EU) 2020/1828 des Europäischen Parlaments und des Rates vom 25. November 2020 über Verbandsklagen zum Schutz der Kollektivinteressen der Verbraucher und zur Aufhebung der Richtlinie 2009/22/EG (ABl. L 409 vom 4.12.2020, S. 1) eingetragen sind,
2. den qualifizierten Wirtschaftsverbänden, die in die Liste nach § 8b des Gesetzes gegen den unlauteren Wettbewerb eingetragen sind, soweit ihnen eine erhebliche Zahl von Unternehmern angehört, die Waren und Dienstleistungen gleicher oder verwandter Art auf demselben Markt vertreiben, und die Zuwiderhandlung die Interessen ihrer Mitglieder berührt,
3. den Industrie- und Handelskammern, den nach der Handwerksordnung errichteten Organisationen und anderen berufsständischen Körperschaften des öffentlichen Rechts sowie den Gewerkschaften im Rahmen der Erfüllung ihrer Aufgaben bei der Vertretung selbstständiger beruflicher Interessen.

[2]Für Ansprüche nach § 2a wird unwiderleglich vermutet, dass ein nach § 7 Absatz 3 des EU-Verbraucherschutzdurchführungsgesetzes benannter qualifizierter Wirtschaftsverband die Voraussetzungen des Absatzes 1 Satz 1 Nummer 2 erfüllt. [3]Stellen nach Satz 1 Nummer 1 und 2 können die Ansprüche nicht geltend machen, solange ihre Eintragung ruht.

(2) [1]Qualifizierte Verbraucherverbände und qualifizierte Wirtschaftsverbände nach Absatz 1 Satz 1 Nummer 1 und 2 können die Ansprüche nach den §§ 1 bis 2a nicht geltend machen, solange ihre Eintragung ruht. [2]Die Ansprüche nach den §§ 1 bis 2a können nur an Stellen im Sinne des Absatzes 1 Satz 1 abgetreten werden.

(3) Die in Absatz 1 Satz 1 Nummer 1 bezeichneten Stellen können die folgenden Ansprüche nicht geltend machen:

1. Ansprüche nach § 1, wenn Allgemeine Geschäftsbedingungen gegenüber einem Unternehmer (§ 14 des Bürgerlichen Gesetzbuchs) oder einem öffentlichen Auftraggeber (§ 99 Nummer 1 bis 3 des Gesetzes gegen Wettbewerbsbeschränkungen) verwendet oder wenn Allgemeine Geschäftsbedingungen zur ausschließlichen Verwendung zwischen Unternehmern oder zwischen Unternehmern und öffentlichen Auftraggebern empfohlen werden,
2. Ansprüche nach § 1a, es sei denn, eine Zuwiderhandlung gegen § 288 Absatz 6 des Bürgerlichen Gesetzbuchs betrifft einen Anspruch eines Verbrauchers.

Abschnitt 3: Verfahrensvorschriften
Unterabschnitt 3: Besondere Vorschriften für Klagen nach § 2

§ 12 Einigungsstelle

Für Klagen nach § 2 gelten § 15 des Gesetzes gegen den unlauteren Wettbewerb und die darin enthaltene Verordnungsermächtigung entsprechend.

§ 12a Anhörung der Datenschutzbehörden in Verfahren über Ansprüche nach § 2

[1]Das Gericht hat vor einer Entscheidung in einem Verfahren über einen Anspruch nach § 2, das eine Zuwiderhandlung gegen ein Verbraucherschutzgesetz nach § 2 Absatz 2 Satz 1 Nummer 11 zum Gegenstand hat, die zuständige inländische Datenschutzbehörde zu hören. [2]Satz 1 ist nicht anzuwenden, wenn über einen Antrag auf Erlass einer einstweiligen Verfügung ohne mündliche Verhandlung entschieden wird.

Abschnitt 4: Auskunft zur Durchsetzung von Ansprüchen

§ 13 Auskunftsanspruch der anspruchsberechtigten Stellen

(1) Wer geschäftsmäßig Post-, Telekommunikations- oder Telemediendienste erbringt oder an der Erbringung solcher Dienste mitwirkt, hat anspruchsberechtigten Stellen nach § 3 Absatz 1 Satz 1 auf deren Verlangen den Namen und die zustellfähige Anschrift eines an Post-, Telekommunikations- oder Telemediendiensten Beteiligten mitzuteilen, wenn diese Stellen schriftlich versichern, dass sie die Angaben zur Durchsetzung eines Anspruchs nach den §§ 1 bis 2b benötigen und nicht anderweitig beschaffen können.

(2) [1]Der Anspruch besteht nur, soweit die Auskunft ausschließlich anhand der bei dem Auskunftspflichtigen vorhandenen Bestandsdaten erteilt werden kann. [2]Die Auskunft darf nicht deshalb verweigert werden, weil der Beteiligte, dessen Angaben mitgeteilt werden sollen, in die Übermittlung nicht einwilligt.

(3) [1]Der Auskunftspflichtige kann von dem Auskunftsberechtigten einen angemessenen Ausgleich für die Erteilung der Auskunft verlangen. [2]Der Auskunftsberechtigte kann von dem Beteiligten, dessen Angaben mitgeteilt worden sind, Erstattung des gezahlten Ausgleichs verlangen, wenn er gegen diesen Beteiligten einen Anspruch nach den §§ 1 bis 2b hat.

§ 13a Auskunftsanspruch sonstiger Betroffener

Wer von einem anderen Unterlassung der Lieferung unbestellter Sachen, der Erbringung unbestellter sonstiger Leistungen oder der Zusendung oder sonstiger Übermittlung unverlangter Werbung verlangen kann, hat die Ansprüche gemäß § 13 mit der Maßgabe, dass an die Stelle eines Anspruchs nach den §§ 1 bis 2b sein Anspruch auf Unterlassung nach allgemeinen Vorschriften tritt.

Artikel 10-Gesetz (G 10)

Gesetz zur Beschränkung des Brief-, Post- und Fernmeldegeheimnisses

Rechtsstand: Januar 2024. Letzte Änderung: 01.01.2024 (BGBl. 2023 I Nr. 410).

Abschnitt 1: Allgemeine Bestimmungen

§ 1 Gegenstand des Gesetzes

(1) Es sind

1. die Verfassungsschutzbehörden des Bundes und der Länder, der Militärische Abschirmdienst und der Bundesnachrichtendienst zur Abwehr von drohenden Gefahren für die freiheitliche demokratische Grundordnung oder den Bestand oder die Sicherheit des Bundes oder eines Landes einschließlich der Sicherheit der in der Bundesrepublik Deutschland stationierten Truppen der nichtdeutschen Vertragsstaaten des Nordatlantikvertrages,
2. der Bundesnachrichtendienst im Rahmen seiner Aufgaben nach § 1 Abs. 2 des BND-Gesetzes auch zu den in § 5 Abs. 1 Satz 3 Nr. 2 bis 8 und § 8 Abs. 1 Satz 1 bestimmten Zwecken

berechtigt, die Telekommunikation zu überwachen und aufzuzeichnen, in den Fällen der Nummer 1 auch die dem Brief- oder Postgeheimnis unterliegenden Sendungen zu öffnen und einzusehen.

(2) Soweit Maßnahmen nach Absatz 1 von Behörden des Bundes durchgeführt werden, unterliegen sie der Kontrolle durch das Parlamentarische Kontrollgremium und durch eine besondere Kommission (G 10- Kommission).

§ 2 Pflichten der Anbieter von Post- und Telekommunikationsdiensten; Verordnungsermächtigung

(1) [1]Wer geschäftsmäßig Postdienste erbringt oder an der Erbringung solcher Dienste mitwirkt, hat der berechtigten Stelle auf Anordnung Auskunft über die näheren Umstände des Postverkehrs zu erteilen und Sendungen, die ihm zum Einsammeln, Weiterleiten oder Ausliefern anvertraut sind, auszuhändigen. [2]Der nach Satz 1 Verpflichtete hat der berechtigten Stelle auf Verlangen die zur Vorbereitung einer Anordnung erforderlichen Auskünfte zu Postfächern zu erteilen, ohne dass es hierzu einer gesonderten Anordnung bedarf.

(1a) [1]Wer geschäftsmäßig Telekommunikationsdienste erbringt oder an der Erbringung solcher Dienste mitwirkt, hat der berechtigten Stelle auf Anordnung

1. Auskunft über die näheren Umstände der nach Wirksamwerden der Anordnung durchgeführten Telekommunikation zu erteilen,
2. Inhalte, die ihm zur Übermittlung auf dem Telekommunikationsweg anvertraut sind, auszuleiten,
3. die Überwachung und Aufzeichnung der Telekommunikation zu ermöglichen, auch durch Zugangsgewährung zu seinen Einrichtungen während seiner üblichen Geschäftszeiten, sowie
4. die Einbringung von technischen Mitteln zur Durchführung einer Maßnahme nach § 11 Absatz 1a durch Unterstützung bei der Umleitung von Telekommunikation durch die berechtigte Stelle zu ermöglichen
   a) durch Mitteilung der zur Erbringung in den umgeleiteten Datenstrom erforderlichen Informationen über die Strukturen der von ihm betriebenen Telekommunikationsnetze und Telekommunikationsanlagen sowie die von ihm erbrachten Telekommunikationsdienste;
   b) durch sonstige Unterstützung bei der Umleitung einschließlich der Gewährung des Zugangs zu seinen Einrichtungen während seiner üblichen Geschäftszeiten sowie der Ermöglichung der Aufstellung und des Betriebs von Geräten für die Durchführung der Maßnahme.

[2]Das Nähere zur technischen und organisatorischen Umsetzung der Mitwirkungspflichten nach Satz 1 Nummer 1 bis 3 bestimmt sich nach § 170 des Telekommunikationsgesetzes und der dazu erlassenen Rechtsverordnung. [3]In den Fällen des Satzes 1 Nummer 1 bleiben § 8a Absatz 1 Satz 1 Nummer 4 des Bundesverfassungsschutzgesetzes, § 4a des MAD-Gesetzes und § 3 des BND-Gesetzes unberührt. [4]Satz 1 Nummer 4 Buchstabe b gilt nur für denjenigen, der eine Telekommunikationsanlage betreibt, mit der öffentlich zugängliche Internetzugangsdienste oder öffentlich zugängliche Dienste, die ganz oder überwiegend in der Übertragung von Signalen bestehen, erbracht werden.

(1b) Das Bundesministerium des Innern, für Bau und Heimat wird ermächtigt, durch Rechtsverordnung im Einvernehmen mit dem Bundeskanzleramt, dem Bundesministerium für Wirtschaft und Energie, dem Bundesministerium für Verkehr und digitale Infrastruktur, dem Bundesministerium der Justiz und für Verbraucherschutz und dem Bundesministerium der Verteidigung mit Zustimmung des Bundesrates das Nähere zur technischen und organisatorischen Umsetzung der Mitwirkungspflichten nach Absatz 1a Satz 1 Nummer 4 zu bestimmen.

(2) [1]Der nach Absatz 1 oder Absatz 1a Verpflichtete hat vor Durchführung einer beabsichtigten Beschränkungsmaßnahme unverzüglich die Personen, die mit der Durchführung der Maßnahme betraut werden sollen,

1. auszuwählen,
2. einer einfachen Sicherheitsüberprüfung unterziehen zu lassen und
3. über Mitteilungsverbote nach § 17 sowie die Strafbarkeit eines Verstoßes nach § 18 zu belehren; die Belehrung ist aktenkundig zu machen.

[2]Mit der Durchführung einer Beschränkungsmaßnahme dürfen nur Personen betraut werden, die nach Maßgabe des Satzes 1 überprüft und belehrt worden sind. [3]Nach Zustimmung des Bundesministeriums des Innern, für Bau und Heimat, bei Beschränkungs-

maßnahmen einer Landesbehörde des zuständigen Landesministeriums, kann der Behördenleiter der berechtigten Stelle oder dessen Stellvertreter die nach Absatz 1 oder Absatz 1a Verpflichteten schriftlich auffordern, die Beschränkungsmaßnahme bereits vor Abschluss der Sicherheitsüberprüfung durchzuführen. [4]Der nach Absatz 1 oder Absatz 1a Verpflichtete hat sicherzustellen, dass die Geheimschutzmaßnahmen zum Schutz als VS-NUR FÜR DEN DIENSTGEBRAUCH eingestufter Informationen gemäß der nach § 35 Absatz 1 des Sicherheitsüberprüfungsgesetzes zu erlassenden allgemeinen Verwaltungsvorschrift zum materiellen Geheimschutz in der jeweils geltenden Fassung getroffen werden.

(3) [1]Die Sicherheitsüberprüfung nach Absatz 2 Satz 1 Nr. 2 ist entsprechend dem Sicherheitsüberprüfungsgesetz durchzuführen. [2]Für Beschränkungsmaßnahmen einer Landesbehörde gilt dies nicht, soweit Rechtsvorschriften des Landes vergleichbare Bestimmungen enthalten; in diesem Fall sind die Rechtsvorschriften des Landes entsprechend anzuwenden. [3]Zuständig ist bei Beschränkungsmaßnahmen von Bundesbehörden das Bundesministerium des Innern, für Bau und Heimat; im Übrigen sind die nach Landesrecht bestimmten Behörden zuständig. [4]Soll mit der Durchführung einer Beschränkungsmaßnahme eine Person betraut werden, für die innerhalb der letzten fünf Jahre bereits eine gleich- oder höherwertige Sicherheitsüberprüfung nach Bundes- oder Landesrecht durchgeführt worden ist, soll von einer erneuten Sicherheitsüberprüfung abgesehen werden.

Abschnitt 2: Beschränkungen in Einzelfällen

§ 3 Voraussetzungen

(1) [1]Beschränkungen nach § 1 Abs. 1 Nr. 1 dürfen unter den dort bezeichneten Voraussetzungen angeordnet werden, wenn tatsächliche Anhaltspunkte für den Verdacht bestehen, dass jemand

1. Straftaten des Friedensverrats oder des Hochverrats (§§ 80a bis 83 des Strafgesetzbuches),
2. Straftaten der Gefährdung des demokratischen Rechtsstaates (§§ 84 bis 86, 87 bis 89b, 89c Absatz 1 bis 4 des Strafgesetzbuches, § 20 Abs. 1 Nr. 1 bis 4 des Vereinsgesetzes),
3. Straftaten des Landesverrats und der Gefährdung der äußeren Sicherheit (§§ 94 bis 96, 97a bis 100a des Strafgesetzbuches),
4. Straftaten gegen die Landesverteidigung (§§ 109e bis 109g des Strafgesetzbuches),
5. Straftaten gegen die Sicherheit der in der Bundesrepublik Deutschland stationierten Truppen der nichtdeutschen Vertragsstaaten des Nordatlantikvertrages (§§ 87, 89, 94 bis 96, 98 bis 100, 109e bis 109g des Strafgesetzbuches in Verbindung mit § 1 des NATO-Truppen-Schutzgesetzes),
6. Straftaten nach
   a) den §§ 129a bis 130 des Strafgesetzbuches sowie
   b) den §§ 211, 212, 239a, 239b, 306 bis 306c, 308 Abs. 1 bis 3, § 315 Abs. 3, § 316b Abs. 3 und § 316c Abs. 1 und 3 des Strafgesetzbuches, soweit diese sich gegen die freiheitliche demokratische Grundordnung, den Bestand oder die Sicherheit des Bundes oder eines Landes richten,
7. Straftaten nach § 95 Abs. 1 Nr. 8 des Aufenthaltsgesetzes,
8. Straftaten nach den §§ 202a, 202b und 303a, 303b des Strafgesetzbuches, soweit sich die Straftat gegen die innere oder äußere Sicherheit der Bundesrepublik Deutschland, insbesondere gegen sicherheitsempfindliche Stellen von lebenswichtigen Einrichtungen richtet, oder
9. Straftaten nach § 13 des Völkerstrafgesetzbuches

plant, begeht oder begangen hat. [2]Gleiches gilt, wenn tatsächliche Anhaltspunkte für den Verdacht bestehen, dass jemand Mitglied einer Vereinigung ist, deren Zwecke oder deren Tätigkeit darauf gerichtet sind, Straftaten zu begehen, die gegen die freiheitliche demokratische Grundordnung, den Bestand oder die Sicherheit des Bundes oder eines Landes gerichtet sind.

(1a) Beschränkungen nach § 1 Abs. 1 Nr. 1 dürfen unter den dort bezeichneten Voraussetzungen für den Bundesnachrichtendienst auch für Telekommunikationsanschlüsse, die sich an Bord deutscher Schiffe außerhalb deutscher Hoheitsgewässer befinden, angeordnet werden, wenn tatsächliche Anhaltspunkte bestehen, dass jemand eine der in § 72 Absatz 1 und 3 des Zollfahndungsdienstgesetzes genannten Straftaten plant, begeht oder begangen hat.

(2) [1]Die Anordnung ist nur zulässig, wenn die Erforschung des Sachverhalts auf andere Weise aussichtslos oder wesentlich erschwert wäre. [2]Sie darf sich nur gegen den Verdächtigen oder gegen Personen richten, von denen auf Grund bestimmter Tatsachen anzunehmen ist, dass sie für den Verdächtigen bestimmte oder von ihm herrührende Mitteilungen entgegennehmen oder weitergeben oder dass der Verdächtige ihren Anschluss benutzt. [3]Maßnahmen, die sich auf Sendungen beziehen, sind nur hinsichtlich solcher Sendungen zulässig, bei denen Tatsachen die Annahme rechtfertigen, dass sie von dem, gegen den sich die Anordnung richtet, herrühren oder für ihn bestimmt sind. [4]Abgeordnetenpost von Mitgliedern des Deutschen Bundestages und der Parlamente der Länder darf nicht in eine Maßnahme einbezogen werden, die sich gegen einen Dritten richtet.

§ 3a Schutz des Kernbereichs privater Lebensgestaltung

(1) [1]Beschränkungen nach § 1 Abs. 1 Nr. 1 sind unzulässig, soweit tatsächliche Anhaltspunkte für die Annahme vorliegen, dass durch sie allein Erkenntnisse aus dem Kernbereich privater Lebensgestaltung erfasst würden. [2]Soweit im Rahmen von Beschränkungen nach § 1 Abs. 1 Nr. 1 neben einer automatischen Aufzeichnung eine unmittelbare Kenntnisnahme erfolgt, ist die Maßnahme unverzüglich zu unterbrechen, soweit sich während der Überwachung tatsächliche Anhaltspunkte dafür ergeben, dass Inhalte, die dem Kernbereich privater Lebensgestaltung zuzurechnen sind, erfasst werden. [3]Bestehen insoweit Zweifel, darf nur eine automatische Aufzeichnung fortgesetzt werden. [4]Automatische Aufzeichnungen nach Satz 3 sind unverzüglich einem bestimmten Mitglied der G10-Kommission oder seinem Stellvertreter zur Entscheidung über die Verwertbarkeit oder Löschung der Daten vorzulegen. [5]Das Nähere regelt die Geschäftsordnung. [6]Die Entscheidung des Mitglieds der Kommission, dass eine Verwertung

erfolgen darf, ist unverzüglich durch die Kommission zu bestätigen. [7]Ist die Maßnahme nach Satz 2 unterbrochen worden, so darf sie für den Fall, dass sie nicht nach Satz 1 unzulässig ist, fortgeführt werden. [8]Erkenntnisse aus dem Kernbereich privater Lebensgestaltung, die durch eine Beschränkung nach § 1 Abs. 1 Nr. 1 erlangt worden sind, dürfen nicht verwertet werden. [9]Aufzeichnungen hierüber sind unverzüglich zu löschen. [10]Die Tatsachen der Erfassung der Daten und der Löschung sind zu dokumentieren. [11]Die Dokumentation darf ausschließlich für Zwecke der Datenschutzkontrolle verwendet werden. [12]Sie ist sechs Monate nach der Mitteilung nach § 12 Absatz 1 Satz 1 oder der Feststellung nach § 12 Absatz 1 Satz 5 zu löschen.

(2) [1]Bei Gefahr im Verzug können Aufzeichnungen nach Absatz 1 Satz 3 unter Aufsicht eines Bediensteten, der die Befähigung zum Richteramt hat, gesichtet werden. [2]Der Bedienstete entscheidet im Benehmen mit dem nach § 5 des Bundesdatenschutzgesetzes oder entsprechenden landesrechtlichen Vorschriften benannten Datenschutzbeauftragten oder einem von diesem beauftragten Beschäftigten, für den § 6 Absatz 3 des Bundesdatenschutzgesetzes insoweit entsprechend gilt, über eine vorläufige Nutzung.

§ 3b Schutz zeugnisverweigerungsberechtigter Personen

(1) [1]Maßnahmen nach § 1 Abs. 1 Nr. 1, die sich gegen eine in § 53 Absatz 1 Satz 1 Nummer 1, 2, 3 oder Nummer 4 der Strafprozessordnung genannte Person, im Falle von § 53 Absatz 1 Satz 1 Nummer 3 der Strafprozessordnung beschränkt auf Rechtsanwälte und Kammerrechtsbeistände, richten und voraussichtlich Erkenntnisse erbringen würden, über die diese Person das Zeugnis verweigern dürfte, sind unzulässig. [2]Dennoch erlangte Erkenntnisse dürfen nicht verwertet werden. [3]Aufzeichnungen hierüber sind unverzüglich zu löschen. [4]Die Tatsache ihrer Erlangung und Löschung ist zu dokumentieren. [5]Die Sätze 2 bis 3 gelten entsprechend, wenn durch eine Maßnahme, die sich nicht gegen eine in Satz 1 genannte Person richtet, von einer dort genannten Person Erkenntnisse erlangt werden, über die sie das Zeugnis verweigern dürfte.

(2) [1]Soweit durch eine Beschränkung eine in § 53 Abs. 1 Satz 1 Nr. 3 bis 3b oder Nr. 5 der Strafprozessordnung genannte Person, im Falle von § 53 Absatz 1 Satz 1 Nummer 3 der Strafprozessordnung mit Ausnahme von Rechtsanwälten und Kammerrechtsbeiständen, betroffen wäre und dadurch voraussichtlich Erkenntnisse erlangt würden, über die diese Person das Zeugnis verweigern dürfte, ist dies im Rahmen der Prüfung der Verhältnismäßigkeit unter Würdigung des öffentlichen Interesses an den von dieser Person wahrgenommenen Aufgaben und des Interesses an der Geheimhaltung der dieser Person anvertrauten oder bekannt gewordenen Tatsachen besonders zu berücksichtigen. [2]Soweit hiernach geboten, ist die Maßnahme zu unterlassen oder, soweit dies nach der Art der Maßnahme möglich ist, zu beschränken.

(3) Die Absätze 1 und 2 gelten entsprechend, soweit die in § 53a der Strafprozessordnung Genannten das Zeugnis verweigern dürften.

(4) Die Absätze 1 bis 3 gelten nicht, sofern die zeugnisverweigerungsberechtigte Person Verdächtiger im Sinne des § 3 Abs. 2 Satz 2 ist oder tatsächliche Anhaltspunkte den Verdacht begründen, dass sie dessen in § 3 Abs. 1 bezeichnete Bestrebungen durch Entgegennahme oder Weitergabe von Mitteilungen bewusst unterstützt.

§ 4 Prüf-, Kennzeichnungs- und Löschungspflichten, Übermittlungen, Zweckbindung

(1) [1]Die erhebende Stelle prüft unverzüglich und sodann in Abständen von höchstens sechs Monaten, ob die erhobenen personenbezogenen Daten im Rahmen ihrer Aufgaben allein oder zusammen mit bereits vorliegenden Daten für die in § 1 Abs. 1 Nr. 1 bestimmten Zwecke erforderlich sind. [2]Soweit die Daten für diese Zwecke nicht erforderlich sind und nicht für eine Übermittlung an andere Stellen benötigt werden, sind sie unverzüglich unter Aufsicht eines Bediensteten, der die Befähigung zum Richteramt hat, zu löschen. [3]Die Löschung ist zu protokollieren. [4]Die Protokolldaten dürfen ausschließlich zur Durchführung der Datenschutzkontrolle verwendet werden. [5]Die Protokolldaten sind am Ende des Kalenderjahres, das dem Jahr der Protokollierung folgt, zu löschen. [6]Die Löschung der Daten unterbleibt, soweit die Daten für eine Mitteilung nach § 12 Abs. 1 oder für eine gerichtliche Nachprüfung der Rechtmäßigkeit der Beschränkungsmaßnahme von Bedeutung sein können. [7]In diesem Fall ist die Verarbeitung der Daten einzuschränken; sie dürfen nur zu diesen Zwecken verwendet werden.

(2) [1]Die verbleibenden Daten sind zu kennzeichnen. [2]Nach einer Übermittlung ist die Kennzeichnung durch den Empfänger aufrechtzuerhalten. [3]Die Daten dürfen nur zu den in § 1 Abs. 1 Nr. 1 und den in Absatz 4 genannten Zwecken verwendet werden.

(3) [1]Der Behördenleiter oder sein Stellvertreter kann anordnen, dass bei der Übermittlung auf die Kennzeichnung verzichtet wird, wenn dies unerlässlich ist, um die Geheimhaltung einer Beschränkungsmaßnahme nicht zu gefährden, und die G 10-Kommission oder, soweit es sich um die Übermittlung durch eine Landesbehörde handelt, die nach Landesrecht zuständige Stelle zugestimmt hat. [2]Bei Gefahr im Verzuge kann die Anordnung bereits vor der Zustimmung getroffen werden. [3]Wird die Zustimmung versagt, ist die Kennzeichnung durch den Übermittlungsempfänger unverzüglich nachzuholen; die übermittelnde Behörde hat ihn hiervon zu unterrichten.

(4) Die Daten dürfen an andere als die nach § 1 Absatz 1 Nummer 1 berechtigten Stellen nur übermittelt werden

1. zur Verhinderung oder Aufklärung von Straftaten, wenn
   a) tatsächliche Anhaltspunkte für den Verdacht bestehen, dass jemand eine der in § 3 Abs. 1 und 1a genannten Straftaten plant oder begeht,
   b) bestimmte Tatsachen den Verdacht begründen, dass jemand eine sonstige in § 7 Absatz 2 genannte Straftat plant oder begeht,
2. zur Verfolgung von Straftaten, wenn bestimmte Tatsachen den Verdacht begründen, dass jemand eine in Nummer 1 bezeichnete Straftat begeht oder begangen hat, oder
3. zur Vorbereitung und Durchführung eines Verfahrens nach Artikel 21 Abs. 2 Satz 2 des Grundgesetzes oder einer Maßnahme nach § 3 Abs. 1 Satz 1 des Vereinsgesetzes,

soweit sie zur Erfüllung der Aufgaben des Empfängers erforderlich sind und in den Fällen der Nummern 1 und 2 daneben die Voraussetzungen der Vorschriften vorliegen, die Übermittlungen der übermittelnden Stelle für die Verhinderung, Aufklärung oder Verfolgung von Straftaten allgemein regeln.

(5) [1]Sind mit personenbezogenen Daten, die übermittelt werden dürfen, weitere Daten des Betroffenen oder eines Dritten in Akten so verbunden, dass eine Trennung nicht oder nur mit unvertretbarem Aufwand möglich ist, ist die Übermittlung auch dieser Daten zulässig; eine Verwendung dieser Daten ist unzulässig. [2]Über die Übermittlung entscheidet ein Bediensteter der übermittelnden Stelle, der die Befähigung zum Richteramt hat. [3]Die Übermittlung ist zu protokollieren.

(6) [1]Der Empfänger darf die übermittelten Daten nur für die Zwecke verwenden, zu deren Erfüllung sie ihm übermittelt worden sind. [2]Er prüft unverzüglich und sodann in Abständen von höchstens sechs Monaten, ob die übermittelten Daten für diese Zwecke erforderlich sind. [3]Absatz 1 Satz 2 und 3 gilt entsprechend. [4]Der Empfänger unterrichtet die übermittelnde Stelle unverzüglich über die erfolgte Löschung.

§ 4a Weiterverarbeitung von Verkehrsdaten durch den Bundesnachrichtendienst

(1) Der Bundesnachrichtendienst darf erhobene Verkehrsdaten, bei denen für einen Teilnehmer der Kommunikation eine Beschränkung nach § 3 angeordnet ist, zur Erfüllung seiner Aufgaben auch weiterverarbeiten, um
1. Personen zu erkennen, die einen Deutschlandbezug aufweisen und über die Informationen erlangt werden können, die für die Aufgabenerfüllung des Bundesnachrichtendienstes relevant sind, oder
2. geeignete Übertragungswege im Sinne des § 10 Absatz 4 Satz 2 zu bestimmen.

(2) [1]Spätestens drei Monate nach ihrer Erhebung sind die nach Absatz 1 gespeicherten Verkehrsdaten daraufhin zu prüfen, ob die weitere Speicherung zur Erfüllung der Aufgaben des Bundesnachrichtendienstes erforderlich ist. [2]Spätestens sechs Monate nach ihrer Erhebung sind diese Daten zu löschen, es sei denn, es wurde im Einzelfall festgestellt, dass eine weitere Speicherung für die Zwecke des Absatzes 1 erforderlich ist. [3]Ist im Einzelfall festgestellt worden, dass eine weitere Speicherung für die Zwecke nach Absatz 1 erforderlich ist, prüft der Bundesnachrichtendienst sodann regelmäßig in Abständen von höchstens sechs Monaten, ob die weitere Speicherung der Verkehrsdaten für diese Zwecke erforderlich ist.

(3) [1]Die Erfüllung der in den Absätzen 1 und 2 genannten Voraussetzungen wird regelmäßig stichprobenartig durch eine hierzu beauftragte Bedienstete oder einen hierzu beauftragten Bediensteten des Bundesnachrichtendienstes, die oder der die Befähigung zum Richteramt hat, überprüft. [2]Soweit die Überprüfung eine unzulässige Verarbeitung ergibt, sind die Daten unverzüglich unter Aufsicht einer Bediensteten oder eines Bediensteten des Bundesnachrichtendienstes, die oder der die Befähigung zum Richteramt hat, zu löschen. [3]§ 4 Absatz 1 Satz 3 bis 5 gilt entsprechend.

Abschnitt 3: Strategische Beschränkungen

§ 5 Voraussetzungen

(1) [1]Auf Antrag des Bundesnachrichtendienstes dürfen Beschränkungen nach § 1 für internationale Telekommunikationsbeziehungen, soweit eine gebündelte Übertragung erfolgt, angeordnet werden. [2]Die jeweiligen Telekommunikationsbeziehungen werden von dem nach § 10 Abs. 1 zuständigen Bundesministerium mit Zustimmung des Parlamentarischen Kontrollgremiums bestimmt. [3]Beschränkungen nach Satz 1 sind nur zulässig zur Sammlung von Informationen über Sachverhalte, deren Kenntnis notwendig ist, um die Gefahr
1. eines bewaffneten Angriffs auf die Bundesrepublik Deutschland,
2. der Begehung internationaler terroristischer Anschläge mit unmittelbarem Bezug zur Bundesrepublik Deutschland,
3. der internationalen Verbreitung von Kriegswaffen im Sinne des Gesetzes über die Kontrolle von Kriegswaffen sowie des unerlaubten Außenwirtschaftsverkehrs mit Waren, Datenverarbeitungsprogrammen und Technologien in Fällen von erheblicher Bedeutung,
4. der unbefugten gewerbs- oder bandenmäßig organisierten Verbringung von Betäubungsmitteln in das Gebiet der Europäischen Union in Fällen von erheblicher Bedeutung mit Bezug zur Bundesrepublik Deutschland,
5. der Beeinträchtigung der Geldwertstabilität im Euro-Währungsraum durch im Ausland begangene Geldfälschungen,
6. der international organisierten Geldwäsche in Fällen von erheblicher Bedeutung,
7. des gewerbs- oder bandenmäßig organisierten Einschleusens von ausländischen Personen in das Gebiet der Europäischen Union in Fällen von erheblicher Bedeutung mit Bezug zur Bundesrepublik Deutschland
   a) bei unmittelbarem Bezug zu den Gefahrenbereichen nach Nr. 1 bis 3 oder
   b) in Fällen, in denen eine erhebliche Anzahl geschleuster Personen betroffen ist, insbesondere wenn durch die Art der Schleusung von einer Gefahr für ihr Leib oder Leben auszugehen ist, oder
   c) in Fällen von unmittelbarer oder mittelbarer Unterstützung oder Duldung durch ausländische öffentliche Stellen oder
8. des internationalen kriminellen, terroristischen oder staatlichen Angriffs mittels Schadprogrammen oder vergleichbaren schädlich wirkenden informationstechnischen Mitteln auf die Vertraulichkeit, Integrität oder Verfügbarkeit von IT-Systemen in Fällen von erheblicher Bedeutung mit Bezug zur Bundesrepublik Deutschland

rechtzeitig zu erkennen und einer solchen Gefahr zu begegnen. [4]In den Fällen von Satz 3 Nr. 1 dürfen Beschränkungen auch für Postverkehrsbeziehungen angeordnet werden; Satz 2 gilt entsprechend.

(2) [1]Bei Beschränkungen von Telekommunikationsbeziehungen darf der Bundesnachrichtendienst nur Suchbegriffe verwenden, die zur Aufklärung von Sachverhalten über den in der Anordnung bezeichneten Gefahrenbereich bestimmt und geeignet sind. [2]Es dürfen keine Suchbegriffe verwendet werden, die

1. Identifizierungsmerkmale enthalten, die zu einer gezielten Erfassung bestimmter Telekommunikationsanschlüsse führen, oder
2. den Kernbereich der privaten Lebensgestaltung betreffen.

[3]Dies gilt nicht für Telekommunikationsanschlüsse im Ausland, sofern ausgeschlossen werden kann, dass Anschlüsse, deren Inhaber oder regelmäßige Nutzer deutsche Staatsangehörige sind, gezielt erfasst werden. [4]Die Durchführung ist zu protokollieren. [5]Die Protokolldaten dürfen ausschließlich zu Zwecken der Datenschutzkontrolle verwendet werden. [6]Sie sind am Ende des Kalenderjahres, das dem Jahr der Protokollierung folgt, zu löschen.

§ 5a Schutz des Kernbereichs privater Lebensgestaltung

[1]Durch Beschränkungen nach § 1 Abs. 1 Nr. 2 dürfen keine Kommunikationsinhalte aus dem Kernbereich privater Lebensgestaltung erfasst werden. [2]Sind durch eine Beschränkung nach § 1 Abs. 1 Nr. 2 Kommunikationsinhalte aus dem Kernbereich privater Lebensgestaltung erfasst worden, dürfen diese nicht verwertet werden. [3]Sie sind unverzüglich unter Aufsicht eines Bediensteten, der die Befähigung zum Richteramt hat, zu löschen. [4]§ 3a Absatz 1 Satz 2 bis 7 und Absatz 2 gilt entsprechend. [5]Die Tatsache der Erfassung der Daten und ihrer Löschung ist zu protokollieren. [6]Die Protokolldaten dürfen ausschließlich zum Zwecke der Durchführung der Datenschutzkontrolle verwendet werden. [7]Sie sind sechs Monate nach der Mitteilung oder der Feststellung nach § 12 Absatz 2 zu löschen.

§ 5b Schutz zeugnisverweigerungsberechtigter Personen

Für den Schutz zeugnisverweigerungsberechtigter Personen gilt § 3b entsprechend.

§ 6 Prüf-, Kennzeichnungs- und Löschungspflichten, Zweckbindung

(1) [1]Der Bundesnachrichtendienst prüft unverzüglich und sodann in Abständen von höchstens sechs Monaten, ob die erhobenen personenbezogenen Daten im Rahmen seiner Aufgaben allein oder zusammen mit bereits vorliegenden Daten für die in § 5 Abs. 1 Satz 3 bestimmten Zwecke erforderlich sind. [2]Soweit die Daten für diese Zwecke nicht erforderlich sind und nicht für eine Übermittlung an andere Stellen benötigt werden, sind sie unverzüglich unter Aufsicht eines Bediensteten, der die Befähigung zum Richteramt hat, zu löschen. [3]Die Löschung ist zu protokollieren. [4]Die Protokolldaten dürfen ausschließlich zur Durchführung von Kontrollen der Datenverarbeitung, einschließlich der Datenschutzkontrolle, verwendet werden. [5]Die Protokolldaten sind am Ende des Kalenderjahres zu löschen, das dem Jahr der Protokollierung folgt. [6]Außer in den Fällen der erstmaligen Prüfung nach Satz 1 unterbleibt die Löschung, soweit die Daten für eine Mitteilung nach § 12 Abs. 2 oder für eine gerichtliche Nachprüfung der Rechtmäßigkeit der Beschränkungsmaßnahme von Bedeutung sein können. [7]In diesem Fall ist die Verarbeitung der Daten einzuschränken; sie dürfen nur zu diesen Zwecken verwendet werden.

(2) [1]Die verbleibenden Daten sind zu kennzeichnen. [2]Nach einer Übermittlung ist die Kennzeichnung durch den Empfänger aufrechtzuerhalten. [3]Die Daten dürfen nur zu den in § 5 Abs. 1 Satz 3 genannten Zwecken und für Übermittlungen nach § 7 Abs. 1 bis 4a und § 7a verwendet werden.

(3) [1]Auf Antrag des Bundesnachrichtendienstes dürfen zur Prüfung der Relevanz erfasster Telekommunikationsverkehre auf Anordnung des nach § 10 Abs. 1 zuständigen Bundesministeriums die erhobenen Daten in einem automatisierten Verfahren mit bereits vorliegenden Rufnummern oder anderen Kennungen bestimmter Telekommunikationsanschlüsse abgeglichen werden, bei denen tatsächliche Anhaltspunkte dafür bestehen, dass sie in einem Zusammenhang mit dem Gefahrenbereich stehen, für den die Überwachungsmaßnahme angeordnet wurde. [2]Zu diesem Abgleich darf der Bundesnachrichtendienst auch Rufnummern oder andere Kennungen bestimmter Telekommunikationsanschlüsse im Inland verwenden. [3]Die zu diesem Abgleich genutzten Daten dürfen nicht als Suchbegriffe im Sinne des § 5 Abs. 2 Satz 1 verwendet werden. [4]Der Abgleich und die Gründe für die Verwendung der für den Abgleich genutzten Daten sind zu protokollieren. [5]Die Protokolldaten dürfen ausschließlich zur Durchführung von Kontrollen der Datenverarbeitung, einschließlich der Datenschutzkontrolle, verwendet werden. [6]Sie sind am Ende des Kalenderjahres, das dem Jahr der Protokollierung folgt, zu vernichten.

(4) [1]Unabhängig von Absatz 1 Satz 1 und 2 darf der Bundesnachrichtendienst auf den nach § 5 Absatz 1 in Verbindung mit § 10 Absatz 4 Satz 2 angeordneten Übertragungswegen zur Erfüllung seiner Aufgaben Verkehrsdaten erheben und unter den Voraussetzungen des Satzes 3 weiterverarbeiten, sofern diejenigen Verkehrsdaten, die eine Identifizierung von deutschen Staatsangehörigen, von inländischen juristischen Personen oder von sich im Bundesgebiet aufhaltenden Personen ermöglichen, im Falle ihrer Erhebung unverzüglich automatisiert unkenntlich gemacht werden. [2]Die automatisierte Unkenntlichmachung ist so durchzuführen, dass

1. die Eindeutigkeit der Daten erhalten bleibt und
2. eine rückwirkende Identifizierung der in Satz 1 genannten Personen unmöglich oder nur mit unvertretbar hohem Aufwand möglich ist.

[3]Der Bundesnachrichtendienst darf Verkehrsdaten, die nach den Sätzen 1 und 2 unkenntlich gemacht wurden, zur Erfüllung seiner Aufgaben weiterverarbeiten, um

1. Personen außerhalb des in Satz 1 genannten Personenkreises zu erkennen, die einen Deutschlandbezug aufweisen und über die Informationen erlangt werden können, die für die Aufgabenerfüllung des Bundesnachrichtendienstes relevant sind, sowie
2. geeignete Übertragungswege im Sinne des § 10 Absatz 4 Satz 2 zu bestimmen.

[4]Die in Satz 1 genannten Verkehrsdaten sind spätestens sechs Monate nach ihrer Erhebung zu löschen, es sei denn, es wurde im Einzelfall festgestellt, dass eine weitere Speicherung für die Zwecke nach Satz 3 erforderlich ist. [5]Ist im Einzelfall festgestellt worden, dass eine weitere Speicherung für die Zwecke nach Satz 3 erforderlich ist, prüft der Bundesnachrichtendienst bei der Einzelfallbearbeitung und nach festgesetzten Fristen, spätestens nach zehn Jahren, ob die unkenntlich gemachten Verkehrsdaten weiterhin für diese Zwecke erforderlich sind.

(5) [1]Unabhängig von Absatz 1 Satz 1 und 2 darf der Bundesnachrichtendienst erhobene Verkehrsdaten, die auf der Grundlage eines Suchbegriffs nach § 5 Absatz 2 erfasst worden sind, zur Erfüllung seiner Aufgaben weiterverarbeiten, um

1. Personen zu erkennen, die einen Deutschlandbezug aufweisen und über die Informationen erlangt werden können, die für die Aufgabenerfüllung des Bundesnachrichtendienstes relevant sind, sowie
2. geeignete Übertragungswege im Sinne des § 10 Absatz 4 Satz 2 zu identifizieren.

[2]Wird bei der Weiterverarbeitung nach Satz 1 erkannt, dass eine darüber hinausgehende Weiterverarbeitung der Verkehrsdaten durch den Bundesnachrichtendienst erforderlich ist, um Straftaten im Sinne des § 3 Absatz 1 oder Gefahren im Sinne des § 5 Absatz 1 Satz 3 oder des § 8 Absatz 1 zu erkennen und einer solchen Gefahr zu begegnen, darf der Bundesnachrichtendienst diese Daten auch zu diesen Zwecken weiterverarbeiten. [3]Spätestens drei Monate nach ihrer Erhebung sind die in den Sätzen 1 und 2 genannten Verkehrsdaten daraufhin zu prüfen, ob die weitere Speicherung zur Erfüllung der Aufgaben des Bundesnachrichtendienstes erforderlich ist. [4]Spätestens sechs Monate nach ihrer Erhebung sind die in den Sätzen 1 und 2 genannten Daten zu löschen, es sei denn, es wurde im Einzelfall festgestellt, dass eine weitere Speicherung für die Zwecke nach den Sätzen 1 und 2 erforderlich ist. [5]Ist im Einzelfall festgestellt worden, dass eine weitere Speicherung für die Zwecke nach den Sätzen 1 und 2 erforderlich ist, prüft der Bundesnachrichtendienst sodann regelmäßig in Abständen von höchstens sechs Monaten, ob die weitere Speicherung der Verkehrsdaten für diese Zwecke nach den Sätzen 1 und 2 erforderlich ist.

(6) [1]Die Erfüllung der in Absatz 5 genannten Voraussetzungen wird regelmäßig stichprobenartig durch eine hierzu beauftragte Bedienstete oder einen hierzu beauftragten Bediensteten des Bundesnachrichtendienstes, die oder der die Befähigung zum Richteramt hat, überprüft. [2]Soweit die Überprüfung eine unzulässige Verarbeitung ergibt, sind die Daten unverzüglich unter Aufsicht einer Bediensteten oder eines Bediensteten des Bundesnachrichtendienstes, die oder der die Befähigung zum Richteramt hat, zu löschen. [3]Absatz 1 Satz 3 bis 5 gilt entsprechend.

§ 7 Übermittlungen durch den Bundesnachrichtendienst

(1) Durch Beschränkungen nach § 5 erhobene personenbezogene Daten dürfen an die Verfassungsschutzbehörden des Bundes und der Länder sowie an das Bundesamt für den Militärischen Abschirmdienst unter den Voraussetzungen des § 11 des BND-Gesetzes übermittelt werden.

(2) Durch Beschränkungen nach § 5 erhobene personenbezogene Daten dürfen an inländische Strafverfolgungsbehörden unter den Voraussetzungen des § 11a des BND-Gesetzes übermittelt werden.

(3) Durch Beschränkungen nach § 5 erhobene personenbezogene Daten dürfen an inländische öffentliche Stellen unter den Voraussetzungen des § 11b des BND-Gesetzes übermittelt werden.

(4) |weggefallen|

(5) [1]Die Übermittlung ist nur zulässig, soweit sie zur Erfüllung der Aufgaben des Empfängers erforderlich ist. [2]Sind mit personenbezogenen Daten, die übermittelt werden dürfen, weitere Daten des Betroffenen oder eines Dritten in Akten so verbunden, dass eine Trennung nicht oder nur mit unvertretbarem Aufwand möglich ist, ist die Übermittlung auch dieser Daten zulässig; eine Verwendung dieser Daten ist unzulässig. [3]Über die Übermittlung entscheidet ein Bediensteter des Bundesnachrichtendienstes, der die Befähigung zum Richteramt hat. [4]Die Übermittlung ist zu protokollieren.

(6) [1]Der Empfänger darf die Daten nur für die Zwecke verwenden, zu deren Erfüllung sie ihm übermittelt worden sind. [2]Er prüft unverzüglich und sodann in Abständen von höchstens sechs Monaten, ob die übermittelten Daten für diese Zwecke erforderlich sind. [3]§ 4 Abs. 6 Satz 4 und § 6 Abs. 1 Satz 2 und 3 gelten entsprechend.

§ 7a Übermittlungen durch den Bundesnachrichtendienst an ausländische öffentliche Stellen

(1) Der Bundesnachrichtendienst darf durch Beschränkungen nach § 5 Absatz 1 Satz 3 Nummer 2, 3, 7 und 8 erhobene personenbezogene Daten unter den Voraussetzungen des § 11e des BND-Gesetzes an die mit nachrichtendienstlichen Aufgaben betrauten ausländischen öffentlichen Stellen übermitteln.

(2) Die Übermittlung bedarf der Zustimmung des Bundeskanzleramtes.

(3) [1]Über die Übermittlung entscheidet ein Bediensteter des Bundesnachrichtendienstes, der die Befähigung zum Richteramt hat. [2]Die Übermittlung ist zu protokollieren. [3]Der Bundesnachrichtendienst führt einen Nachweis über den Zweck, die Veranlassung, die Aktenfundstelle und die Empfänger der Übermittlungen nach Absatz 1 und 2. [4]Die Nachweise sind gesondert aufzubewahren, gegen unberechtigten Zugriff zu sichern und am Ende des Kalenderjahres, das dem Jahr ihrer Erstellung folgt, zu vernichten.

(4) Der Empfänger ist zu verpflichten,

1. die übermittelten Daten nur zu dem Zweck zu verwenden, zu dem sie ihm übermittelt wurden,
2. eine angebrachte Kennzeichnung beizubehalten und
3. dem Bundesnachrichtendienst auf Ersuchen Auskunft über die Verwendung zu erteilen.

(5) Das Bundeskanzleramt unterrichtet monatlich die G10-Kommission über Übermittlungen nach Absatz 1.

(6) Das Parlamentarische Kontrollgremium ist in Abständen von höchstens sechs Monaten über die vorgenommenen Übermittlungen nach Absatz 1 und 2 zu unterrichten.

§ 8 Gefahr für Leib oder Leben einer Person im Ausland

(1) Auf Antrag des Bundesnachrichtendienstes dürfen Beschränkungen nach § 1 für internationale Telekommunikationsbeziehungen im Sinne des § 5 Abs. 1 Satz 1 angeordnet werden, wenn dies erforderlich ist, um eine im Einzelfall bestehende Gefahr für Leib oder Leben einer Person im Ausland rechtzeitig zu erkennen oder ihr zu begegnen und dadurch Belange der Bundesrepublik Deutschland unmittelbar in besonderer Weise berührt sind.

(2) [1]Die jeweiligen Telekommunikationsbeziehungen werden von dem nach § 10 Abs. 1 zuständigen Bundesministerium mit Zustimmung des Parlamentarischen Kontrollgremiums bestimmt. [2]Die Zustimmung bedarf der Mehrheit von zwei Dritteln seiner Mitglieder. [3]Die Bestimmung tritt spätestens nach zwei Monaten außer Kraft. [4]Eine erneute Bestimmung ist zulässig, soweit ihre Voraussetzungen fortbestehen.

(3) [1]Die Anordnung ist nur zulässig, wenn die Erforschung des Sachverhalts auf andere Weise aussichtslos oder wesentlich erschwert wäre. [2]Der Bundesnachrichtendienst darf nur Suchbegriffe verwenden, die zur Erlangung von Informationen über die in der Anordnung bezeichnete Gefahr bestimmt und geeignet sind. [3]§ 5 Abs. 2 Satz 2 bis 6 gilt entsprechend. [4]Ist die Überwachungsmaßnahme erforderlich, um einer im Einzelfall bestehenden Gefahr für Leib oder Leben einer Person zu begegnen, dürfen die Suchbegriffe auch Identifizierungsmerkmale enthalten, die zu einer gezielten Erfassung der Rufnummer oder einer anderen Kennung des Telekommunikationsanschlusses dieser Person im Ausland führen.

(4) [1]Der Bundesnachrichtendienst prüft unverzüglich und sodann in Abständen von höchstens sechs Monaten, ob die erhobenen personenbezogenen Daten im Rahmen seiner Aufgaben allein oder zusammen mit bereits vorliegenden Daten zu dem in Absatz 1 bestimmten Zweck erforderlich sind. [2]Soweit die Daten für diesen Zweck nicht erforderlich sind, sind sie unverzüglich unter Aufsicht eines Bediensteten, der die Befähigung zum Richteramt hat, zu löschen. [3]Die Löschung ist zu protokollieren. [4]§ 6 Absatz 1 Satz 4 und 5, Absatz 2 Satz 1 und 2 und Absatz 5 und 6 gilt entsprechend mit der Maßgabe, dass die Weiterverarbeitung nach § 6 Absatz 5 Satz 2 nur zur Erkennung und Begegnung von Gefahren im Sinne des § 8 Absatz 1 zulässig ist. [5]Die Daten dürfen nur zu den in den Absätzen 1, 5 und 6 genannten Zwecken verwendet werden.

(5) Die erhobenen personenbezogenen Daten dürfen unter den Voraussetzungen der §§ 11 und 11b des BND-Gesetzes übermittelt werden, wenn zudem tatsächliche Anhaltspunkte den Verdacht begründen, dass jemand eine Straftat plant oder begeht, die geeignet ist, zu der Entstehung oder Aufrechterhaltung der in Absatz 1 bezeichneten Gefahr beizutragen.

(6) Die erhobenen personenbezogenen Daten dürfen an Strafverfolgungsbehörden unter den Voraussetzungen des § 11a des BND-Gesetzes übermittelt werden, wenn zudem bestimmte Tatsachen den Verdacht begründen, dass jemand eine in Absatz 5 bezeichnete Straftat begeht oder begangen hat.

(7) § 7 Absatz 5 und 6 sowie § 7a gelten entsprechend.

Abschnitt 4: Verfahren

§ 9 Antrag

(1) Beschränkungsmaßnahmen nach diesem Gesetz dürfen nur auf Antrag angeordnet werden.

(2) Antragsberechtigt sind im Rahmen ihres Geschäftsbereichs

1. das Bundesamt für Verfassungsschutz,
2. die Verfassungsschutzbehörden der Länder,
3. der Militärische Abschirmdienst und
4. der Bundesnachrichtendienst

durch den Behördenleiter oder seinen Stellvertreter.

(3) [1]Der Antrag ist schriftlich zu stellen und zu begründen. [2]Er muss alle für die Anordnung erforderlichen Angaben enthalten. [3]Er muss alle für die Anordnung erforderlichen Angaben enthalten; im Falle der Durchführung nach § 11 Absatz 1a auch eine möglichst genaue Bezeichnung des informationstechnischen Systems, in das zur Datenerhebung eingegriffen werden soll.

§ 10 Anordnung

(1) Zuständig für die Anordnung von Beschränkungsmaßnahmen ist bei Anträgen der Verfassungsschutzbehörden der Länder die zuständige oberste Landesbehörde, im Übrigen das Bundesministerium des Innern, für Bau und Heimat.

(2) [1]Die Anordnung ergeht schriftlich. [2]In ihr sind der Grund der Anordnung und die zur Überwachung berechtigte Stelle anzugeben sowie Art, Umfang und Dauer der Beschränkungsmaßnahme zu bestimmen.

(3) [1]In den Fällen des § 3 muss die Anordnung denjenigen bezeichnen, gegen den sich die Beschränkungsmaßnahme richtet. [2]Bei einer Überwachung der Telekommunikation ist auch die Rufnummer oder eine andere Kennung des Telekommunikationsanschlusses oder die Kennung des Endgerätes, wenn diese allein diesem Endgerät zuzuordnen ist, anzugeben.

(4) [1]In den Fällen der §§ 5 und 8 sind die Suchbegriffe in der Anordnung zu benennen. [2]Ferner sind das Gebiet, über das Informationen gesammelt werden sollen, und die Übertragungswege, die der Beschränkung unterliegen, zu bezeichnen. [3]Weiterhin ist festzulegen, welcher Anteil der auf diesen Übertragungswegen zur Verfügung stehenden Übertragungskapazität überwacht werden darf. [4]In den Fällen des § 5 darf dieser Anteil höchstens 20 vom Hundert betragen.

(5) [1]In den Fällen der §§ 3 und 5 ist die Anordnung auf höchstens drei Monate zu befristen. [2]Verlängerungen um jeweils nicht mehr als drei weitere Monate sind auf Antrag zulässig, soweit die Voraussetzungen der Anordnung fortbestehen.

(6) [1]Die Anordnung ist dem nach § 2 Absatz 1 Satz 1 oder Absatz 1a Verpflichteten insoweit mitzuteilen, als dies erforderlich ist, um ihm die Erfüllung seiner Verpflichtungen zu ermöglichen. [2]Die Mitteilung entfällt, wenn die Anordnung ohne seine Mitwirkung ausgeführt werden kann.

(7) [1]Das Bundesamt für Verfassungsschutz unterrichtet die jeweilige Landesbehörde für Verfassungsschutz über die in deren Bereich getroffenen Beschränkungsanordnungen. [2]Die Landesbehörden für Verfassungsschutz teilen dem Bundesamt für Verfassungsschutz die in ihrem Bereich getroffenen Beschränkungsanordnungen mit.

§ 11 Durchführung

(1) Die aus der Anordnung sich ergebenden Beschränkungsmaßnahmen sind unter Verantwortung der Behörde, auf deren Antrag die Anordnung ergangen ist, und unter Aufsicht eines Bediensteten vorzunehmen, der die Befähigung zum Richteramt hat.

(1a) [1]Die Überwachung und Aufzeichnung der laufenden Telekommunikation, die nach dem Zeitpunkt der Anordnung übertragen worden ist, darf auch in der Art und Weise erfolgen, dass in ein von dem Betroffenen genutztes informationstechnisches System eingegriffen wird, wenn dies notwendig ist, um die Überwachung und Aufzeichnung insbesondere in unverschlüsselter Form zu ermöglichen. [2]Auf dem informationstechnischen System des Betroffenen ab dem Zeitpunkt der Anordnung gespeicherte Inhalte und Umstände der Kommunikation dürfen überwacht und aufgezeichnet werden, wenn sie auch während des laufenden Übertragungsvorgangs im öffentlichen Telekommunikationsnetz in verschlüsselter Form hätten überwacht und aufgezeichnet werden können. [3]Bei den Maßnahmen nach den Sätzen 1 und 2 ist technisch sicherzustellen, dass

1. ausschließlich überwacht und aufgezeichnet werden können:
   a) die laufende Kommunikation (Satz 1) und
   b) Inhalte und Umstände der Kommunikation, die auch während des laufenden Kommunikationsvorgangs ab dem Zeitpunkt der Anordnung im öffentlichen Telekommunikationsnetz hätten überwacht und aufgezeichnet werden können (Satz 2),
2. an dem informationstechnischen System nur Veränderungen vorgenommen werden, die für die Datenerhebung unerlässlich sind,
3. die vorgenommenen Veränderungen bei Beendigung der Maßnahme, soweit technisch möglich, automatisiert rückgängig gemacht werden.

[4]Das eingesetzte Mittel ist nach dem Stand der Technik gegen unbefugte Nutzung zu schützen. 5 Kopierte Daten sind nach dem Stand der Technik gegen Veränderung, unbefugte Löschung und unbefugte Kenntnisnahme zu schützen. 6 Bei jedem Einsatz sind zu protokollieren:

1. die Bezeichnung des technischen Mittels und der Zeitpunkt seines Einsatzes,
2. die Angaben zur Identifizierung des informationstechnischen Systems und die daran vorgenommenen nicht nur flüchtigen Veränderungen,
3. die Angaben, die die Feststellung der erhobenen Daten ermöglichen, und
4. die Organisationseinheit, die die Maßnahme durchführt.

(1b) [1]Werden nach der Anordnung weitere Kennungen von Telekommunikationsanschlüssen der Person, gegen die sich die Anordnung richtet, bekannt, darf die Durchführung der Beschränkungsmaßnahme auch auf diese Kennungen erstreckt werden. [2]Satz 1 findet keine Anwendung auf weitere Kennungen von Telekommunikationsanschlüssen von Personen, gegen die sich die Anordnung richtet, weil auf Grund bestimmter Tatsachen anzunehmen ist, dass der Verdächtige ihren Anschluss benutzt (§ 3 Absatz 2 Satz 2 Variante 3).

(2) [1]Die Maßnahmen sind unverzüglich zu beenden, wenn sie nicht mehr erforderlich sind oder die Voraussetzungen der Anordnung nicht mehr vorliegen. [2]Die Beendigung ist der Stelle, die die Anordnung getroffen hat, und dem nach § 2 Absatz 1 Satz 1 oder Absatz 1a Verpflichteten, dem die Anordnung mitgeteilt worden ist, anzuzeigen. [3]Die Anzeige an den Verpflichteten entfällt, wenn die Anordnung ohne seine Mitwirkung ausgeführt wurde.

(3) [1]Postsendungen, die zur Öffnung und Einsichtnahme ausgehändigt worden sind, sind dem Postverkehr unverzüglich wieder zuzuführen. [2]Telegramme dürfen dem Postverkehr nicht entzogen werden. [3]Der zur Einsichtnahme berechtigten Stelle ist eine Abschrift des Telegramms zu übergeben.

§ 12 Mitteilungen an Betroffene

(1) [1]Beschränkungsmaßnahmen nach § 3 sind dem Betroffenen nach ihrer Einstellung mitzuteilen. [2]Die Mitteilung unterbleibt, solange eine Gefährdung des Zwecks der Beschränkung nicht ausgeschlossen werden kann oder solange der Eintritt übergreifender Nachteile für das Wohl des Bundes oder eines Landes absehbar ist. [3]Erfolgt die nach Satz 2 zurückgestellte Mitteilung nicht binnen zwölf Monaten nach Beendigung der Maßnahme, bedarf die weitere Zurückstellung der Zustimmung der G10-Kommission. [4]Die G10-Kommission bestimmt die Dauer der weiteren Zurückstellung. [5]Einer Mitteilung bedarf es nicht, wenn die G10-Kommission einstimmig festgestellt hat, dass

1. eine der Voraussetzungen in Satz 2 auch nach fünf Jahren nach Beendigung der Maßnahme noch vorliegt,
2. sie mit an Sicherheit grenzender Wahrscheinlichkeit auch in Zukunft vorliegt und
3. die Voraussetzungen für eine Löschung sowohl bei der erhebenden Stelle als auch beim Empfänger vorliegen.

(2) [1]Absatz 1 gilt entsprechend für Beschränkungsmaßnahmen nach den §§ 5 und 8, sofern die personenbezogenen Daten nicht unverzüglich gelöscht wurden. [2]Die Frist von fünf Jahren beginnt mit der Erhebung der personenbezogenen Daten.

(3) [1]Die Mitteilung obliegt der Behörde, auf deren Antrag die Anordnung ergangen ist. [2]Wurden personenbezogene Daten übermittelt, erfolgt die Mitteilung im Benehmen mit dem Empfänger.

§ 13 Rechtsweg

Gegen die Anordnung von Beschränkungsmaßnahmen nach den §§ 3 und 5 Abs. 1 Satz 3 Nr. 1 und ihren Vollzug ist der Rechtsweg vor der Mitteilung an den Betroffenen nicht zulässig.

Abschnitt 5: Kontrolle

§ 14 Parlamentarisches Kontrollgremium

(1) [1]Das nach § 10 Abs. 1 für die Anordnung von Beschränkungsmaßnahmen zuständige Bundesministerium unterrichtet in Abständen von höchstens sechs Monaten das Parlamentarische Kontrollgremium über die Durchführung dieses Gesetzes. [2]Dabei ist gesondert auf Anordnungen einzugehen, die nach § 11 Absatz 1a durchgeführt werden. [3]Das Gremium erstattet dem Deutschen Bundestag jährlich einen Bericht über Durchführung sowie Art und Umfang der Maßnahmen nach den §§ 3, 5, 7a und 8; dabei sind die Grundsätze des § 10 Absatz 1 des Kontrollgremiumgesetzes zu beachten.

(2) [1]Bei Gefahr im Verzug kann das zuständige Bundesministerium die Bestimmungen nach den §§ 5 und 8 vorläufig treffen und das Parlamentarische Kontrollgremium durch seinen Vorsitzenden und dessen Stellvertreter vorläufig zustimmen. [2]Die Zustimmung des Parlamentarischen Kontrollgremiums ist unverzüglich einzuholen. [3]Die Bestimmung tritt außer Kraft, wenn die vorläufige Zustimmung nicht binnen drei Werktagen und die Zustimmung nicht binnen zwei Wochen erfolgt.

§ 15 G 10-Kommission

(1) [1]Die G 10-Kommission besteht aus dem Vorsitzenden und vier Beisitzern sowie fünf stellvertretenden Mitgliedern, die an den Sitzungen mit Rede- und Fragerecht teilnehmen können. [2]Mindestens drei Mitglieder und drei stellvertretende Mitglieder müssen die Befähigung zum Richteramt besitzen. [3]Die Mitglieder der G 10-Kommission sind in ihrer Amtsführung unabhängig und Weisungen nicht unterworfen. [4]Sie nehmen ein öffentliches Ehrenamt wahr und werden von dem Parlamentarischen Kontrollgremium nach Anhörung der Bundesregierung für die Dauer einer Wahlperiode des Deutschen Bundestages mit der Maßgabe bestellt, dass ihre Amtszeit erst mit der Neubestimmung der Mitglieder der Kommission endet. [5]Die oder der Ständige Bevollmächtigte des Parlamentarischen Kontrollgremiums nimmt regelmäßig an den Sitzungen der G 10-Kommission teil.

(2) [1]Die Beratungen der G 10-Kommission sind geheim. [2]Die Mitglieder der Kommission sind zur Geheimhaltung der Angelegenheiten verpflichtet, die ihnen bei ihrer Tätigkeit in der Kommission bekannt geworden sind. [3]Dies gilt auch für die Zeit nach ihrem Ausscheiden aus der Kommission.

(3) [1]Der G 10-Kommission ist die für die Erfüllung ihrer Aufgaben notwendige Personal- und Sachausstattung zur Verfügung zu stellen; sie ist im Einzelplan des Deutschen Bundestages gesondert im Kapitel für die parlamentarische Kontrolle der Nachrichtendienste auszuweisen. [2]Der Kommission sind Mitarbeiter mit technischem Sachverstand zur Verfügung zu stellen.

(4) [1]Die G 10-Kommission tritt mindestens einmal im Monat zusammen. [2]Sie gibt sich eine Geschäftsordnung, die der Zustimmung des Parlamentarischen Kontrollgremiums bedarf. [3]Vor der Zustimmung ist die Bundesregierung zu hören.

(5) [1]Die G 10-Kommission entscheidet von Amts wegen oder auf Grund von Beschwerden über die Zulässigkeit und Notwendigkeit von Beschränkungsmaßnahmen. [2]Die Kontrollbefugnis der Kommission erstreckt sich auf die gesamte Verarbeitung der nach diesem Gesetz erlangten personenbezogenen Daten durch Nachrichtendienste des Bundes einschließlich der Entscheidung über die Mitteilung an Betroffene. [3]Der Kommission und ihren Mitarbeitern ist dabei insbesondere

1. Auskunft zu ihren Fragen zu erteilen,
2. Einsicht in alle Unterlagen, insbesondere in die gespeicherten Daten und in die Datenverarbeitungsprogramme, zu gewähren, die im Zusammenhang mit der Beschränkungsmaßnahme stehen, und
3. jederzeit Zutritt in alle Diensträume zu gewähren.

[4]Nummer 2 schließt ein, während einer Kontrolle beim Nachrichtendienst des Bundes dort Daten aus automatisierten Dateien selbst abrufen zu können. [5]Die Kommission kann dem Bundesbeauftragten für den Datenschutz Gelegenheit zur Stellungnahme in Fragen des Datenschutzes geben.

(6) [1]Das zuständige Bundesministerium holt die Zustimmung der G 10-Kommission zu den von ihm angeordneten Beschränkungsmaßnahmen ein. [2]Die Anordnung darf erst vollzogen werden, wenn die G 10-Kommission der angeordneten Beschränkungsmaßnahme nach Prüfung der Zulässigkeit und Notwendigkeit zugestimmt hat. [3]Stimmt die G 10-Kommission der angeordneten Beschränkungsmaßnahme nicht zu, hat das zuständige Bundesministerium die Anordnung unverzüglich aufzuheben.

(7) [1]Das zuständige Bundesministerium unterrichtet monatlich die G 10-Kommission über Mitteilungen von Bundesbehörden nach § 12 Abs. 1 und 2 oder über die Gründe, die einer Mitteilung entgegenstehen. [2]Hält die Kommission eine Mitteilung für geboten, ist diese unverzüglich vorzunehmen. [3]§ 12 Abs. 3 Satz 2 bleibt unberührt, soweit das Benehmen einer Landesbehörde erforderlich ist.

(8) Die G 10-Kommission und das Parlamentarische Kontrollgremium tauschen sich regelmäßig unter Wahrung der jeweils geltenden Geheimhaltungsvorschriften über allgemeine Angelegenheiten ihrer Kontrolltätigkeit aus.

§ 15a Eilanordnung

(1) Das zuständige Bundesministerium kann bei Gefahr im Verzug in der Anordnung bestimmen, dass die Beschränkungsmaßnahme abweichend von § 15 Absatz 6 Satz 2 auch bereits vor der Zustimmung der G 10-Kommission vollzogen werden darf (Eilanordnung).

(2) [1]Wird die Eilanordnung nicht innerhalb von drei Werktagen vom Vorsitzenden der G 10-Kommission, von seinem Stellvertreter oder einem vom Vorsitzenden dazu bestimmten Mitglied bestätigt, so ist unverzüglich

1. der Vollzug der Eilanordnung auszusetzen und
2. die Eilanordnung durch das zuständige Bundesministerium aufzuheben.

[2]Die mit der Beschränkungsmaßnahme erhobenen Daten sind zudem unverzüglich unter Aufsicht eines Beamten, der die Befähigung zum Richteramt hat, zu löschen; § 4 Absatz 1 Satz 3 bis 7 gilt entsprechend. 3 Eine Bestätigung der Eilanordnung kann unter Auflagen erfolgen.

(3) [1]Wird die Eilanordnung bestätigt, so hat die G 10-Kommission die Zulässigkeit und die Notwendigkeit der durch die Eilanordnung angeordneten Beschränkungsmaßnahme unverzüglich zu prüfen. [2]Erteilt die G 10-Kommission nach Prüfung der Zulässigkeit und Notwendigkeit ihre Zustimmung nicht, so ist die Beschränkungsmaßnahme vom zuständigen Bundesministerium unverzüglich aufzuheben und die mit der Beschränkungsmaßnahme erhobenen Daten sind unverzüglich unter Aufsicht eines Beamten, der die Befähigung zum Richteramt hat, zu löschen; § 4 Absatz 1 Satz 3 bis 7 gilt entsprechend.

(4) [1]Bei Gefahr im Verzug ist am Tag der Beantragung der Anordnung der Beschränkungsmaßnahme bereits vor der Anordnung durch das zuständige Bundesministerium eine automatische Aufzeichnung der zu überwachenden Telekommunikation durch die den Antrag stellende Behörde zulässig. [2]Diese Aufzeichnung darf von der antragstellenden Behörde weiterverarbeitet werden, wenn eine Eilanordnung des zuständigen Bundesministeriums innerhalb von 24 Stunden nach Beantragung erfolgt. [3]Anderenfalls ist die technische Aufzeichnung unverzüglich automatisiert zu löschen; § 4 Absatz 1 Satz 3 bis 7 gilt entsprechend.

§ 16 Parlamentarische Kontrolle in den Ländern

[1]Durch den Landesgesetzgeber wird die parlamentarische Kontrolle der nach § 10 Abs. 1 für die Anordnung von Beschränkungsmaßnahmen zuständigen obersten Landesbehörden und die Überprüfung der von ihnen angeordneten Beschränkungsmaßnahmen geregelt. [2]Personenbezogene Daten dürfen nur dann an Landesbehörden übermittelt werden, wenn die Kontrolle ihrer Verarbeitung durch den Landesgesetzgeber geregelt ist.

Abschnitt 6: Straf- und Bußgeldvorschriften

§ 17 Mitteilungsverbote

(1) Wird die Telekommunikation nach diesem Gesetz oder nach den §§ 100a, 100e der Strafprozessordnung überwacht, darf diese Tatsache von Personen, die Telekommunikationsdienste erbringen oder an der Erbringung solcher Dienste mitwirken, anderen nicht mitgeteilt werden.

(2) Wird die Aushändigung von Sendungen nach § 2 Absatz 1 Satz 1 angeordnet, darf diese Tatsache von Personen, die zur Aushändigung verpflichtet oder mit der Sendungsübermittlung betraut sind oder hieran mitwirken, anderen nicht mitgeteilt werden.

(3) Erfolgt ein Auskunftsersuchen oder eine Auskunftserteilung nach § 2 Absatz 1 oder Absatz 1a Satz 1, darf diese Tatsache oder der Inhalt des Ersuchens oder der erteilten Auskunft von Personen, die zur Beantwortung verpflichtet oder mit der Beantwortung betraut sind oder hieran mitwirken, anderen nicht mitgeteilt werden.

§ 18 Straftaten

Mit Freiheitsstrafe bis zu zwei Jahren oder mit Geldstrafe wird bestraft, wer entgegen § 17 eine Mitteilung macht.

§ 19 Ordnungswidrigkeiten

(1) Ordnungswidrig handelt, wer

1. einer vollziehbaren Anordnung nach § 2 Abs. 1 Satz 1 oder Absatz 1a Satz 1 zuwiderhandelt,
2. entgegen § 2 Abs. 2 Satz 2 eine Person betraut oder
3. entgegen § 2 Abs. 2 Satz 3 nicht sicherstellt, dass eine Geheimschutzmaßnahme getroffen wird.

(2) Die Ordnungswidrigkeit kann mit einer Geldbuße bis zu fünfzehntausend Euro geahndet werden.

(3) Bußgeldbehörde im Sinne des § 36 Abs. 1 Nr. 1 des Gesetzes über Ordnungswidrigkeiten ist die nach § 10 Abs. 1 zuständige Stelle.

Abschnitt 7: Schlussvorschriften

§ 20 Entschädigung

[1]Die nach § 1 Abs. 1 berechtigten Stellen haben für die Leistungen nach § 2 Absatz 1 und 1a eine Entschädigung zu gewähren, deren Umfang sich nach § 23 des Justizvergütungs- und -entschädigungsgesetzes bemisst. [2]In den Fällen der §§ 5 und 8 ist eine Entschädigung zu vereinbaren, deren Höhe sich an den nachgewiesenen tatsächlichen Kosten orientiert.

§ 21 Einschränkung von Grundrechten

Das Grundrecht des Brief-, Post- und Fernmeldegeheimnisses (Artikel 10 des Grundgesetzes) wird durch dieses Gesetz eingeschränkt.

§ 22 Übergangsregelung

Bis zur Neubestellung der G 10-Kommission nach § 15 Absatz 1 Satz 4 ist

1. § 15 Absatz 1 Satz 1 und 2 und Absatz 6 in der bis zum 8. Juli 2021 geltenden Fassung weiter anzuwenden,
2. § 15a nicht anzuwenden.

Strafgesetzbuch (StGB)

Rechtsstand: Januar 2024. Letzte Änderung: 01.10.2023 (BGBl. 2023 I Nr. 203).

Besonderer Teil

Fünfzehnter Abschnitt: Verletzung des persönlichen Lebens- und Geheimbereichs

§ 201 Verletzung der Vertraulichkeit des Wortes

(1) Mit Freiheitsstrafe bis zu drei Jahren oder mit Geldstrafe wird bestraft, wer unbefugt

1. das nichtöffentlich gesprochene Wort eines anderen auf einen Tonträger aufnimmt oder
2. eine so hergestellte Aufnahme gebraucht oder einem Dritten zugänglich macht.

(2) [1]Ebenso wird bestraft, wer unbefugt

1. das nicht zu seiner Kenntnis bestimmte nichtöffentlich gesprochene Wort eines anderen mit einem Abhörgerät abhört oder
2. das nach Absatz 1 Nr. 1 aufgenommene oder nach Absatz 2 Nr. 1 abgehörte nichtöffentlich gesprochene Wort eines anderen im Wortlaut oder seinem wesentlichen Inhalt nach öffentlich mitteilt.

[2]Die Tat nach Satz 1 Nr. 2 ist nur strafbar, wenn die öffentliche Mitteilung geeignet ist, berechtigte Interessen eines anderen zu beeinträchtigen. [3]Sie ist nicht rechtswidrig, wenn die öffentliche Mitteilung zur Wahrnehmung überragender öffentlicher Interessen gemacht wird.

(3) Mit Freiheitsstrafe bis zu fünf Jahren oder mit Geldstrafe wird bestraft, wer als Amtsträger oder als für den öffentlichen Dienst besonders Verpflichteter die Vertraulichkeit des Wortes verletzt (Absätze 1 und 2).

(4) Der Versuch ist strafbar.

(5) [1]Die Tonträger und Abhörgeräte, die der Täter oder Teilnehmer verwendet hat, können eingezogen werden. [2]§ 74a ist anzuwenden.

§ 201a Verletzung des höchstpersönlichen Lebensbereichs und von Persönlichkeitsrechten durch Bildaufnahmen

(1) Mit Freiheitsstrafe bis zu zwei Jahren oder mit Geldstrafe wird bestraft, wer

1. von einer anderen Person, die sich in einer Wohnung oder einem gegen Einblick besonders geschützten Raum befindet, unbefugt eine Bildaufnahme herstellt oder überträgt und dadurch den höchstpersönlichen Lebensbereich der abgebildeten Person verletzt,
2. eine Bildaufnahme, die die Hilflosigkeit einer anderen Person zur Schau stellt, unbefugt herstellt oder überträgt und dadurch den höchstpersönlichen Lebensbereich der abgebildeten Person verletzt,
3. eine Bildaufnahme, die in grob anstößiger Weise eine verstorbene Person zur Schau stellt, unbefugt herstellt oder überträgt,
4. eine durch eine Tat nach den Nummern 1 bis 3 hergestellte Bildaufnahme gebraucht oder einer dritten Person zugänglich macht oder
5. eine befugt hergestellte Bildaufnahme der in den Nummern 1 bis 3 bezeichneten Art wissentlich unbefugt einer dritten Person zugänglich macht und in den Fällen der Nummern 1 und 2 dadurch den höchstpersönlichen Lebensbereich der abgebildeten Person verletzt.

(2) [1]Ebenso wird bestraft, wer unbefugt von einer anderen Person eine Bildaufnahme, die geeignet ist, dem Ansehen der abgebildeten Person erheblich zu schaden, einer dritten Person zugänglich macht. [2]Dies gilt unter den gleichen Voraussetzungen auch für eine Bildaufnahme von einer verstorbenen Person.

(3) Mit Freiheitsstrafe bis zu zwei Jahren oder mit Geldstrafe wird bestraft, wer eine Bildaufnahme, die die Nacktheit einer anderen Person unter achtzehn Jahren zum Gegenstand hat,

1. herstellt oder anbietet, um sie einer dritten Person gegen Entgelt zu verschaffen, oder
2. sich oder einer dritten Person gegen Entgelt verschafft.

(4) Absatz 1 Nummer 2 und 3, auch in Verbindung mit Absatz 1 Nummer 4 oder 5, Absatz 2 und 3 gelten nicht für Handlungen, die in Wahrnehmung überwiegender berechtigter Interessen erfolgen, namentlich der Kunst oder der Wissenschaft, der Forschung oder der Lehre, der Berichterstattung über Vorgänge des Zeitgeschehens oder der Geschichte oder ähnlichen Zwecken dienen.

(5) [1]Die Bildträger sowie Bildaufnahmegeräte oder andere technische Mittel, die der Täter oder Teilnehmer verwendet hat, können eingezogen werden. [2]§ 74a ist anzuwenden.

§ 202 Verletzung des Briefgeheimnisses

(1) Wer unbefugt

1. einen verschlossenen Brief oder ein anderes verschlossenes Schriftstück, die nicht zu seiner Kenntnis bestimmt sind, öffnet oder
2. sich vom Inhalt eines solchen Schriftstücks ohne Öffnung des Verschlusses unter Anwendung technischer Mittel Kenntnis verschafft,

wird mit Freiheitsstrafe bis zu einem Jahr oder mit Geldstrafe bestraft, wenn die Tat nicht in § 206 mit Strafe bedroht ist.

(2) Ebenso wird bestraft, wer sich unbefugt vom Inhalt eines Schriftstücks, das nicht zu seiner Kenntnis bestimmt und durch ein verschlossenes Behältnis gegen Kenntnisnahme besonders gesichert ist, Kenntnis verschafft, nachdem er dazu das Behältnis geöffnet hat.

(3) Einem Schriftstück im Sinne der Absätze 1 und 2 steht eine Abbildung gleich.

§ 202a Ausspähen von Daten

(1) Wer unbefugt sich oder einem anderen Zugang zu Daten, die nicht für ihn bestimmt und die gegen unberechtigten Zugang besonders gesichert sind, unter Überwindung der Zugangssicherung verschafft, wird mit Freiheitsstrafe bis zu drei Jahren oder mit Geldstrafe bestraft.

(2) Daten im Sinne des Absatzes 1 sind nur solche, die elektronisch, magnetisch oder sonst nicht unmittelbar wahrnehmbar gespeichert sind oder übermittelt werden.

§ 202b Abfangen von Daten

Wer unbefugt sich oder einem anderen unter Anwendung von technischen Mitteln nicht für ihn bestimmte Daten (§ 202a Abs. 2) aus einer nichtöffentlichen Datenübermittlung oder aus der elektromagnetischen Abstrahlung einer Datenverarbeitungsanlage verschafft, wird mit Freiheitsstrafe bis zu zwei Jahren oder mit Geldstrafe bestraft, wenn die Tat nicht in anderen Vorschriften mit schwererer Strafe bedroht ist.

§ 202c Vorbereiten des Ausspähens und Abfangens von Daten

(1) Wer eine Straftat nach § 202a oder § 202b vorbereitet, indem er

1. Passwörter oder sonstige Sicherungscodes, die den Zugang zu Daten (§ 202a Abs. 2) ermöglichen, oder
2. Computerprogramme, deren Zweck die Begehung einer solchen Tat ist,

herstellt, sich oder einem anderen verschafft, verkauft, einem anderen überlässt, verbreitet oder sonst zugänglich macht, wird mit Freiheitsstrafe bis zu zwei Jahren oder mit Geldstrafe bestraft.

(2) § 149 Abs. 2 und 3 gilt entsprechend.

§ 202d Datenhehlerei

(1) Wer Daten (§ 202a Absatz 2), die nicht allgemein zugänglich sind und die ein anderer durch eine rechtswidrige Tat erlangt hat, sich oder einem anderen verschafft, einem anderen überlässt, verbreitet oder sonst zugänglich macht, um sich oder einen Dritten zu bereichern oder einen anderen zu schädigen, wird mit Freiheitsstrafe bis zu drei Jahren oder mit Geldstrafe bestraft.

(2) Die Strafe darf nicht schwerer sein als die für die Vortat angedrohte Strafe.

(3) Absatz 1 gilt nicht für Handlungen, die ausschließlich der Erfüllung rechtmäßiger dienstlicher oder beruflicher Pflichten dienen. Dazu gehören insbesondere

1. solche Handlungen von Amtsträgern oder deren Beauftragten, mit denen Daten ausschließlich der Verwertung in einem Besteuerungsverfahren, einem Strafverfahren oder einem Ordnungswidrigkeitenverfahren zugeführt werden sollen, sowie
2. solche beruflichen Handlungen der in § 53 Absatz 1 Satz 1 Nummer 5 der Strafprozessordnung genannten Personen, mit denen Daten entgegengenommen, ausgewertet oder veröffentlicht werden.

§ 203 Verletzung von Privatgeheimnissen

(1) Wer unbefugt ein fremdes Geheimnis, namentlich ein zum persönlichen Lebensbereich gehörendes Geheimnis oder ein Betriebs- oder Geschäftsgeheimnis, offenbart, das ihm als

1. Arzt, Zahnarzt, Tierarzt, Apotheker oder Angehörigen eines anderen Heilberufs, der für die Berufsausübung oder die Führung der Berufsbezeichnung eine staatlich geregelte Ausbildung erfordert,
2. Berufspsychologen mit staatlich anerkannter wissenschaftlicher Abschlußprüfung,
3. Rechtsanwalt, Kammerrechtsbeistand, Patentanwalt, Notar, Verteidiger in einem gesetzlich geordneten Verfahren, Wirtschaftsprüfer, vereidigtem Buchprüfer, Steuerberater, Steuerbevollmächtigten,

3a. Organ oder Mitglied eines Organs einer Wirtschaftsprüfungs-, Buchprüfungs- oder einer Berufsausübungsgesellschaft von Steuerberatern und Steuerbevollmächtigten, einer Berufsausübungsgesellschaft von Rechtsanwälten oder europäischen niedergelassenen Rechtsanwälten oder einer Berufsausübungsgesellschaft von Patentanwälten oder niedergelassenen europäischen Patentanwälten im Zusammenhang mit der Beratung und Vertretung der Wirtschaftsprüfungs-, Buchprüfungs- oder Berufsausübungsgesellschaft im Bereich der Wirtschaftsprüfung, Buchprüfung oder Hilfeleistung in Steuersachen oder ihrer rechtsanwaltlichen oder patentanwaltlichen Tätigkeit,

4. Ehe-, Familien-, Erziehungs- oder Jugendberater sowie Berater für Suchtfragen in einer Beratungsstelle, die von einer Behörde oder Körperschaft, Anstalt oder Stiftung des öffentlichen Rechts anerkannt ist,
5. Mitglied oder Beauftragten einer anerkannten Beratungsstelle nach den §§ 3 und 8 des Schwangerschaftskonfliktgesetzes,
6. staatlich anerkanntem Sozialarbeiter oder staatlich anerkanntem Sozialpädagogen oder
7. Angehörigen eines Unternehmens der privaten Kranken-, Unfall- oder Lebensversicherung oder einer privatärztlichen, steuerberaterlichen oder anwaltlichen Verrechnungsstelle

anvertraut worden oder sonst bekanntgeworden ist, wird mit Freiheitsstrafe bis zu einem Jahr oder mit Geldstrafe bestraft.

(2) [1]Ebenso wird bestraft, wer unbefugt ein fremdes Geheimnis, namentlich ein zum persönlichen Lebensbereich gehörendes Geheimnis oder ein Betriebs- oder Geschäftsgeheimnis, offenbart, das ihm als

1. Amtsträger oder Europäischer Amtsträger,
2. für den öffentlichen Dienst besonders Verpflichteten,

3. Person, die Aufgaben oder Befugnisse nach dem Personalvertretungsrecht wahrnimmt,
4. Mitglied eines für ein Gesetzgebungsorgan des Bundes oder eines Landes tätigen Untersuchungsausschusses, sonstigen Ausschusses oder Rates, das nicht selbst Mitglied des Gesetzgebungsorgans ist, oder als Hilfskraft eines solchen Ausschusses oder Rates,
5. öffentlich bestelltem Sachverständigen, der auf die gewissenhafte Erfüllung seiner Obliegenheiten auf Grund eines Gesetzes förmlich verpflichtet worden ist, oder
6. Person, die auf die gewissenhafte Erfüllung ihrer Geheimhaltungspflicht bei der Durchführung wissenschaftlicher Forschungsvorhaben auf Grund eines Gesetzes förmlich verpflichtet worden ist,

anvertraut worden oder sonst bekanntgeworden ist. [2]Einem Geheimnis im Sinne des Satzes 1 stehen Einzelangaben über persönliche oder sachliche Verhältnisse eines anderen gleich, die für Aufgaben der öffentlichen Verwaltung erfaßt worden sind; Satz 1 ist jedoch nicht anzuwenden, soweit solche Einzelangaben anderen Behörden oder sonstigen Stellen für Aufgaben der öffentlichen Verwaltung bekanntgegeben werden und das Gesetz dies nicht untersagt.

(3) [1]Kein Offenbaren im Sinne dieser Vorschrift liegt vor, wenn die in den Absätzen 1 und 2 genannten Personen Geheimnisse den bei ihnen berufsmäßig tätigen Gehilfen oder den bei ihnen zur Vorbereitung auf den Beruf tätigen Personen zugänglich machen. [2]Die in den Absätzen 1 und 2 Genannten dürfen fremde Geheimnisse gegenüber sonstigen Personen offenbaren, die an ihrer beruflichen oder dienstlichen Tätigkeit mitwirken, soweit dies für die Inanspruchnahme der Tätigkeit der sonstigen mitwirkenden Personen erforderlich ist; das Gleiche gilt für sonstige mitwirkende Personen, wenn diese sich weiterer Personen bedienen, die an der beruflichen oder dienstlichen Tätigkeit der in den Absätzen 1 und 2 Genannten mitwirken.

(4) [1]Mit Freiheitsstrafe bis zu einem Jahr oder mit Geldstrafe wird bestraft, wer unbefugt ein fremdes Geheimnis offenbart, das ihm bei der Ausübung oder bei Gelegenheit seiner Tätigkeit als mitwirkende Person oder als bei den in den Absätzen 1 und 2 genannten Personen tätiger Datenschutzbeauftragter bekannt geworden ist. [2]Ebenso wird bestraft, wer

1. als in den Absätzen 1 und 2 genannte Person nicht dafür Sorge getragen hat, dass eine sonstige mitwirkende Person, die unbefugt ein fremdes, ihr bei der Ausübung oder bei Gelegenheit ihrer Tätigkeit bekannt gewordenes Geheimnis offenbart, zur Geheimhaltung verpflichtet wurde; dies gilt nicht für sonstige mitwirkende Personen, die selbst eine in den Absätzen 1 oder 2 genannte Person sind,
2. als im Absatz 3 genannte mitwirkende Person sich einer weiteren mitwirkenden Person, die unbefugt ein fremdes, ihr bei der Ausübung oder bei Gelegenheit ihrer Tätigkeit bekannt gewordenes Geheimnis offenbart, bedient und nicht dafür Sorge getragen hat, dass diese zur Geheimhaltung verpflichtet wurde; dies gilt nicht für sonstige mitwirkende Personen, die selbst eine in den Absätzen 1 oder 2 genannte Person sind, oder
3. nach dem Tod der nach Satz 1 oder nach den Absätzen 1 oder 2 verpflichteten Person ein fremdes Geheimnis unbefugt offenbart, das er von dem Verstorbenen erfahren oder aus dessen Nachlass erlangt hat.

(5) Die Absätze 1 bis 4 sind auch anzuwenden, wenn der Täter das fremde Geheimnis nach dem Tod des Betroffenen unbefugt offenbart.

(6) Handelt der Täter gegen Entgelt oder in der Absicht, sich oder einen anderen zu bereichern oder einen anderen zu schädigen, so ist die Strafe Freiheitsstrafe bis zu zwei Jahren oder Geldstrafe.

§ 204 Verwertung fremder Geheimnisse

(1) Wer unbefugt ein fremdes Geheimnis, namentlich ein Betriebs- oder Geschäftsgeheimnis, zu dessen Geheimhaltung er nach § 203 verpflichtet ist, verwertet, wird mit Freiheitsstrafe bis zu zwei Jahren oder mit Geldstrafe bestraft.

(2) § 203 Absatz 5 gilt entsprechend.

§ 205 Strafantrag

(1) [1]In den Fällen des § 201 Abs. 1 und 2 und der §§ 202, 203 und 204 wird die Tat nur auf Antrag verfolgt. [2]Dies gilt auch in den Fällen der §§ 201a, 202a, 202b und 202d, es sei denn, dass die Strafverfolgungsbehörde wegen des besonderen öffentlichen Interesses an der Strafverfolgung ein Einschreiten von Amts wegen für geboten hält.

(2) [1]Stirbt der Verletzte, so geht das Antragsrecht nach § 77 Abs. 2 auf die Angehörigen über; dies gilt nicht in den Fällen der §§ 202a, 202b und 202d. [2]Gehört das Geheimnis nicht zum persönlichen Lebensbereich des Verletzten, so geht das Antragsrecht bei Straftaten nach den §§ 203 und 204 auf die Erben über. [3]Offenbart oder verwertet der Täter in den Fällen der §§ 203 und 204 das Geheimnis nach dem Tod des Betroffenen, so gelten die Sätze 1 und 2 sinngemäß. [4]In den Fällen des § 201a Absatz 1 Nummer 3 und Absatz 2 Satz 2 steht das Antragsrecht den in § 77 Absatz 2 bezeichneten Angehörigen zu.

§ 206 Verletzung des Post- oder Fernmeldegeheimnisses

(1) Wer unbefugt einer anderen Person eine Mitteilung über Tatsachen macht, die dem Post- oder Fernmeldegeheimnis unterliegen und die ihm als Inhaber oder Beschäftigtem eines Unternehmens bekanntgeworden sind, das geschäftsmäßig Post- oder Telekommunikationsdienste erbringt, wird mit Freiheitsstrafe bis zu fünf Jahren oder mit Geldstrafe bestraft.

(2) Ebenso wird bestraft, wer als Inhaber oder Beschäftigter eines in Absatz 1 bezeichneten Unternehmens unbefugt

1. eine Sendung, die einem solchen Unternehmen zur Übermittlung anvertraut worden und verschlossen ist, öffnet oder sich von ihrem Inhalt ohne Öffnung des Verschlusses unter Anwendung technischer Mittel Kenntnis verschafft,
2. eine einem solchen Unternehmen zur Übermittlung anvertraute Sendung unterdrückt oder
3. eine der in Absatz 1 oder in Nummer 1 oder 2 bezeichneten Handlungen gestattet oder fördert.

(3) Die Absätze 1 und 2 gelten auch für Personen, die
1. Aufgaben der Aufsicht über ein in Absatz 1 bezeichnetes Unternehmen wahrnehmen,
2. von einem solchen Unternehmen oder mit dessen Ermächtigung mit dem Erbringen von Post- oder Telekommunikationsdiensten betraut sind oder
3. mit der Herstellung einer dem Betrieb eines solchen Unternehmens dienenden Anlage oder mit Arbeiten daran betraut sind.

(4) Wer unbefugt einer anderen Person eine Mitteilung über Tatsachen macht, die ihm als außerhalb des Post- oder Telekommunikationsbereichs tätigem Amtsträger auf Grund eines befugten oder unbefugten Eingriffs in das Post- oder Fernmeldegeheimnis bekanntgeworden sind, wird mit Freiheitsstrafe bis zu zwei Jahren oder mit Geldstrafe bestraft.

(5) [1]Dem Postgeheimnis unterliegen die näheren Umstände des Postverkehrs bestimmter Personen sowie der Inhalt von Postsendungen. [2]Dem Fernmeldegeheimnis unterliegen der Inhalt der Telekommunikation und ihre näheren Umstände, insbesondere die Tatsache, ob jemand an einem Telekommunikationsvorgang beteiligt ist oder war. [3]Das Fernmeldegeheimnis erstreckt sich auch auf die näheren Umstände erfolgloser Verbindungsversuche.

Dreißigster Abschnitt: Straftaten im Amt

§ 348 Falschbeurkundung im Amt

(1) Ein Amtsträger, der, zur Aufnahme öffentlicher Urkunden befugt, innerhalb seiner Zuständigkeit eine rechtlich erhebliche Tatsache falsch beurkundet oder in öffentliche Register, Bücher oder Dateien falsch einträgt oder eingibt, wird mit Freiheitsstrafe bis zu fünf Jahren oder mit Geldstrafe bestraft.

(2) Der Versuch ist strafbar.

§ 353a Vertrauensbruch im auswärtigen Dienst

(1) Wer bei der Vertretung der Bundesrepublik Deutschland gegenüber einer fremden Regierung, einer Staatengemeinschaft oder einer zwischenstaatlichen Einrichtung einer amtlichen Anweisung zuwiderhandelt oder in der Absicht, die Bundesregierung irrezuleiten, unwahre Berichte tatsächlicher Art erstattet, wird mit Freiheitsstrafe bis zu fünf Jahren oder mit Geldstrafe bestraft.

(2) Die Tat wird nur mit Ermächtigung der Bundesregierung verfolgt.

§ 353b Verletzung des Dienstgeheimnisses und einer besonderen Geheimhaltungspflicht

(1) [1]Wer ein Geheimnis, das ihm als
1. Amtsträger,
2. für den öffentlichen Dienst besonders Verpflichteten,
3. Person, die Aufgaben oder Befugnisse nach dem Personalvertretungsrecht wahrnimmt oder
4. Europäischer Amtsträger,

anvertraut worden oder sonst bekanntgeworden ist, unbefugt offenbart und dadurch wichtige öffentliche Interessen gefährdet, wird mit Freiheitsstrafe bis zu fünf Jahren oder mit Geldstrafe bestraft. [2]Hat der Täter durch die Tat fahrlässig wichtige öffentliche Interessen gefährdet, so wird er mit Freiheitsstrafe bis zu einem Jahr oder mit Geldstrafe bestraft.

(2) Wer, abgesehen von den Fällen des Absatzes 1, unbefugt einen Gegenstand oder eine Nachricht, zu deren Geheimhaltung er
1. auf Grund des Beschlusses eines Gesetzgebungsorgans des Bundes oder eines Landes oder eines seiner Ausschüsse verpflichtet ist oder
2. von einer anderen amtlichen Stelle unter Hinweis auf die Strafbarkeit der Verletzung der Geheimhaltungspflicht förmlich verpflichtet worden ist,

an einen anderen gelangen läßt oder öffentlich bekanntmacht und dadurch wichtige öffentliche Interessen gefährdet, wird mit Freiheitsstrafe bis zu drei Jahren oder mit Geldstrafe bestraft.

(3) Der Versuch ist strafbar.

(3a) Beihilfehandlungen einer in § 53 Absatz 1 Satz 1 Nummer 5 der Strafprozessordnung genannten Person sind nicht rechtswidrig, wenn sie sich auf die Entgegennahme, Auswertung oder Veröffentlichung des Geheimnisses oder des Gegenstandes oder der Nachricht, zu deren Geheimhaltung eine besondere Verpflichtung besteht, beschränken.

(4) [1]Die Tat wird nur mit Ermächtigung verfolgt. [2]Die Ermächtigung wird erteilt
1. von dem Präsidenten des Gesetzgebungsorgans
   a) in den Fällen des Absatzes 1, wenn dem Täter das Geheimnis während seiner Tätigkeit bei einem oder für ein Gesetzgebungsorgan des Bundes oder eines Landes bekanntgeworden ist,
   b) in den Fällen des Absatzes 2 Nr. 1;
2. von der obersten Bundesbehörde
   a) in den Fällen des Absatzes 1, wenn dem Täter das Geheimnis während seiner Tätigkeit sonst bei einer oder für eine Behörde oder bei einer anderen amtlichen Stelle des Bundes oder für eine solche Stelle bekanntgeworden ist,
   b) in den Fällen des Absatzes 2 Nr. 2, wenn der Täter von einer amtlichen Stelle des Bundes verpflichtet worden ist;
3. von der Bundesregierung in den Fällen des Absatzes 1 Satz 1 Nummer 4, wenn dem Täter das Geheimnis während seiner Tätigkeit bei einer Dienststelle der Europäischen Union bekannt geworden ist;
4. von der obersten Landesbehörde in allen übrigen Fällen der Absätze 1 und 2 Nr. 2.

[3]In den Fällen des Satzes 2 Nummer 3 wird die Tat nur verfolgt, wenn zudem ein Strafverlangen der Dienststelle vorliegt.

§ 353c (weggefallen)

§ 353d Verbotene Mitteilungen über Gerichtsverhandlungen

Mit Freiheitsstrafe bis zu einem Jahr oder mit Geldstrafe wird bestraft, wer

1. entgegen einem gesetzlichen Verbot über eine Gerichtsverhandlung, bei der die Öffentlichkeit ausgeschlossen war, oder über den Inhalt eines die Sache betreffenden amtlichen Dokuments öffentlich eine Mitteilung macht,
2. entgegen einer vom Gericht auf Grund eines Gesetzes auferlegten Schweigepflicht Tatsachen unbefugt offenbart, die durch eine nichtöffentliche Gerichtsverhandlung oder durch ein die Sache betreffendes amtliches Dokument zu seiner Kenntnis gelangt sind, oder
3. die Anklageschrift oder andere amtliche Dokumente eines Strafverfahrens, eines Bußgeldverfahrens oder eines Disziplinarverfahrens, ganz oder in wesentlichen Teilen, im Wortlaut öffentlich mitteilt, bevor sie in öffentlicher Verhandlung erörtert worden sind oder das Verfahren abgeschlossen ist.

§ 354 (weggefallen)

§ 355 Verletzung des Steuergeheimnisses

(1) [1]Wer unbefugt

1. personenbezogene Daten eines anderen, die ihm als Amtsträger
   a) in einem Verwaltungsverfahren, einem Rechnungsprüfungsverfahren oder einem gerichtlichen Verfahren in Steuersachen,
   b) in einem Strafverfahren wegen einer Steuerstraftat oder in einem Bußgeldverfahren wegen einer Steuerordnungswidrigkeit,
   c) im Rahmen einer Weiterverarbeitung nach § 29c Absatz 1 Satz 1 Nummer 4, 5 oder 6 der Abgabenordnung oder aus anderem dienstlichen Anlass, insbesondere durch Mitteilung einer Finanzbehörde oder durch die gesetzlich vorgeschriebene Vorlage eines Steuerbescheids oder einer Bescheinigung über die bei der Besteuerung getroffenen Feststellungen

   bekannt geworden sind, oder
2. ein fremdes Betriebs- oder Geschäftsgeheimnis, das ihm als Amtsträger in einem der in Nummer 1 genannten Verfahren bekannt geworden ist,

offenbart oder verwertet, wird mit Freiheitsstrafe bis zu zwei Jahren oder mit Geldstrafe bestraft. [2]Personenbezogene Daten eines anderen oder fremde Betriebs- oder Geschäftsgeheimnisse sind dem Täter auch dann als Amtsträger in einem in Satz 1 Nummer 1 genannten Verfahren bekannt geworden, wenn sie sich aus Daten ergeben, zu denen er Zugang hatte und die er unbefugt abgerufen hat. [3]Informationen, die sich auf identifizierte oder identifizierbare verstorbene natürliche Personen oder Körperschaften, rechtsfähige oder nicht rechtsfähige Personenvereinigungen oder Vermögensmassen beziehen, stehen personenbezogenen Daten eines anderen gleich.

(2) Den Amtsträgern im Sinne des Absatzes 1 stehen gleich

1. die für den öffentlichen Dienst besonders Verpflichteten,
2. amtlich zugezogene Sachverständige und
3. die Träger von Ämtern der Kirchen und anderen Religionsgesellschaften des öffentlichen Rechts.

(3) [1]Die Tat wird nur auf Antrag des Dienstvorgesetzten oder des Verletzten verfolgt. [2]Bei Taten amtlich zugezogener Sachverständiger ist der Leiter der Behörde, deren Verfahren betroffen ist, neben dem Verletzten antragsberechtigt.

§ 356 Parteiverrat

(1) Ein Anwalt oder ein anderer Rechtsbeistand, welcher bei den ihm in dieser Eigenschaft anvertrauten Angelegenheiten in derselben Rechtssache beiden Parteien durch Rat oder Beistand pflichtwidrig dient, wird mit Freiheitsstrafe von drei Monaten bis zu fünf Jahren bestraft.

(2) Handelt derselbe im Einverständnis mit der Gegenpartei zum Nachteil seiner Partei, so tritt Freiheitsstrafe von einem Jahr bis zu fünf Jahren ein.

Strafprozessordnung (StPO)

Rechtsstand: Januar 2024. Letzte Änderung: 01.01.2024 (BGBl. I S. 2652).

Erstes Buch: Allgemeine Vorschriften

Siebter Abschnitt: Sachverständige und Augenschein

§ 81f Verfahren bei der molekulargenetischen Untersuchung

(1) [1]Untersuchungen nach § 81e Abs. 1 dürfen ohne schriftliche Einwilligung der betroffenen Person nur durch das Gericht, bei Gefahr im Verzug auch durch die Staatsanwaltschaft und ihre Ermittlungspersonen (§ 152 des Gerichtsverfassungsgesetzes) angeordnet werden. [2]Die einwilligende Person ist darüber zu belehren, für welchen Zweck die zu erhebenden Daten verwendet werden.

(2) [1]Mit der Untersuchung nach § 81e sind in der schriftlichen Anordnung Sachverständige zu beauftragen, die öffentlich bestellt oder nach dem Verpflichtungsgesetz verpflichtet oder Amtsträger sind, die der ermittlungsführenden Behörde nicht angehören oder einer Organisationseinheit dieser Behörde angehören, die von der ermittlungsführenden Dienststelle organisatorisch und sachlich getrennt ist. [2]Diese haben durch technische und organisatorische Maßnahmen zu gewährleisten, daß unzulässige molekulargenetische Untersuchungen und unbefugte Kenntnisnahme Dritter ausgeschlossen sind. [3]Dem Sachverständigen ist das Untersuchungsmaterial ohne Mitteilung des Namens, der Anschrift und des Geburtstages und -monats der betroffenen Person zu übergeben. [4]Ist der Sachverständige eine nichtöffentliche Stelle, finden die Vorschriften der Verordnung (EU) 2016/679 des Europäischen Parlaments und des Rates vom 27. April 2016 zum Schutz natürlicher Personen bei der Verarbeitung personenbezogener Daten, zum freien Datenverkehr und zur Aufhebung der Richtlinie 95/46/EG (Datenschutz-Grundverordnung) (ABl. L 119 vom 4.5.2016, S. 1; L 314 vom 22.11.2016, S. 72; L 127 vom 23.5.2018, S. 2) und des Bundesdatenschutzgesetzes auch dann Anwendung, wenn die personenbezogenen Daten nicht automatisiert verarbeitet und die Daten nicht in einem Dateisystem gespeichert sind oder gespeichert werden sollen.

§ 81g DNA-Identitätsfeststellung

(1) [1]Ist der Beschuldigte einer Straftat von erheblicher Bedeutung oder einer Straftat gegen die sexuelle Selbstbestimmung verdächtig, dürfen ihm zur Identitätsfeststellung in künftigen Strafverfahren Körperzellen entnommen und zur Feststellung des DNA-Identifizierungsmusters sowie des Geschlechts molekulargenetisch untersucht werden, wenn wegen der Art oder Ausführung der Tat, der Persönlichkeit des Beschuldigten oder sonstiger Erkenntnisse Grund zu der Annahme besteht, dass gegen ihn künftig Strafverfahren wegen einer Straftat von erheblicher Bedeutung zu führen sind. [2]Die wiederholte Begehung sonstiger Straftaten kann im Unrechtsgehalt einer Straftat von erheblicher Bedeutung gleichstehen.

(2) [1]Die entnommenen Körperzellen dürfen nur für die in Absatz 1 genannte molekulargenetische Untersuchung verwendet werden; sie sind unverzüglich zu vernichten, sobald sie hierfür nicht mehr erforderlich sind. [2]Bei der Untersuchung dürfen andere Feststellungen als diejenigen, die zur Ermittlung des DNA-Identifizierungsmusters sowie des Geschlechts erforderlich sind, nicht getroffen werden; hierauf gerichtete Untersuchungen sind unzulässig.

(3) [1]Die Entnahme der Körperzellen darf ohne schriftliche Einwilligung des Beschuldigten nur durch das Gericht, bei Gefahr im Verzug auch durch die Staatsanwaltschaft und ihre Ermittlungspersonen (§ 152 des Gerichtsverfassungsgesetzes) angeordnet werden. [2]Die molekulargenetische Untersuchung der Körperzellen darf ohne schriftliche Einwilligung des Beschuldigten nur durch das Gericht angeordnet werden. [3]Die einwilligende Person ist darüber zu belehren, für welchen Zweck die zu erhebenden Daten verwendet werden. [4]§ 81f Abs. 2 gilt entsprechend. [5]In der schriftlichen Begründung des Gerichts sind einzelfallbezogen darzulegen

1. die für die Beurteilung der Erheblichkeit der Straftat bestimmenden Tatsachen,
2. die Erkenntnisse, auf Grund derer Grund zu der Annahme besteht, dass gegen den Beschuldigten künftig Strafverfahren zu führen sein werden, sowie
3. die Abwägung der jeweils maßgeblichen Umstände.

(4) Die Absätze 1 bis 3 gelten entsprechend, wenn die betroffene Person wegen der Tat rechtskräftig verurteilt oder nur wegen

1. erwiesener oder nicht auszuschließender Schuldunfähigkeit,
2. auf Geisteskrankheit beruhender Verhandlungsunfähigkeit oder
3. fehlender oder nicht auszuschließender fehlender Verantwortlichkeit (§ 3 des Jugendgerichtsgesetzes)

nicht verurteilt worden ist und die entsprechende Eintragung im Bundeszentralregister oder Erziehungsregister noch nicht getilgt ist.

(5) [1]Die erhobenen Daten dürfen beim Bundeskriminalamt gespeichert und nach Maßgabe des Bundeskriminalamtgesetzes verwendet werden. [2]Das Gleiche gilt

1. unter den in Absatz 1 genannten Voraussetzungen für die nach § 81e Abs. 1 erhobenen Daten eines Beschuldigten sowie
2. für die nach § 81e Abs. 2 Satz 1 erhobenen Daten.

[3]Die Daten dürfen nur für Zwecke eines Strafverfahrens, der Gefahrenabwehr und der internationalen Rechtshilfe hierfür übermittelt werden. [4]Im Fall des Satzes 2 Nr. 1 ist der Beschuldigte unverzüglich von der Speicherung zu benachrichtigen und darauf hinzuweisen, dass er die gerichtliche Entscheidung beantragen kann.

§ 81h DNA-Reihenuntersuchung

(1) Begründen bestimmte Tatsachen den Verdacht, dass ein Verbrechen gegen das Leben, die körperliche Unversehrtheit, die persönliche Freiheit oder die sexuelle Selbstbestimmung begangen worden ist, dürfen Personen, die bestimmte, auf den Täter vermutlich zutreffende Prüfungsmerkmale erfüllen, mit ihrer schriftlichen Einwilligung

1. Körperzellen entnommen,
2. diese zur Feststellung des DNA-Identifizierungsmusters und des Geschlechts molekulargenetisch untersucht und
3. die festgestellten DNA-Identifizierungsmuster mit den DNA-Identifizierungsmustern von Spurenmaterial automatisiert abgeglichen werden,

soweit dies zur Feststellung erforderlich ist, ob das Spurenmaterial von diesen Personen oder von ihren Verwandten in gerader Linie oder in der Seitenlinie bis zum dritten Grad stammt, und die Maßnahme insbesondere im Hinblick auf die Anzahl der von ihr betroffenen Personen nicht außer Verhältnis zur Schwere der Tat steht.

(2) [1]Eine Maßnahme nach Absatz 1 bedarf der gerichtlichen Anordnung. [2]Diese ergeht schriftlich. [3]Sie muss die betroffenen Personen anhand bestimmter Prüfungsmerkmale bezeichnen und ist zu begründen. [4]Einer vorherigen Anhörung der betroffenen Personen bedarf es nicht. [5]Die Entscheidung, mit der die Maßnahme angeordnet wird, ist nicht anfechtbar.

(3) [1]Für die Durchführung der Maßnahme gilt § 81f Absatz 2 entsprechend. [2]Die entnommenen Körperzellen sind unverzüglich zu vernichten, sobald sie für die Untersuchung nach Absatz 1 nicht mehr benötigt werden. [3]Soweit die Aufzeichnungen über die durch die Maßnahme festgestellten DNA-Identifizierungsmuster zur Erforschung des Sachverhalts nicht mehr erforderlich sind, sind sie unverzüglich zu löschen. [4]Die Vernichtung und die Löschung sind zu dokumentieren.

(4) [1]Die betroffenen Personen sind schriftlich darüber zu belehren, dass die Maßnahme nur mit ihrer Einwilligung durchgeführt werden darf. [2]Vor Erteilung der Einwilligung sind sie schriftlich auch darauf hinzuweisen, dass

1. die entnommenen Körperzellen ausschließlich zur Feststellung des DNA-Identifizierungsmusters, der Abstammung und des Geschlechts untersucht werden und dass sie unverzüglich vernichtet werden, sobald sie hierfür nicht mehr erforderlich sind,
2. das Untersuchungsergebnis mit den DNA-Identifizierungsmustern von Spurenmaterial automatisiert daraufhin abgeglichen wird, ob das Spurenmaterial von ihnen oder von ihren Verwandten in gerader Linie oder in der Seitenlinie bis zum dritten Grad stammt,
3. das Ergebnis des Abgleichs zu Lasten der betroffenen Person oder mit ihr in gerader Linie oder in der Seitenlinie bis zum dritten Grad verwandter Personen verwertet werden darf und
4. die festgestellten DNA-Identifizierungsmuster nicht zur Identitätsfeststellung in künftigen Strafverfahren beim Bundeskriminalamt gespeichert werden.

Achter Abschnitt: Ermittlungsmaßnahmen

§ 94 Sicherstellung und Beschlagnahme von Gegenständen zu Beweiszwecken

(1) Gegenstände, die als Beweismittel für die Untersuchung von Bedeutung sein können, sind in Verwahrung zu nehmen oder in anderer Weise sicherzustellen.

(2) Befinden sich die Gegenstände in dem Gewahrsam einer Person und werden sie nicht freiwillig herausgegeben, so bedarf es der Beschlagnahme.

(3) Die Absätze 1 und 2 gelten auch für Führerscheine, die der Einziehung unterliegen.

(4) Die Herausgabe beweglicher Sachen richtet sich nach den §§ 111n und 111o.

§ 97 Beschlagnahmeverbot

(1) Der Beschlagnahme unterliegen nicht

1. schriftliche Mitteilungen zwischen dem Beschuldigten und den Personen, die nach § 52 oder § 53 Abs. 1 Satz 1 Nr. 1 bis 3b das Zeugnis verweigern dürfen;
2. Aufzeichnungen, welche die in § 53 Abs. 1 Satz 1 Nr. 1 bis 3b Genannten über die ihnen vom Beschuldigten anvertrauten Mitteilungen oder über andere Umstände gemacht haben, auf die sich das Zeugnisverweigerungsrecht erstreckt;
3. andere Gegenstände einschließlich der ärztlichen Untersuchungsbefunde, auf die sich das Zeugnisverweigerungsrecht der in § 53 Abs. 1 Satz 1 Nr. 1 bis 3b Genannten erstreckt.

(2) [1]Diese Beschränkungen gelten nur, wenn die Gegenstände im Gewahrsam der zur Verweigerung des Zeugnisses Berechtigten sind, es sei denn, es handelt sich um eine elektronische Gesundheitskarte im Sinne des § 291a des Fünften Buches Sozialgesetzbuch. [2]Die Beschränkungen der Beschlagnahme gelten nicht, wenn bestimmte Tatsachen den Verdacht begründen, dass die zeugnisverweigerungsberechtigte Person an der Tat oder an einer Datenhehlerei, Begünstigung, Strafvereitelung oder Hehlerei beteiligt ist, oder wenn es sich um Gegenstände handelt, die durch eine Straftat hervorgebracht oder zur Begehung einer Straftat gebraucht oder bestimmt sind oder die aus einer Straftat herrühren.

(3) Die Absätze 1 und 2 sind entsprechend anzuwenden, soweit die Personen, die nach § 53a Absatz 1 Satz 1 an der beruflichen Tätigkeit der in § 53 Absatz 1 Satz 1 Nummer 1 bis 3b genannten Personen mitwirken, das Zeugnis verweigern dürfen.

(4) [1]Soweit das Zeugnisverweigerungsrecht der in § 53 Abs. 1 Satz 1 Nr. 4 genannten Personen reicht, ist die Beschlagnahme von Gegenständen unzulässig. [2]Dieser Beschlagnahmeschutz erstreckt sich auch auf Gegenstände, die von den in § 53 Abs. 1 Satz 1 Nr. 4 genannten Personen den an ihrer Berufstätigkeit nach § 53a Absatz 1 Satz 1 mitwirkenden Personen anvertraut sind. [3]Satz

1 gilt entsprechend, soweit die Personen, die nach § 53a Absatz 1 Satz 1 an der beruflichen Tätigkeit der in § 53 Absatz 1 Satz 1 Nummer 4 genannten Personen mitwirken, das Zeugnis verweigern dürften.

(5) [1]Soweit das Zeugnisverweigerungsrecht der in § 53 Abs. 1 Satz 1 Nr. 5 genannten Personen reicht, ist die Beschlagnahme von Verkörperungen eines Inhalts (§ 11 Absatz 3 des Strafgesetzbuches), die sich im Gewahrsam dieser Personen oder der Redaktion, des Verlages, der Druckerei oder der Rundfunkanstalt befinden, unzulässig. [2]Absatz 2 Satz 2 und § 160a Abs. 4 Satz 2 gelten entsprechend, die Beteiligungsregelung in Absatz 2 Satz 2 jedoch nur dann, wenn die bestimmten Tatsachen einen dringenden Verdacht der Beteiligung begründen; die Beschlagnahme ist jedoch auch in diesen Fällen nur zulässig, wenn sie unter Berücksichtigung der Grundrechte aus Artikel 5 Abs. 1 Satz 2 des Grundgesetzes nicht außer Verhältnis zur Bedeutung der Sache steht und die Erforschung des Sachverhaltes oder die Ermittlung des Aufenthaltsortes des Täters auf andere Weise aussichtslos oder wesentlich erschwert wäre.

§ 98 Verfahren bei der Beschlagnahme

(1) [1]Beschlagnahmen dürfen nur durch das Gericht, bei Gefahr im Verzug auch durch die Staatsanwaltschaft und ihre Ermittlungspersonen (§ 152 des Gerichtsverfassungsgesetzes) angeordnet werden. [2]Die Beschlagnahme nach § 97 Abs. 5 Satz 2 in den Räumen einer Redaktion, eines Verlages, einer Druckerei oder einer Rundfunkanstalt darf nur durch das Gericht angeordnet werden.

(2) [1]Der Beamte, der einen Gegenstand ohne gerichtliche Anordnung beschlagnahmt hat, soll binnen drei Tagen die gerichtliche Bestätigung beantragen, wenn bei der Beschlagnahme weder der davon Betroffene noch ein erwachsener Angehöriger anwesend war oder wenn der Betroffene und im Falle seiner Abwesenheit ein erwachsener Angehöriger des Betroffenen gegen die Beschlagnahme ausdrücklichen Widerspruch erhoben hat. [2]Der Betroffene kann jederzeit die gerichtliche Entscheidung beantragen. [3]Die Zuständigkeit des Gerichts bestimmt sich nach § 162. [4]Der Betroffene kann den Antrag auch bei dem Amtsgericht einreichen, in dessen Bezirk die Beschlagnahme stattgefunden hat; dieses leitet den Antrag dem zuständigen Gericht zu. [5]Der Betroffene ist über seine Rechte zu belehren.

(3) Ist nach erhobener öffentlicher Klage die Beschlagnahme durch die Staatsanwaltschaft oder eine ihrer Ermittlungspersonen erfolgt, so ist binnen drei Tagen dem Gericht von der Beschlagnahme Anzeige zu machen; die beschlagnahmten Gegenstände sind ihm zur Verfügung zu stellen.

(4) [1]Wird eine Beschlagnahme in einem Dienstgebäude oder einer nicht allgemein zugänglichen Einrichtung oder Anlage der Bundeswehr erforderlich, so wird die vorgesetzte Dienststelle der Bundeswehr um ihre Durchführung ersucht. [2]Die ersuchende Stelle ist zur Mitwirkung berechtigt. [3]Des Ersuchens bedarf es nicht, wenn die Beschlagnahme in Räumen vorzunehmen ist, die ausschließlich von anderen Personen als Soldaten bewohnt werden.

§ 98a Rasterfahndung

(1) [1]Liegen zureichende tatsächliche Anhaltspunkte dafür vor, daß eine Straftat von erheblicher Bedeutung

1. auf dem Gebiet des unerlaubten Betäubungsmittel- oder Waffenverkehrs, der Geld- oder Wertzeichenfälschung,
2. auf dem Gebiet des Staatsschutzes (§§ 74a, 120 des Gerichtsverfassungsgesetzes),
3. auf dem Gebiet der gemeingefährlichen Straftaten,
4. gegen Leib oder Leben, die sexuelle Selbstbestimmung oder die persönliche Freiheit,
5. gewerbs- oder gewohnheitsmäßig oder
6. von einem Bandenmitglied oder in anderer Weise organisiert

begangen worden ist, so dürfen, unbeschadet §§ 94, 110, 161, personenbezogene Daten von Personen, die bestimmte, auf den Täter vermutlich zutreffende Prüfungsmerkmale erfüllen, mit anderen Daten maschinell abgeglichen werden, um Nichtverdächtige auszuschließen oder Personen festzustellen, die weitere für die Ermittlungen bedeutsame Prüfungsmerkmale erfüllen. [2]Die Maßnahme darf nur angeordnet werden, wenn die Erforschung des Sachverhalts oder die Ermittlung des Aufenthaltsortes des Täters auf andere Weise erheblich weniger erfolgversprechend oder wesentlich erschwert wäre.

(2) Zu dem in Absatz 1 bezeichneten Zweck hat die speichernde Stelle die für den Abgleich erforderlichen Daten aus den Datenbeständen auszusondern und den Strafverfolgungsbehörden zu übermitteln.

(3) [1]Soweit die zu übermittelnden Daten von anderen Daten nur mit unverhältnismäßigem Aufwand getrennt werden können, sind auf Anordnung auch die anderen Daten zu übermitteln. [2]Ihre Nutzung ist nicht zulässig.

(4) Auf Anforderung der Staatsanwaltschaft hat die speichernde Stelle die Stelle, die den Abgleich durchführt, zu unterstützen.

(5) § 95 Abs. 2 gilt entsprechend.

§ 98b Verfahren bei der Rasterfahndung

(1) [1]Der Abgleich und die Übermittlung der Daten dürfen nur durch das Gericht, bei Gefahr im Verzug auch durch die Staatsanwaltschaft angeordnet werden. [2]Hat die Staatsanwaltschaft die Anordnung getroffen, so beantragt sie unverzüglich die gerichtliche Bestätigung. [3]Die Anordnung tritt außer Kraft, wenn sie nicht binnen drei Werktagen vom Gericht bestätigt wird. [4]Die Anordnung ergeht schriftlich. [5]Sie muß den zur Übermittlung Verpflichteten bezeichnen und ist auf die Daten und Prüfungsmerkmale zu beschränken, die für den Einzelfall benötigt werden. [6]Die Übermittlung von Daten, deren Verwendung besondere bundesgesetzliche oder entsprechende landesgesetzliche Verwendungsregelungen entgegenstehen, darf nicht angeordnet werden. [7]Die §§ 96, 97, 98 Abs. 1 Satz 2 gelten entsprechend.

(2) Ordnungs- und Zwangsmittel (§ 95 Abs. 2) dürfen nur durch das Gericht, bei Gefahr im Verzug auch durch die Staatsanwaltschaft angeordnet werden; die Festsetzung von Haft bleibt dem Gericht vorbehalten.

(3) [1]Sind die Daten auf Datenträgern übermittelt worden, so sind diese nach Beendigung des Abgleichs unverzüglich zurückzugeben. [2]Personenbezogene Daten, die auf andere Datenträger übertragen wurden, sind unverzüglich zu löschen, sobald sie für das Strafverfahren nicht mehr benötigt werden.

(4) Nach Beendigung einer Maßnahme nach § 98a ist die Stelle zu unterrichten, die für die Kontrolle der Einhaltung der Vorschriften über den Datenschutz bei öffentlichen Stellen zuständig ist.

§ 98c Maschineller Abgleich mit vorhandenen Daten

[1]Zur Aufklärung einer Straftat oder zur Ermittlung des Aufenthaltsortes einer Person, nach der für Zwecke eines Strafverfahrens gefahndet wird, dürfen personenbezogene Daten aus einem Strafverfahren mit anderen zur Strafverfolgung oder Strafvollstreckung oder zur Gefahrenabwehr gespeicherten Daten maschinell abgeglichen werden. [2]Entgegenstehende besondere bundesgesetzliche oder entsprechende landesgesetzliche Verwendungsregelungen bleiben unberührt.

§ 99 Postbeschlagnahme und Auskunftsverlangen

(1) [1]Zulässig ist die Beschlagnahme der an den Beschuldigten gerichteten Postsendungen und Telegramme, die sich im Gewahrsam von Personen oder Unternehmen befinden, die geschäftsmäßig Post- oder Telekommunikationsdienste erbringen oder daran mitwirken. [2]Ebenso ist eine Beschlagnahme von Postsendungen und Telegrammen zulässig, bei denen aus vorliegenden Tatsachen zu schließen ist, daß sie von dem Beschuldigten herrühren oder für ihn bestimmt sind und daß ihr Inhalt für die Untersuchung Bedeutung hat.

(2) [1]Unter den Voraussetzungen des Absatzes 1 ist es auch zulässig, von Personen oder Unternehmen, die geschäftsmäßig Postdienste erbringen oder daran mitwirken, Auskunft über Postsendungen zu verlangen, die an den Beschuldigten gerichtet sind, von ihm herrühren oder für ihn bestimmt sind. [2]Die Auskunft umfasst ausschließlich die aufgrund von Rechtsvorschriften außerhalb des Strafrechts erhobenen Daten, sofern sie Folgendes betreffen:

1. Namen und Anschriften von Absendern, Empfängern und, soweit abweichend, von denjenigen Personen, welche die jeweilige Postsendung eingeliefert oder entgegengenommen haben,
2. Art des in Anspruch genommenen Postdienstes,
3. Maße und Gewicht der jeweiligen Postsendung,
4. die vom Postdienstleister zugeteilte Sendungsnummer der jeweiligen Postsendung sowie, sofern der Empfänger eine Abholstation mit Selbstbedienungs-Schließfächern nutzt, dessen persönliche Postnummer,
5. Zeit- und Ortsangaben zum jeweiligen Postsendungsverlauf sowie
6. Bildaufnahmen von der Postsendung, die zu Zwecken der Erbringung der Postdienstleistung erstellt wurden.

[3]Auskunft über den Inhalt der Postsendung darf darüber hinaus nur verlangt werden, wenn die in Satz 1 bezeichneten Personen oder Unternehmen davon auf rechtmäßige Weise Kenntnis erlangt haben. [4]Auskunft nach den Sätzen 2 und 3 müssen sie auch über solche Postsendungen erteilen, die sich noch nicht oder nicht mehr in ihrem Gewahrsam befinden.

§ 100 Verfahren bei der Postbeschlagnahme und Auskunftsverlangen

(1) Zur Anordnung der Maßnahmen nach § 99 ist nur das Gericht, bei Gefahr im Verzug auch die Staatsanwaltschaft befugt.

(2) Anordnungen der Staatsanwaltschaft nach Absatz 1 treten, auch wenn sie eine Auslieferung nach § 99 Absatz 1 oder eine Auskunftserteilung nach § 99 Absatz 2 noch nicht zur Folge gehabt haben, außer Kraft, wenn sie nicht binnen drei Werktagen gerichtlich bestätigt werden.

(3) [1]Die Öffnung der ausgelieferten Postsendungen steht dem Gericht zu. [2]Es kann diese Befugnis der Staatsanwaltschaft übertragen, soweit dies erforderlich ist, um den Untersuchungserfolg nicht durch Verzögerung zu gefährden. [3]Die Übertragung ist nicht anfechtbar; sie kann jederzeit widerrufen werden. [4]Solange eine Anordnung nach Satz 2 nicht ergangen ist, legt die Staatsanwaltschaft die ihr ausgelieferten Postsendungen sofort, und zwar verschlossene Postsendungen ungeöffnet, dem Gericht vor.

(4) [1]Über eine von der Staatsanwaltschaft verfügte Maßnahme nach § 99 entscheidet das nach § 98 zuständige Gericht. [2]Über die Öffnung einer ausgelieferten Postsendung entscheidet das Gericht, das die Beschlagnahme angeordnet oder bestätigt hat.

(5) [1]Postsendungen, deren Öffnung nicht angeordnet worden ist, sind unverzüglich an den vorgesehenen Empfänger weiterzuleiten. [2]Dasselbe gilt, soweit nach der Öffnung die Zurückbehaltung nicht erforderlich ist.

(6) Der Teil einer zurückbehaltenen Postsendung, dessen Vorenthaltung nicht mit Rücksicht auf die Untersuchung geboten erscheint, ist dem vorgesehenen Empfänger abschriftlich mitzuteilen.

§ 100a Telekommunikationsüberwachung

(1) [1]Auch ohne Wissen der Betroffenen darf die Telekommunikation überwacht und aufgezeichnet werden, wenn

1. bestimmte Tatsachen den Verdacht begründen, dass jemand als Täter oder Teilnehmer eine in Absatz 2 bezeichnete schwere Straftat begangen, in Fällen, in denen der Versuch strafbar ist, zu begehen versucht, oder durch eine Straftat vorbereitet hat,
2. die Tat auch im Einzelfall schwer wiegt und
3. die Erforschung des Sachverhalts oder die Ermittlung des Aufenthaltsortes des Beschuldigten auf andere Weise wesentlich erschwert oder aussichtslos wäre.

[2]Die Überwachung und Aufzeichnung der Telekommunikation darf auch in der Weise erfolgen, dass mit technischen Mitteln in

von dem Betroffenen genutzte informationstechnische Systeme eingegriffen wird, wenn dies notwendig ist, um die Überwachung und Aufzeichnung insbesondere in unverschlüsselter Form zu ermöglichen. [3]Auf dem informationstechnischen System des Betroffenen gespeicherte Inhalte und Umstände der Kommunikation dürfen überwacht und aufgezeichnet werden, wenn sie auch während des laufenden Übertragungsvorgangs im öffentlichen Telekommunikationsnetz in verschlüsselter Form hätten überwacht und aufgezeichnet werden können.

(2) Schwere Straftaten im Sinne des Absatzes 1 Nr. 1 sind:

1. aus dem Strafgesetzbuch:
   a) Straftaten des Friedensverrats, des Hochverrats und der Gefährdung des demokratischen Rechtsstaates sowie des Landesverrats und der Gefährdung der äußeren Sicherheit nach den §§ 80a bis 82, 84 bis 86, 87 bis 89a, 89c Absatz 1 bis 4, 94 bis 100a,
   b) Bestechlichkeit und Bestechung von Mandatsträgern nach § 108e,
   c) Straftaten gegen die Landesverteidigung nach den §§ 109d bis 109h,
   d) Straftaten gegen die öffentliche Ordnung nach § 127 Absatz 3 und 4 sowie den §§ 129 bis 130,
   e) Geld- und Wertzeichenfälschung nach den §§ 146 und 151, jeweils auch in Verbindung mit § 152, sowie nach § 152a Abs. 3 und § 152b Abs. 1 bis 4,
   f) Straftaten gegen die sexuelle Selbstbestimmung in den Fällen der §§ 176, 176c, 176d und, unter den in § 177 Absatz 6 Satz 2 Nummer 2 genannten Voraussetzungen, des § 177,
   g) Verbreitung, Erwerb und Besitz kinder- und jugendpornographischer Inhalte nach § 184b, § 184c Absatz 2,
   h) Mord und Totschlag nach den §§ 211 und 212,
   i) Straftaten gegen die persönliche Freiheit nach den §§ 232, 232a Absatz 1 bis 5, den §§ 232b, 233 Absatz 2, den §§ 233a, 234, 234a, 239a und 239b,
   j) Bandendiebstahl nach § 244 Abs. 1 Nr. 2, Wohnungseinbruchdiebstahl nach § 244 Absatz 4 und schwerer Bandendiebstahl nach § 244a,
   k) Straftaten des Raubes und der Erpressung nach den §§ 249 bis 255,
   l) gewerbsmäßige Hehlerei, Bandenhehlerei und gewerbsmäßige Bandenhehlerei nach den §§ 260 und 260a,
   m) Geldwäsche nach § 261, wenn die Vortat eine der in den Nummern 1 bis 11 genannten schweren Straftaten ist,
   n) Betrug und Computerbetrug unter den in § 263 Abs. 3 Satz 2 genannten Voraussetzungen und im Falle des § 263 Abs. 5, jeweils auch in Verbindung mit § 263a Abs. 2,
   o) Subventionsbetrug unter den in § 264 Abs. 2 Satz 2 genannten Voraussetzungen und im Falle des § 264 Abs. 3 in Verbindung mit § 263 Abs. 5,
   p) Sportwettbetrug und Manipulation von berufssportlichen Wettbewerben unter den in § 265e Satz 2 genannten Voraussetzungen,
   q) Vorenthalten und Veruntreuen von Arbeitsentgelt unter den in § 266a Absatz 4 Satz 2 Nummer 4 genannten Voraussetzungen,
   r) Straftaten der Urkundenfälschung unter den in § 267 Abs. 3 Satz 2 genannten Voraussetzungen und im Fall des § 267 Abs. 4, jeweils auch in Verbindung mit § 268 Abs. 5 oder § 269 Abs. 3, sowie nach § 275 Abs. 2 und § 276 Abs. 2,
   s) Bankrott unter den in § 283a Satz 2 genannten Voraussetzungen,
   t) Straftaten gegen den Wettbewerb nach § 298 und, unter den in § 300 Satz 2 genannten Voraussetzungen, nach § 299,
   u) gemeingefährliche Straftaten in den Fällen der §§ 306 bis 306c, 307 Abs. 1 bis 3, des § 308 Abs. 1 bis 3, des § 309 Abs. 1 bis 4, des § 310 Abs. 1, der §§ 313, 314, 315 Abs. 3, des § 315b Abs. 3 sowie der §§ 316a und 316c,
   v) Bestechlichkeit und Bestechung nach den §§ 332 und 334,
2. aus der Abgabenordnung:
   a) Steuerhinterziehung unter den in § 370 Absatz 3 Satz 2 Nummer 1 genannten Voraussetzungen, sofern der Täter als Mitglied einer Bande, die sich zur fortgesetzten Begehung von Taten nach § 370 Absatz 1 verbunden hat, handelt, oder unter den in § 370 Absatz 3 Satz 2 Nummer 5 genannten Voraussetzungen,
   b) gewerbsmäßiger, gewaltsamer und bandenmäßiger Schmuggel nach § 373,
   c) Steuerhehlerei im Falle des § 374 Abs. 2,
3. aus dem Anti-Doping-Gesetz:
   Straftaten nach § 4 Absatz 4 Nummer 2 Buchstabe b,
4. aus dem Asylgesetz:
   a) Verleitung zur missbräuchlichen Asylantragstellung nach § 84 Abs. 3,
   b) gewerbs- und bandenmäßige Verleitung zur missbräuchlichen Asylantragstellung nach § 84a,
5. aus dem Aufenthaltsgesetz:
   a) Einschleusen von Ausländern nach § 96 Abs. 2,
   b) Einschleusen mit Todesfolge und gewerbs- und bandenmäßiges Einschleusen nach § 97,

5a. aus dem Ausgangsstoffgesetz:
   Straftaten nach § 13 Absatz 3,

6. aus dem Außenwirtschaftsgesetz:
   vorsätzliche Straftaten nach den §§ 17 und 18 des Außenwirtschaftsgesetzes,
7. aus dem Betäubungsmittelgesetz:

a) Straftaten nach einer in § 29 Abs. 3 Satz 2 Nr. 1 in Bezug genommenen Vorschrift unter den dort genannten Voraussetzungen,
b) Straftaten nach den §§ 29a, 30 Abs. 1 Nr. 1, 2 und 4 sowie den §§ 30a und 30b,

8. aus dem Grundstoffüberwachungsgesetz:
Straftaten nach § 19 Abs. 1 unter den in § 19 Abs. 3 Satz 2 genannten Voraussetzungen,
9. aus dem Gesetz über die Kontrolle von Kriegswaffen:
a) Straftaten nach § 19 Abs. 1 bis 3 und § 20 Abs. 1 und 2 sowie § 20a Abs. 1 bis 3, jeweils auch in Verbindung mit § 21,
b) Straftaten nach § 22a Abs. 1 bis 3,

9a. aus dem Neue-psychoaktive-Stoffe-Gesetz:
Straftaten nach § 4 Absatz 3 Nummer 1 Buchstabe a,
10. aus dem Völkerstrafgesetzbuch:
a) Völkermord nach § 6,
b) Verbrechen gegen die Menschlichkeit nach § 7,
c) Kriegsverbrechen nach den §§ 8 bis 12,
d) Verbrechen der Aggression nach § 13,

11. aus dem Waffengesetz:
a) Straftaten nach § 51 Abs. 1 bis 3,
b) Straftaten nach § 52 Abs. 1 Nr. 1 und 2 Buchstabe c und d sowie Abs. 5 und 6.

(3) Die Anordnung darf sich nur gegen den Beschuldigten oder gegen Personen richten, von denen auf Grund bestimmter Tatsachen anzunehmen ist, dass sie für den Beschuldigten bestimmte oder von ihm herrührende Mitteilungen entgegennehmen oder weitergeben oder dass der Beschuldigte ihren Anschluss oder ihr informationstechnisches System benutzt.

(4) [1]Auf Grund der Anordnung einer Überwachung und Aufzeichnung der Telekommunikation hat jeder, der Telekommunikationsdienste erbringt oder daran mitwirkt, dem Gericht, der Staatsanwaltschaft und ihren im Polizeidienst tätigen Ermittlungspersonen (§ 152 des Gerichtsverfassungsgesetzes) diese Maßnahmen zu ermöglichen und die erforderlichen Auskünfte unverzüglich zu erteilen. [2]Ob und in welchem Umfang hierfür Vorkehrungen zu treffen sind, bestimmt sich nach dem Telekommunikationsgesetz und der Telekommunikations- Überwachungsverordnung. [3]§ 95 Absatz 2 gilt entsprechend.

(5) [1]Bei Maßnahmen nach Absatz 1 Satz 2 und 3 ist technisch sicherzustellen, dass

1. ausschließlich überwacht und aufgezeichnet werden können:
a) die laufende Telekommunikation (Absatz 1 Satz 2), oder
b) Inhalte und Umstände der Kommunikation, die ab dem Zeitpunkt der Anordnung nach § 100e Absatz 1 auch während des laufenden Übertragungsvorgangs im öffentlichen Telekommunikationsnetz hätten überwacht und aufgezeichnet werden können (Absatz 1 Satz 3),
2. an dem informationstechnischen System nur Veränderungen vorgenommen werden, die für die Datenerhebung unerlässlich sind, und
3. die vorgenommenen Veränderungen bei Beendigung der Maßnahme, soweit technisch möglich, automatisiert rückgängig gemacht werden.

[2]Das eingesetzte Mittel ist nach dem Stand der Technik gegen unbefugte Nutzung zu schützen. [3]Kopierte Daten sind nach dem Stand der Technik gegen Veränderung, unbefugte Löschung und unbefugte Kenntnisnahme zu schützen.

(6) Bei jedem Einsatz des technischen Mittels sind zu protokollieren

1. die Bezeichnung des technischen Mittels und der Zeitpunkt seines Einsatzes,
2. die Angaben zur Identifizierung des informationstechnischen Systems und die daran vorgenommenen nicht nur flüchtigen Veränderungen,
3. die Angaben, die die Feststellung der erhobenen Daten ermöglichen, und
4. die Organisationseinheit, die die Maßnahme durchführt.

§ 100b Online-Durchsuchung

(1) Auch ohne Wissen des Betroffenen darf mit technischen Mitteln in ein von dem Betroffenen genutztes informationstechnisches System eingegriffen und dürfen Daten daraus erhoben werden (Online-Durchsuchung), wenn

1. bestimmte Tatsachen den Verdacht begründen, dass jemand als Täter oder Teilnehmer eine in Absatz 2 bezeichnete besonders schwere Straftat begangen oder in Fällen, in denen der Versuch strafbar ist, zu begehen versucht hat,
2. die Tat auch im Einzelfall besonders schwer wiegt und
3. die Erforschung des Sachverhalts oder die Ermittlung des Aufenthaltsortes des Beschuldigten auf andere Weise wesentlich erschwert oder aussichtslos wäre.

(2) Besonders schwere Straftaten im Sinne des Absatzes 1 Nummer 1 sind:

1. aus dem Strafgesetzbuch:
a) Straftaten des Hochverrats und der Gefährdung des demokratischen Rechtsstaates sowie des Landesverrats und der Gefährdung der äußeren Sicherheit nach den §§ 81, 82, 89a, 89c Absatz 1 bis 4, nach den §§ 94, 95 Absatz 3 und § 96 Absatz 1, jeweils auch in Verbindung mit § 97b, sowie nach den §§ 97a, 98 Absatz 1 Satz 2, § 99 Absatz 2 und den §§ 100, 100a Absatz 4,

b) Betreiben krimineller Handelsplattformen im Internet in den Fällen des § 127 Absatz 3 und 4, sofern der Zweck der Handelsplattform im Internet darauf ausgerichtet ist, in den Buchstaben a und c bis o sowie in den Nummern 2 bis 10 genannte besonders schwere Straftaten zu ermöglichen oder zu fördern,
c) Bildung krimineller Vereinigungen nach § 129 Absatz 1 in Verbindung mit Absatz 5 Satz 3 und Bildung terroristischer Vereinigungen nach § 129a Absatz 1, 2, 4, 5 Satz 1 erste Alternative, jeweils auch in Verbindung mit § 129b Absatz 1,
d) Geld- und Wertzeichenfälschung nach den §§ 146 und 151, jeweils auch in Verbindung mit § 152, sowie nach § 152a Absatz 3 und § 152b Absatz 1 bis 4,
e) Straftaten gegen die sexuelle Selbstbestimmung in den Fällen des § 176 Absatz 1 und der §§ 176c, 176d und, unter den in § 177 Absatz 6 Satz 2 Nummer 2 genannten Voraussetzungen, des § 177,
f) Verbreitung, Erwerb und Besitz kinderpornografischer Inhalte in den Fällen des § 184b Absatz 1 Satz 1 und Absatz 2,
g) Mord und Totschlag nach den §§ 211, 212,
h) Straftaten gegen die persönliche Freiheit in den Fällen des § 232 Absatz 2 und 3, des § 232a Absatz 1, 3, 4 und 5 zweiter Halbsatz, des § 232b Absatz 1 und 3 sowie Absatz 4, dieser in Verbindung mit § 232a Absatz 4 und 5 zweiter Halbsatz, des § 233 Absatz 2, des § 233a Absatz 1, 3 und 4 zweiter Halbsatz, der §§ 234 und 234a Absatz 1 und 2 sowie der §§ 239a und 239b,
i) Bandendiebstahl nach § 244 Absatz 1 Nummer 2 und schwerer Bandendiebstahl nach § 244a,
j) schwerer Raub und Raub mit Todesfolge nach § 250 Absatz 1 oder Absatz 2, § 251,
k) räuberische Erpressung nach § 255 und besonders schwerer Fall einer Erpressung nach § 253 unter den in § 253 Absatz 4 Satz 2 genannten Voraussetzungen,
l) gewerbsmäßige Hehlerei, Bandenhehlerei und gewerbsmäßige Bandenhehlerei nach den §§ 260, 260a,
m) besonders schwerer Fall der Geldwäsche nach § 261 unter den in § 261 Absatz 5 Satz 2 genannten Voraussetzungen, wenn die Vortat eine der in den Nummern 1 bis 7 genannten besonders schweren Straftaten ist,
n) Computerbetrug in den Fällen des § 263a Absatz 2 in Verbindung mit § 263 Absatz 5,
o) besonders schwerer Fall der Bestechlichkeit und Bestechung nach § 335 Absatz 1 unter den in § 335 Absatz 2 Nummer 1 bis 3 genannten Voraussetzungen,

2. aus dem Asylgesetz:
   a) Verleitung zur missbräuchlichen Asylantragstellung nach § 84 Absatz 3,
   b) gewerbs- und bandenmäßige Verleitung zur missbräuchlichen Asylantragstellung nach § 84a Absatz 1,
3. aus dem Aufenthaltsgesetz:
   a) Einschleusen von Ausländern nach § 96 Absatz 2,
   b) Einschleusen mit Todesfolge oder gewerbs- und bandenmäßiges Einschleusen nach § 97,
4. aus dem Außenwirtschaftsgesetz:
   a) Straftaten nach § 17 Absatz 1, 2 und 3, jeweils auch in Verbindung mit Absatz 6 oder 7,
   b) Straftaten nach § 18 Absatz 7 und 8, jeweils auch in Verbindung mit Absatz 10,
5. aus dem Betäubungsmittelgesetz:
   a) besonders schwerer Fall einer Straftat nach § 29 Absatz 1 Satz 1 Nummer 1, 5, 6, 10, 11 oder 13, Absatz 3 unter der in § 29 Absatz 3 Satz 2 Nummer 1 genannten Voraussetzung,
   b) eine Straftat nach den §§ 29a, 30 Absatz 1 Nummer 1, 2, 4, § 30a,
6. aus dem Gesetz über die Kontrolle von Kriegswaffen:
   a) eine Straftat nach § 19 Absatz 2 oder § 20 Absatz 1, jeweils auch in Verbindung mit § 21,
   b) besonders schwerer Fall einer Straftat nach § 22a Absatz 1 in Verbindung mit Absatz 2,
7. aus dem Grundstoffüberwachungsgesetz:
   Straftaten nach § 19 Absatz 3,
8. aus dem Neue-psychoaktive-Stoffe-Gesetz:
   Straftaten nach § 4 Absatz 3 Nummer 1,
9. aus dem Völkerstrafgesetzbuch:
   a) Völkermord nach § 6,
   b) Verbrechen gegen die Menschlichkeit nach § 7,
   c) Kriegsverbrechen nach den §§ 8 bis 12,
   d) Verbrechen der Aggression nach § 13,
10. aus dem Waffengesetz:
   a) besonders schwerer Fall einer Straftat nach § 51 Absatz 1 in Verbindung mit Absatz 2,
   b) besonders schwerer Fall einer Straftat nach § 52 Absatz 1 Nummer 1 in Verbindung mit Absatz 5.

(3) [1]Die Maßnahme darf sich nur gegen den Beschuldigten richten. [2]Ein Eingriff in informationstechnische Systeme anderer Personen ist nur zulässig, wenn auf Grund bestimmter Tatsachen anzunehmen ist, dass

1. der in der Anordnung nach § 100e Absatz 3 bezeichnete Beschuldigte informationstechnische Systeme der anderen Person benutzt, und
2. die Durchführung des Eingriffs in informationstechnische Systeme des Beschuldigten allein nicht zur Erforschung des Sachverhalts oder zur Ermittlung des Aufenthaltsortes eines Mitbeschuldigten führen wird.

[3]Die Maßnahme darf auch durchgeführt werden, wenn andere Personen unvermeidbar betroffen werden.

(4) § 100a Absatz 5 und 6 gilt mit Ausnahme von Absatz 5 Satz 1 Nummer 1 entsprechend.

§ 100c Akustische Wohnraumüberwachung

(1) Auch ohne Wissen der Betroffenen darf das in einer Wohnung nichtöffentlich gesprochene Wort mit technischen Mitteln abgehört und aufgezeichnet werden, wenn

1. bestimmte Tatsachen den Verdacht begründen, dass jemand als Täter oder Teilnehmer eine in § 100b Absatz 2 bezeichnete besonders schwere Straftat begangen oder in Fällen, in denen der Versuch strafbar ist, zu begehen versucht hat,
2. die Tat auch im Einzelfall besonders schwer wiegt,
3. auf Grund tatsächlicher Anhaltspunkte anzunehmen ist, dass durch die Überwachung Äußerungen des Beschuldigten erfasst werden, die für die Erforschung des Sachverhalts oder die Ermittlung des Aufenthaltsortes eines Mitbeschuldigten von Bedeutung sind, und
4. die Erforschung des Sachverhalts oder die Ermittlung des Aufenthaltsortes eines Mitbeschuldigten auf andere Weise unverhältnismäßig erschwert oder aussichtslos wäre.

(2) [1]Die Maßnahme darf sich nur gegen den Beschuldigten richten und nur in Wohnungen des Beschuldigten durchgeführt werden. [2]In Wohnungen anderer Personen ist die Maßnahme nur zulässig, wenn auf Grund bestimmter Tatsachen anzunehmen ist, dass

1. der in der Anordnung nach § 100e Absatz 3 bezeichnete Beschuldigte sich dort aufhält und
2. die Maßnahme in Wohnungen des Beschuldigten allein nicht zur Erforschung des Sachverhalts oder zur Ermittlung des Aufenthaltsortes eines Mitbeschuldigten führen wird.

[3]Die Maßnahme darf auch durchgeführt werden, wenn andere Personen unvermeidbar betroffen werden.

§ 100d Kernbereich privater Lebensgestaltung; Zeugnisverweigerungsberechtigte

(1) Liegen tatsächliche Anhaltspunkte für die Annahme vor, dass durch eine Maßnahme nach den §§ 100a bis 100c allein Erkenntnisse aus dem Kernbereich privater Lebensgestaltung erlangt werden, ist die Maßnahme unzulässig.

(2) [1]Erkenntnisse aus dem Kernbereich privater Lebensgestaltung, die durch eine Maßnahme nach den §§ 100a bis 100c erlangt wurden, dürfen nicht verwertet werden. [2]Aufzeichnungen über solche Erkenntnisse sind unverzüglich zu löschen. [3]Die Tatsache ihrer Erlangung und Löschung ist zu dokumentieren.

(3) [1]Bei Maßnahmen nach § 100b ist, soweit möglich, technisch sicherzustellen, dass Daten, die den Kernbereich privater Lebensgestaltung betreffen, nicht erhoben werden. [2]Erkenntnisse, die durch Maßnahmen nach § 100b erlangt wurden und den Kernbereich privater Lebensgestaltung betreffen, sind unverzüglich zu löschen oder von der Staatsanwaltschaft dem anordnenden Gericht zur Entscheidung über die Verwertbarkeit und Löschung der Daten vorzulegen. [3]Die Entscheidung des Gerichts über die Verwertbarkeit ist für das weitere Verfahren bindend.

(4) [1]Maßnahmen nach § 100c dürfen nur angeordnet werden, soweit auf Grund tatsächlicher Anhaltspunkte anzunehmen ist, dass durch die Überwachung Äußerungen, die dem Kernbereich privater Lebensgestaltung zuzurechnen sind, nicht erfasst werden. [2]Das Abhören und Aufzeichnen ist unverzüglich zu unterbrechen, wenn sich während der Überwachung Anhaltspunkte dafür ergeben, dass Äußerungen, die dem Kernbereich privater Lebensgestaltung zuzurechnen sind, erfasst werden. [3]Ist eine Maßnahme unterbrochen worden, so darf sie unter den in Satz 1 genannten Voraussetzungen fortgeführt werden. [4]Im Zweifel hat die Staatsanwaltschaft über die Unterbrechung oder Fortführung der Maßnahme unverzüglich eine Entscheidung des Gerichts herbeizuführen; § 100e Absatz 5 gilt entsprechend. [5]Auch soweit für bereits erlangte Erkenntnisse ein Verwertungsverbot nach Absatz 2 in Betracht kommt, hat die Staatsanwaltschaft unverzüglich eine Entscheidung des Gerichts herbeizuführen. [6]Absatz 3 Satz 3 gilt entsprechend.

(5) [1]In den Fällen des § 53 sind Maßnahmen nach den §§ 100b und 100c unzulässig; ergibt sich während oder nach Durchführung der Maßnahme, dass ein Fall des § 53 vorliegt, gilt Absatz 2 entsprechend. [2]In den Fällen der §§ 52 und 53a dürfen aus Maßnahmen nach den §§ 100b und 100c gewonnene Erkenntnisse nur verwertet werden, wenn dies unter Berücksichtigung der Bedeutung des zugrunde liegenden Vertrauensverhältnisses nicht außer Verhältnis zum Interesse an der Erforschung des Sachverhalts oder der Ermittlung des Aufenthaltsortes eines Beschuldigten steht. [3]§ 160a Absatz 4 gilt entsprechend.

§ 100e Verfahren bei Maßnahmen nach den §§ 100a bis 100c

(1) [1]Maßnahmen nach § 100a dürfen nur auf Antrag der Staatsanwaltschaft durch das Gericht angeordnet werden. [2]Bei Gefahr im Verzug kann die Anordnung auch durch die Staatsanwaltschaft getroffen werden. [3]Soweit die Anordnung der Staatsanwaltschaft nicht binnen drei Werktagen von dem Gericht bestätigt wird, tritt sie außer Kraft. [4]Die Anordnung ist auf höchstens drei Monate zu befristen. [5]Eine Verlängerung um jeweils nicht mehr als drei Monate ist zulässig, soweit die Voraussetzungen der Anordnung unter Berücksichtigung der gewonnenen Ermittlungsergebnisse fortbestehen.

(2) [1]Maßnahmen nach den §§ 100b und 100c dürfen nur auf Antrag der Staatsanwaltschaft durch die in § 74a Absatz 4 des Gerichtsverfassungsgesetzes genannte Kammer des Landgerichts angeordnet werden, in dessen Bezirk die Staatsanwaltschaft ihren Sitz hat. [2]Bei Gefahr im Verzug kann diese Anordnung auch durch den Vorsitzenden getroffen werden. [3]Dessen Anordnung tritt außer Kraft, wenn sie nicht binnen drei Werktagen von der Strafkammer bestätigt wird. [4]Die Anordnung ist auf höchstens einen Monat zu befristen. [5]Eine Verlängerung um jeweils nicht mehr als einen Monat ist zulässig, soweit die Voraussetzungen unter Berücksichtigung der gewonnenen Ermittlungsergebnisse fortbestehen. [6]Ist die Dauer der Anordnung auf insgesamt sechs Monate verlängert worden, so entscheidet über weitere Verlängerungen das Oberlandesgericht.

(3) [1]Die Anordnung ergeht schriftlich. [2]In ihrer Entscheidungsformel sind anzugeben:
1. soweit möglich, der Name und die Anschrift des Betroffenen, gegen den sich die Maßnahme richtet,
2. der Tatvorwurf, auf Grund dessen die Maßnahme angeordnet wird,
3. Art, Umfang, Dauer und Endzeitpunkt der Maßnahme,
4. die Art der durch die Maßnahme zu erhebenden Informationen und ihre Bedeutung für das Verfahren,
5. bei Maßnahmen nach § 100a die Rufnummer oder eine andere Kennung des zu überwachenden Anschlusses oder des Endgerätes, sofern sich nicht aus bestimmten Tatsachen ergibt, dass diese zugleich einem anderen Endgerät zugeordnet ist; im Fall des § 100a Absatz 1 Satz 2 und 3 eine möglichst genaue Bezeichnung des informationstechnischen Systems, in das eingegriffen werden soll,
6. bei Maßnahmen nach § 100b eine möglichst genaue Bezeichnung des informationstechnischen Systems, aus dem Daten erhoben werden sollen,
7. bei Maßnahmen nach § 100c die zu überwachende Wohnung oder die zu überwachenden Wohnräume.

(4) [1]In der Begründung der Anordnung oder Verlängerung von Maßnahmen nach den §§ 100a bis 100c sind deren Voraussetzungen und die wesentlichen Abwägungsgesichtspunkte darzulegen. [2]Insbesondere sind einzelfallbezogen anzugeben:
1. die bestimmten Tatsachen, die den Verdacht begründen,
2. die wesentlichen Erwägungen zur Erforderlichkeit und Verhältnismäßigkeit der Maßnahme,
3. bei Maßnahmen nach § 100c die tatsächlichen Anhaltspunkte im Sinne des § 100d Absatz 4 Satz 1.

(5) [1]Liegen die Voraussetzungen der Anordnung nicht mehr vor, so sind die auf Grund der Anordnung ergriffenen Maßnahmen unverzüglich zu beenden. [2]Das anordnende Gericht ist nach Beendigung der Maßnahme über deren Ergebnisse zu unterrichten. [3]Bei Maßnahmen nach den §§ 100b und 100c ist das anordnende Gericht auch über den Verlauf zu unterrichten. [4]Liegen die Voraussetzungen der Anordnung nicht mehr vor, so hat das Gericht den Abbruch der Maßnahme anzuordnen, sofern der Abbruch nicht bereits durch die Staatsanwaltschaft veranlasst wurde. [5]Die Anordnung des Abbruchs einer Maßnahme nach den §§ 100b und 100c kann auch durch den Vorsitzenden erfolgen.

(6) Die durch Maßnahmen nach den §§ 100b und 100c erlangten und verwertbaren personenbezogenen Daten dürfen für andere Zwecke nach folgenden Maßgaben verwendet werden:
1. Die Daten dürfen in anderen Strafverfahren ohne Einwilligung der insoweit überwachten Personen nur zur Aufklärung einer Straftat, auf Grund derer Maßnahmen nach § 100b oder § 100c angeordnet werden könnten, oder zur Ermittlung des Aufenthalts der einer solchen Straftat beschuldigten Person verwendet werden.
2. Die Verwendung der Daten, auch solcher nach § 100d Absatz 5 Satz 1 zweiter Halbsatz, zu Zwecken der Gefahrenabwehr ist nur zur Abwehr einer im Einzelfall bestehenden Lebensgefahr oder einer dringenden Gefahr für Leib oder Freiheit einer Person, für die Sicherheit oder den Bestand des Staates oder für Gegenstände von bedeutendem Wert, die der Versorgung der Bevölkerung dienen, von kulturell herausragendem Wert oder in § 305 des Strafgesetzbuches genannt sind, zulässig. Die Daten dürfen auch zur Abwehr einer im Einzelfall bestehenden dringenden Gefahr für sonstige bedeutende Vermögenswerte verwendet werden. Sind die Daten zur Abwehr der Gefahr oder für eine vorgerichtliche oder gerichtliche Überprüfung der zur Gefahrenabwehr getroffenen Maßnahmen nicht mehr erforderlich, so sind Aufzeichnungen über diese Daten von der für die Gefahrenabwehr zuständigen Stelle unverzüglich zu löschen. Die Löschung ist aktenkundig zu machen. Soweit die Löschung lediglich für eine etwaige vorgerichtliche oder gerichtliche Überprüfung zurückgestellt ist, dürfen die Daten nur für diesen Zweck verwendet werden; für eine Verwendung zu anderen Zwecken sind sie zu sperren.
3. Sind verwertbare personenbezogene Daten durch eine entsprechende polizeirechtliche Maßnahme erlangt worden, dürfen sie in einem Strafverfahren ohne Einwilligung der insoweit überwachten Personen nur zur Aufklärung einer Straftat, auf Grund derer die Maßnahmen nach § 100b oder § 100c angeordnet werden könnten, oder zur Ermittlung des Aufenthalts der einer solchen Straftat beschuldigten Person verwendet werden.

§ 100f Akustische Überwachung außerhalb von Wohnraum

(1) Auch ohne Wissen der betroffenen Personen darf außerhalb von Wohnungen das nichtöffentlich gesprochene Wort mit technischen Mitteln abgehört und aufgezeichnet werden, wenn bestimmte Tatsachen den Verdacht begründen, dass jemand als Täter oder Teilnehmer eine in § 100a Abs. 2 bezeichnete, auch im Einzelfall schwerwiegende Straftat begangen oder in Fällen, in denen der Versuch strafbar ist, zu begehen versucht hat, und die Erforschung des Sachverhalts oder die Ermittlung des Aufenthaltsortes eines Beschuldigten auf andere Weise aussichtslos oder wesentlich erschwert wäre.

(2) [1]Die Maßnahme darf sich nur gegen einen Beschuldigten richten. [2]Gegen andere Personen darf die Maßnahme nur angeordnet werden, wenn auf Grund bestimmter Tatsachen anzunehmen ist, dass sie mit einem Beschuldigten in Verbindung stehen oder eine solche Verbindung hergestellt wird, die Maßnahme zur Erforschung des Sachverhalts oder zur Ermittlung des Aufenthaltsortes eines Beschuldigten führen wird und dies auf andere Weise aussichtslos oder wesentlich erschwert wäre.

(3) Die Maßnahme darf auch durchgeführt werden, wenn Dritte unvermeidbar betroffen werden.

(4) § 100d Absatz 1 und 2 sowie § 100e Absatz 1, 3, 5 Satz 1 gelten entsprechend.

§ 100g Erhebung von Verkehrsdaten

(1) [1]Begründen bestimmte Tatsachen den Verdacht, dass jemand als Täter oder Teilnehmer
1. eine Straftat von auch im Einzelfall erheblicher Bedeutung, insbesondere eine in § 100a Absatz 2 bezeichnete Straftat, begangen hat, in Fällen, in denen der Versuch strafbar ist, zu begehen versucht hat oder durch eine Straftat vorbereitet hat oder

2. eine Straftat mittels Telekommunikation begangen hat,

so dürfen Verkehrsdaten (§§ 9 und 12 des Telekommunikation-Telemedien-Datenschutz-Gesetzes und § 2a Absatz 1 des Gesetzes über die Errichtung einer Bundesanstalt für den Digitalfunk der Behörden und Organisationen mit Sicherheitsaufgaben) erhoben werden, soweit dies für die Erforschung des Sachverhalts erforderlich ist und die Erhebung der Daten in einem angemessenen Verhältnis zur Bedeutung der Sache steht. [2]Im Fall des Satzes 1 Nummer 2 ist die Maßnahme nur zulässig, wenn die Erforschung des Sachverhalts auf andere Weise aussichtslos wäre. [3]Die Erhebung gespeicherter (retrograder) Standortdaten ist nach diesem Absatz nur unter den Voraussetzungen des Absatzes 2 zulässig. [4]Im Übrigen ist die Erhebung von Standortdaten nur für künftig anfallende Verkehrsdaten oder in Echtzeit und nur im Fall des Satzes 1 Nummer 1 zulässig, soweit sie für die Erforschung des Sachverhalts oder die Ermittlung des Aufenthaltsortes des Beschuldigten erforderlich ist.

(2) [1]Begründen bestimmte Tatsachen den Verdacht, dass jemand als Täter oder Teilnehmer eine der in Satz 2 bezeichneten besonders schweren Straftaten begangen hat oder in Fällen, in denen der Versuch strafbar ist, eine solche Straftat zu begehen versucht hat, und wiegt die Tat auch im Einzelfall besonders schwer, dürfen die nach § 176 des Telekommunikationsgesetzes gespeicherten Verkehrsdaten erhoben werden, soweit die Erforschung des Sachverhalts oder die Ermittlung des Aufenthaltsortes des Beschuldigten auf andere Weise wesentlich erschwert oder aussichtslos wäre und die Erhebung der Daten in einem angemessenen Verhältnis zur Bedeutung der Sache steht. [2]Besonders schwere Straftaten im Sinne des Satzes 1 sind:

1. aus dem Strafgesetzbuch:
   a) Straftaten des Hochverrats und der Gefährdung des demokratischen Rechtsstaates sowie des Landesverrats und der Gefährdung der äußeren Sicherheit nach den §§ 81, 82, 89a, nach den §§ 94, 95 Absatz 3 und § 96 Absatz 1, jeweils auch in Verbindung mit § 97b, sowie nach den §§ 97a, 98 Absatz 1 Satz 2, § 99 Absatz 2 und den §§ 100, 100a Absatz 4,
   b) besonders schwerer Fall des Landfriedensbruchs nach § 125a sowie Betreiben krimineller Handelsplattformen im Internet in den Fällen des § 127 Absatz 3 und 4,
   c) Bildung krimineller Vereinigungen nach § 129 Absatz 1 in Verbindung mit Absatz 5 Satz 3 sowie Bildung terroristischer Vereinigungen nach § 129a Absatz 1, 2, 4, 5 Satz 1 erste Alternative, jeweils auch in Verbindung mit § 129b Absatz 1,
   d) Straftaten gegen die sexuelle Selbstbestimmung in den Fällen der §§ 176, 176c, 176d und, unter den in § 177 Absatz 6 Satz 2 Nummer 2 genannten Voraussetzungen, des § 177,
   e) Verbreitung, Erwerb und Besitz kinder- und jugendpornographischer Inhalte in den Fällen des § 184b Absatz 1 Satz 1, Absatz 2 und 3 sowie des § 184c Absatz 2,
   f) Mord und Totschlag nach den §§ 211 und 212,
   g) Straftaten gegen die persönliche Freiheit in den Fällen der §§ 234, 234a Absatz 1, 2, §§ 239a, 239b und Zwangsprostitution und Zwangsarbeit nach § 232a Absatz 3, 4 oder 5 zweiter Halbsatz, § 232b Absatz 3 oder 4 in Verbindung mit § 232a Absatz 4 oder 5 zweiter Halbsatz und Ausbeutung unter Ausnutzung einer Freiheitsberaubung nach § 233a Absatz 3 oder 4 zweiter Halbsatz,
   h) Einbruchdiebstahl in eine dauerhaft genutzte Privatwohnung nach § 244 Absatz 4, schwerer Bandendiebstahl nach § 244a Absatz 1, schwerer Raub nach § 250 Absatz 1 oder Absatz 2, Raub mit Todesfolge nach § 251, räuberische Erpressung nach § 255 und besonders schwerer Fall einer Erpressung nach § 253 unter den in § 253 Absatz 4 Satz 2 genannten Voraussetzungen, gewerbsmäßige Bandenhehlerei nach § 260a Absatz 1, besonders schwerer Fall der Geldwäsche nach § 261 unter den in § 261 Absatz 5 Satz 2 genannten Voraussetzungen, wenn die Vortat eine der in den Nummern 1 bis 8 genannten besonders schweren Straftaten ist,
   i) gemeingefährliche Straftaten in den Fällen der §§ 306 bis 306c, 307 Absatz 1 bis 3, des § 308 Absatz 1 bis 3, des § 309 Absatz 1 bis 4, des § 310 Absatz 1, der §§ 313, 314, 315 Absatz 3, des § 315b Absatz 3 sowie der §§ 316a und 316c,
2. aus dem Aufenthaltsgesetz:
   a) Einschleusen von Ausländern nach § 96 Absatz 2,
   b) Einschleusen mit Todesfolge oder gewerbs- und bandenmäßiges Einschleusen nach § 97,
3. aus dem Außenwirtschaftsgesetz:
   Straftaten nach § 17 Absatz 1 bis 3 und § 18 Absatz 7 und 8,
4. aus dem Betäubungsmittelgesetz:
   a) besonders schwerer Fall einer Straftat nach § 29 Absatz 1 Satz 1 Nummer 1, 5, 6, 10, 11 oder 13, Absatz 3 unter der in § 29 Absatz 3 Satz 2 Nummer 1 genannten Voraussetzung,
   b) eine Straftat nach den §§ 29a, 30 Absatz 1 Nummer 1, 2, 4, § 30a,
5. aus dem Grundstoffüberwachungsgesetz:
   eine Straftat nach § 19 Absatz 1 unter den in § 19 Absatz 3 Satz 2 genannten Voraussetzungen,
6. aus dem Gesetz über die Kontrolle von Kriegswaffen:
   a) eine Straftat nach § 19 Absatz 2 oder § 20 Absatz 1, jeweils auch in Verbindung mit § 21,
   b) besonders schwerer Fall einer Straftat nach § 22a Absatz 1 in Verbindung mit Absatz 2,
7. aus dem Völkerstrafgesetzbuch:
   a) Völkermord nach § 6,
   b) Verbrechen gegen die Menschlichkeit nach § 7,
   c) Kriegsverbrechen nach den §§ 8 bis 12,
   d) Verbrechen der Aggression nach § 13,
8. aus dem Waffengesetz:

a) besonders schwerer Fall einer Straftat nach § 51 Absatz 1 in Verbindung mit Absatz 2,
b) besonders schwerer Fall einer Straftat nach § 52 Absatz 1 Nummer 1 in Verbindung mit Absatz 5.

(3) [1]Die Erhebung aller in einer Funkzelle angefallenen Verkehrsdaten (Funkzellenabfrage) ist nur zulässig,

1. wenn die Voraussetzungen des Absatzes 1 Satz 1 Nummer 1 erfüllt sind,
2. soweit die Erhebung der Daten in einem angemessenen Verhältnis zur Bedeutung der Sache steht und
3. soweit die Erforschung des Sachverhalts oder die Ermittlung des Aufenthaltsortes des Beschuldigten auf andere Weise aussichtslos oder wesentlich erschwert wäre.

[2]Auf nach § 176 des Telekommunikationsgesetzes gespeicherte Verkehrsdaten darf für eine Funkzellenabfrage nur unter den Voraussetzungen des Absatzes 2 zurückgegriffen werden.

(4) [1]Die Erhebung von Verkehrsdaten nach Absatz 2, auch in Verbindung mit Absatz 3 Satz 2, die sich gegen eine der in § 53 Absatz 1 Satz 1 Nummer 1 bis 5 genannten Personen richtet und die voraussichtlich Erkenntnisse erbringen würde, über die diese das Zeugnis verweigern dürfte, ist unzulässig. [2]Dennoch erlangte Erkenntnisse dürfen nicht verwendet werden. [3]Aufzeichnungen hierüber sind unverzüglich zu löschen. [4]Die Tatsache ihrer Erlangung und der Löschung der Aufzeichnungen ist aktenkundig zu machen. [5]Die Sätze 2 bis 4 gelten entsprechend, wenn durch eine Ermittlungsmaßnahme, die sich nicht gegen eine in § 53 Absatz 1 Satz 1 Nummer 1 bis 5 genannte Person richtet, von dieser Person Erkenntnisse erlangt werden, über die sie das Zeugnis verweigern dürfte. [6]§ 160a Absatz 3 und 4 gilt entsprechend.

(5) Erfolgt die Erhebung von Verkehrsdaten nicht beim Erbringer von Telekommunikationsdiensten, bestimmt sie sich nach Abschluss des Kommunikationsvorgangs nach den allgemeinen Vorschriften.

§ 100h Weitere Maßnahmen außerhalb von Wohnraum

(1) Auch ohne Wissen der betroffenen Personen dürfen außerhalb von Wohnungen

1. Bildaufnahmen hergestellt werden,
2. sonstige besondere für Observationszwecke bestimmte technische Mittel verwendet werden,

wenn die Erforschung des Sachverhalts oder die Ermittlung des Aufenthaltsortes eines Beschuldigten auf andere Weise weniger erfolgversprechend oder erschwert wäre. [2]Eine Maßnahme nach Satz 1 Nr. 2 ist nur zulässig, wenn Gegenstand der Untersuchung eine Straftat von erheblicher Bedeutung ist.

(2) [1]Die Maßnahmen dürfen sich nur gegen einen Beschuldigten richten. [2]Gegen andere Personen sind

1. Maßnahmen nach Absatz 1 Nr. 1 nur zulässig, wenn die Erforschung des Sachverhalts oder die Ermittlung des Aufenthaltsortes eines Beschuldigten auf andere Weise erheblich weniger erfolgversprechend oder wesentlich erschwert wäre,
2. Maßnahmen nach Absatz 1 Nr. 2 nur zulässig, wenn auf Grund bestimmter Tatsachen anzunehmen ist, dass sie mit einem Beschuldigten in Verbindung stehen oder eine solche Verbindung hergestellt wird, die Maßnahme zur Erforschung des Sachverhalts oder zur Ermittlung des Aufenthaltsortes eines Beschuldigten führen wird und dies auf andere Weise aussichtslos oder wesentlich erschwert wäre.

(3) Die Maßnahmen dürfen auch durchgeführt werden, wenn Dritte unvermeidbar mitbetroffen werden.

(4) § 100d Absatz 1 und 2 gilt entsprechend.

§ 100i Technische Ermittlungsmaßnahmen bei Mobilfunkendgeräten

(1) Begründen bestimmte Tatsachen den Verdacht, dass jemand als Täter oder Teilnehmer eine Straftat von auch im Einzelfall erheblicher Bedeutung, insbesondere eine in § 100a Abs. 2 bezeichnete Straftat, begangen hat, in Fällen, in denen der Versuch strafbar ist, zu begehen versucht hat oder durch eine Straftat vorbereitet hat, so dürfen durch technische Mittel

1. die Gerätenummer eines Mobilfunkendgerätes und die Kartennummer der darin verwendeten Karte sowie
2. der Standort eines Mobilfunkendgerätes

ermittelt werden, soweit dies für die Erforschung des Sachverhalts oder die Ermittlung des Aufenthaltsortes des Beschuldigten erforderlich ist.

(2) [1]Personenbezogene Daten Dritter dürfen anlässlich solcher Maßnahmen nur erhoben werden, wenn dies aus technischen Gründen zur Erreichung des Zwecks nach Absatz 1 unvermeidbar ist. [2]Über den Datenabgleich zur Ermittlung der gesuchten Geräte- und Kartennummer hinaus dürfen sie nicht verwendet werden und sind nach Beendigung der Maßnahme unverzüglich zu löschen.

(3) [1]§ 100a Abs. 3 und § 100e Absatz 1 Satz 1 bis 3, Absatz 3 Satz 1 und Absatz 5 Satz 1 gelten entsprechend. [2]Die Anordnung ist auf höchstens sechs Monate zu befristen. [3]Eine Verlängerung um jeweils nicht mehr als sechs weitere Monate ist zulässig, soweit die in Absatz 1 bezeichneten Voraussetzungen fortbestehen.

§ 100j Bestandsdatenauskunft

(1) [1]Soweit dies für die Erforschung des Sachverhalts oder die Ermittlung des Aufenthaltsortes eines Beschuldigten erforderlich ist, darf Auskunft verlangt werden

1. über Bestandsdaten gemäß § 3 Nummer 6 des Telekommunikationsgesetzes und über die nach § 172 des Telekommunikationsgesetzes erhobenen Daten (§ 174 Absatz 1 Satz 1 des Telekommunikationsgesetzes) von demjenigen, der geschäftsmäßig Telekommunikationsdienste erbringt oder daran mitwirkt, und

2. über Bestandsdaten gemäß § 2 Absatz 2 Nummer 2 des Telekommunikation-Telemedien-Datenschutz-Gesetzes (§ 22 Absatz 1 Satz 1 des Telekommunikation-Telemedien-Datenschutz-Gesetzes) von demjenigen, der geschäftsmäßig eigene oder fremde Telemedien zur Nutzung bereithält oder den Zugang zur Nutzung vermittelt.

[2]Bezieht sich das Auskunftsverlangen nach Satz 1 Nummer 1 auf Daten, mittels derer der Zugriff auf Endgeräte oder auf Speichereinrichtungen, die in diesen Endgeräten oder hiervon räumlich getrennt eingesetzt werden, geschützt wird (§ 174 Absatz 1 Satz 2 des Telekommunikationsgesetzes), darf die Auskunft nur verlangt werden, wenn die gesetzlichen Voraussetzungen für die Nutzung der Daten vorliegen. [3]Bezieht sich das Auskunftsverlangen nach Satz 1 Nummer 2 auf als Bestandsdaten erhobene Passwörter oder andere Daten, mittels derer der Zugriff auf Endgeräte oder auf Speichereinrichtungen, die in diesen Endgeräten oder hiervon räumlich getrennt eingesetzt werden, geschützt wird (§ 23 des Telekommunikation-Telemedien-Datenschutz-Gesetzes), darf die Auskunft nur verlangt werden, wenn die gesetzlichen Voraussetzungen für ihre Nutzung zur Verfolgung einer besonders schweren Straftat nach § 100b Absatz 2 Nummer 1 Buchstabe a, c, e, f, g, h oder m, Nummer 3 Buchstabe b erste Alternative oder Nummer 5, 6, 9 oder 10 vorliegen.

(2) [1]Die Auskunft nach Absatz 1 darf auch anhand einer zu einem bestimmten Zeitpunkt zugewiesenen Internetprotokoll-Adresse verlangt werden (§ 174 Absatz 1 Satz 3, § 177 Absatz 1 Nummer 3 des Telekommunikationsgesetzes und § 22 Absatz 1 Satz 3 und 4 des Telekommunikation-Telemedien-Datenschutz-Gesetzes). [2]Das Vorliegen der Voraussetzungen für ein Auskunftsverlangen nach Satz 1 ist aktenkundig zu machen.

(3) [1]Auskunftsverlangen nach Absatz 1 Satz 2 und 3 dürfen nur auf Antrag der Staatsanwaltschaft durch das Gericht angeordnet werden. [2]Im Fall von Auskunftsverlangen nach Absatz 1 Satz 2 kann die Anordnung bei Gefahr im Verzug auch durch die Staatsanwaltschaft oder ihre Ermittlungspersonen (§ 152 des Gerichtsverfassungsgesetzes) getroffen werden. [3]In diesem Fall ist die gerichtliche Entscheidung unverzüglich nachzuholen. [4]Die Sätze 1 bis 3 finden bei Auskunftsverlangen nach Absatz 1 Satz 2 keine Anwendung, wenn die betroffene Person vom Auskunftsverlangen bereits Kenntnis hat oder haben muss oder wenn die Nutzung der Daten bereits durch eine gerichtliche Entscheidung gestattet wird. [5]Das Vorliegen der Voraussetzungen nach Satz 4 ist aktenkundig zu machen.

(4) [1]Die betroffene Person ist in den Fällen des Absatzes 1 Satz 2 und 3 und des Absatzes 2 über die Beauskunftung zu benachrichtigen. [2]Die Benachrichtigung erfolgt, soweit und sobald hierdurch der Zweck der Auskunft nicht vereitelt wird. [3]Sie unterbleibt, wenn ihr überwiegende schutzwürdige Belange Dritter oder der betroffenen Person selbst entgegenstehen. [4]Wird die Benachrichtigung nach Satz 2 zurückgestellt oder nach Satz 3 von ihr abgesehen, sind die Gründe aktenkundig zu machen.

(5) [1]Auf Grund eines Auskunftsverlangens nach Absatz 1 oder 2 hat derjenige, der geschäftsmäßig Telekommunikationsdienste oder Telemediendienste erbringt oder daran mitwirkt, die zur Auskunftserteilung erforderlichen Daten unverzüglich zu übermitteln. [2]§ 95 Absatz 2 gilt entsprechend.

§ 100k Erhebung von Nutzungsdaten bei Telemediendiensten

(1) [1]Begründen bestimmte Tatsachen den Verdacht, dass jemand als Täter oder Teilnehmer eine Straftat von auch im Einzelfall erheblicher Bedeutung, insbesondere eine in § 100a Absatz 2 bezeichnete Straftat, begangen hat, in Fällen, in denen der Versuch strafbar ist, zu begehen versucht hat oder durch eine Straftat vorbereitet hat, dürfen von demjenigen, der geschäftsmäßig eigene oder fremde Telemedien zur Nutzung bereithält oder den Zugang zur Nutzung vermittelt, Nutzungsdaten (§ 2 Absatz 2 Nummer 3 des Telekommunikation-Telemedien-Datenschutz-Gesetzes) erhoben werden, soweit dies für die Erforschung des Sachverhalts erforderlich ist und die Erhebung der Daten in einem angemessenen Verhältnis zur Bedeutung der Sache steht. [2]Die Erhebung gespeicherter (retrograder) Standortdaten ist nur unter den Voraussetzungen von § 100g Absatz 2 zulässig. [3]Im Übrigen ist die Erhebung von Standortdaten nur für künftig anfallende Nutzungsdaten oder in Echtzeit zulässig, soweit sie für die Erforschung des Sachverhalts oder die Ermittlung des Aufenthaltsortes des Beschuldigten erforderlich ist.

(2) [1]Soweit die Straftat nicht von Absatz 1 erfasst wird, dürfen Nutzungsdaten auch dann erhoben werden, wenn bestimmte Tatsachen den Verdacht begründen, dass jemand als Täter oder Teilnehmer mittels Telemedien eine der folgenden Straftaten begangen hat und die Erforschung des Sachverhalts auf andere Weise aussichtslos wäre:

1. aus dem Strafgesetzbuch
   a) Verwenden von Kennzeichen verfassungswidriger Organisationen nach § 86a,
   b) Anleitung zur Begehung einer schweren staatsgefährdenden Gewalttat nach § 91,
   c) Öffentliche Aufforderung zu Straftaten nach § 111,
   d) Straftaten gegen die öffentliche Ordnung nach den §§ 126, 131 und 140,
   e) Beschimpfung von Bekenntnissen, Religionsgesellschaften und Weltanschauungsvereinigungen nach § 166,
   f) Verbreitung, Erwerb und Besitz kinderpornographischer Inhalte nach § 184b,
   g) Beleidigung, üble Nachrede und Verleumdung nach den §§ 185 bis 187 und Verunglimpfung des Andenkens Verstorbener nach § 189,
   h) Verletzungen des persönlichen Lebens- und Geheimbereichs nach den §§ 201a, 202a und 202c,
   i) Nachstellung nach § 238,
   j) Bedrohung nach § 241,
   k) Vorbereitung eines Computerbetruges nach § 263a Absatz 3,
   l) Datenveränderung und Computersabotage nach den §§ 303a und 303b Absatz 1,
2. aus dem Gesetz über Urheberrecht und verwandte Schutzrechte Straftaten nach den §§ 106 bis 108b,
3. aus dem Bundesdatenschutzgesetz nach § 42.

[2]Satz 1 gilt nicht für die Erhebung von Standortdaten.

(3) Abweichend von Absatz 1 und 2 darf die Staatsanwaltschaft ausschließlich zur Identifikation des Nutzers Auskunft über die nach § 2 Absatz 2 Nummer 3 Buchstabe a des Telekommunikation-Telemedien-Datenschutz-Gesetzes erhobenen Daten verlangen, wenn ihr der Inhalt der Nutzung des Telemediendienstes bereits bekannt ist.

(4) Die Erhebung von Nutzungsdaten nach Absatz 1 und 2 ist nur zulässig, wenn aufgrund von Tatsachen die Annahme gerechtfertigt ist, dass die betroffene Person den Telemediendienst nutzt, den derjenige, gegen den sich die Anordnung richtet, geschäftsmäßig zur Nutzung bereithält oder zu dem er den Zugang zur Nutzung vermittelt.

(5) Erfolgt die Erhebung von Nutzungsdaten oder Inhalten der Nutzung eines Telemediendienstes nicht bei einem Diensteanbieter, der geschäftsmäßig Telemedien zur Nutzung bereithält, bestimmt sie sich nach Abschluss des Kommunikationsvorgangs nach den allgemeinen Vorschriften.

§ 101 Verfahrensregelungen bei verdeckten Maßnahmen

(1) Für Maßnahmen nach den §§ 98a, 99, 100a bis 100f, 100h, 100i, 110a, 163d bis 163g gelten, soweit nichts anderes bestimmt ist, die nachstehenden Regelungen.

(2) [1]Entscheidungen und sonstige Unterlagen über Maßnahmen nach den §§ 100b, 100c, 100f, 100h Abs. 1 Nr. 2 und § 110a werden bei der Staatsanwaltschaft verwahrt. [2]Zu den Akten sind sie erst zu nehmen, wenn die Voraussetzungen für eine Benachrichtigung nach Absatz 5 erfüllt sind.

(3) [1]Personenbezogene Daten, die durch Maßnahmen nach Absatz 1 erhoben wurden, sind entsprechend zu kennzeichnen. [2]Nach einer Übermittlung an eine andere Stelle ist die Kennzeichnung durch diese aufrechtzuerhalten.

(4) [1]Von den in Absatz 1 genannten Maßnahmen sind im Falle

1. des § 98a die betroffenen Personen, gegen die nach Auswertung der Daten weitere Ermittlungen geführt wurden,
2. des § 99 der Absender und der Adressat der Postsendung,
3. des § 100a die Beteiligten der überwachten Telekommunikation,
4. des § 100b die Zielperson sowie die erheblich mitbetroffenen Personen,
5. des § 100c
   a) der Beschuldigte, gegen den sich die Maßnahme richtete,
   b) sonstige überwachte Personen,
   c) Personen, die die überwachte Wohnung zur Zeit der Durchführung der Maßnahme innehatten oder bewohnten,
6. des § 100f die Zielperson sowie die erheblich mitbetroffenen Personen,
7. des § 100h Abs. 1 die Zielperson sowie die erheblich mitbetroffenen Personen,
8. des § 100i die Zielperson,
9. des § 110a
   a) die Zielperson,
   b) die erheblich mitbetroffenen Personen,
   c) die Personen, deren nicht allgemein zugängliche Wohnung der Verdeckte Ermittler betreten hat,
10. des § 163d die betroffenen Personen, gegen die nach Auswertung der Daten weitere Ermittlungen geführt wurden,
11. des § 163e die Zielperson und die Person, deren personenbezogene Daten gemeldet worden sind,
12. des § 163f die Zielperson sowie die erheblich mitbetroffenen Personen,
13. des § 163g die Zielperson

zu benachrichtigen. [2]Dabei ist auf die Möglichkeit nachträglichen Rechtsschutzes nach Absatz 7 und die dafür vorgesehene Frist hinzuweisen. [3]Die Benachrichtigung unterbleibt, wenn ihr überwiegende schutzwürdige Belange einer betroffenen Person entgegenstehen. [4]Zudem kann die Benachrichtigung einer in Satz 1 Nummer 2 und 3 bezeichneten Person, gegen die sich die Maßnahme nicht gerichtet hat, unterbleiben, wenn diese von der Maßnahme nur unerheblich betroffen wurde und anzunehmen ist, dass sie kein Interesse an einer Benachrichtigung hat. [5]Nachforschungen zur Feststellung der Identität einer in Satz 1 bezeichneten Person sind nur vorzunehmen, wenn dies unter Berücksichtigung der Eingriffsintensität der Maßnahme gegenüber dieser Person, des Aufwands für die Feststellung ihrer Identität sowie der daraus für diese oder andere Personen folgenden Beeinträchtigungen geboten ist.

(5) [1]Die Benachrichtigung erfolgt, sobald dies ohne Gefährdung des Untersuchungszwecks, des Lebens, der körperlichen Unversehrtheit und der persönlichen Freiheit einer Person und von bedeutenden Vermögenswerten, im Fall des § 110a auch der Möglichkeit der weiteren Verwendung des Verdeckten Ermittlers möglich ist. [2]Wird die Benachrichtigung nach Satz 1 zurückgestellt, sind die Gründe aktenkundig zu machen.

(6) [1]Erfolgt die nach Absatz 5 zurückgestellte Benachrichtigung nicht binnen zwölf Monaten nach Beendigung der Maßnahme, bedürfen weitere Zurückstellungen der gerichtlichen Zustimmung. [2]Das Gericht bestimmt die Dauer weiterer Zurückstellungen. [3]Es kann dem endgültigen Absehen von der Benachrichtigung zustimmen, wenn die Voraussetzungen für eine Benachrichtigung mit an Sicherheit grenzender Wahrscheinlichkeit auch in Zukunft nicht eintreten werden. [4]Sind mehrere Maßnahmen in einem engen zeitlichen Zusammenhang durchgeführt worden, so beginnt die in Satz 1 genannte Frist mit der Beendigung der letzten Maßnahme. [5]Bei Maßnahmen nach den §§ 100b und 100c beträgt die in Satz 1 genannte Frist sechs Monate.

(7) [1]Gerichtliche Entscheidungen nach Absatz 6 trifft das für die Anordnung der Maßnahme zuständige Gericht, im Übrigen das Gericht am Sitz der zuständigen Staatsanwaltschaft. [2]Die in Absatz 4 Satz 1 genannten Personen können bei dem nach Satz 1

zuständigen Gericht auch nach Beendigung der Maßnahme bis zu zwei Wochen nach ihrer Benachrichtigung die Überprüfung der Rechtmäßigkeit der Maßnahme sowie der Art und Weise ihres Vollzugs beantragen. [3]Gegen die Entscheidung ist die sofortige Beschwerde statthaft. [4]Ist die öffentliche Klage erhoben und der Angeklagte benachrichtigt worden, entscheidet über den Antrag das mit der Sache befasste Gericht in der das Verfahren abschließenden Entscheidung.

(8) [1]Sind die durch die Maßnahme erlangten personenbezogenen Daten zur Strafverfolgung und für eine etwaige gerichtliche Überprüfung der Maßnahme nicht mehr erforderlich, so sind sie unverzüglich zu löschen. [2]Die Löschung ist aktenkundig zu machen. [3]Soweit die Löschung lediglich für eine etwaige gerichtliche Überprüfung der Maßnahme zurückgestellt ist, dürfen die Daten ohne Einwilligung der betroffenen Personen nur zu diesem Zweck verwendet werden; ihre Verarbeitung ist entsprechend einzuschränken.

§ 101a Gerichtliche Entscheidung; Datenkennzeichnung und -auswertung; Benachrichtigungspflichten bei Verkehrs- und Nutzungsdaten

(1) [1]Bei Erhebungen von Verkehrsdaten nach § 100g gelten § 100a Absatz 3 und 4 und § 100e entsprechend mit der Maßgabe, dass

1. in der Entscheidungsformel nach § 100e Absatz 3 Satz 2 auch die zu übermittelnden Daten und der Zeitraum, für den sie übermittelt werden sollen, eindeutig anzugeben sind,
2. der nach § 100a Absatz 4 Satz 1 zur Auskunft Verpflichtete auch mitzuteilen hat, welche der von ihm übermittelten Daten nach § 176 des Telekommunikationsgesetzes gespeichert wurden.

[2]In den Fällen des § 100g Absatz 2, auch in Verbindung mit § 100g Absatz 3 Satz 2, findet abweichend von Satz 1 § 100e Absatz 1 Satz 2 keine Anwendung. [3]Bei Funkzellenabfragen nach § 100g Absatz 3 genügt abweichend von § 100e Absatz 3 Satz 2 Nummer 5 eine räumlich und zeitlich eng begrenzte und hinreichend bestimmte Bezeichnung der Telekommunikation.

(1a) Bei der Erhebung und Beauskunftung von Nutzungsdaten eines Telemediendienstes nach § 100k gilt § 100a Absatz 3 und 4, bei der Erhebung von Nutzungsdaten nach § 100k Absatz 1 und 2 zudem § 100e Absatz 1 und 3 bis 5 entsprechend mit der Maßgabe, dass in der Entscheidungsformel nach § 100e Absatz 3 Satz 2 an die Stelle der Rufnummer (§ 100e Absatz 3 Satz 2 Nummer 5), soweit möglich eine eindeutige Kennung des Nutzerkontos des Betroffenen, ansonsten eine möglichst genaue Bezeichnung des Telemediendienstes tritt, auf den sich das Auskunftsverlangen bezieht.

(2) Wird eine Maßnahme nach § 100g oder § 100k Absatz 1 oder Absatz 2 angeordnet oder verlängert, sind in der Begründung einzelfallbezogen insbesondere die wesentlichen Erwägungen zur Erforderlichkeit und Angemessenheit der Maßnahme, auch hinsichtlich des Umfangs der zu erhebenden Daten und des Zeitraums, für den sie erhoben werden sollen, darzulegen.

(3) [1]Personenbezogene Daten, die durch Maßnahmen nach § 100g oder § 100k Absatz 1 oder Absatz 2 erhoben wurden, sind entsprechend zu kennzeichnen und unverzüglich auszuwerten. [2]Bei der Kennzeichnung ist erkennbar zu machen, ob es sich um Daten handelt, die nach § 176 des Telekommunikationsgesetzes gespeichert waren. [3]Nach einer Übermittlung an eine andere Stelle ist die Kennzeichnung durch diese aufrechtzuerhalten. [4]Für die Löschung personenbezogener Daten gilt § 101 Absatz 8 entsprechend.

(4) Verwertbare personenbezogene Daten, die durch Maßnahmen nach § 100g Absatz 2, auch in Verbindung mit § 100g Absatz 1 Satz 3 oder Absatz 3 Satz 2, erhoben wurden, dürfen ohne Einwilligung der Beteiligten der betroffenen Telekommunikation nur für folgende andere Zwecke und nur nach folgenden Maßgaben verwendet werden:

1. in anderen Strafverfahren zur Aufklärung einer Straftat, auf Grund derer eine Maßnahme nach § 100g Absatz 2, auch in Verbindung mit § 100g Absatz 1 Satz 3 oder Absatz 3 Satz 2, angeordnet werden könnte, oder zur Ermittlung des Aufenthalts der einer solchen Straftat beschuldigten Person,
2. Übermittlung zu Zwecken der Abwehr von konkreten Gefahren für Leib, Leben oder Freiheit einer Person oder für den Bestand des Bundes oder eines Landes (§ 177 Absatz 1 Nummer 2 des Telekommunikationsgesetzes).

[2]Die Stelle, die die Daten weiterleitet, macht die Weiterleitung und deren Zweck aktenkundig. [3]Sind die Daten nach Satz 1 Nummer 2 nicht mehr zur Abwehr der Gefahr oder nicht mehr für eine vorgerichtliche oder gerichtliche Überprüfung der zur Gefahrenabwehr getroffenen Maßnahmen erforderlich, so sind Aufzeichnungen über diese Daten von der für die Gefahrenabwehr zuständigen Stelle unverzüglich zu löschen. [4]Die Löschung ist aktenkundig zu machen. [5]Soweit die Löschung lediglich für eine etwaige vorgerichtliche oder gerichtliche Überprüfung zurückgestellt ist, dürfen die Daten nur für diesen Zweck verwendet werden; für eine Verwendung zu anderen Zwecken sind, sie zu sperren.

(5) Sind verwertbare personenbezogene Daten, die nach § 176 des Telekommunikationsgesetzes gespeichert waren, durch eine entsprechende polizeirechtliche Maßnahme erlangt worden, dürfen sie in einem Strafverfahren ohne Einwilligung der Beteiligten der betroffenen Telekommunikation nur zur Aufklärung einer Straftat, auf Grund derer eine Maßnahme nach § 100g Absatz 2, auch in Verbindung mit Absatz 3 Satz 2, angeordnet werden könnte, oder zur Ermittlung des Aufenthalts der einer solchen Straftat beschuldigten Person verwendet werden.

(6) [1]Die Beteiligten der betroffenen Telekommunikation und die betroffenen Nutzer des Telemediendienstes sind von der Erhebung der Verkehrsdaten nach § 100g oder der Nutzungsdaten nach § 100k Absatz 1 und 2 zu benachrichtigen. [2]§ 101 Absatz 4 Satz 2 bis 5 und Absatz 5 bis 7 gilt entsprechend mit der Maßgabe, dass

1. das Unterbleiben der Benachrichtigung nach § 101 Absatz 4 Satz 3 der Anordnung des zuständigen Gerichts bedarf;
2. abweichend von § 101 Absatz 6 Satz 1 die Zurückstellung der Benachrichtigung nach § 101 Absatz 5 Satz 1 stets der Anordnung des zuständigen Gerichts bedarf und eine erstmalige Zurückstellung auf höchstens zwölf Monate zu befristen ist.

(7) [1]Die betroffene Person ist in den Fällen des § 100k Absatz 3 über die Beauskunftung zu benachrichtigen. [2]Die Benachrichtigung erfolgt, soweit und sobald hierdurch der Zweck der Beauskunftung nicht vereitelt wird. [3]Sie unterbleibt, wenn ihr überwiegende schutzwürdige Belange Dritter oder der betroffenen Person selbst entgegenstehen. [4]Wird die Benachrichtigung nach Satz 2 zurückgestellt oder nach Satz 3 von ihr abgesehen, sind die Gründe aktenkundig zu machen.

§ 101b Statistische Erfassung; Berichtspflichten

(1) [1]Die Länder und der Generalbundesanwalt berichten dem Bundesamt für Justiz kalenderjährlich jeweils bis zum 30. Juni des dem Berichtsjahr folgenden Jahres über in ihrem Zuständigkeitsbereich angeordnete Maßnahmen nach den §§ 100a, 100b, 100c, 100g und 100k Absatz 1 und 2. [2]Das Bundesamt für Justiz erstellt eine Übersicht zu den im Berichtsjahr bundesweit angeordneten Maßnahmen und veröffentlicht diese im Internet. [3]Über die im jeweils vorangegangenen Kalenderjahr nach § 100c angeordneten Maßnahmen berichtet die Bundesregierung dem Deutschen Bundestag vor der Veröffentlichung im Internet.

(2) In den Übersichten über Maßnahmen nach § 100a sind anzugeben:
1. die Anzahl der Verfahren, in denen Maßnahmen nach § 100a Absatz 1 angeordnet worden sind;
2. die Anzahl der Überwachungsanordnungen nach § 100a Absatz 1, unterschieden nach Erst- und Verlängerungsanordnungen;
3. die jeweils zugrunde liegende Anlassstraftat nach der Unterteilung in § 100a Absatz 2;
4. die Anzahl der Verfahren, in denen ein Eingriff in ein von dem Betroffenen genutztes informationstechnisches System nach § 100a Absatz 1 Satz 2 und 3
   a) im richterlichen Beschluss angeordnet wurde und
   b) tatsächlich durchgeführt wurde.

(3) In den Übersichten über Maßnahmen nach § 100b sind anzugeben:
1. die Anzahl der Verfahren, in denen Maßnahmen nach § 100b Absatz 1 angeordnet worden sind;
2. die Anzahl der Überwachungsanordnungen nach § 100b Absatz 1, unterschieden nach Erst- und Verlängerungsanordnungen;
3. die jeweils zugrunde liegende Anlassstraftat nach Maßgabe der Unterteilung in § 100b Absatz 2;
4. die Anzahl der Verfahren, in denen ein Eingriff in ein vom Betroffenen genutztes informationstechnisches System tatsächlich durchgeführt wurde.

(4) In den Berichten über Maßnahmen nach § 100c sind anzugeben:
1. die Anzahl der Verfahren, in denen Maßnahmen nach § 100c Absatz 1 angeordnet worden sind;
2. die jeweils zugrunde liegende Anlassstraftat nach Maßgabe der Unterteilung in § 100b Absatz 2;
3. ob das Verfahren einen Bezug zur Verfolgung organisierter Kriminalität aufweist;
4. die Anzahl der überwachten Objekte je Verfahren nach Privatwohnungen und sonstigen Wohnungen sowie nach Wohnungen des Beschuldigten und Wohnungen dritter Personen;
5. die Anzahl der überwachten Personen je Verfahren nach Beschuldigten und nichtbeschuldigten Personen;
6. die Dauer der einzelnen Überwachung nach Dauer der Anordnung, Dauer der Verlängerung und Abhördauer;
7. wie häufig eine Maßnahme nach § 100d Absatz 4, § 100e Absatz 5 unterbrochen oder abgebrochen worden ist;
8. ob eine Benachrichtigung der betroffenen Personen (§ 101 Absatz 4 bis 6) erfolgt ist oder aus welchen Gründen von einer Benachrichtigung abgesehen worden ist;
9. ob die Überwachung Ergebnisse erbracht hat, die für das Verfahren relevant sind oder voraussichtlich relevant sein werden;
10. ob die Überwachung Ergebnisse erbracht hat, die für andere Strafverfahren relevant sind oder voraussichtlich relevant sein werden;
11. wenn die Überwachung keine relevanten Ergebnisse erbracht hat: die Gründe hierfür, differenziert nach technischen Gründen und sonstigen Gründen;
12. die Kosten der Maßnahme, differenziert nach Kosten für Übersetzungsdienste und sonstigen Kosten.

(5) In den Übersichten über Maßnahmen nach § 100g sind anzugeben:
1. unterschieden nach Maßnahmen nach § 100g Absatz 1, 2 und 3
   a) die Anzahl der Verfahren, in denen diese Maßnahmen durchgeführt wurden;
   b) die Anzahl der Erstanordnungen, mit denen diese Maßnahmen angeordnet wurden;
   c) die Anzahl der Verlängerungsanordnungen, mit denen diese Maßnahmen angeordnet wurden;
2. untergliedert nach der Anzahl der zurückliegenden Wochen, für die die Erhebung von Verkehrsdaten angeordnet wurde, jeweils bemessen ab dem Zeitpunkt der Anordnung
   a) die Anzahl der Anordnungen nach § 100g Absatz 1;
   b) die Anzahl der Anordnungen nach § 100g Absatz 2;
   c) die Anzahl der Anordnungen nach § 100g Absatz 3;
   d) die Anzahl der Anordnungen, die teilweise ergebnislos geblieben sind, weil die abgefragten Daten teilweise nicht verfügbar waren;
   e) die Anzahl der Anordnungen, die ergebnislos geblieben sind, weil keine Daten verfügbar waren.

(6) In den Übersichten über Maßnahmen nach § 100k sind jeweils unterschieden nach Maßnahmen nach den Absätzen 1 und 2 anzugeben:
1. die Anzahl der Verfahren, in denen Maßnahmen angeordnet worden sind;
2. die Anzahl der Anordnungen, unterschieden nach Erst- und Verlängerungsanordnungen;

3. untergliedert nach der Anzahl der zurückliegenden Wochen, für die die Erhebung von Nutzungsdaten angeordnet wurde, jeweils bemessen ab dem Zeitpunkt der Anordnung
   a) die Anzahl der Anordnungen, die teilweise ergebnislos geblieben sind, weil die abgefragten Daten teilweise nicht verfügbar waren;
   b) die Anzahl der Anordnungen, die ergebnislos geblieben sind, weil keine Daten verfügbar waren.

§ 110 Durchsicht von Papieren und elektronischen Speichermedien

(1) Die Durchsicht der Papiere des von der Durchsuchung Betroffenen steht der Staatsanwaltschaft und auf deren Anordnung ihren Ermittlungspersonen (§ 152 des Gerichtsverfassungsgesetzes) zu.

(2) [1]Im Übrigen sind Beamte zur Durchsicht der aufgefundenen Papiere nur dann befugt, wenn der Inhaber die Durchsicht genehmigt. [2]Andernfalls haben sie die Papiere, deren Durchsicht sie für geboten erachten, in einem Umschlag, der in Gegenwart des Inhabers mit dem Amtssiegel zu verschließen ist, an die Staatsanwaltschaft abzuliefern.

(3) [1]Nach Maßgabe der Absätze 1 und 2 ist auch die Durchsicht von elektronischen Speichermedien bei dem von der Durchsuchung Betroffenen zulässig. [2]Diese Durchsicht darf auch auf hiervon räumlich getrennte Speichermedien erstreckt werden, soweit auf sie von dem elektronischen Speichermedium aus zugegriffen werden kann, wenn andernfalls der Verlust der gesuchten Daten zu befürchten ist. [3]Daten, die für die Untersuchung von Bedeutung sein können, dürfen gesichert werden.

(4) Werden Papiere zur Durchsicht mitgenommen oder Daten vorläufig gesichert, gelten die §§ 95a und 98 Absatz 2 entsprechend.

§ 110a Verdeckter Ermittler

(1) [1]Verdeckte Ermittler dürfen zur Aufklärung von Straftaten eingesetzt werden, wenn zureichende tatsächliche Anhaltspunkte dafür vorliegen, daß eine Straftat von erheblicher Bedeutung

1. auf dem Gebiet des unerlaubten Betäubungsmittel- oder Waffenverkehrs, der Geld- oder Wertzeichenfälschung,
2. auf dem Gebiet des Staatsschutzes (§§ 74a, 120 des Gerichtsverfassungsgesetzes),
3. gewerbs- oder gewohnheitsmäßig oder
4. von einem Bandenmitglied oder in anderer Weise organisiert

begangen worden ist. [2]Zur Aufklärung von Verbrechen dürfen Verdeckte Ermittler auch eingesetzt werden, soweit auf Grund bestimmter Tatsachen die Gefahr der Wiederholung besteht. [3]Der Einsatz ist nur zulässig, soweit die Aufklärung auf andere Weise aussichtslos oder wesentlich erschwert wäre. [4]Zur Aufklärung von Verbrechen dürfen Verdeckte Ermittler außerdem eingesetzt werden, wenn die besondere Bedeutung der Tat den Einsatz gebietet und andere Maßnahmen aussichtslos wären. [5]§ 100d Absatz 1 und 2 gilt entsprechend.

(2) [1]Verdeckte Ermittler sind Beamte des Polizeidienstes, die unter einer ihnen verliehenen, auf Dauer angelegten, veränderten Identität (Legende) ermitteln. [2]Sie dürfen unter der Legende am Rechtsverkehr teilnehmen.

(3) Soweit es für den Aufbau oder die Aufrechterhaltung der Legende unerläßlich ist, dürfen entsprechende Urkunden hergestellt, verändert und gebraucht werden.

§ 110b Verfahren beim Einsatz eines Verdeckten Ermittlers

(1) [1]Der Einsatz eines Verdeckten Ermittlers ist erst nach Zustimmung der Staatsanwaltschaft zulässig. [2]Besteht Gefahr im Verzug und kann die Entscheidung der Staatsanwaltschaft nicht rechtzeitig eingeholt werden, so ist sie unverzüglich herbeizuführen; die Maßnahme ist zu beenden, wenn nicht die Staatsanwaltschaft binnen drei Werktagen zustimmt. [3]Die Zustimmung ist schriftlich zu erteilen und zu befristen. [4]Eine Verlängerung ist zulässig, solange die Voraussetzungen für den Einsatz fortbestehen.

(2) [1]Einsätze,

1. die sich gegen einen bestimmten Beschuldigten richten oder
2. bei denen der Verdeckte Ermittler eine Wohnung betritt, die nicht allgemein zugänglich ist,

bedürfen der Zustimmung des Gerichts. [2]Bei Gefahr im Verzug genügt die Zustimmung der Staatsanwaltschaft. [3]Kann die Entscheidung der Staatsanwaltschaft nicht rechtzeitig eingeholt werden, so ist sie unverzüglich herbeizuführen. [4]Die Maßnahme ist zu beenden, wenn nicht das Gericht binnen drei Werktagen zustimmt. [5]Absatz 1 Satz 3 und 4 gilt entsprechend.

(3) [1]Die Identität des Verdeckten Ermittlers kann auch nach Beendigung des Einsatzes geheimgehalten werden. [2]Die Staatsanwaltschaft und das Gericht, die für die Entscheidung über die Zustimmung zu dem Einsatz zuständig sind, können verlangen, daß die Identität ihnen gegenüber offenbart wird. [3]Im übrigen ist in einem Strafverfahren die Geheimhaltung der Identität nach Maßgabe des § 96 zulässig, insbesondere dann, wenn Anlaß zu der Besorgnis besteht, daß die Offenbarung Leben, Leib oder Freiheit des Verdeckten Ermittlers oder einer anderen Person oder die Möglichkeit der weiteren Verwendung des Verdeckten Ermittlers gefährden würde.

§ 110c Befugnisse des Verdeckten Ermittlers

[1]Verdeckte Ermittler dürfen unter Verwendung ihrer Legende eine Wohnung mit dem Einverständnis des Berechtigten betreten. [2]Das Einverständnis darf nicht durch ein über die Nutzung der Legende hinausgehendes Vortäuschen eines Zutrittsrechts herbeigeführt werden. [3]Im übrigen richten sich die Befugnisse des Verdeckten Ermittlers nach diesem Gesetz und anderen Rechtsvorschriften.

§ 110d Besonderes Verfahren bei Einsätzen zur Ermittlung von Straftaten nach den §§ 176e und 184b des Strafgesetzbuches

[1]Einsätze, bei denen entsprechend § 176e Absatz 5 oder § 184b Absatz 6 des Strafgesetzbuches Handlungen im Sinne des § 176e Absatz 1 und 3 oder § 184b Absatz 1 Satz 1 Nummer 1, 2 und 4 sowie Satz 2 des Strafgesetzbuches vorgenommen werden, bedürfen der Zustimmung des Gerichts. [2]In dem Antrag ist darzulegen, dass die handelnden Polizeibeamten auf den Einsatz umfassend vorbereitet wurden. [3]Bei Gefahr im Verzug genügt die Zustimmung der Staatsanwaltschaft. [4]Die Maßnahme ist zu beenden, wenn nicht das Gericht binnen drei Werktagen zustimmt. [5]Die Zustimmung ist schriftlich zu erteilen und zu befristen. [6]Eine Verlängerung ist zulässig, solange die Voraussetzungen für den Einsatz fortbestehen.

Zweites Buch: Verfahren im ersten Rechtszug

Zweiter Abschnitt: Vorbereitung der öffentlichen Klage

§ 161 Allgemeine Ermittlungsbefugnis der Staatsanwaltschaft

(1) [1]Zu dem in § 160 Abs. 1 bis 3 bezeichneten Zweck ist die Staatsanwaltschaft befugt, von allen Behörden Auskunft zu verlangen und Ermittlungen jeder Art entweder selbst vorzunehmen oder durch die Behörden und Beamten des Polizeidienstes vornehmen zu lassen, soweit nicht andere gesetzliche Vorschriften ihre Befugnisse besonders regeln. [2]Die Behörden und Beamten des Polizeidienstes sind verpflichtet, dem Ersuchen oder Auftrag der Staatsanwaltschaft zu genügen, und in diesem Falle befugt, von allen Behörden Auskunft zu verlangen.

(2) Soweit in diesem Gesetz die Löschung personenbezogener Daten ausdrücklich angeordnet wird, ist § 58 Absatz 3 des Bundesdatenschutzgesetzes nicht anzuwenden.

(3) [1]Ist eine Maßnahme nach diesem Gesetz nur bei Verdacht bestimmter Straftaten zulässig, so dürfen die auf Grund einer entsprechenden Maßnahme nach anderen Gesetzen erlangten personenbezogenen Daten ohne Einwilligung der von der Maßnahme betroffenen Personen zu Beweiszwecken im Strafverfahren nur zur Aufklärung solcher Straftaten verwendet werden, zu deren Aufklärung eine solche Maßnahme nach diesem Gesetz hätte angeordnet werden dürfen. [2]§ 100e Absatz 6 Nummer 3 bleibt unberührt.

(4) In oder aus einer Wohnung erlangte personenbezogene Daten aus einem Einsatz technischer Mittel zur Eigensicherung im Zuge nicht offener Ermittlungen auf polizeirechtlicher Grundlage dürfen unter Beachtung des Grundsatzes der Verhältnismäßigkeit zu Beweiszwecken nur verwendet werden (Artikel 13 Abs. 5 des Grundgesetzes), wenn das Amtsgericht (§ 162 Abs. 1), in dessen Bezirk die anordnende Stelle ihren Sitz hat, die Rechtmäßigkeit der Maßnahme festgestellt hat; bei Gefahr im Verzug ist die richterliche Entscheidung unverzüglich nachzuholen.

§ 163d Speicherung und Abgleich von Daten aus Kontrollen

(1) [1]Begründen bestimmte Tatsachen den Verdacht, daß

1. eine der in § 111 bezeichneten Straftaten oder
2. eine der in § 100a Abs. 2 Nr. 6 bis 9 und 11 bezeichneten Straftaten

begangen worden ist, so dürfen die anläßlich einer grenzpolizeilichen Kontrolle, im Falle der Nummer 1 auch die bei einer Personenkontrolle nach § 111 anfallenden Daten über die Identität von Personen sowie Umstände, die für die Aufklärung der Straftat oder für die Ergreifung des Täters von Bedeutung sein können, in einem Dateisystem gespeichert werden, wenn Tatsachen die Annahme rechtfertigen, daß die Auswertung der Daten zur Ergreifung des Täters oder zur Aufklärung der Straftat führen kann und die Maßnahme nicht außer Verhältnis zur Bedeutung der Sache steht. [2]Dies gilt auch, wenn im Falle des Satzes 1 Pässe und Personalausweise automatisch gelesen werden. [3]Die Übermittlung der Daten ist nur an Strafverfolgungsbehörden zulässig.

(2) [1]Maßnahmen der in Absatz 1 bezeichneten Art dürfen nur durch den Richter, bei Gefahr im Verzug auch durch die Staatsanwaltschaft und ihre Ermittlungspersonen (§ 152 des Gerichtsverfassungsgesetzes) angeordnet werden. [2]Hat die Staatsanwaltschaft oder eine ihrer Ermittlungspersonen die Anordnung getroffen, so beantragt die Staatsanwaltschaft unverzüglich die richterliche Bestätigung der Anordnung. [3]§ 100e Absatz 1 Satz 3 gilt entsprechend.

(3) [1]Die Anordnung ergeht schriftlich. [2]Sie muß die Personen, deren Daten gespeichert werden sollen, nach bestimmten Merkmalen oder Eigenschaften so genau bezeichnen, wie dies nach der zur Zeit der Anordnung vorhandenen Kenntnis von dem oder den Tatverdächtigen möglich ist. [3]Art und Dauer der Maßnahmen sind festzulegen. [4]Die Anordnung ist räumlich zu begrenzen und auf höchstens drei Monate zu befristen. [5]Eine einmalige Verlängerung um nicht mehr als drei weitere Monate ist zulässig, soweit die in Absatz 1 bezeichneten Voraussetzungen fortbestehen.

(4) [1]Liegen die Voraussetzungen für den Erlaß der Anordnung nicht mehr vor oder ist der Zweck der sich aus der Anordnung ergebenden Maßnahmen erreicht, so sind diese unverzüglich zu beenden. [2]Die durch die Maßnahmen erlangten personenbezogenen Daten sind unverzüglich zu löschen, sobald sie für das Strafverfahren nicht oder nicht mehr benötigt werden; eine Speicherung, die die Laufzeit der Maßnahmen (Absatz 3) um mehr als drei Monate überschreitet, ist unzulässig. [3]Über die Löschung ist die Staatsanwaltschaft zu unterrichten.

Achtes Buch: Schutz und Verwendung von Daten

Erster Abschnitt: Erteilung von Auskünften und Akteneinsicht, sonstige Verwendung von Daten für verfahrensübergreifende Zwecke

§ 474 Auskünfte und Akteneinsicht für Justizbehörden und andere öffentliche Stellen

(1) Gerichte, Staatsanwaltschaften und andere Justizbehörden erhalten Akteneinsicht, wenn dies für Zwecke der Rechtspflege erforderlich ist.

(2) [1]Im Übrigen sind Auskünfte aus Akten an öffentliche Stellen zulässig, soweit

1. die Auskünfte zur Feststellung, Durchsetzung oder zur Abwehr von Rechtsansprüchen im Zusammenhang mit der Straftat erforderlich sind,
2. diesen Stellen in sonstigen Fällen auf Grund einer besonderen Vorschrift von Amts wegen personenbezogene Daten aus Strafverfahren übermittelt werden dürfen oder soweit nach einer Übermittlung von Amts wegen die Übermittlung weiterer personenbezogener Daten zur Aufgabenerfüllung erforderlich ist oder
3. die Auskünfte zur Vorbereitung von Maßnahmen erforderlich sind, nach deren Erlass auf Grund einer besonderen Vorschrift von Amts wegen personenbezogene Daten aus Strafverfahren an diese Stellen übermittelt werden dürfen.

[2]Die Erteilung von Auskünften an die Nachrichtendienste richtet sich nach § 18 des Bundesverfassungsschutzgesetzes, § 12 des Sicherheitsüberprüfungsgesetzes, § 10 des MAD-Gesetzes und § 10 des BND-Gesetzes sowie den entsprechenden landesrechtlichen Vorschriften.

(3) Unter den Voraussetzungen des Absatzes 2 kann Akteneinsicht gewährt werden, wenn die Erteilung von Auskünften einen unverhältnismäßigen Aufwand erfordern würde oder die Akteneinsicht begehrende Stelle unter Angabe von Gründen erklärt, dass die Erteilung einer Auskunft zur Erfüllung ihrer Aufgabe nicht ausreichen würde.

(4) Unter den Voraussetzungen der Absätze 1 oder 3 können amtlich verwahrte Beweisstücke besichtigt werden.

(5) Akten, die noch in Papierform vorliegen, können in den Fällen der Absätze 1 und 3 zur Einsichtnahme übersandt werden.

(6) Landesgesetzliche Regelungen, die parlamentarischen Ausschüssen ein Recht auf Akteneinsicht einräumen, bleiben unberührt.

§ 475 Auskünfte und Akteneinsicht für Privatpersonen und sonstige Stellen

(1) [1]Für eine Privatperson und für sonstige Stellen kann unbeschadet des § 57 des Bundesdatenschutzgesetzes ein Rechtsanwalt Auskünfte aus Akten erhalten, die dem Gericht vorliegen oder diesem im Falle der Erhebung der öffentlichen Klage vorzulegen wären, soweit er hierfür ein berechtigtes Interesse darlegt. [2]Auskünfte sind zu versagen, wenn der hiervon Betroffene ein schutzwürdiges Interesse an der Versagung hat.

(2) Unter den Voraussetzungen des Absatzes 1 kann Akteneinsicht gewährt werden, wenn die Erteilung von Auskünften einen unverhältnismäßigen Aufwand erfordern oder nach Darlegung dessen, der Akteneinsicht begehrt, zur Wahrnehmung des berechtigten Interesses nicht ausreichen würde.

(3) Unter den Voraussetzungen des Absatzes 2 können amtlich verwahrte Beweisstücke besichtigt werden.

(4) Unter den Voraussetzungen des Absatzes 1 können auch Privatpersonen und sonstigen Stellen Auskünfte aus den Akten erteilt werden.

§ 476 Auskünfte und Akteneinsicht zu Forschungszwecken

(1) [1]Die Übermittlung personenbezogener Daten in Akten an Hochschulen, andere Einrichtungen, die wissenschaftliche Forschung betreiben, und öffentliche Stellen ist zulässig, soweit

1. dies für die Durchführung bestimmter wissenschaftlicher Forschungsarbeiten erforderlich ist,
2. eine Nutzung anonymisierter Daten zu diesem Zweck nicht möglich oder die Anonymisierung mit einem unverhältnismäßigen Aufwand verbunden ist und
3. das öffentliche Interesse an der Forschungsarbeit das schutzwürdige Interesse des Betroffenen an dem Ausschluss der Übermittlung erheblich überwiegt.

[2]Bei der Abwägung nach Satz 1 Nr. 3 ist im Rahmen des öffentlichen Interesses das wissenschaftliche Interesse an dem Forschungsvorhaben besonders zu berücksichtigen.

(2) [1]Die Übermittlung der Daten erfolgt durch Erteilung von Auskünften, wenn hierdurch der Zweck der Forschungsarbeit erreicht werden kann und die Erteilung keinen unverhältnismäßigen Aufwand erfordert. [2]Andernfalls kann auch Akteneinsicht gewährt werden. [3]Die Akten, die in Papierform vorliegen, können zur Einsichtnahme übersandt werden.

(3) [1]Personenbezogene Daten werden nur an solche Personen übermittelt, die Amtsträger oder für den öffentlichen Dienst besonders Verpflichtete sind oder die zur Geheimhaltung verpflichtet worden sind. [2]§ 1 Abs. 2, 3 und 4 Nr. 2 des Verpflichtungsgesetzes findet auf die Verpflichtung zur Geheimhaltung entsprechende Anwendung.

(4) [1]Die personenbezogenen Daten dürfen nur für die Forschungsarbeit verwendet werden, für die sie übermittelt worden sind. [2]Die Verwendung für andere Forschungsarbeiten oder die Weitergabe richtet sich nach den Absätzen 1 bis 3 und bedarf der Zustimmung der Stelle, die die Übermittlung der Daten angeordnet hat.

(5) [1]Die Daten sind gegen unbefugte Kenntnisnahme durch Dritte zu schützen. [2]Die wissenschaftliche Forschung betreibende Stelle hat dafür zu sorgen, dass die Verwendung der personenbezogenen Daten räumlich und organisatorisch getrennt von der Erfüllung solcher Verwaltungsaufgaben oder Geschäftszwecke erfolgt, für die diese Daten gleichfalls von Bedeutung sein können.

(6) [1]Sobald der Forschungszweck es erlaubt, sind die personenbezogenen Daten zu anonymisieren. [2]Solange dies noch nicht möglich ist, sind die Merkmale gesondert aufzubewahren, mit denen Einzelangaben über persönliche oder sachliche Verhältnisse einer bestimmten oder bestimmbaren Person zugeordnet werden können. [3]Sie dürfen mit den Einzelangaben nur zusammengeführt werden, soweit der Forschungszweck dies erfordert.

(7) [1]Wer nach den Absätzen 1 bis 3 personenbezogene Daten erhalten hat, darf diese nur veröffentlichen, wenn dies für die Darstellung von Forschungsergebnissen über Ereignisse der Zeitgeschichte unerlässlich ist. [2]Die Veröffentlichung bedarf der Zustimmung der Stelle, die die Daten übermittelt hat.

(8) Ist der Empfänger eine nichtöffentliche Stelle, finden die Vorschriften der Verordnung (EU) 2016/679 und des Bundesdatenschutzgesetzes auch dann Anwendung, wenn die personenbezogenen Daten nicht automatisiert verarbeitet werden und nicht in einem Dateisystem gespeichert sind oder gespeichert werden.

§ 477 Datenübermittlung von Amts wegen

(1) Von Amts wegen dürfen personenbezogene Daten aus Strafverfahren Strafverfolgungsbehörden und Strafgerichten für Zwecke der Strafverfolgung sowie den zuständigen Behörden und Gerichten für Zwecke der Verfolgung von Ordnungswidrigkeiten übermittelt werden, soweit diese Daten aus der Sicht der übermittelnden Stelle hierfür erforderlich sind.

(2) Eine von Amts wegen erfolgende Übermittlung personenbezogener Daten aus Strafverfahren ist auch zulässig, wenn die Kenntnis der Daten aus der Sicht der übermittelnden Stelle erforderlich ist für

1. die Vollstreckung von Strafen oder von Maßnahmen im Sinne des § 11 Absatz 1 Nummer 8 des Strafgesetzbuches oder für die Vollstreckung oder Durchführung von Erziehungsmaßregeln oder von Zuchtmitteln im Sinne des Jugendgerichtsgesetzes,
2. den Vollzug von freiheitsentziehenden Maßnahmen oder
3. Entscheidungen in Strafsachen, insbesondere über die Strafaussetzung zur Bewährung oder deren Widerruf, oder in Bußgeld- oder Gnadensachen.

§ 478 Form der Datenübermittlung

Auskünfte nach den §§ 474 bis 476 und Datenübermittlungen von Amts wegen nach § 477 können auch durch Überlassung von Kopien aus den Akten erfolgen.

§ 479 Übermittlungsverbote und Verwendungsbeschränkungen

(1) Auskünfte nach den §§ 474 bis 476 und Datenübermittlungen von Amts wegen nach § 477 sind zu versagen, wenn ihnen Zwecke des Strafverfahrens, auch die Gefährdung des Untersuchungszwecks in einem anderen Strafverfahren, oder besondere bundesgesetzliche oder landesgesetzliche Verwendungsregelungen entgegenstehen.

(2) [1]Ist eine Maßnahme nach diesem Gesetz nur bei Verdacht bestimmter Straftaten zulässig, so gilt für die Verwendung der auf Grund einer solchen Maßnahme erlangten Daten in anderen Strafverfahren § 161 Absatz 3 entsprechend. [2]Darüber hinaus dürfen verwertbare personenbezogene Daten, die durch eine Maßnahme der nach Satz 1 bezeichneten Art erlangt worden sind, ohne Einwilligung der von der Maßnahme betroffenen Personen nur verwendet werden

1. zu Zwecken der Gefahrenabwehr, soweit sie dafür durch eine entsprechende Maßnahme nach den für die zuständige Stelle geltenden Gesetzen erhoben werden könnten,
2. zur Abwehr einer Gefahr für Leib, Leben oder Freiheit einer Person oder für die Sicherheit oder den Bestand des Bundes oder eines Landes oder für bedeutende Vermögenswerte, wenn sich aus den Daten im Einzelfall jeweils konkrete Ansätze zur Abwehr einer solchen Gefahr erkennen lassen,
3. für Zwecke, für die eine Übermittlung nach § 18 des Bundesverfassungsschutzgesetzes zulässig ist, sowie
4. nach Maßgabe des § 476.

[3]§ 100i Absatz 2 Satz 2 und § 108 Absatz 2 und 3 bleiben unberührt.

(3) Wenn in den Fällen der §§ 474 bis 476

1. der Angeklagte freigesprochen, die Eröffnung des Hauptverfahrens abgelehnt oder das Verfahren eingestellt wurde oder
2. die Verurteilung nicht in ein Führungszeugnis für Behörden aufgenommen wird und seit der Rechtskraft der Entscheidung mehr als zwei Jahre verstrichen sind,

dürfen Auskünfte aus den Akten und Akteneinsicht an nichtöffentliche Stellen nur gewährt werden, wenn ein rechtliches Interesse an der Kenntnis der Information glaubhaft gemacht ist und der frühere Beschuldigte kein schutzwürdiges Interesse an der Versagung hat.

(4) [1]Die Verantwortung für die Zulässigkeit der Übermittlung trägt die übermittelnde Stelle. [2]Abweichend hiervon trägt in den Fällen der §§ 474 bis 476 der Empfänger die Verantwortung für die Zulässigkeit der Übermittlung, sofern dieser eine öffentliche Stelle oder ein Rechtsanwalt ist. [3]Die übermittelnde Stelle prüft in diesem Falle nur, ob das Übermittlungsersuchen im Rahmen der Aufgaben des Empfängers liegt, es sei denn, dass ein besonderer Anlass zu einer weitergehenden Prüfung der Zulässigkeit der Übermittlung vorliegt.

(5) § 32f Absatz 5 Satz 2 und 3 gilt mit folgenden Maßgaben entsprechend:

1. Eine Verwendung der nach den §§ 474 und 475 erlangten personenbezogenen Daten für andere Zwecke ist zulässig, wenn dafür Auskunft oder Akteneinsicht gewährt werden dürfte und im Falle des § 475 die Stelle, die Auskunft oder Akteneinsicht gewährt hat, zustimmt;
2. eine Verwendung der nach § 477 erlangten personenbezogenen Daten für andere Zwecke ist zulässig, wenn dafür eine Übermittlung nach § 477 erfolgen dürfte.

§ 480 Entscheidung über die Datenübermittlung

(1) [1]Über die Übermittlungen nach den §§ 474 bis 477 entscheidet im vorbereitenden Verfahren und nach rechtskräftigem Abschluss des Verfahrens die Staatsanwaltschaft, im Übrigen der Vorsitzende des mit der Sache befassten Gerichts. [2]Die Staatsanwaltschaft ist auch nach Erhebung der öffentlichen Klage befugt, personenbezogene Daten zu übermitteln. [3]Die Staatsanwaltschaft kann die Behörden des Polizeidienstes, die die Ermittlungen geführt haben oder führen, ermächtigen, in den Fällen des § 475 Akteneinsicht und Auskünfte zu erteilen. [4]Gegen deren Entscheidung kann die Entscheidung der Staatsanwaltschaft eingeholt werden. [5]Die Übermittlung personenbezogener Daten zwischen Behörden des Polizeidienstes oder eine entsprechende Akteneinsicht ist ohne Entscheidung nach Satz 1 zulässig, sofern keine Zweifel an der Zulässigkeit der Übermittlung oder der Akteneinsicht bestehen.

(2) [1]Aus beigezogenen Akten, die nicht Aktenbestandteil sind, dürfen Übermittlungen nur mit Zustimmung der Stelle erfolgen, um deren Akten es sich handelt; Gleiches gilt für die Akteneinsicht. [2]In den Fällen der §§ 474 bis 476 sind Auskünfte und Akteneinsicht nur zulässig, wenn der Antragsteller die Zustimmung nachweist.

(3) [1]In den Fällen des § 475 kann gegen die Entscheidung der Staatsanwaltschaft nach Absatz 1 gerichtliche Entscheidung durch das nach § 162 zuständige Gericht beantragt werden. [2]Die §§ 297 bis 300, 302, 306 bis 309, 311a und 473a gelten entsprechend. [3]Die Entscheidung des Gerichts ist unanfechtbar, solange die Ermittlungen noch nicht abgeschlossen sind. [4]Diese Entscheidungen werden nicht mit Gründen versehen, soweit durch deren Offenlegung der Untersuchungszweck gefährdet werden könnte.

(4) Die übermittelnde Stelle hat die Übermittlung und deren Zweck aktenkundig zu machen.

§ 481 Verwendung personenbezogener Daten für polizeiliche Zwecke

(1) [1]Die Polizeibehörden dürfen nach Maßgabe der Polizeigesetze personenbezogene Daten aus Strafverfahren verwenden. [2]Zu den dort genannten Zwecken dürfen Strafverfolgungsbehörden und Gerichte an Polizeibehörden personenbezogene Daten aus Strafverfahren übermitteln oder Akteneinsicht gewähren. [3]Mitteilungen nach Satz 2 können auch durch Bewährungshelfer und Führungsaufsichtsstellen erfolgen, wenn dies zur Abwehr einer Gefahr für ein bedeutendes Rechtsgut erforderlich und eine rechtzeitige Übermittlung durch die in Satz 2 genannten Stellen nicht gewährleistet ist. [4]Die Sätze 1 und 2 gelten nicht in den Fällen, in denen die Polizei ausschließlich zum Schutz privater Rechte tätig wird.

(2) Die Verwendung ist unzulässig, soweit besondere bundesgesetzliche oder entsprechende landesgesetzliche Verwendungsregelungen entgegenstehen.

(3) Hat die Polizeibehörde Zweifel, ob eine Verwendung personenbezogener Daten nach dieser Bestimmung zulässig ist, gilt § 480 Absatz 1 Satz 1 und 2 entsprechend.

§ 482 Mitteilung des Aktenzeichens und des Verfahrensausgangs an die Polizei

(1) Die Staatsanwaltschaft teilt der Polizeibehörde, die mit der Angelegenheit befasst war, ihr Aktenzeichen mit.

(2) [1]Sie unterrichtet die Polizeibehörde in den Fällen des Absatzes 1 über den Ausgang des Verfahrens durch Mitteilung der Entscheidungsformel, der entscheidenden Stelle sowie des Datums und der Art der Entscheidung. [2]Die Übersendung der Mitteilung zum Bundeszentralregister ist zulässig, im Falle des Erfordernis auch des Urteils oder einer mit Gründen versehenen Einstellungsentscheidung.

(3) In Verfahren gegen Unbekannt sowie bei Verkehrsstrafsachen, soweit sie nicht unter die §§ 142, 315 bis 315c des Strafgesetzbuches fallen, wird der Ausgang des Verfahrens nach Absatz 2 von Amts wegen nicht mitgeteilt.

(4) Wird ein Urteil übersandt, das angefochten worden ist, so ist anzugeben, wer Rechtsmittel eingelegt hat.

Zweiter Abschnitt: Regelungen über die Datenverarbeitung

§ 483 Datenverarbeitung für Zwecke des Strafverfahrens

(1) [1]Gerichte, Strafverfolgungsbehörden einschließlich Vollstreckungsbehörden, Bewährungshelfer, Aufsichtsstellen bei Führungsaufsicht und die Gerichtshilfe dürfen personenbezogene Daten in Dateisystemen verarbeiten, soweit dies für Zwecke des Strafverfahrens erforderlich ist. [2]Die Polizei darf unter der Voraussetzung des Satzes 1 personenbezogene Daten auch in einem Informationssystem verarbeiten, welches nach Maßgabe eines anderen Gesetzes errichtet ist. [3]Für dieses Informationssystem wird mindestens festgelegt:

1. die Kennzeichnung der personenbezogenen Daten durch die Bezeichnung
   a) des Verfahrens, in dem die Daten erhoben wurden,
   b) der Maßnahme, wegen der die Daten erhoben wurden, sowie der Rechtsgrundlage der Erhebung und
   c) der Straftat, zu deren Aufklärung die Daten erhoben wurden,
2. die Zugriffsberechtigungen,
3. die Fristen zur Prüfung, ob gespeicherte Daten zu löschen sind sowie die Speicherungsdauer der Daten.

(2) Die Daten dürfen auch für andere Strafverfahren, die internationale Rechtshilfe in Strafsachen und Gnadensachen genutzt werden.

(3) Erfolgt in einem Dateisystem der Polizei die Speicherung zusammen mit Daten, deren Speicherung sich nach den Polizeigesetzen richtet, so ist für die Verarbeitung personenbezogener Daten und die Rechte der Betroffenen das für die speichernde Stelle geltende Recht maßgeblich.

§ 484 Datenverarbeitung für Zwecke künftiger Strafverfahren; Verordnungsermächtigung

(1) Strafverfolgungsbehörden dürfen für Zwecke künftiger Strafverfahren

1. die Personendaten des Beschuldigten und, soweit erforderlich, andere zur Identifizierung geeignete Merkmale,
2. die zuständige Stelle und das Aktenzeichen,
3. die nähere Bezeichnung der Straftaten, insbesondere die Tatzeiten, die Tatorte und die Höhe etwaiger Schäden,
4. die Tatvorwürfe durch Angabe der gesetzlichen Vorschriften,
5. die Einleitung des Verfahrens sowie die Verfahrenserledigungen bei der Staatsanwaltschaft und bei Gericht nebst Angabe der gesetzlichen Vorschriften

in Dateisystemen verarbeiten.

(2) [1]Weitere personenbezogene Daten von Beschuldigten und Tatbeteiligten dürfen sie in Dateisystemen nur verarbeiten, soweit dies erforderlich ist, weil wegen der Art oder Ausführung der Tat, der Persönlichkeit des Beschuldigten oder Tatbeteiligten oder sonstiger Erkenntnisse Grund zu der Annahme besteht, dass weitere Strafverfahren gegen den Beschuldigten zu führen sind. [2]Wird der Beschuldigte rechtskräftig freigesprochen, die Eröffnung des Hauptverfahrens gegen ihn unanfechtbar abgelehnt oder das Verfahren nicht nur vorläufig eingestellt, so ist die Verarbeitung nach Satz 1 unzulässig, wenn sich aus den Gründen der Entscheidung ergibt, dass die betroffene Person die Tat nicht oder nicht rechtswidrig begangen hat.

(3) [1]Das Bundesministerium der Justiz und für Verbraucherschutz und die Landesregierungen bestimmen für ihren jeweiligen Geschäftsbereich durch Rechtsverordnung das Nähere über die Art der Daten, die nach Absatz 2 für Zwecke künftiger Strafverfahren gespeichert werden dürfen. [2]Dies gilt nicht für Daten in Dateisystemen, die nur vorübergehend vorgehalten und innerhalb von drei Monaten nach ihrer Erstellung gelöscht werden. [3]Die Landesregierungen können die Ermächtigung durch Rechtsverordnung auf die zuständigen Landesministerien übertrage.

(4) Die Verarbeitung personenbezogener Daten, die für Zwecke künftiger Strafverfahren von der Polizei gespeichert sind oder werden, richtet sich, ausgenommen die Verarbeitung für Zwecke eines Strafverfahrens, nach den Polizeigesetzen.

§ 485 Datenverarbeitung für Zwecke der Vorgangsverwaltung

[1]Gerichte, Strafverfolgungsbehörden einschließlich Vollstreckungsbehörden, Bewährungshelfer, Aufsichtsstellen bei Führungsaufsicht und die Gerichtshilfe dürfen personenbezogene Daten in Dateisystemen verarbeiten, soweit dies für Zwecke der Vorgangsverwaltung erforderlich ist. [2]Eine Nutzung für die in § 483 bezeichneten Zwecke ist zulässig. [3]Eine Nutzung für die in § 484 bezeichneten Zwecke ist zulässig, soweit die Speicherung auch nach dieser Vorschrift zulässig wäre. [4]§ 483 Absatz 1 Satz 2 und Absatz 3 ist entsprechend anwendbar.

§ 486 Gemeinsame Dateisysteme

[1]Die personenbezogenen Daten können für die in den §§ 483 bis 485 genannten Stellen in gemeinsamen Dateisystemen gespeichert werden. [2]Dies gilt für Fälle des § 483 Absatz 1 Satz 2, auch in Verbindung mit § 485 Satz 4, entsprechend.

§ 487 Übermittlung gespeicherter Daten; Auskunft aus einer Datei

(1) [1]Die nach den §§ 483 bis 485 gespeicherten Daten dürfen den zuständigen Stellen übermittelt werden, soweit dies für die in diesen Vorschriften genannten Zwecke, für Zwecke eines Gnadenverfahrens, des Vollzugs von freiheitsentziehenden Maßnahmen oder der internationalen Rechtshilfe in Strafsachen erforderlich ist. [2]§ 479 Absatz 1 und 2 und § 485 Satz 3 gelten entsprechend. [3]Bewährungshelfer und Führungsaufsichtsstellen dürfen personenbezogene Daten von Verurteilten, die unter Aufsicht gestellt sind, an die Einrichtungen des Justiz- und Maßregelvollzugs übermitteln, wenn diese Daten für den Vollzug der Freiheitsentziehung, insbesondere zur Förderung der Vollzugs- und Behandlungsplanung oder der Entlassungsvorbereitung, erforderlich sind; das Gleiche gilt für Mitteilungen an Vollstreckungsbehörden, soweit diese Daten für die in § 477 Absatz 2 Nummer 1 oder 3 genannten Zwecke erforderlich sind.

(2) [1]Außerdem kann, unbeschadet des § 57 des Bundesdatenschutzgesetzes, Auskunft erteilt werden, soweit nach den Vorschriften dieses Gesetzes Akteneinsicht oder Auskunft aus den Akten gewährt werden könnte. [2]Entsprechendes gilt für Mitteilungen nach den §§ 477 und 481 Absatz 1 Satz 2 sowie für andere besondere gesetzliche Bestimmungen, die die Übermittlung personenbezogener Daten aus Strafverfahren anordnen oder erlauben.

(3) [1]Die Verantwortung für die Zulässigkeit der Übermittlung trägt die übermittelnde Stelle. [2]Erfolgt die Übermittlung auf Ersuchen des Empfängers, trägt dieser die Verantwortung. [3]In diesem Falle prüft die übermittelnde Stelle nur, ob das Übermittlungsersuchen im Rahmen der Aufgaben des Empfängers liegt, es sei denn, dass besonderer Anlass zu einer weitergehenden Prüfung der Zulässigkeit der Übermittlung besteht.

(4) [1]Die nach den §§ 483 bis 485 gespeicherten Daten dürfen auch für wissenschaftliche Zwecke übermittelt werden. [2]§ 476 gilt entsprechend.

(5) Besondere gesetzliche Bestimmungen, die die Übermittlung von Daten aus einem Strafverfahren anordnen oder erlauben, bleiben unberührt.

(6) [1]Die Daten dürfen nur zu dem Zweck verwendet werden, für den sie übermittelt worden sind. [2]Eine Verwendung für andere Zwecke ist zulässig, soweit die Daten auch dafür hätten übermittelt werden dürfen.

§ 488 Automatisierte Verfahren für Datenübermittlungen

(1) [1]Die Einrichtung eines automatisierten Abrufverfahrens oder eines automatisierten Anfrage- und Auskunftsverfahrens ist für Übermittlungen nach § 487 Abs. 1 zwischen den in § 483 Abs. 1 genannten Stellen zulässig, soweit diese Form der Datenübermittlung unter Berücksichtigung der schutzwürdigen Interessen der betroffenen Personen wegen der Vielzahl der Übermittlungen oder wegen ihrer besonderen Eilbedürftigkeit angemessen ist. [2]Die beteiligten Stellen haben zu gewährleisten, dass dem jeweiligen Stand der Technik entsprechende Maßnahmen zur Sicherstellung von Datenschutz und Datensicherheit getroffen werden, die insbesondere die Vertraulichkeit und Unversehrtheit der Daten gewährleisten; im Falle der Nutzung allgemein zugänglicher Netze sind dem jeweiligen Stand der Technik entsprechende Verschlüsselungsverfahren anzuwenden.

(2) [1]Bei der Festlegung zur Einrichtung eines automatisierten Abrufverfahrens haben die beteiligten Stellen zu gewährleisten, dass die Zulässigkeit des Abrufverfahrens kontrolliert werden kann. [2]Hierzu haben sie Folgendes schriftlich festzulegen:

1. den Anlass und den Zweck des Abrufverfahrens,
2. die Dritten, an die übermittelt wird,
3. die Art der zu übermittelnden Daten und
4. die nach § 64 des Bundesdatenschutzgesetzes erforderlichen technischen und organisatorischen Maßnahmen.

[3]Die Festlegung bedarf der Zustimmung der für die speichernde und die abrufende Stelle jeweils zuständigen Bundes- und Landesministerien. [4]Die speichernde Stelle übersendet die Festlegungen der Stelle, die für die Kontrolle der Einhaltung der Vorschriften über den Datenschutz bei öffentlichen Stellen zuständig ist.

(3) [1]Die Verantwortung für die Zulässigkeit des einzelnen Abrufs trägt der Empfänger. [2]Die speichernde Stelle prüft die Zulässigkeit der Abrufe nur, wenn dazu Anlass besteht. [3]Die speichernde Stelle hat zu gewährleisten, dass die Übermittlung personenbezogener Daten festgestellt und überprüft werden kann. [4]Im Rahmen der Protokollierung nach § 76 des Bundesdatenschutzgesetzes hat sie ergänzend zu den dort in Absatz 2 aufgeführten Daten die abgerufenen Daten, die Kennung der abrufenden Stelle und das Aktenzeichen des Empfängers zu protokollieren. [5]Die Protokolldaten sind nach zwölf Monaten zu löschen.

(4) Die Absätze 2 und 3 gelten für das automatisierte Anfrage- und Auskunftsverfahren entsprechend.

§ 489 Löschung und Einschränkung der Verarbeitung von Daten

(1) Zu löschen sind, unbeschadet der anderen, in § 75 Absatz 2 des Bundesdatenschutzgesetzes genannten Gründe für die Pflicht zur Löschung,

1. die nach § 483 gespeicherten Daten mit der Erledigung des Verfahrens, soweit ihre Speicherung nicht nach den §§ 484 und 485 zulässig ist,
2. die nach § 484 gespeicherten Daten, soweit die dortigen Voraussetzungen nicht mehr vorliegen und ihre Speicherung nicht nach § 485 zulässig ist, und
3. die nach § 485 gespeicherten Daten, sobald ihre Speicherung zur Vorgangsverwaltung nicht mehr erforderlich ist.

(2) [1]Als Erledigung des Verfahrens gilt die Erledigung bei der Staatsanwaltschaft oder, sofern die öffentliche Klage erhoben wurde, bei Gericht. [2]Ist eine Strafe oder eine sonstige Sanktion angeordnet worden, so ist der Abschluss der Vollstreckung oder der Erlass maßgeblich. [3]Wird das Verfahren eingestellt und hindert die Einstellung die Wiederaufnahme der Verfolgung nicht, so ist das Verfahren mit Eintritt der Verjährung als erledigt anzusehen.

(3) [1]Der Verantwortliche prüft nach festgesetzten Fristen, ob gespeicherte Daten zu löschen sind. [2]Die Frist zur Überprüfung der Notwendigkeit der Speicherung nach § 75 Absatz 4 des Bundesdatenschutzgesetzes beträgt für die nach § 484 gespeicherten Daten

1. bei Beschuldigten, die zur Tatzeit das achtzehnte Lebensjahr vollendet hatten, zehn Jahre,
2. bei Jugendlichen fünf Jahre,
3. in den Fällen des rechtskräftigen Freispruchs, der unanfechtbaren Ablehnung der Eröffnung des Hauptverfahrens und der nicht nur vorläufigen Verfahrenseinstellung drei Jahre,
4. bei nach § 484 Absatz 1 gespeicherten Daten zu Personen, die zur Tatzeit nicht strafmündig waren, zwei Jahre.

(4) Der Verantwortliche kann in der Errichtungsanordnung nach § 490 kürzere Prüffristen festlegen.

(5) Die Fristen nach Absatz 3 beginnen mit dem Tag, an dem das letzte Ereignis eingetreten ist, das zur Speicherung der Daten geführt hat, jedoch nicht vor

1. Entlassung der betroffenen Person aus einer Justizvollzugsanstalt oder
2. Beendigung einer mit Freiheitsentziehung verbundenen Maßregel der Besserung und Sicherung.

(6) [1]§ 58 Absatz 3 Satz 1 Nummer 1 und 3 des Bundesdatenschutzgesetzes gilt für die Löschung nach Absatz 1 entsprechend. [2]Darüber hinaus ist an Stelle der Löschung personenbezogener Daten deren Verarbeitung einzuschränken, soweit die Daten für laufende Forschungsarbeiten benötigt werden. [3]Die Verarbeitung personenbezogener Daten ist ferner einzuschränken, soweit sie nur zu Zwecken der Datensicherung oder der Datenschutzkontrolle gespeichert sind. [4]Daten, deren Verarbeitung nach den Sätzen 1 oder 2 eingeschränkt ist, dürfen nur zu dem Zweck verwendet werden, für den ihre Löschung unterblieben ist. [5]Sie dürfen auch verwendet werden, soweit dies zur Behebung einer bestehenden Beweisnot unerlässlich ist.

(7) Anstelle der Löschung der Daten sind die Datenträger an ein Staatsarchiv abzugeben, soweit besondere archivrechtliche Regelungen dies vorsehen.

§ 490 Errichtungsanordnung für automatisierte Dateisysteme

[1]Der Verantwortliche legt für jedes automatisierte Dateisystem in einer Errichtungsanordnung mindestens fest:

1. die Bezeichnung des Dateisystems,
2. die Rechtsgrundlage und den Zweck des Dateisystems,
3. den Personenkreis, über den Daten in dem Dateisystem verarbeitet werden,
4. die Art der zu verarbeitenden Daten,
5. die Anlieferung oder Eingabe der zu verarbeitenden Daten,
6. die Voraussetzungen, unter denen in dem Dateisystem verarbeitete Daten an welche Empfänger und in welchem Verfahren übermittelt werden,
7. Prüffristen und Speicherungsdauer.

[2]Dies gilt nicht für Dateisysteme, die nur vorübergehend vorgehalten und innerhalb von drei Monaten nach ihrer Erstellung gelöscht werden, und Informationssysteme gemäß § 483 Absatz 1 Satz 2.

§ 491 Auskunft an betroffene Personen

(1) [1]Ist die betroffene Person bei einem gemeinsamen Dateisystem nicht in der Lage, den Verantwortlichen festzustellen, so kann sie sich zum Zweck der Auskunft nach § 57 des Bundesdatenschutzgesetzes an jede beteiligte speicherungsberechtigte Stelle wenden. [2]Über die Erteilung einer Auskunft entscheidet die ersuchte speicherungsberechtigte Stelle im Einvernehmen mit dem Verantwortlichen.

(2) Für den Auskunftsanspruch betroffener Personen gilt § 57 des Bundesdatenschutzgesetzes.

Dritter Abschnitt: Länderübergreifendes staatsanwaltschaftliches Verfahrensregister

§ 492 Zentrales staatsanwaltschaftliches Verfahrensregister

(1) Das Bundesamt für Justiz (Registerbehörde) führt ein zentrales staatsanwaltschaftliches Verfahrensregister.

(2) [1]In das Register sind

1. die Personendaten des Beschuldigten und, soweit erforderlich, andere zur Identifizierung geeignete Merkmale,
2. die zuständige Stelle und das Aktenzeichen,
3. die nähere Bezeichnung der Straftaten, insbesondere die Tatzeiten, die Tatorte und die Höhe etwaiger Schäden,
4. die Tatvorwürfe durch Angabe der gesetzlichen Vorschriften,
5. die Einleitung des Verfahrens sowie die Verfahrenserledigungen bei der Staatsanwaltschaft und bei Gericht nebst Angabe der gesetzlichen Vorschriften

einzutragen. [2]Die Daten dürfen nur für Strafverfahren gespeichert und verändert werden.

(3) [1]Die Staatsanwaltschaften teilen die einzutragenden Daten der Registerbehörde zu dem in Absatz 2 Satz 2 genannten Zweck mit. [2]Auskünfte aus dem Verfahrensregister dürfen nur Strafverfolgungsbehörden für Zwecke eines Strafverfahrens erteilt werden. [3]Dem Bundeskriminalamt dürfen Auskünfte auch erteilt werden, soweit dies im Einzelfall zur Erfüllung seiner Aufgaben nach § 5 Absatz 1, § 6 Absatz 1 oder § 7 Absatz 1 und 2 des Bundeskriminalamtgesetzes erforderlich ist. [4]§ 5 Abs. 5 Satz 1 Nr. 2 des Waffengesetzes, § 8a Absatz 5 Satz 1 Nummer 2 des Sprengstoffgesetzes, § 7 Absatz 3 Satz 1 Nummer 3 des Luftsicherheitsgesetzes, § 12 Absatz 1 Nummer 2 des Sicherheitsüberprüfungsgesetzes und § 31 Absatz 4a Satz 1 des Geldwäschegesetzes bleiben unberührt; die Auskunft über die Eintragung wird insoweit im Einvernehmen mit der Staatsanwaltschaft, die die personenbezogenen Daten zur Eintragung in das Verfahrensregister mitgeteilt hat, erteilt, wenn hiervon eine Gefährdung des Untersuchungszwecks nicht zu besorgen ist.

(4) [1]Die in Absatz 2 Satz 1 Nummer 1 und 2 und, wenn dies erforderlich ist, Nummer 3 und 4 genannten Daten dürfen nach Maßgabe des § 18 Abs. 3 des Bundesverfassungsschutzgesetzes, auch in Verbindung mit § 10 Abs. 2 des Gesetzes über den Militärischen Abschirmdienst und § 10 Absatz 3 des BND-Gesetzes, auf Ersuchen auch an die Verfassungsschutzbehörden des Bundes und der Länder, den Militärischen Abschirmdienst und den Bundesnachrichtendienst übermittelt werden. [2]§ 18 Abs. 5 Satz 2 des Bundesverfassungsschutzgesetzes gilt entsprechend.

(4a) [1]Kann die Registerbehörde eine Mitteilung oder ein Ersuchen einem Datensatz nicht eindeutig zuordnen, übermittelt sie an die ersuchende Stelle zur Identitätsfeststellung Datensätze zu Personen mit ähnlichen Personalien. [2]Nach erfolgter Identifizierung hat die ersuchende Stelle alle Daten, die sich nicht auf die betroffene Person beziehen, unverzüglich zu löschen. [3]Ist eine Identifizierung nicht möglich, sind alle übermittelten Daten zu löschen. [4]In der Rechtsverordnung nach § 494 Abs. 4 ist die Anzahl der Datensätze, die auf Grund eines Abrufs übermittelt werden dürfen, auf das für eine Identifizierung notwendige Maß zu begrenzen.

(5) [1]Die Verantwortung für die Zulässigkeit der Übermittlung trägt der Empfänger. [2]Die Registerbehörde prüft die Zulässigkeit der Übermittlung nur, wenn besonderer Anlaß hierzu besteht.

(6) Die Daten dürfen unbeschadet des Absatzes 3 Satz 3 und 4 sowie des Absatzes 4 nur in Strafverfahren verwendet werden.

§ 493 Automatisiertes Verfahren für Datenübermittlungen

(1) [1]Die Übermittlung der Daten erfolgt im Wege eines automatisierten Abrufverfahrens oder eines automatisierten Anfrage- und Auskunftsverfahrens, im Falle einer Störung der Datenfernübertragung oder bei außergewöhnlicher Dringlichkeit telefonisch

oder durch Telefax. [2]Die beteiligten Stellen haben zu gewährleisten, dass dem jeweiligen Stand der Technik entsprechende Maßnahmen zur Sicherstellung von Datenschutz und Datensicherheit getroffen werden, die insbesondere die Vertraulichkeit und Unversehrtheit der Daten gewährleisten; im Falle der Nutzung allgemein zugänglicher Netze sind dem jeweiligen Stand der Technik entsprechende Verschlüsselungsverfahren anzuwenden.

(2) [1]Bei der Festlegung zur Einrichtung eines automatisierten Abrufverfahrens gilt § 488 Absatz 2 Satz 1 und 2 entsprechend. [2]Die Registerbehörde übersendet die Festlegungen dem Bundesbeauftragten für den Datenschutz.

(3) [1]Die Verantwortung für die Zulässigkeit des einzelnen automatisierten Abrufs trägt der Empfänger. [2]Die Registerbehörde prüft die Zulässigkeit der Abrufe nur, wenn dazu Anlaß besteht. [3]Im Rahmen der Protokollierung nach § 76 des Bundesdatenschutzgesetzes hat sie ergänzend zu den dort in Absatz 2 aufgeführten Daten die abgerufenen Daten, die Kennung der abrufenden Stelle und das Aktenzeichen des Empfängers zu protokollieren. [4]Die Protokolldaten sind nach sechs Monaten zu löschen.

(4) Die Absätze 2 und 3 gelten für das automatisierte Anfrage- und Auskunftsverfahren entsprechend.

§ 494 Berichtigung, Löschung und Einschränkung der Verarbeitung von Daten; Verordnungsermächtigung

(1) In den Fällen des § 58 Absatz 1 und des § 75 Absatz 1 des Bundesdatenschutzgesetzes teilt der Verantwortliche insbesondere der Registerbehörde die Unrichtigkeit unverzüglich mit; der Verantwortliche trägt die Verantwortung für die Richtigkeit und Aktualität der Daten.

(2) [1]Die Daten sind zu löschen, sobald sich aus dem Bundeszentralregister ergibt, dass in dem Strafverfahren, aus dem die Daten übermittelt worden sind, eine nach § 20 des Bundeszentralregistergesetzes mitteilungspflichtige gerichtliche Entscheidung oder Verfügung der Strafverfolgungsbehörde ergangen ist. [2]Wird der Beschuldigte rechtskräftig freigesprochen, die Eröffnung des Hauptverfahrens gegen ihn unanfechtbar abgelehnt oder das Verfahren nicht nur vorläufig eingestellt, so sind die Daten zwei Jahre nach der Erledigung des Verfahrens zu löschen, es sei denn, vor Eintritt der Löschungsfrist wird ein weiteres Verfahren zur Eintragung in das Verfahrensregister mitgeteilt. [3]In diesem Fall bleiben die Daten gespeichert, bis für alle Eintragungen die Löschungsvoraussetzungen vorliegen. [4]Die Staatsanwaltschaft teilt der Registerbehörde unverzüglich den Eintritt der Löschungsvoraussetzungen oder den Beginn der Löschungsfrist nach Satz 2 mit.

(3) § 489 Absatz 7 gilt entsprechend.

(4) Das Bundesministerium der Justiz und für Verbraucherschutz bestimmt durch Rechtsverordnung mit Zustimmung des Bundesrates die näheren Einzelheiten, insbesondere
1. die Art der zu verarbeitenden Daten,
2. die Anlieferung der zu verarbeitenden Daten,
3. die Voraussetzungen, unter denen in dem Dateisystem verarbeitete Daten an welche Empfänger und in welchem Verfahren übermittelt werden,
4. die Einrichtung eines automatisierten Abrufverfahrens,
5. die nach den §§ 64, 71 und 72 des Bundesdatenschutzgesetzes erforderlichen technischen und organisatorischen Maßnahmen.

§ 495 Auskunft an betroffene Personen

[1]Der betroffenen Person ist entsprechend § 57 des Bundesdatenschutzgesetzes Auskunft aus dem Verfahrensregister zu erteilen; § 491 Absatz 2 gilt entsprechend. [2]Über die Erteilung einer Auskunft entscheidet die Registerbehörde im Einvernehmen mit der Staatsanwaltschaft, die die personenbezogenen Daten zur Eintragung in das Verfahrensregister mitgeteilt hat. [3]Soweit eine Auskunft aus dem Verfahrensregister an eine öffentliche Stelle erteilt wurde und die betroffene Person von dieser Stelle Auskunft über die so erhobenen Daten begehrt, entscheidet hierüber diese Stelle im Einvernehmen mit der Staatsanwaltschaft, die die personenbezogenen Daten zur Eintragung in das Verfahrensregister mitgeteilt hat.

Vierter Abschnitt: Schutz personenbezogener Daten in einer elektronischen Akte; Verwendung personenbezogener Daten aus elektronischen Akten

§ 496 Verwendung personenbezogener Daten in einer elektronischen Akte

(1) Das Verarbeiten und Nutzen personenbezogener Daten in einer elektronischen Akte oder in elektronischen Aktenkopien ist zulässig, soweit dies für die Zwecke des Strafverfahrens erforderlich ist.

(2) Dabei sind
1. die organisatorischen und technischen Maßnahmen zu treffen, die erforderlich sind, um den besonderen Anforderungen des Datenschutzes und der Datensicherheit gerecht zu werden, und
2. die Grundsätze einer ordnungsgemäßen Datenverarbeitung einzuhalten, insbesondere die Daten ständig verfügbar zu halten und Vorkehrungen gegen einen Datenverlust zu treffen.

(3) Elektronische Akten und elektronische Aktenkopien sind keine Dateisysteme im Sinne des Zweiten Abschnitts.

§ 497 Datenverarbeitung im Auftrag

(1) Mit der dauerhaften rechtsverbindlichen Speicherung elektronischer Akten dürfen nichtöffentliche Stellen nur dann beauftragt werden, wenn eine öffentliche Stelle den Zutritt und den Zugang zu den Datenverarbeitungsanlagen, in denen die elektronischen Akten rechtsverbindlich gespeichert werden, tatsächlich und ausschließlich kontrolliert.

(2) [1]Eine Begründung von Unterauftragsverhältnissen durch nichtöffentliche Stellen im Rahmen des dauerhaften rechtsverbindlichen Speicherns der elektronischen Akte ist zulässig, wenn der Auftraggeber im Einzelfall zuvor eingewilligt hat. [2]Die Einwilligung darf nur erteilt werden, wenn der Zutritt und der Zugang zu den Datenverarbeitungsanlagen in dem Unterauftragsverhältnis entsprechend Absatz 1 vertraglich geregelt sind.

(3) [1]Eine Pfändung von Einrichtungen, in denen eine nichtöffentliche Stelle im Auftrag einer öffentlichen Stelle Daten verarbeitet, ist unzulässig. [2]Eine Beschlagnahme solcher Einrichtungen setzt voraus, dass die öffentliche Stelle im Einzelfall eingewilligt hat.

§ 498 Verwendung personenbezogener Daten aus elektronischen Akten

(1) Das Verarbeiten und Nutzen personenbezogener Daten aus elektronischen Akten oder elektronischen Aktenkopien ist zulässig, soweit eine Rechtsvorschrift die Verwendung personenbezogener Daten aus einem Strafverfahren erlaubt oder anordnet.

(2) Der maschinelle Abgleich personenbezogener Daten mit elektronischen Akten oder elektronischen Aktenkopien gemäß § 98c ist unzulässig, es sei denn, er erfolgt mit einzelnen, zuvor individualisierten Akten oder Aktenkopien.

§ 499 Löschung elektronischer Aktenkopien

Elektronische Aktenkopien sind unverzüglich zu löschen, wenn sie nicht mehr erforderlich sind.

Fünfter Abschnitt: Anwendbarkeit des Bundesdatenschutzgesetzes

§ 500 Entsprechende Anwendung

(1) Soweit öffentliche Stellen der Länder im Anwendungsbereich dieses Gesetzes personenbezogene Daten verarbeiten, ist Teil 3 des Bundesdatenschutzgesetzes entsprechend anzuwenden.

(2) Absatz 1 gilt

1. nur, soweit nicht in diesem Gesetz etwas anderes bestimmt ist, und
2. nur mit der Maßgabe, dass die Landesbeauftragte oder der Landesbeauftragte an die Stelle der oder des Bundesbeauftragten tritt.

Grundgesetz (GG)

Grundgesetz für die Bundesrepublik Deutschland

Rechtsstand: Januar 2024. Letzte Änderung: 24.12.2022 (BGBl. I S. 2478).

Auszug aus dem Gesetz

I. Die Grundrechte

Art. 1 |Menschenwürde|

(1) [1]Die Würde des Menschen ist unantastbar. [2]Sie zu achten und zu schützen ist Verpflichtung aller staatlichen Gewalt.

(2) Das Deutsche Volk bekennt sich darum zu unverletzlichen und unveräußerlichen Menschenrechten als Grundlage jeder menschlichen Gemeinschaft, des Friedens und der Gerechtigkeit in der Welt.

(3) Die nachfolgenden Grundrechte binden Gesetzgebung, vollziehende Gewalt und Rechtsprechung als unmittelbar geltendes Recht.

Art. 2 |Allgemeine Handlungsfreiheit, Recht auf Leben und körperliche Unversehrtheit, Personenfreiheit|

(1) Jeder hat das Recht auf die freie Entfaltung seiner Persönlichkeit, soweit er nicht die Rechte anderer verletzt und nicht gegen die verfassungsmäßige Ordnung oder das Sittengesetz verstößt.

(2) [1]Jeder hat das Recht auf Leben und körperliche Unversehrtheit. [2]Die Freiheit der Person ist unverletzlich. [3]In diese Rechte darf nur auf Grund eines Gesetzes eingegriffen werden.

Art. 3 |Allgemeines Gleichheitsrecht, Gleichberechtigung von Mann und Frau, Diskriminierungsverbot|

(1) Alle Menschen sind vor dem Gesetz gleich.

(2) [1]Männer und Frauen sind gleichberechtigt. [2]Der Staat fördert die tatsächliche Durchsetzung der Gleichberechtigung von Frauen und Männern und wirkt auf die Beseitigung bestehender Nachteile hin.

(3) [1]Niemand darf wegen seines Geschlechtes, seiner Abstammung, seiner Rasse, seiner Sprache, seiner Heimat und Herkunft, seines Glaubens, seiner religiösen oder politischen Anschauungen benachteiligt oder bevorzugt werden. [2]Niemand darf wegen seiner Behinderung benachteiligt werden.

Art. 5 |Meinungs-, Informations-, Presse-, Rundfunk-, Film-, Kunst-, Wissenschaftsfreiheit|

(1) [1]Jeder hat das Recht, seine Meinung in Wort, Schrift und Bild frei zu äußern und zu verbreiten und sich aus allgemein zugänglichen Quellen ungehindert zu unterrichten. [2]Die Pressefreiheit und die Freiheit der Berichterstattung durch Rundfunk und Film werden gewährleistet. [3]Eine Zensur findet nicht statt.

(2) Diese Rechte finden ihre Schranken in den Vorschriften der allgemeinen Gesetze, den gesetzlichen Bestimmungen zum Schutze der Jugend und in dem Recht der persönlichen Ehre.

(3) [1]Kunst und Wissenschaft, Forschung und Lehre sind frei. [2]Die Freiheit der Lehre entbindet nicht von der Treue zur Verfassung.

Art. 10 |Brief-, Post- und Fernmeldegeheimnis|

(1) Das Briefgeheimnis sowie das Post- und Fernmeldegeheimnis sind unverletzlich.

(2) [1]Beschränkungen dürfen nur auf Grund eines Gesetzes angeordnet werden. [2]Dient die Beschränkung dem Schutze der freiheitlichen demokratischen Grundordnung oder des Bestandes oder der Sicherung des Bundes oder eines Landes, so kann das Gesetz bestimmen, daß sie dem Betroffenen nicht mitgeteilt wird und daß an die Stelle des Rechtsweges die Nachprüfung durch von der Volksvertretung bestellte Organe und Hilfsorgane tritt.

Art. 11 |Freizügigkeit|

(1) Alle Deutschen genießen Freizügigkeit im ganzen Bundesgebiet.

(2) Dieses Recht darf nur durch Gesetz oder auf Grund eines Gesetzes und nur für die Fälle eingeschränkt werden, in denen eine ausreichende Lebensgrundlage nicht vorhanden ist und der Allgemeinheit daraus besondere Lasten entstehen würden oder in denen es zur Abwehr einer drohenden Gefahr für den Bestand oder die freiheitliche demokratische Grundordnung des Bundes oder eines Landes, zur Bekämpfung von Seuchengefahr, Naturkatastrophen oder besonders schweren Unglücksfällen, zum Schutze der Jugend vor Verwahrlosung oder um strafbaren Handlungen vorzubeugen, erforderlich ist.

Art. 13 |Unverletzlichkeit der Wohnung|

(1) Die Wohnung ist unverletzlich.

(2) Durchsuchungen dürfen nur durch den Richter, bei Gefahr im Verzuge auch durch die in den Gesetzen vorgesehenen anderen

Organe angeordnet und nur in der dort vorgeschriebenen Form durchgeführt werden.

(3) [1]Begründen bestimmte Tatsachen den Verdacht, daß jemand eine durch Gesetz einzeln bestimmte besonders schwere Straftat begangen hat, so dürfen zur Verfolgung der Tat auf Grund richterlicher Anordnung technische Mittel zur akustischen Überwachung von Wohnungen, in denen der Beschuldigte sich vermutlich aufhält, eingesetzt werden, wenn die Erforschung des Sachverhalts auf andere Weise unverhältnismäßig erschwert oder aussichtslos wäre. [2]Die Maßnahme ist zu befristen. [3]Die Anordnung erfolgt durch einen mit drei Richtern besetzten Spruchkörper. [4]Bei Gefahr im Verzuge kann sie auch durch einen einzelnen Richter getroffen werden.

(4) [1]Zur Abwehr dringender Gefahren für die öffentliche Sicherheit, insbesondere einer gemeinen Gefahr oder einer Lebensgefahr, dürfen technische Mittel zur Überwachung von Wohnungen nur auf Grund richterlicher Anordnung eingesetzt werden. [2]Bei Gefahr im Verzuge kann die Maßnahme auch durch eine andere gesetzlich bestimmte Stelle angeordnet werden; eine richterliche Entscheidung ist unverzüglich nachzuholen.

(5) [1]Sind technische Mittel ausschließlich zum Schutze der bei einem Einsatz in Wohnungen tätigen Personen vorgesehen, kann die Maßnahme durch eine gesetzlich bestimmte Stelle angeordnet werden. [2]Eine anderweitige Verwertung der hierbei erlangten Erkenntnisse ist nur zum Zwecke der Strafverfolgung oder der Gefahrenabwehr und nur zulässig, wenn zuvor die Rechtmäßigkeit der Maßnahme richterlich festgestellt ist; bei Gefahr im Verzuge ist die richterliche Entscheidung unverzüglich nachzuholen.

(6) [1]Die Bundesregierung unterrichtet den Bundestag jährlich über den nach Absatz 3 sowie über den im Zuständigkeitsbereich des Bundes nach Absatz 4 und, soweit richterlich überprüfungsbedürftig, nach Absatz 5 erfolgten Einsatz technischer Mittel. [2]Ein vom Bundestag gewähltes Gremium übt auf der Grundlage dieses Berichts die parlamentarische Kontrolle aus. [3]Die Länder gewährleisten eine gleichwertige parlamentarische Kontrolle.

(7) Eingriffe und Beschränkungen dürfen im übrigen nur zur Abwehr einer gemeinen Gefahr oder einer Lebensgefahr für einzelne Personen, auf Grund eines Gesetzes auch zur Verhütung dringender Gefahren für die öffentliche Sicherheit und Ordnung, insbesondere zur Behebung der Raumnot, zur Bekämpfung von Seuchengefahr oder zum Schutze gefährdeter Jugendlicher vorgenommen werden.

Art. 17 |Beschwerderecht|

Jedermann hat das Recht, sich einzeln oder in Gemeinschaft mit anderen schriftlich mit Bitten oder Beschwerden an die zuständigen Stellen und an die Volksvertretung zu wenden.

Art. 18 |Grundrechtsverwirkung|

[1]Wer die Freiheit der Meinungsäußerung, insbesondere die Pressefreiheit (Artikel 5 Abs. 1), die Lehrfreiheit (Artikel 5 Abs. 3), die Versammlungsfreiheit (Artikel 8), die Vereinigungsfreiheit (Artikel 9), das Brief-, Post- und Fernmeldegeheimnis (Artikel 10), das Eigentum (Artikel 14) oder das Asylrecht (Artikel 16a) zum Kampfe gegen die freiheitliche demokratische Grundordnung mißbraucht, verwirkt diese Grundrechte. [2]Die Verwirkung und ihr Ausmaß werden durch das Bundesverfassungsgericht ausgesprochen.

Stichwortverzeichnis

(Fundstellen in Gesetzen mit Seitenzahlen)

Bundesdatenschutzgesetz (BDSG)

mit Nebengesetzen

Aktuelle Gesetze

Bibliografische Information der Deutschen Nationalbibliothek: Die Deutsche Nationalbibliothek verzeichnet diese Publikation in der Deutschen Nationalbibliografie, detaillierte bibliografische Daten sind im Internet über http://dnb.dnb.de abrufbar. Für eine Weiterentwicklung des Werks sind Hinweise oder Verbesserungsvorschläge willkommen, die entsprechenden Empfehlungen und Anregungen können an die E-Mail-Adresse service@aktuelle-gesetze.com zugesendet werden.

Die Datumsangabe der Änderungen bezieht sich auf das Datum der rechtlichen Wirkung der Texte (m.W.v.). Die vom Gesetzgeber herausgegebene Version enthält bei ausgewählten Paragrafen keine Überschriften sowie Fußnoten. Die Eintragung der Überschriften, gekennzeichnet durch Linien, sowie das Auslassen von Fußnoten dient der besseren Übersichtlichkeit und entspricht der üblichen Vorgehensweise bei der Publikation von Gesetzestexten. Die Gesetzestexte sowie sonstige Inhalte wurden einer sorgfältigen Überprüfung unterzogen. Es kann jedoch nicht vollständig ausgeschlossen werden, dass fehlerhafte Texte auftreten, sodass keine Haftung für Druckfehler, Richtigkeit, Aktualität und Vollständigkeit übernommen werden kann. Nicht amtliche Ausführungen sind urheberrechtlich geschützt. Die unautorisierte Nutzung, die ganze oder teilweise Vervielfältigung sowie die Weitergabe an Dritte ist nicht gestattet. Die Daten in dieser Publikation wurden sorgfältig zusammengetragen und entsprechen dem Kenntnisstand zum Redaktionsschluss.

ISBN: 979-1986791861

Printed in Poland
by Amazon Fulfillment
Poland Sp. z o.o., Wrocław

33092203R00083